珞/珈/广/告/学/丛/书　LUOJIA BOOK SERIES OF ADVERTISING

广告策划与创意

第二版

Advertising Planning And Creation

饶德江　陈璐　编著

WUHAN UNIVERSITY PRESS
武汉大学出版社

图书在版编目(CIP)数据

广告策划与创意/饶德江,陈璐编著. —2版.—武汉:武汉大学出版社,2015.12(2024.7重印)

珞珈广告学丛书

ISBN 978-7-307-16590-8

Ⅰ.广…　Ⅱ.①饶…　②陈…　Ⅲ.广告学　Ⅳ.F713.81

中国版本图书馆 CIP 数据核字(2015)第 199007 号

责任编辑:詹　蜜　　责任校对:李孟潇　　版式设计:马　佳

出版发行:**武汉大学出版社**　　(430072　武昌　珞珈山)

(电子邮箱:cbs22@whu.edu.cn　网址:www.wdp.com.cn)

印刷:武汉中远印务有限公司

开本:720×1000　1/16　印张:19.75　字数:394 千字　插页:1

版次:2003 年 11 月第 1 版　　2015 年 11 月第 2 版

2024 年 7 月第 2 版第 6 次印刷

ISBN 978-7-307-16590-8　　定价:49.00 元

再 版 序 言

自 2003 年本书出版以来，广告行业无论在观念还是技术方面都已发生了巨大的变化，策划与创意的舞台更为广阔，而挑战也更多。鉴于此，本书进行了修订，以适应新形势的要求。

与第一版相比，本书的变化首先体现在全书视角的调整和容量的增加。具体表现为：新版为每章增加了内容提要，便于读者在阅读全篇之前把握重点内容；新版精选了 13 个广告策划与创意的案例作为章节案例，这些案例或为历久弥新的时代经典，或为近年来颇具代表性的鲜活之作，它们以图文并茂的形式出现，即为本书增加了理论与现实的联系，也表明了本书作者对广告策划与创意实践的一些观点、态度，尤其是对国内广告策划与创意实践的关注与思考。其次，对原有章节的内容及结构进行了修订，比如大幅修订了第一章和第二章的各节内容，并在第一章中增加了"广告策划的历史沿革"一节，在第二章中增加了"广告战略"一节；本书还对其他章节进行了局部的调整，比如删除了第一章的"广告策划与创新思维"一节等，以及删除、更换了诸多案例。

本书的修订历史半年，由武汉大学新闻与传播学院饶德江教授指导，湖南师范大学新闻与传播学院陈璐博士执笔完成。本书的再版过程得到了武汉大学新闻与传播学院张金海教授的支持和指导，在此深表感谢。最后，还要感谢所有读者长期以来的支持！

作者于 2015 年 2 月

目 录

上篇　广告策划

下篇　广告创意

上篇　广告策划

第一章　广告策划概说

☞ **本章提要**

　　作为广告互动的整体计划，广告策划一方面从属于营销策划的一部分，另一方面又是广告运作的设计蓝图，对整个广告活动起到核心作用。在实践中，广告策划可分为传播策划和营销策划两个部分，前者运用各种传播手段来实现广告传播的目的，后者从消费者的角度设定营销中的各种要素。在不同的历史时期，广告策划的理论与实践经历了一个由无到有、由模糊到规范的发展演进历程，并在新技术和新观念的共同推动下发生着日新月异的变化。

☞ **章节案例**

一样的节日，不一样的广告

　　自古以来，无论东西方社会，节日作为一种社会现象，在年复一年的周期性重复中传承文化、传递情感并维系社会关系。进入现代社会以后，节日还被西方企业赋予了经济功能，因而也逐渐成为一种经济现象。

　　与日常消费相比，消费者在节日期间的消费行为表现为集中消费、大额消费、冲动消费的倾向。尤其当许多节日成为法定假期之后，消费者有更多的休闲时间，因而其消费的频率、数量也可能更为可观，一些平时无暇购买或者舍不得购买的商品或服务有可能在节日期间被消费，比如中长途旅游(甚至是出境游)，又如珠宝消费等。不仅如此，在礼尚往来等传统观念的影响下，颇具中国特色的面子消费也在节日期间表现得更加明显。

　　从 20 世纪 90 年代末至今，国内的企业也发现了节日巨大的经济价值，因而在节日期间集中开展营销传播活动。如食品企业瞄准了春节期间家庭餐饮消费选择最丰富、最密集的特点，因而借助广告活动吸引消费者的关注。1998年，金龙鱼投放《万家灯火·回家篇》电视广告，在合家团聚的气氛中传播品牌形象；2006 年春节期间，可口可乐向中国市场推出福娃系列广告，选择当时国内最红的体育明星刘翔代言，传递"可口可乐带你回家"的节日诉求；2006 年 1—2 月，汇源启动"新年喝汇源，好梦都会圆"为核心诉求的传播计划，仅在中央电视台的广告投入就超过 6 000 万元，形式包括 CCTV 招标段广告、春节贺岁广告、春节联欢晚会果汁饮料独家赞助等。①

近年来，更多企业加入节日传播的阵营，从而使节日期间的信息竞争更为激烈。广告的主题选择以"福"、"喜"、"和"最为多见。其中"福"的外延广阔，包括平安、健康、吉祥、成功等几乎所有美好的词汇，最大限度地浓缩了中国人对现实世界的期盼。其次为"喜"与"和"，前者不同于西方的狂欢精神，传递出独特的东方喜乐观——"乐而不淫，哀而不伤"；后者则作为中华民俗文化中最具感染力和凝聚力的精神，强调小到家庭、大到民族的团圆、和谐，绵延数千年仍不褪色，并通过春节、元宵、中秋、重阳、七夕等重大节日被集中展现。不过，大部分广告活动是为促销而促销的平庸之作，只有少部分广告在创意或策略上获得了成功。2011年除夕前夕，腾讯以"拉近人与人之间距离"为品牌传播核心定位，推出形象广告《亲情篇》。广告描述了一个青年在异国他乡与母亲通过QQ交流时体会到亲情伟大的故事，文案"偏见，因为距离而消失，爱变得清晰，唠叨变得动听。距离远了，弹指间，心却近了"饱含情感，在节日中触动了许多观众的内心。当年，该广告作品获得中国艾菲奖特别贡献奖与媒体实效类别的媒体形象类银奖（该奖项金奖空缺），以及中国广告长城奖创意奖银奖。

2013年春节期间，一些企业从不同的角度理解和表现"和"这一节日主题。蒙牛的广告代理公司华扬联众认为，春节既是国人最幸福的时刻，也是许多人因无法与亲友团聚而深感无奈和愧疚的一刻。广告公司独辟蹊径展开了主题为"点滴幸福，此刻最浓"的广告活动。活动分三个阶段进行：

在第一个阶段预热造势期，企业借助腾讯网的春运专题，制作了预热视频及图片特刊；在腾讯与新浪微博设置"春节了，回家吧"等话题，提前刺激人们对佳节团圆的期盼。

在第二个阶段互动期，以"回家"为题启动蒙牛春节回家互动活动，准确地将网友划分为能回家和不能回家的两部分（见图1-1）。

在第三个阶段行动期，活动通过互动网页设计，鼓励能回家的网友通过微博分享家书，填写家乡所在地、往返线路、回家日期以及回家最想做的事，勾勒出一幅幅充满幸福感的回家图景，赢取回家基金（见图1-2）。而针对不能回家的网友，活动通过名为"不能回家，就让心意抵达"的传情单元，鼓励其通过微博传达祝福（见图1-3），并为部分网友提供丰厚礼品包和"视频年夜饭"等奖励。

广告公司的效果调查数据显示，由于广告活动的主题贴近现实，视觉设计简洁且颇具动感，这一别具匠心的广告活动取得了丰硕的成果，春节互动活动

---

① 伍晓峥：《会师央视春晚，汇源演出新鲜大戏》，载《广告导报》，2006年4月16日。

图 1-1　春节互动活动的统计网页

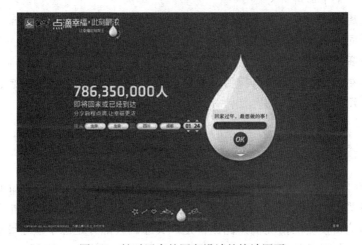

图 1-2　针对回家的网友设计的统计网页

的参与人数达到 3 393 183 人，超出预期 10%；其中超过 4 000 人参与了图片策划《见它如见父母》，并展示了大量真实感人的亲情故事；参加该活动的腾讯微博话题讨论超过 5 269 万条；预热视频的播放量达到 636 万次；评论超过 4.7 万次。① 此外，广告代理还设计了有趣的蒙牛手机客户端 Wap App 拜年活动，以好友包饺子送祝福为主要内容，在拜年这一节日活动中增加新鲜感，并提升

① 华扬联众数字技术股份有限公司：《蒙牛春节互动活动》，http：//hapiness.mengniu.com.cn/.

图 1-3　为不能回家的网友设计的统计网页

消费者对蒙牛品牌的好感……

　　上述的成功范例证明，与日常的广告活动相同的是，企业在节日期间的广告活动同样需要制定合理的目标，经过规范的程序、科学的规划，方能促使消费者提高消费额；而与日常的广告活动不同的是，企业还需要更为深刻地理解消费者在节日期间的情感需要，否则，广告不但不会因节日而增色，反而会快速地淹没在喧嚣中。

第一节　广告策划的界定

　　早在 20 世纪西方广告发展的黄金时期，有广告主曾感叹："我知道我有一半的广告费浪费了，但是我不知道浪费的是哪一部分。"直到当前，广告主因为缺乏前期策划而浪费投资的情况仍然比比皆是。其原因大部分是源于缺乏计划，即在不明了自身和竞争对手情况的前提下盲目投放。"凡事预则立，不预则废"，广告策划对于整体广告运动实务而言，就是起到了预先谋划的作用。

　　广告活动的前期策划往往包含了营销策划和广告策划等多个阶段。对于既定的营销计划而言，广告策划是保证每一次投放都是有的放矢、每一分钱都花在实处的最稳妥的办法。有了广告策划，广告及广告活动的各个部分才能有条不紊地依计而行，才能取得整体的广告效果；也只有广告策划才能给广告创意、广告活动以最实际的谋划支撑。

一、广告策划的含义

　　从中文词源来看，"策"在古文中同"册"，指古代书写的一种文字载体，即用来记事的成编的竹片或木片，后来在封建社会发展成应考者参加科举考试的一种文体，现今则演变成为"计划"、"策略"之意。"划"可通"画"，也有"计划、打算"之意。《词源》一书把策划解释为筹谋、计划；《辞海》中则认为策划是指人们事先的筹谋活动。

从英语词源来看，"策划"一词对应英语中的单词"strategy"，后来又变为"strategy"和"plan"的结合。20世纪，港台地区引进西方的相关书籍时，将其译做"企划"，并沿用至今。

我们认为，广告策划是针对广告活动的整体计划，是为提出、实施及测定广告决策而进行的预先研讨和规划。简言之，广告策划是广告运作的设计蓝图，是广告运作之前对于它的整体把握。

广告策划在整个策划活动中属于营销策划的下游，因而是服从于营销策划的。在营销组合4P(Product，Price，Place，Promotion)当中，广告策划所提前规划的就是其销售促进(Promotion)的一部分，与公关策划等处于同等的地位。但是，由于时代的变化，广告愈来愈与营销紧密结合，愈来愈呈现出一种营销和传播整合的趋势，广告策划因而具有了很多营销策划的痕迹。

在把握广告策划的含义时，我们有必要厘清三个问题：

其一，广告策划是针对广告活动而言的，它不等于营销策划和其他策划活动。

虽然本书基于广告与营销、公关等方式无法截然分开的事实，在广告策划的类型部分将广告策划分为广告传播策划和广告营销策划，但是我们认为，广告营销策划也是以传播的视点来界定的，与营销策划的思考方式完全不同。而且，对于具体的广告策划而言，广告营销策划只占其中的一小部分，真正起主导作用的还是广告传播策划。

其二，广告策划是一个指导性的程序，需要执行人员展开具体的实施举措。

美国哈佛企业管理丛书编纂委员会认为："策划是一种程序，在本质上是一种运用脑力的理性行为。基本上所有的策划都是关于未来的事务，也就是说，策划是针对未来要发生的事情做当前的决策。换言之，策划是找出事物因果关系，衡量未来可采取之途径，作为目前决策之依据……策划是一种连续不断的循环。"[1]广告策划是有别于广告设计、文案撰写、广告制作等执行步骤的，它是对于所有这些步骤的一个总体规划和指南。因此，广告策划的结果往往通过一份广告策划书来体现，它与广告活动的实施具有最直接的指导与被指导的关系。一般来说，真正具有价值的策划书，不仅策略清晰准确，而且可操作性强，能够使人一目了然，按照其条款井然有序地实施。

其三，在新时期，广告越来越呈现出一种"大广告"的趋势，广告策划与营销

---

[1] 徐智明、高志宏：《广告策划》，中国物价出版社1997年版，第13~14页。

日益紧密地融合，在很多情况下相互交织，难以分割。

鉴于时代的需求和实践的发展，我们不能拘泥于传统的广告传播，而要将有利于广告策划的其他相关因素都整合进来，为广告策划的总体目标服务。这些其他因素包括一些营销要素和营销手段、公关手段等。尤其进入 20 世纪末期的整合营销传播时代之后，广告领域的观念及实践有了大幅度的提升与拓展，在目标上从单一促进销售上升到整合营销传播，在内容上日渐系统、包容，在方法上从单一日渐全面。广告策划早已不再是个人智慧的表现，它越来越多地表现为一种群体活动、一种系统性的活动。因此，广告策划也日益显示出"大广告"的趋势，广告策划与营销策划的结合程度日趋紧密。

二、广告策划的特征

广告策划作为一种科学的广告管理活动，必须确立广告目标、广告对象、广告策略等原则问题，亦即解决广告应该"说什么"、"对谁说"、"怎么说"、"说的效果如何"等一系列重大问题。在整个广告活动中，它属于中心环节，具有核心和枢纽作用。它具备以下特征：

1. 指导性

广告策划作为整个广告活动之前的全盘规划，对于整体的广告活动无疑具备指导作用，也正因为具有指导性，广告策划才具备其存在价值。广告策划指导着广告的各个环节：它虽然以广告调查为基础，却指导着广告调查的目标和调查方式；它决定和指导着广告创意和广告文案写作，使其为整体目标实现作出贡献；它决定和指导着广告设计和制作，使其遵循整体创作表现的统一性；它决定着广告效果测定的各种标准，使其围绕广告策划所确定的原则和目标来进行……因此，广告策划指导着广告活动中各个环节的工作以及各个环节的关系处理，对整体广告活动来说是一个行动纲领。

2. 针对性

前面已经提到，广告策划是针对广告活动而言的，不是针对所有的活动。它也并不是研究广告的一般规律，而是将广告学的原理运用到具体的广告运动中，按照特定广告主的需要，充分考虑广告活动的有效性。任何广告运动都应当针对特定的广告目标，讲究投入产出，强调广告效益。广告效益既包括企业产品销售的经济效果，也包括企业形象、品牌形象等方面的效果；既包括近期的即时效果，也包括远期的潜在效果。要获得实际的广告效益，达到特定的广告目标，就必须具备针对性，这是由广告策划的根本目的决定的。

3. 系统性

广告策划是作为一个整体出现的，它可以是对于一个产品一段时期的广告宣传计划，也可以是一种产品的长期宣传计划，但是不管怎样它都是一个独立而完整的有机系统。广告的系统性是指广告活动的各个环节、各个要素在总体广告目标的约束下互相协调、互相依存、互相促进，各种广告策略系统组合、科学安排、合理运用，成为一个严密的系统。只有这样，才能防止广告策略之间、广告媒介之间的矛盾和冲突，才能克服广告运动中的随意性和盲目性，取得较好的经济效益和社会效益。

广告策划的系统性原则，要求在做策划时从全局和长远利益出发，而不能只局限于局部和眼前的利益，要让局部为全局服务，眼前的利益为长远利益服务。

4. 目标性

广告策划本身就是为了保证广告活动目标的充分实现而进行的一种预先谋划，策划的过程是减少不确定性的过程。如果没有目标，广告策划将失去其存在价值。广告策划的目标性特征就是要求通过策划，围绕某一活动的特定目标这个中心，努力把各个要素、各项工作从无序转化为有序，从而使活动顺利圆满地完成，以达到事先拟定的目标。① 当目标发生变化时，策划方案也应该相应地作出调整。如果偏离了目标，所得出的策划方案只能流于形式，而无法解决实质问题。

三、广告策划的功能

广告策划因其特殊的地位，承载着一定的功能。

第一，对于整体的企业营销策划而言，广告策划是营销策划的一部分，是服从于企业营销策划的。

在传统营销 4P 中，广告仅仅是销售促进的一部分，是服从于整体营销计划的。虽然在"大广告"概念的指导下，广告策划的范围有了一定拓展，但是总体上仍脱离不了企业营销策划的大范畴。企业营销策划协调着企业各部门的工作，协调着企业产品策略、价格策略、促销策略、销售渠道策略，综合运用市场营销手段为占领目标市场服务。在企业营销策划约束下的广告策划必然要为整体营销策划的目的服务，也就是说，广告策划的目标要与企业营销策划的总体目标相适应，它要服从于企业营销策划。

广告策划应该服从于企业营销策划是指，一方面广告策划应该准确地反映和配合企业营销策划的总体构思、战略意图和具体安排；另一方面它又要为完善企业营销策划提供良策，创造性地为企业营销目标和企业战略目的服务。广告策划要体现企业营销策划的意图和安排，表现在：广告策划要确立与企业营销策划相配合的目标市场，通过广告给产品创造一个市场位置，在消费者心目中树立产品形象；广告策划要体现产品策略的意图，体现出产品的个性特色，并通过产品生命周期来确定不同阶段的广告战略；广告策划要体现广告与其他营销手段和促销方式的配合，考

---

① 徐凤兰，方腾著：《广告策划学》，浙江大学出版社 2003 年版，第 64 页。

虑如何巩固品牌形象；广告策划还要体现出价格策略、销售渠道策略的意图，要成为企业产品被推向前台的开路先锋。

当然，这里面最重要的一点就是广告目标的确立必须与整体营销目标相联系。广告策划只有与企业营销策划的总体目标相适应，才能在营销计划的整体大框架中实现市场的开拓和产品知名度的提高。

第二，对于整体广告活动而言，广告策划起到核心和枢纽作用。

广告策划是整个广告运动的核心和灵魂，对于广告运动具有指导性和决定性的作用。要想开展任何成功的广告运动，都需要预先精心策划，尽最大可能使广告能"准确、独特、及时、有效、经济"地传播信息，以刺激需求，引导消费，开拓市场。广告策划的优劣，是决定广告运动成功的关键。任何一个广告运动，首先必须明确广告为什么目的而做、要达到什么目标、应该如何预算、怎样做、向谁做、何时何地以何种方式做、如何测定效果等，这些基本的原则和策略都要通过广告策划来确定。为了解决这些问题，广告策划者需要进行营销调查，掌握消费者、市场和产品情况，从各方面进行研究论证，提出相应的广告活动原则和策略。在这些原则和策略的指导下，确定广告目标、广告对象、广告主题、广告诉求方式、广告预算、广告媒体、广告效益等一系列重大问题。因而广告策划是整体广告运动的枢纽，指导着各个环节的实施。只有这种对广告运动所预先进行的科学规划，才能避免或减少广告运动的失误，获取较好的广告效果。

四、广告策划的类型

在现代激烈的竞争环境中，单纯考虑广告已经不能解决所有问题，从整体传播和营销的角度来考虑广告和广告策划成为大势所趋，因而本书将广告策划分为广告传播策划和营销策划两大类型。在"传播"和"营销"中，出于对消费者的重视，直接与消费者沟通、能够改变消费者态度的"传播"被本书放在了首位。因此本书所划分出来的广告营销策划是从"传播"的角度，为了传播需要而进行的营销活动，不同于更为宽泛、整体的营销策划。

(一)广告传播策划

广告传播策划主要是运用传播手段来提升广告品牌、提高产品知名度，达到广告传播的目的。按照传播是否以促进销售为直接目的，广告传播策划可分为以促进销售为直接目的的广告策划和以促进销售为间接目的的软性广告策划。

前者是传统的广告策划，主要依靠报纸、杂志、广播、电视、户外等传统大众媒介和网络、手机等新兴媒介，或单一选择，或组合使用，达到传播信息、塑造形象的目的。从20世纪末开始，伴随着媒介技术的巨大变革，网络、手机等新兴媒介从传统大众媒介的边缘地带崛起并迅速发展，在广告传播策划中扮演着日益重要的角色。时至今日，新兴媒介已经成为绝大多数大中型企业所认可的媒介选择，发挥着传统策划所不能及的互动传播优势，为企业及其品牌增加顾客黏性，迎合市场革新的需要，进一步使广告传播策划从传统的"硬性"广告向"软性"广告过渡。

后者以公关等不太"功利"的形式出现，是常规硬广告的有益补充。主要的形态有软文广告、事件策划（赞助活动、突发事件、其他活动）、植入广告等。软文广告于20世纪末在国内市场便已普及，它巧妙地规避了有偿新闻这一受到法律禁止和道德批评的误区，或通过企业自行发表软文广告，或借助媒体对企业制造的热点事件主动报道，与硬广告相配合，获取公众的注意。事件策划不仅包括企业主动谋划的事件用以引起公众注意，比如各种体育赛事、社会活动等，也包括对突发事件的应对。植入广告则是近年来十分常见的一种传播策划种类，它将"硬"和"软"两种性质较好地融为一体，将产品的相关信息"植入"事件、节目，降低消费者对硬广告的抵触和警惕，使其在关注事件、观看节目等过程中接触品牌，为日后的购买选择奠定基础。

（二）广告营销策划

将广告策划分为广告传播策划和广告营销策划，是从一种指导思想上来考虑的。它源于以下几点思考：

（1）4C（Customer"消费者"、Cost"成本"、Convenience"方便"、Communication"沟通"）理论。营销的4C理论将消费者放在最重要的位置，从消费者的角度来考虑营销成为时代的一种必需。

（2）整合营销传播。整合营销传播一个很重要的思想就是"营销即传播"，它说明了在现今社会条件下传播与营销越来越紧密结合的一种状况。

（3）大广告概念。正由于传播与营销难以分开，单纯、传统意义上的广告往往不能奏效，广告越来越与营销等多层次因素结合，成为一个包含着传播和营销要素的范围很广的概念。

因此，在本书中我们提出：在传播与营销的关系中，将传播放在首位，从传播的角度来考虑营销。尽管传播的目的是实现营销，但既然消费者是最重要的，而传播正是与消费者沟通的"前台"，营销无疑属于"后台"，就需要以传播的视角来反向思考营销。

广告作为一种传播手段，是与消费者打交道的前台工作，营销虽属于后台工作，却是传播的基础，也是影响消费者的根源。为了从"根"上去增强广告的传播效果，就必须从消费者的角度出发，以广告的效果为思考点，反向考虑营销的各个要素应如何改变才有利于传播。这就是广告营销策划的基本含义。

这是一种反向的视角，目的就是在广告策划中一切以消费者为中心，以更有效地对消费者进行传播为目标。因而，在广告策划这两种类型中，传播仍是具有主导性的。这里所讲的广告营销策划，也不是等同于常规意义上的营销策划，而是对于广告传播策划的一个辅助。根据现代营销4C理论，我们从以消费者为营销的中心来确定策划思维，并从产品、定价、渠道、销售促进四个方面来探讨广告营销策划。

1. 产品因素与广告的结合

在策划过程中，虽然多数情况下企业和产品的情况是既定的，但是在很多时候广告人必须从消费者的需求出发，对产品核心性能及附加价值提出意见和建议，以便找到广告的利益支持点，使产品达到甚至超越消费者的期望。

2. 渠道因素与广告结合

不同于渠道策略，在广告策划中充分考虑渠道因素的作用还包括如何充分发挥渠道(尤其是终端)的作用，使消费者在选购产品的同时完成信息知晓。可利用的具体工具包括海报、吊旗、彩页、产品陈列等传统广告形式以及店内广播、店内液晶显示屏等传播工具，也包括近十年来蓬勃发展的各种虚拟终端——电视、网络、手机。

3. 定价因素与广告结合

在价格策略中，高价撇脂和低价渗透策略均是常用的定价方式，用以与广告策划相结合，使品牌区别于竞争对手。

例如，以高价定位策略闻名的哈根达斯。在中国市场，哈根达斯几乎已经和"星巴克"一起成为"小资"生活的代名词。"小资"们都很熟悉这句广告语：爱她，就给她哈根达斯。在北京、上海、广州流行时尚中，有两大共同的爱好：逛宜家、吃哈根达斯。

哈根达斯的率先流行是在"小资"情调最为泛滥的上海，而其价格确实让人咋舌：单球圣代31元、鲜果烈焰冰淇淋甜品79元、各类冰淇淋蛋糕158~428元，分量很少，绝对属于高消费。然而对于那些"小资"消费者来讲，却正好符合了他们追求高品质生活和追求情调的需要。

但令人惊异的是，哈根达斯在美国只是属于普通大众的消费品，在中国售价超过100元人民币的大桶家庭装哈根达斯，在美国不到3美元，价格竟相差4倍多。在美国，哈根达斯主要集中在超市和自动售货机销售，只有纽约这样的超大城市才有零星的独立餐厅。哈根达斯中国市场的负责人表示，价格昂贵是因为其产品100%从美国进口。据他透露，在哈根达斯进入的44个国家，走的都是"极品餐饮冰淇淋"路线，瞄准的目标消费者是处于收入金字塔顶峰、追求时尚的年轻消费者。从营销的角度来看，哈根达斯的高定价策略，正符合了营销学的两条经典理论：品质较高的产品，价格可以不成比例地提高；定价较高的产品，则会使消费者认为产品的品质较高。

与哈根达斯形成强烈对比的是以中质低价定位区隔竞争对手的格兰仕微波炉。20世纪90年代初，微波炉在国内属于一种新兴家电，国内外品牌的价格均在2 000元左右。生产格兰仕产品的企业认为，对于这样一种普遍缺乏认识的新产品，定价过高，难以被国人接受，于是决定采用渗透低价进入。此后数年，格兰仕在改进产品质量的同时，不断保持其较低的价位。

4. 其他因素与广告结合

营销组合中的其他因素是买主和卖主之间所有与营销有关的传播活动，其手段分为人员传播和非人员传播。前者包括卖主与消费者的所有人际接触，而后者除包含广告外，还囊括直接营销、公共关系、销售推广、广告辅助材料等。

(1)人员销售。无论营销和传播的技术与观念发生怎样的巨变，人员销售依然在促进产品销售、沟通企业与消费者的过程中发挥着极为重要的作用。在企业对企业的营销(B2B)中，人员销售可以营造面对面的氛围，使卖主获得有关客户需求和欲望的第一手资料，而客户在这种情形下更难以拒绝。

(2)直接营销。直接营销就像把商店搬到了顾客面前，随着相关技术手段的进步，直接营销的形式和成效也不断发生变化，邮购、电话都是常见的直接营销方式。相关企业将直接营销与广告传播结合，如安利、雅芳、天狮等，通过大规模的广告传播，将新产品推向市场，在短时间内扩大知名度；借助直接营销，企业将产品直接送至消费者手中，节约了中间流通成本，使产品在价格上更具竞争力，例如安利旗下的纽崔莱系列保健品、雅姿系列护肤品均沿用了这一策略。

(3)公共关系。许多公司利用各种公关活动来补充或取代硬广告传播，向不同消费者传递有关企业及产品的信息，建立企业的信誉及良好形象。

(4)销售推广。销售推广是一整套影响消费者的手段和活动，通过引起分销网络成员和潜在消费者即刻的和明显的行为，在短期内弥补营销组合其他因素的不足。这类活动包括商业活动、样品派送、优惠券、购物奖励等。销售推广主要被当做适应外部形势(如竞争压力、库存压力、新品上市)的策略。由于企业经常要求广告人解决各种营销难题，他们有必要了解并掌握如何进行整个传播技巧的组合。

第二节　广告策划的历史沿革

广告策划是一个既年轻又古老的思维活动，它古老的一面源于"策划"漫长悠久的历史，而它年轻的一面则与现代广告活动的变迁有着直接关系。了解广告策划的历史沿革，将有助于我们更加准确、客观地认知广告策划的过去、现在，并且清晰地展望它的美好未来。

一、策划的缘起与发展

策划思想的萌芽可追溯至原始社会时期。原始人在猎取动物时，有意识地对猎捕活动进行计划，比如预先挖好陷阱、设下埋伏等，以获得更大的收获。这也说明了人类区别于其他动物的重要标志之一就在于人类的活动是有目的性的。这种有目的的活动就更要求人们在活动前进行考虑，这种行动前的思考过程就是策划行为。而先前在行动中所获取的经验便为下一次的策划提供了重要的依据和参考。①

春秋战国时期是策划活动在中国古代的鼎盛时期。职业策划人在此时形成，以李斯、张仪等人为代表的谋士便是其中杰出的代表。他们策划的内容以军事、政治、外交为主，充分展现了个人的智慧和胆识。而当时各诸侯国的君主也通过招贤纳士获取谋士、幕僚的谏言，从而帮助自己实现割据一方甚至兼并他国的政治理想。在此阶段，古人还在实践中总结了许多经验，以集体劳动的方式创作了一批经典文献，如《战国策》、《周易》、《孙子兵法》等，对后世产生了深刻的影响。比如《战国策》一书，其名称"策"，充分体现了"策略"、"谋略"之意。又如，《周易》认为，观察要详细深入，放开视野，这样才能做到耳聪目明；防敌要有备无患，反击敌人要正确选择合理的时机等。《成语字典》中至今仍保留有很多关于策划的成语，如"事成于谋，行成于思"、"运筹帷幄，上兵伐谋"等。

进入现代社会后，伴随着社会生产关系的深刻变化，策划活动日趋多样和复杂。随着经济的发展和策划实践的不断进行，策划的内容不限于军事、政治和外交，还包括促进销售、增进贸易，以及社会组织、个人的社会活动，其中，商业策划成为新时期的主流。在以促进销售、增进贸易为内容的商业策划中，公关策划、广告策划、CI 策划、促销策划等出现，使商业策划的门类日渐丰富，专业化程度提高，其中公共关系领域策划的运用对策划的理论化发展起到了重要的作用。

在西方国家完成第一、二次工业革命的历史进程中，资本家为了追求利润的最大化，常常压缩回报、增强劳动强度，因而使双方既有的矛盾激化，并且引发负面的社会舆论。为了缓解尖锐的劳工矛盾，改变不利的社会舆论环境，企业开始着手公共关系的建立与调和，于是公关策划这种新的策划门类应运而生。1904 年，美国公共关系专家艾维·李创办了美国宣传顾问事务所，进行了世界上最早的公共关系策划实践，帮助资本家协调与工人群体的紧张关系。

1955 年，被后人誉为"公共关系学之父"的爱德华·伯奈斯在《策划同意》一书中首次提出并且运用了这一概念。② "策划"终于从实践层面进入严格规范的理论层面。

同一时期，随着部分企业的日益壮大，企业出于竞争的需要进行了更多的策划实践。策划的商业属性表现得更加明显，且规模更大，形式更新，效果更为显著。20 世纪后期，陷入困境的 IBM 公司率先开展 CI 策划活动，使这家专业制造商用计算机的公司迅速摆脱了危机，重占行业领军者的有利地位。而它独具特色的企业标识也成为企业形象的重要识别标志，不但为消费者所熟知，而且也被众多知名企业

---

① 徐凤兰，方腾著：《广告策划学》，浙江大学出版社 2003 年版，第 67 页。

② 赖瑞·泰伊：《公关之父伯奈斯》，海南出版社 2003 年版，第 136 页。

所效仿。CI 策划在西方国家的诞生及兴盛，预示着策划的包容性达到前所未有的程度，广告、公关、营销这些曾经各自分立的策划内容朝着整合的方向演进。

二、现代广告策划的发展演进

纵观东西方社会，广告行为基本都诞生于原始社会时期，承载着"广而告之"的初衷。然而，广告策划作为一种系统、有针对性的广告思维活动，却并非和广告的历史一般久远。它的出现与现代资本主义经济在全世界的确立有着密切关联，是社会经济高度发展的产物，更是现代广告发展的产物。

在资本主义发展的早期，两次工业革命极大地释放了资本主义社会的生产力，也促进了人口的增长。到 18 世纪早期，世界人口已增至近 6 亿；19 世纪中叶，这个数字扩大到 12 亿。阿伦斯认为："一些大城市的人口数量已足以承载大量的广告。正是广告量的增加引起了广告战略的转变。"①此时期广告公司及广告人主要的策划任务是帮助企业销售产品，帮助媒介销售广告资源，并从中谋利。

20 世纪初，西方社会进入工业时期。此时，新型大众市场逐渐形成，销售导向取代生产导向成为西方社会最有力的发展动力，也牵引着广告领域的观念与实践变革。一方面，广告实践领域趋向产业化，调研、策划、创意、设计、执行等环节分工协作，专业化程度日益提高；另一方面，广告观念的变革为广告实践的发展提供了理论的支持。二者相辅相成，共同推动西方广告行业的进步，也推动广告策划的发展变革。

20 世纪 20—30 年代，以广告调研为代表的环节在广告活动中发挥了日益显著的作用，既大大提升了广告活动的科学性，同时也为广告策划的开展奠定了必要的基础。"二战"以后，以动机调查为代表的针对消费者心理和行为的调查研究帮助企业和广告人进一步准确地洞察消费者，从而提升了策划的精准程度。

西方广告在 20 世纪 50—60 年代迎来了发展的黄金时期。大卫·奥格威、李奥·贝纳、罗素·瑞夫斯等一批创意旗手在此时集中出现，不但形成了各具风格的创意方法，而且实施了诸多成功的广告活动，推动了劳斯莱斯、玛氏巧克力等一批品牌风行西方。

20 世纪 60 年代，英国伦敦波利特广告公司创办人斯坦利·波利特率先在广告实践中使用了"策划"这一概念。此后，广告策划在理论和实践两方面均持续进步，在广告活动全程中承担起了重任。现代广告策划的诞生与演进标志着现代广告达到规范化、科学化的发展程度。

自 20 世纪 50 年代开始，西方广告领域涌现了一系列重大的策划观点，它们直

---

①　[美]威廉·阿伦斯著，丁俊杰，程坪等译：《当代广告学》，人民邮电出版社 2006 年版，第 29 页。

接推动了广告策划实践水准的提升，以应对产品数量激增、同质化程度上升的新的市场形势。20 世纪 50 年代，罗素·瑞夫斯在拉斯克和霍普金斯的基础上提炼的独特销售主张 USP 理论，使差异化成为该时期广告策划和创意的重要指导思想。

大卫·奥格威在 20 世纪 60 年代提出的代表性理论——品牌形象理论弥补了原有广告观点的不足，将广告策划从寻找产品质量功能层面的差异提升至塑造独特品牌形象的高度，将西方广告引入一个新的阶段。它对品牌维护的长期性、系统性的重视也与当前广告策划的内涵与特点不谋而合，因而品牌形象理论不仅是一种杰出的创意观，而且还是极具前瞻性的广告策划观念。

进入 20 世纪 70 年代，随着竞争的加剧，特劳特和屈特的定位策略成为一种颇具生命力的新兴观念，定位策略"可以将某一特定品牌与消费者的某些优先需要结合起来，因而能有效地使该品牌与其竞争对手区别开来。于是，产品差异化和市场细分便成了一种更加有效的方法"。①

20 世纪 80 年代至今，西方社会进入后工业化时期，社会变革风起云涌，新老产品的更新换代、新兴市场的开拓和传统市场的衰退同时进行，共同构成了极为复杂的营销格局。广告策划作为广告运动的核心环节，既面临着开启新格局的机会，也需要应对新的问题。此阶段，整合营销传播理论（IMC）是广告界最具世界影响力的观念，对广告策划的影响也最为深远。IMC 理论强调高度的协同、一致，强调企业与消费者的全面、双向、长程关系，综合企业营销和传播两方面，打破各自为政的局限，以整合、跨职能的方式应对后工业化时期的时代特征。

三、广告策划在中国的发展

广告活动以及广告观念在我国由来已久，近代中国已经产生了粗具规模的广告策划实践，比如在当时经济最为发达的城市上海，一些民族企业家率先运用当时最先进的媒体——报纸，开展声势较大的广告传播活动，扶持民族产业及其品牌的发展。不过，现行的诸多学术资料均认同，现代意义的广告策划观念及实践进入我国却是在 20 世纪 80 年代。1989 年 4 月，上海的唐仁承出版了第一本广告策划方面的专著《广告策划》；其后，北京的杨荣刚也出版了《现代广告策划》一书。

20 世纪 80 年代以来，国内广告策划业从起步到粗具规模经历了从初期发展到历经混乱、重新调整的曲折历程。

1. 改革开放初期至 20 世纪 90 年代末：从萌芽到繁荣

改革开放初期，在搞活经济的大潮中，一些头脑灵活的国人敏锐地嗅到了社会转型带来的商机，他们借助宽松的政策一步步解放陈旧的思想，改善了物质生活，

---

① ［美］威廉·阿伦斯著，丁俊杰、程坪等译：《当代广告学》，人民邮电出版社 2006 年版，第 36 页。

让更多人见识到了"点子"的巨大能量。此后，一部分人甚至做起了出卖点子获取报酬的工作，其中知名度较高的有何阳等人。自何阳开始，点子公司纷纷成立，成为市场上一个新行业。此时的"点子"可以被视为关于事物具体创意以及创意的实施，它虽直接、具体，但同时也零散、随意。因而，此时的点子和西方广告界的广告策划实践或理论均有着相当大的距离，于是此阶段仅能被视为萌芽时期。

不过，借助媒体的报道，"点子"在国内商业领域产生了较大的影响，并被烙上了解放思想、改革开放的时代印记。1992 年，《中国青年报》在头版头条登出了《何阳卖主意，赚钱四十万》的新闻。该新闻的导语写道："思想、策划、主意也能卖钱。北京一位名叫何阳的发明家光靠给企业出谋划策，赚了 40 万元。何阳创办的和洋民用新技术研究所，目前已获中国专利 20 余项，技术转让费 100 多万元。"同年 9 月，《人民日报》也刊登文章报道了《何阳卖"点子"赚钱有方》。何阳从此名声在外，而策划也作为一个行业逐渐得到社会的关注。在 1993 年的春晚中，相声节目《点子公司》便直接取材于当时社会对点子的热捧。20 世纪 90 年代的电影《甲方乙方》同样取材于此。

几乎在同一时期，公关策划的手段和经验被大量借鉴到营销活动中，广告成为企业公关的一个组成部分，广告策划在公关策划的发展中获得了机遇，但是也潜藏着致命的缺点，比如专业性不强、高度依赖个人经验、缺乏科学性等。此时两大最经典的策划实践是中原商战和广东碧桂园的策划案例。

1989—1991 年，郑州爆发了闻名全国的亚细亚商场和商城大厦的中原商战。中央电视台《经济半小时》节目曾专门为此录制了一个系列专题片《商战》。在这场持续几年的商业竞争中，策划人王力为新兴的亚细亚商场制定了一系列的竞争方案，用以帮助亚细亚商场在郑州的零售业立足，并还击商城大厦等老牌对手的激烈对抗。在这些方案中，调查研究这一最能提升策划准确性的手段被运用，电视广告业首次被运用于零售行业，用以扩大知名度，使策划活动更加形象生动。

1994—1995 年，经由王志刚及其团队的策划，广东顺德的碧桂园楼盘由一片烂尾楼变为国内知名度最高的楼盘之一。在该案中，策划人除了运用公关手段外，还充分发挥了大众媒体在广而告之方面的作用，并形成了一套较为成熟的房地产策划经验，在其后的诸多楼盘中被多次使用。

在此发展阶段，国内策划业还涌现出了李光斗、赵强、叶茂中、余明阳、孔繁任、崔秀芝、秦全跃等一批策划人。他们以各自不同的思路、风格活跃在为客户创造价值的舞台上，将国内策划业推向了一个短暂的繁荣期。

2. 20 世纪 90 年代末至今：混乱与调整期

20 世纪 90 年代末，曾经对国内市场水土不服的外资广告公司、咨询公司在逐渐适应中国特殊的市场环境后迅速展露出国际水准，并以其规模和规范方面的优势拉开了与中国同行们的距离。这些公司包括奥美、麦肯、智威汤逊、盛世长城、李奥贝纳、达彼斯等广告公司，博雅、伟达、宣伟、爱德曼等公关公司和麦肯锡、罗兰·贝格、兰德、盖洛普等战略咨询公司。

在这些合资公司及其所代表的西方营销及传播观念体系面前，国内广告策划的缺点也日益显露。一方面，以个人智慧见长的中国策划人及其团队开始越来越难以应对不断变化的市场环境。尽管早在 20 世纪 80 年代便有学者正式提出过广告策划，但是在实践中，广告策划的边界并不清晰，"广告策划能做什么、不能做什么"等基本问题模糊不清。另一方面，在十年繁荣期中，尽管策划界各种"大师"层出不穷，但是昔日的大师们不断出现信誉危机，比如，1999 年，宁夏虹钢实业贸易公司将何阳告上法庭，何阳因商业诈骗入狱，被判刑 12 年。此外，这一时期还发生了许多行业丑闻……包括广告策划在内的整个策划领域要么官司缠身，要么互相指责。因此，这个行业遭受着社会针对其成效和道德两方面的拷问，前者与策划实践的效果、策划人的能力相关，而后者则与行业操守、职业道德相连。

客观地看，由非程序性、非专业性转向规范、专业和科学是策划以及广告策划发展的必然趋势。无论是中国古代的策划活动，还是改革开放初期到 20 世纪 90 年代的策划实践，这些行为更多地依赖于策划者的个人因素，包括能力、才干、经验乃至道德水平；策划行为的整体水平还停留在较低层面，比如，过度重视短期轰动效应忽视长期效果，片面追求销售增长而漠视法律法规、道德伦理等。因此，从 20 世纪 90 年代后期开始，国内策划领域进入一个急需整顿的状态，迫切需要向规范、专业和科学的方向转型。这一发展需要并不排除广告人个人因素的重要作用，也不忽视营销目标，而是更加强调科学理论的指导，强调不同职能、不同个体甚至不同组织的协同，强调严格依照程序展开实践。

近年来，尽管该领域还有诸多问题未能得到根本解决，不过国内的策划领域历经光环与棒喝的变故逐渐进入调整状态，策划业从笼统、模糊的状态正细分为营销策划、广告策划、公关策划、媒体策划等分支，并开始有了日益规范的运作方式。不过，需要清醒意识到的是，广告策划在国内的发展与西方国家的成熟水准依然有着相当的距离。提升专业程度，增强规范性，缩短整体差距，仍是摆在我们这些后来者面前最重要的课题。

第三节　广告策划的程序和原则

广告策划在其运行过程中应该依照一定的程序来进行，也要遵循一定的原则。

一、广告策划的程序

作为一项系统工程和一个思维过程，广告策划有自己的一套工作流程，必须按部就班、有条不紊地进行。广告策划的程序可以从以下两个方面来看：

　　一个方面是从广告公司的工作程序来看，广告策划的程序是指广告公司从客户手中接到广告任务之后的一个工作步骤，一般程序如下：

　　(1)组建广告策划小组。广告策划小组应该包括下列几种人：业务主管、策划人员、文案撰写人员、艺术设计人员、市场调查人员、媒介联络人员和公共关系人员等。在这个小组内，业务主管、策划人员、艺术设计人员和文案撰写人员是最重要的，也是最理想的广告策划小组的召集人。

　　①业务主管。业务主管一般是由总经理、副总经理或业务部经理、创作总监、策划部经理等人担任，通常称作 AE。在广告公司中，很多时候 AE 的水平是衡量一个广告公司策划能力的标志之一，他是沟通广告公司和广告主的中介，一方面他代表广告公司，与广告主洽谈广告业务；另一方面，他又代表广告主监督广告公司一切活动的开展。因此，AE 在广告代理业具有特殊的地位。

　　②策划人员。一般由策划部的正副主管和业务骨干来承担，主要负责编拟广告计划。

　　③艺术设计人员。参加策划小组的往往是艺术总监和骨干。艺术设计人员包括美术设计人员，如果是影视传播公司，则还包括摄影、摄像、音响效果等人员。由于一般的广告策划公司的电视电影广告是另外请人来制作的，或者交给二级影视代理商，所以，广告艺术设计人员主要指的就是美术设计人员。

　　④文案撰写人员。一般由文案指导参加，专门负责撰写各种广告文稿，包括广告正文、标题、附文、新闻稿甚至产品说明书等。

　　(2)向各职能部门下达任务，即向客户部、媒介部、策划部、设计部等部门下达工作指令。

　　(3)商讨和制定战略，进行具体的策划工作。主要讨论确定本次广告活动的指导性原则。决策之后，小组开始商定实现战略决策的具体策略，如广告的产品策略、市场策略、时机策略、媒介策略以及促销策略等。

　　(4)撰写广告策划书。这是广告策划工作的成果，是整个广告活动的行动纲领。

　　(5)向客户提交广告策划书并由其审核，经双方商讨进行修订和调整。

　　美国广告学者威廉·博伦认为，广告策划是广告公司给广告客户的一份作战计划。因此广告策划书必须经过广告客户的认可，方可进入制作、发布等实施阶段。如果广告客户不认可，则需重新修改或加强沟通，通过双方协调，进行修订，客户通过之后，方可进入执行阶段。

　　(6)将方案交由各职能部门具体实施，并监督实施的情况。策划小组要监督创意、设计部门是否将广告创意成功地转化为表达创意理念和广告信息的作品，要督促媒介部门按要求科学合理地购买和组合媒介的时段与版面，并根据现实问题及时作出反应和查漏补缺。

(7)在策划的全过程当中,还要注意与市场调查人员配合,进行事前调查、事中测试和事后检验,以保证广告活动的效果最大化。

另一个方面是从广告策划的内容和要素来看,广告策划的程序可以分为广告调查和营销分析、广告战略策略分析、综合决策以及编定广告计划书四个阶段。

(1)广告调查与营销分析。广告调查活动是整个广告活动的前提和开端,是广告策划的基础。在广告策划之前,广告调查应根据广告策划的需要搜集情报和资料,其调查的成果为广告决策分析所用。在广告策划的过程中,广告调查也能通过提供准确可信的资讯促使广告策划顺利进行。如果广告调查所获得的外部环境、内部环境以及广告实施条件等情报资料,还不足以为广告战略、策略的制定与分析提供可靠的依据,或者在策划过程中出现了与广告活动相关的种种新情况时,有关人员就要按广告决策分析的需要再进行调查,补充收集相关情报资料。广告调查所获得的情报资料越全面、越准确,广告决策分析也就越有可靠的基础。日本的九大商社经营策略各不相同,但它们有一个共同的口号:"情报就是生命,情报就是金钱。"只有充分运用调查结果的广告策划,才能真正知己知彼,制订出成功的广告计划。

营销分析是在广告调查的基础上,围绕企业的营销战略策略,针对消费者、市场、产品、竞争对手和企业自身情况进行深入分析。广告活动应考虑开展活动的外部环境,并分析广告主自身的内部环境。诸多外部环境(如政治经济环境、自然气候环境、社会文化环境等)看上去似乎与广告活动没有直接的联系,但它们对广告活动总是能产生或多或少的影响;市场状况、竞争态势、消费者行为与心理等市场环境中的要素则对广告主的营销行为有着十分直接的作用;广告主的内部环境,即企业的人力、物力、财力等有形和无形的实力,资产都是与对手竞争的力量源泉之所在。另外,由于营销活动中还有许多变量存在,一些不可控的偶然情况出现,广告策划应该对这些因素可能的变化以及变化的趋势进行一定的预测,从而制定有针对性的应对措施。归纳起来,营销分析是在广告调查的基础上解决四个问题:了解市场——了解即将进入或扩展的市场在什么领域、容量有多少、理想的市场占有率为多少;了解客户——确定客户(顾客)的身份与特性,了解用户(顾客)与自身的关系,区分现实用户(顾客)和潜在用户(顾客);了解对手——包括了解对手的资金、技术、产品、服务、市场地位、发展新动向、广告活动等方面的优势和劣势,并重视可能出现的新对手;了解自身——包括现有实力和发展实力,包括机遇和危机。只有对营销中各个方面的要素做出充分考虑和了解之后,才能确定正确、长远的战略和可操作的策略。

(2)广告战略策略分析。在营销分析的基础上,策划者们应着手研讨和提出本次广告活动的各种战略、策略,包括广告战略目标、广告预算、广告主题和创意、广告策略及实施的方式和时机、广告效果等。

①广告战略目标分析。广告战略目标决定着广告策划的基本方向，对其他广告策略的制定与执行具有很大的指导和统帅作用，因此是广告策划流程中尤为关键的一个环节。战略目标分析要解决为什么做广告、做什么广告、采取什么战略、要达到什么效果等问题。在制定广告战略目标时，要秉承整体性、可行性、集中性的宗旨，广告战略目标必须符合广告主整体营销目标，并与其他目标相协调，广告战略目标要明确、切实可行、能够实现，广告目标要集中单一、重点突出、主次分明。

②广告预算分析。作为广告主计划投入广告活动的经费，广告预算是广告活动得以开展、持续和完成的经济基础。广告预算分析要根据市场、产品、服务、竞争对手、广告目标、广告策略的需要来预先分析企业应投入多少广告费用，以及广告费用应该如何使用和分配才能取得最好的广告效果。

③广告主题和创意分析。广告主题分析是从广告目标、产品及其生产者、消费者的角度去分析广告应树立怎样的灵魂，应说明什么基本概念。广告主题像一根红线贯穿广告活动的始终，在广告创意和表现工作中具有指导作用，它决定广告作品所使用的元素。广告主题一旦与消费者产生共鸣，就能够产生有利的广告效果，使广告活动的具体方案顺利展开。广告创意要研究广告主题以怎样的内容和方式表现出来才能达到"说什么"与"怎么说"的最佳结合，产生打动人心的震撼力和感染力。

④广告策略分析。广告策略分析主要针对市场状况分析如何具体表现广告主题和广告创意，以及采用什么表现方法等。

⑤广告实施方式分析。主要讨论广告策略的执行应选择什么媒体或非媒体方式，媒体之间应如何组合与协调，媒体与非媒体方式之间应如何呼应配合，广告投放的时机、地域和对象，广告投放的频率等内容。

⑥广告效果分析。广告效果分析是对广告策略执行效果的检验，以考察广告策划的准确性、科学性，并根据反馈信息对原先的计划及时作出修正和调整。广告效果分析既有阶段性又有连续性，必须有一个客观的态度，并运用科学的测定和分析方法。

（3）综合决策。综合决策是对广告决策加以确定的阶段。在广告策划中，提出广告目标、广告主题、广告创意与表现、广告媒体计划等策略之后，应对其进行综合平衡、研讨论证。

在这一阶段，要分析和评价广告目标、广告主题、广告创意与表现等广告策略是否准确、恰当。在实际工作中，对各环节和步骤的分析与确定往往是分阶段进行的，并不能完全按照理论一次完成、一步到位，广告运作中所面临的问题不是一次就能考虑周全并圆满解决的。因此，需要对各项问题进行反复分析与讨论，以便根据实际情况的变化对决策进行修正和完善。

在这一阶段，要对各种广告策略进行综合平衡。广告策划是一项系统工程，要求各项广告策略科学组合、协调一致。广告运动能否始终围绕广告目标进行，广告主题和广告创意与表现能否在广告策略中充分准确地体现，各种媒介与非媒介方式能否协调配合……都是综合平衡应该考察的内容。对于已经存在和可能存在的冲突和矛盾，应该论证问题出现的来源、原因，然后及时调整，不但使各项广告策略之间彼此协调，还要使之与营销策略相协调，从而在广告活动乃至营销活动中发挥最大的作用。

(4) 编定广告计划书。形成和确定广告决策后，还必须编制出广告计划书，作为具体实施决策的依据。广告计划书是广告策划的产物，是广告策划一系列的思维和决策活动的最后归纳与总结，是广告策划所决定的战略、策略、方法、步骤的书面体现。广告计划书要明确广告的目标、策略、预算等决策，更重要的是对各项广告策略的实施进行具体安排，并制定出广告运动全过程的具体预算方案。

二、广告策划的原则

广告策划不仅是科学严密的系统工程，而且还是富于创造性的思维活动，决定着广告活动的发展和效果。因此，在对广告运作全盘考虑时应当依据、遵循科学的原则。

(一) 系统性原则和灵活性原则

广告策划应该遵循系统性原则，是基于两层意思：第一，广告策划是企业营销策划的有机组成部分，是企业营销策划这个大系统的分支系统，因此必须服从并服务于这个大系统，使企业营销组合中的各项策略相互协调和发挥作用。第二，对广告活动的全局来说，广告策划又居于核心地位，具有统帅作用，因而必须使广告活动中的广告调查、广告计划、广告创意与表现、广告制作和广告效果测定等各环节相互协调。在广告策划工程中，要从系统的概念出发，注意每一个因素的变化可能引起的其他因素的变化及产生的影响。

遵循系统性原则，就是要协调广告活动中各要素与环境的关系，讲求整体的最佳组合效应，从全面着眼，通盘规划和组合。把广告策划作为一项系统工程来进行，重点应该协调四个方面的关系：一是广告与产品的关系，广告要服务于产品，保持广告与产品的一致；二是各种媒体、各种促销手段之间的关系应是互相配合、有序组织；三是广告的内容与表现形式之间的关系，形式必须服从于内容，内容通过形式来表现，两者有机统一；四是广告与外部环境之间的关系，广告要适应市场环境、政治经济环境，并利用好外部环境中的有利因素，使消费者更好地接受广告信息。

但是，在坚持系统性原则的同时，广告策划也应该讲求灵活性原则，即要求既关注过去与现实的各种情况，又重视未来可能出现的种种变数，关注此地的实际又不忽视异地的差别，根据不同的时空环境、对象量体裁衣。灵活性原则主要体现为：不断调整自己的工作，以适应广告对象的变化，适应地区、时机、媒介手段的变化，并及时根据现实情况修正和补充策略与计划。

系统性原则与灵活性原则不是相互对立的，而是紧密相连、互为补充、互相渗透和相辅相成的，因为系统性原则不是固定不变的公式，更不是僵化呆板的教条，系统性本身就显示出了有机体的生命力，包含着灵活性。当代社会的政治、经济和文化等各方面的情况都在快节奏地演化，国际国内市场更是风云变幻，常常出现许多意想不到的情况。因此，广告活动所面对的广告环境、消费者状况、产品状况、竞争对手状况等都处于不断变化之中。强调灵活性原则，就是强调广告活动所影响的消费者并不是抽象的概念或固定的整体，就是强调广告活动并不是脱离社会的政治、经济、文化环境而孤立存在，它与系统原则是一致的、统一的。

广告策划中坚持系统性和灵活性原则的实践例子很多，我们可以从一些著名品牌广告主题的提炼来印证。

案例一：可口可乐各时期的广告主题

1886 年(刚刚上市时)：提神美味的新饮料

1889 年：味美爽口，醒脑提神

1890 年：可口可乐——令你精神爽朗，回味无穷

1907 年：可口可乐，南方的圣水

1923 年：令人精神爽朗的时刻

遍及每一个角落

使炎热的天气变得凉爽

四季都会口渴

1925 年：一天喝 6 000 000 瓶

1929 年：要想提神请留步

1936 年：喝新鲜饮料，干新鲜事儿

1944 年：可口可乐，全球性的符号

1953 年：恢复您的精神

好味道的标志

真正清凉的饮品

20 世纪 60 年代：享受可口可乐

只有可口可乐，才是真正可乐

喝一口可口可乐，你就会展露笑容

20 世纪 80 年代：微笑的可口可乐

20 世纪 90 年代：如此感觉无与伦比

挡不住的感觉

　　这些广告主题的提炼，虽然各时期有变化，但总是延续了有关提神醒脑、凉爽、清凉、让人快乐这些本质内容，有一定连贯性，而且口号的变化是逐步进行的，有着从具体的利益到抽象的品牌利益发展的一个过程，使消费者易于接受，体现了其系统性和灵活性的原则。

案例二：力士根据受众群心理的变化拟订广告宣传计划

　　联合利华公司出品的力士香皂多年来一直以"这是国际影星使用的香皂"为广告诉求口号。但是，由于时代观念对力士的受众群——妇女的态度与行为的影响，联合利华公司与它的广告代理商智威汤逊，几十年来都适时地调整诉求重点与风格(关于影星的风格与情调)，调整广告战略战术，使品牌传播中的影星表现更符合当今世界中妇女关于影星作用与价值的流行观点和意见，从而保持了买主对品牌的信任和好感。其主要的广告策略如下：

　　1925年至1945年，妇女把照顾丈夫和孩子作为生活中的要务，她们缺少自信，并且对配偶极其依赖。因此，那时的广告主要是信息型，强调妇女的家务劳动，同时表现得相当屈尊。

　　1945年后的10年间，妇女建立了一些自信，但大多仍是取悦于丈夫——尽管她们开始创建一种美丽和迷人的氛围，通过它尽可能地接近空中小姐和银幕偶像的形象。那时，力士的广告强调美丽和可爱的皮肤："力士给你特别的肌肤，为你生命中的男人。"

　　1955年后，妇女越来越自信，并且类似卫生保健的主题不再是禁忌。妇女有她们自己的选择，并且参与公关活动，她们从消极的角色变成以越来越积极的态度面对生活。于是，力士广告中的影星们变成了"朋友"，在业余时间或家庭的私人环境中展示、分享美丽的秘密。

　　随着20世纪70年代世界女权运动的发展，妇女参与了民主运动并被与男人相同对待，能谈论有关信仰和知识的广泛话题。这些态度直接反映在力士广告中。影星不再被描述为银幕中的上帝，而被展现在日常生活中的普通环境中。

　　20世纪80年代，"新女性"变成一个独立的个体，她希望被看成自信、独立、积极和果断的象征，她使用化妆品不再是为了取悦别人，而是为了满足自己。广告再次试图对所有这些加以考虑。光有迷人的外表已不够，所以加上一点对人格和个性的强调成为当时广告的特点，但是它们从不丢失力士广告迷人和性感的一贯特征。

　　现在，力士广告仍注重对影星表现的细微差异，并以妇女们认同的生活方式与期望加以描述。影星不只代表美丽和迷人，真正的女明星应具备以下这些常人少有的品质：成功与社会承认，加上个性和个人"传奇"；"体貌美丽"的时代理想，加上迷人的、魔幻般的、性感的吸引力。

从以上可以看出，力士品牌形象的国际影星战略，在战术运用上始终体现了与时俱进的时代精神。保持主题的延续性和系统性，又不失灵活性，依据市场环境和受众心理的变化适时改变广告策略，可以说是广告策划中坚持系统性和灵活性的完美代表。

(二)创新性原则和实用性原则

广告策划中应该坚持创新，想他人所未想，做他人所未做，使广告信息最大限度地影响消费者。

广告策划的创新性原则主要体现在：第一，对整个广告活动的策划要有新意，有创造性，表现在战略、策略上有独到之处，在广告全局规划和各广告环节都有自己的特色，而不是照搬或模仿别人成功的广告活动。第二，广告创意要出新。创意是通过构思、创造意境来表现广告主题的，其生命力就在于它的独特性、新奇性、人情味或哲理性。一则能让人回味无穷、久久不忘的广告，往往是它独特、巧妙、耐人寻味的创意，而创意的好坏，很多时候直接关系到广告效果的大小与市场营销的成败。第三，广告表现手法要新颖，广告词、广告文案语言、广告画面或广告版面设计都应力求具有新的艺术构思、新的格调和新的形式。

广告策划的创新性有别于文学艺术的创新性。文艺家的创作是他们自身思想情感的艺术表现，如何创新是文艺家本身的事，并不受规定主题和某种目标限制。广告创意也是艺术创造，但首要任务却是表现特定主题，是调动各种艺术手段去影响消费者。因此，广告策划必须有很强的实用性。

坚持实用性原则，要重视两点：第一，必须重视达到策划目标的现实性与可能性。商业广告是企业的一种投资，广告策划不能脱离企业的实际，否则再好的广告策略对企业来说都是纸上谈兵。企业的广告投资要考虑广告目标策略的需要，但必须从自身的投资能力出发来考虑，这样在决定广告目标、拟订广告计划时，就要进行可行性论证，从实际情况出发决定策略和实施方案。在广告策划中重视可行性研究，是对企业负责的一种表现，是提高策划水平、强化其实用性和有效性的一个重要环节。第二，策划出来的每个环节、每个步骤、每个方案都是具体可行的、能够实际操作的。作为广告策划结晶的广告战略方案、广告创意方案、广告媒体计划和组合策略方案、广告效果测定方案、广告预算方案等局部实施方案应该有很强的实用性、可操作性。

创新性与实用性不是相对立的两个原则，因为创新要以实用为基础，而实用要以创新为灵魂，两者是可以相统一的。

(三)经济性原则和道德性原则

广告策划坚持经济性原则是自不待言的，因为广告策划的目的就是要给广告主带来效益。但是，在坚持经济性原则的同时，一定不能忽视道德性原则。因为广告策划者作为社会的一员，有义务维护社会的公共道德，维护消费者的利益。也只有这样，广告主及其产品才不会给消费者留下不好的印象，才能更好地维护广告主的利益。

随着社会的日益进步，广告对于社会经济、政治、文化等方面的影响愈来愈重大，因此，坚持道德性原则显得尤为重要。坚持道德性原则，主要体现在：第一，广告信息和广告表现必须真实，要遵守我国的广告法律法规。我国的广告法和各项广告法规早已明确规定，广告必须真实、健康、清晰、明白，不得以任何形式欺骗用户。任何不真实的广告不仅不能持久，不能给企业带来合理的、应有的经济效益，而且还要承担法律和道义上的责任，损害企业和产品形象。第二，广告策划必须坚持正确的导向。近年来，虽然我国的广告业有了长足的进步，但是一些广告的暴力和色情倾向以及低级趣味，仍在相当程度上侵扰了社会公众的精神生活。比如部分女性卫生用品广告、女性内衣广告、一些药品广告都引起了观众的不快。而一些篡改成语的广告语、电视广告中的暴力和色情镜头也给青少年的思想健康造成了不良影响。因此，经济效益与社会效益并重，增强广告的人文精神，增加审美性、娱乐性，是新时代对于广告策划者的要求。

上述广告策划的原则，既有相对独立性和指导性，又是相互渗透、相互补充、相互作用的，并综合体现于广告策划的全过程。原则不是死板的条文，也不是机械的公式，关键是策划者如何在总体上把握并运用于广告实践。广告策划的基本原则就是强调广告传播中各种相互作用的因素具备战略性质，应该将涉及广告创作构思的诸种因素与广告创作的诸种技巧、手法协调起来，通过精心策划和盘算，制订出切实可行、能带来预期效益的广告计划和实施方案。

思考与练习：

1. 广告策划在整体广告活动当中处于什么样的地位，有着什么样的作用？
2. 在广告策划中运用创新思维的重要性在哪里？试举例说明。
3. 广告策划可以分为哪几种类型？广告营销策划的提法源于什么主导思想？
4. 广告策划在我国的历史沿革体现出怎样的规律？

第二章　广告战略策划

☞ **本章提要**

　　广告战略是广告活动的全局性与长远性的指导思想和基本方针，以广告调查分析为基础，以目标战略为策划核心。广告调查与分析是对消费者、广告主体、市场情况的总体调查和分析，为制定广告目标服务，分为营销调查分析和传播调查分析两个部分。广告目标战略与目标营销紧密相关，包括市场细分和目标确立两个步骤。广告战略的选择可根据市场营销战略、产品生命周期来进行，战略评价有多种方法，是对战略选择的再审查、再检验。

☞ **章节案例**

Levi's 的不老神话

　　自 19 世纪中叶诞生以来，Levi's（李维斯）几乎已经成为牛仔裤的代名词。有关它的传奇无数次作为范例被一本又一本广告和营销类的教材所津津乐道。

　　1853 年，李维·施特劳斯应姐夫大卫·斯特恩邀请远赴旧金山，投身淘金热潮。他历时 5 个月，行程 17000 英里，带来了各种用来做帐篷和车篷的帆布，希望在旧金山经营布料生意。施特劳斯在洞察到金矿地匮乏矿工衣服之后，便将厚重的棕色帆布送到裁缝店，制作成了世界上首批牛仔裤，当时名为"骑腰套装"。随船运来的帆很快全部用完，施特劳斯转而使用法国尼姆产的斜纹布生产牛仔裤，深蓝色从此取代棕色成为牛仔裤最主要的颜色。此后，由于矿工高强度的劳动常将盛金块的裤兜撑开，迫使施特劳斯必须改进服装的质量，提高其耐磨损的能力。1873 年，裤兜四角加钉铆钉的李维斯牛仔裤获得了专利，李维斯 501 成为牛仔服装领域的经典之作。很快，牛仔裤成为美国体力劳动者们最喜爱的工装裤。

　　自 20 世纪 30 年代开始，得益于休闲文化在美国大受欢迎，以李维斯为代表的牛仔裤被赋予了年轻、时尚等特征，开始在美国社会流行起来。在好莱坞明星马龙·白兰度、玛丽莲·梦露等明星的示范作用下，李维斯迅速摆脱了工装裤的定位，转而深受年轻人青睐。

　　20 世纪 70 年代之后，牛仔裤跻身社会主流阶层，不少贵族与社会名流也开始穿着牛仔服装，比如英国的安娜公主、埃及的法赫皇后、法国的蓬皮杜总统以及身着牛仔装竞选的美国前总统卡特等。

1950年，李维斯公司的年销售额达到200万美元；1975年，其年销售额跃升至10亿美元；1996年的销售额高达71亿美元；1997年，李维斯在戛纳广告节获得三座金狮奖……然而，20世纪后期，这一神话在达到顶点之后也不得不面临尴尬的现实——品牌老化，销售缩减。

正如巴纳德零售咨询公司总裁库尔特·巴纳德(Kurt Barnard)所言："李维斯犯的错误，归根结底是他们自己将李维斯品牌在美国的历史上神圣化了。当然可能没有任何人不熟悉李维斯的名字，但是越来越少的人购买这种产品。而李维斯却自大地认为，这个名字可以克服任何不幸与逆境。"

之后，李维斯调整了广告策略，开展新的广告活动，着力缩短品牌与年轻消费者之间的距离，着力展示品牌年轻个性的一面。2009年的"前进吧"(Go Forth)系列广告针对没有看过以往李维斯广告的18~34岁的人群，文案诠释了"不要再满足于等待好光景的到来，我就是好光景的创造者"的开拓者气魄。2011年，李维斯则推出以"路，我主导"(Roadwear)为主题的系列广告，作品风格与"前进吧"系列接近，其文案则更加跃动。诸如"我不要待在家里发霉"，"无论你将什么砸向我，我都准备好了"，"我也许看起来很嫩，但我准备好了含垢忍辱"等均为其中的代表(见图2-1)。

图2-1   2011年李维斯"路，我主导"系列广告之一

即使在童装广告中，李维斯也大胆突破，充分利用儿童的好奇心与想象力，以更多不规则的新奇的表现方式来迎合新时期的儿童群体。如2009年李

维斯童装系列广告(见图2-2)。

图2-2 2009年李维斯童装系列广告之一

为了进一步拓展中等收入者的市场，李维斯在2010年推出了一个价格较低的子品牌——单宁镇(dENiZEN)，并将这一子品牌推向中国市场。

李维斯的故事让我们重新审视昔日所有的"经典"范例——面对不断变化的市场，即使经典如李维斯，也需要向市场俯身。

第一节 广 告 战 略

一、广告战略概述

如果说广告策划是整体广告活动的指南，那么广告战略的制定就是广告策划的指南，在现代社会竞争激烈的市场环境中，广告战略往往是衡量一个企业的远见、市场行为的灵敏度和市场潜力的重要标准，对于企业提高市场竞争力尤为重要。

（一）广告战略的含义

广告战略是广告活动的全局性与长远性的指导思想和基本方法，一般是指在进行详尽的广告调查和分析之后，确立广告目标以及实现广告目标的战略和策略。广告战略策划就是对整个广告活动指导思想、目的、原则的宏观运筹和谋划。

（二）广告战略与广告策略的区别

与广告策略相比，广告战略这种谋划是从整体营销过程和广告活动的全局出发的，在全局上具有指导性质，它是广告活动较长时间内稳定不变的基本方针，它为广告活动的各个方面和环节规定了必须奉行的根本原则，以达到预定的广告目标。

广告策略则是另一种谋划，它是从广告活动的各个环节出发，为了贯彻战略方针、实现战略目标而采用的局部方式或手段，如创意策略、表现策略、促销策略、媒介策略等。它要根据环境情况在战略原则允许的范围内不断变化，具有很强的机动性和很大的灵活性以及工作手段和操作方式的艺术性。

广告战略和广告策略在含义上的主要区别概括如表2-1：

表2-1　　　　　　　　　　　广告战略和广告策略的区别

广 告 战 略	广 告 策 略
全局性	局部的
长期性	阶段性
稳定性	灵活性
指导性	操作性
方针、原则	方式、手段

二、广告战略与广告策略的相互作用

首先，广告战略对广告策略起到制约作用。广告战略与广告策略是全局与局部的关系。广告策略必须服从于广告战略的指导，为实现广告战略目标服务，因此，广告战略对广告策略具有制约作用。脱离广告战略，广告策略就无从制定；即使制定出来，也无法体现其价值。

其次，广告战略需要依存广告策略。广告战略对广告策略的依存与广告战略的制约作用是相互联系的。广告战略目标的实现，必须通过一个个广告策略，经过一步步努力才能成功。离开了相应的广告策略，广告战略就只能是空中楼阁，一纸空文。

广告战略和广告策略因其具有一致性，都是一种谋略计划，因而就各种大小不同的范围来说，它们的区分只是相对的。比如，对企业系列产品总的广告活动来说，应该有一个整体的广告战略；而就其中某一个产品的广告活动而言，它也有其战略，而这个产品的广告战略对于企业整体改革战略来讲，又具有策略性质。但是，在同一个确定的范围内，广告战略和广告策略的区分却是确定的。

三、广告战略策划的程序

在广告活动中，战略策划的程序同样需要遵循一定的顺序：

首先，广告调查与分析。广告调查与分析作为广告活动的起点，同时也是广告战略策划的起点，负责为广告活动和战略、策略的制定收集有关企业和产品营销及

传播方面的信息，并发现机会与问题。不论广告活动的规模大小，广告调查与分析都是必不可少的一环，其差别仅体现在调查与分析的方法、持续时间及经费投入等方面。企业和广告公司已有的营销与传播知识、经验可作为重要的工作基础，但决不可代替调查与分析，使广告活动步入主观推断的境地。

其次，确定广告的目标战略。广告目标战略是广告战略策划的核心，它源于20世纪以来西方的目标营销观念与实践，以市场细分作为重要理论和实践依据，大大提升企业营销与传播的准确性。随着全球市场在新时期进一步变化，有关市场细分的新方法和新观念不断涌现，比如精准营销、微观营销等，确定目标战略也须不断更新观念，提升成效。

再次，选择和评价广告战略。根据不同的标准，广告战略可以分为多种不同种类，比如依据市场营销战略可分为差异性广告战略和无差异性广告战略、集中性广告战略；在产品不同的生命周期，广告战略也将有所区别。因此，选择广告战略需要综合考察企业和产品的不同因素；而评价广告战略发生于战略选择之后，需要对广告战略的实际操作进行科学合理的评估，使之与广告活动的现实相吻合，并指导广告策略与广告执行环节取得预期的效果。

第二节　广告调查与分析

广告调查与分析是广告战略策划的基础，从而也是整体广告策划的基础。通过对消费者、广告主体、市场情况的总体调查与分析，得出市场机会点，从而为制定广告目标服务。昂贵的广告费迫使广告主必须事先了解自己的顾客，例如他们接触哪些媒体、他们想要什么以及喜欢什么，否则投入的资金将无法收回，更难以获得预期的回报。因此进行调查研究是非常必要的，不仅体现在广告策划活动之前，而且也体现在广告策划活动当中和广告活动实施之后。按照调查及分析的对象、内容，广告调查与分析可分为营销调查与分析和传播调查与分析两大类。

一、营销调查与分析

营销调查与分析的对象可以分为以下三类：

(一)广告市场分析

广告市场分析主要包括市场环境分析、市场需求分析、行业状况分析和竞争对手分析。

1. 市场环境分析

市场环境分析是对影响企业市场营销过程与成效的宏观和微观环境分析的总称。其中，宏观环境包括经济、政治、自然、技术、法律、社会文化等多个方面的巨大社会力量；微观环境则具体涵盖与企业直接关联的各个组织机构与个人，包括企业自身、供应商、竞争对手、消费者以及其他社会公众。

2. 市场需求分析

市场需求分析是对于与广告活动密切相关的市场情况的分析，包括对现实需求和潜在需求的分析。需要先进行市场需求容量的调查、市场供求关系的调查、市场消费结构及其发展变化趋势的调查以及企业产品的市场占有率或品牌知名度的调查，从而获得相关数据和相应的情况分析，再用实际的数量将企业产品的市场需求情况表现出来，为广告决策做好准备。

3. 行业状况分析

行业状况是对企业和产品所处的行业背景、经营状况和竞争局势的分析，比如行业外部各种因素对行业的影响，行业内部情况对企业及其品牌的作用等。行业状况分析有助于广告主和广告公司更明确整个行业的发展趋势和所面临的内外情况，从而提高广告决策的持续性。

4. 竞争对手分析

现代社会生产力的进步导致了产品数量的巨大增长、产品同质化程度的提高，为数众多的企业在同一个目标市场中争夺有限的消费者。因此，广告人必须认真细致分析竞争对手的情况，明确企业在竞争中的地位，从而对不同竞争对手采取有针对性的对策，从而使广告活动能够配合整体的营销战略。

在分析竞争对手时需要重视其整体营销情况和广告形式两方面的内容。

(1) 竞争对手的整体营销情况。包括竞争对手的数目与层级、主要竞争对手的经营历史与财务情况、市场覆盖率和占有率、品牌形象与市场位次、主要的营销手段及其成效，以及产品生命周期等。

(2) 竞争对手的广告形式。包括广告诉求、产品广告与形象广告的比例、媒体选择、投放数量与额度、广告活动与其他营销手段的配合等。

通过对上述情况的搜集和分析，企业可以基本认清自身在行业内的竞争状态，找出目标市场的薄弱环节和出击方向，为广告策划提供必要的依据。

(二) 消费者分析

20 世纪 60 年代初，奥美广告公司为美国旅游业面向英、法、德三国创作广告。大卫·奥格威通过对欧洲的市场调查发现，英国只有 3% 的家庭年收入超过5 000美元，而美国则有一半家庭达到这一水平；大多数欧洲人因为不了解到美国旅游的花费等有关情况，认为到美国旅游花费太高而不敢问津……因此，能否消除欧洲消费者的误会，成为向欧洲市场推广美国旅游项目的关键。在反复核算美国各地住宿、饮食、交通等方面的详细情况之后，奥美公司创作了广告——"去美国旅游，一周只需 35 英镑!"这则广告在欧洲的报纸上投放后立即引起轰动。广告投放8 个月后，从法国到美国旅游的人数增长了 27%，英国为 24%，德国为 18%。

无数广告范例向我们证明，对消费者的充分了解是广告战略乃至广告活动成功的关键。消费者研究是为了确立目标市场而进行市场细分研究，其任务就是找出与企业及产品有关的具有共同需求和特征的人群，从而确立较大的目标受众群为广告活动的目标对象。

针对消费者展开的调查研究需要解决的主要问题是目标消费者是谁、目标消费者在何时、何地、为何以及如何购买，简称"4W1H"（Who，When，Where，Why and How）。为了获知上述问题的答案，洞察消费者常常需要借助下面几个方面的调查：

1. 目标消费者界定

从社会经济学、社会心理学以及人口统计学的角度了解目标消费者的各种属性和特征，将帮助企业和广告公司解答"目标消费者是谁"的重要问题，为何时购买等其他与之相关的问题奠定重要基础，从而为广告活动确定目标市场。其中，依据社会经济学和人口统计学，我们可以从性别、年龄、地域、职业、民族及种族、社会阶层等方面的外部属性对消费者进行逐一地研究。

（1）性别。性别的差异对于广告的影响几乎是众所周知的，比如不同的商品选择、不同的思维方式、不同的审美偏好等。

（2）年龄。随着年龄的增长，人们所重视的商品会有所改变，对某些商品的看法也会有所改变，所以一个产品必须认识到自己所面临的年龄层次才能更好地展开诉求。比如，百事可乐在20世纪末通过"新一代的选择"，强调其年轻和活力，从而与不分年龄层次的可口可乐区分开来。

（3）地域。消费者的地理分布将对其商品选择产生直接的作用，地理人口细分的方法便基于这一情形。无论吃穿住行用，消费者在商品选择和使用过程中均不同程度地展现出地理环境的差异，对广告的认知和接受程度也有所区别。在跨区域的广告活动尤其是全球广告活动中，考察地理位置是广告调查分析中的重要一环。

（4）职业。不同职业的人在消费方式、观念和能力方面有较大的不同，因此广告活动必须区分目标消费者的职业状态，针对不同职业的消费者采用不同策略。

（5）民族及种族。在人类社会漫长的历史发展进程中，各民族、种族的人们形成了不同的语言、文化传统、生活方式，表现在商品消费上也各不相同。一些民族或种族还有自己长久形成的某些禁忌，比如在伊拉克，绿色代表伊斯兰教，禁止被任何商业广告所使用……广告人必须对此引起充分的重视。

（6）社会阶层。西方社会学家将职业和收入作为重要依据，将社会个体划分为不同的社会阶层——上层、中上层、中层、中下层、下层。同属于某一阶层的人往往具有相近的社会地位、生活方式以及消费模式。尽管社会阶层并非一经出现就固定不变，但是寻找其成员的共同特征，对于传播和营销活动仍然十分必要。

此外，从社会心理学入手，将心理因素——价值观、态度、个性和生活方式作为分类依据，还可以对消费者进行消费心态细分。在某些产品品类中，比如功能同质化程度极高的服装行业，消费心态细分是常用的细分方式。诞生于 20 世纪的斯坦福 VALS 分类体系及其升级版 VALS2，均是按照消费者所拥有的社会资源以及自我倾向，将美国消费者的心态和行为进行了深入的研究。随着这一系统在世界其他国家的推广，VALS 体系不再只针对美国消费者，而衍生出了日本、欧洲等多个不同版本。

2. 消费者的决策过程分析

从消费者的角度来看，消费者的决策行为可分为五个阶段：唤起需求、搜集信息、综合评价、决定购买和购后感受。对消费者决策过程的分析，有助于企业和广告公司了解消费者何时、何地、为何以及如何购买。

(1)唤起需要。需要和消费者为什么购买关系最为紧密。作为决策过程的第一步，需要的产生既可能源于内在原因，又可能受到外界刺激。比如因为饥饿而购买食物或前往餐厅就餐属于内在原因，而看到朋友纷纷购买 iPhone 之后也去购买则属于外界刺激。当需要的强度达到一定程度并足以引发行动时，便形成了动机。

从 20 世纪中叶开始，西方营销领域开展了大量关于需要和动机的研究，主要针对消费者在消费过程中的购买动机进行分析，掌握消费者购买过程的真实意图，从而帮助企业更准确地向消费者推广产品、展开诉求。其中，美国心理学家马斯洛的"需要五层次说"具有广泛的影响。他认为，人类的一切行为都基于需要，需要是从低级向高级渐进的。一般来说，只有最低层次的生理需要获得满足后，才会产生高一级的需要；未满足的需要是购买者产生动机和行动的源泉和动力；当一种需要获得满足后，它就失去了对于行为的刺激作用。请看这五个层次及其对应的产品和促销诉求关系(见表 2-2)。

表 2-2　　　　　　　　　　　需要与产品、促销诉求的关系①

需　　要	产　　品	促 销 诉 求
自我实现	高尔夫俱乐部	"享受时光"
自尊	豪华轿车	"公路在握"
归属和爱	项链坠	"向她表示你在乎"
安全	轮胎	"跳过障碍"
生理	早餐麦片	"自然动力之源"

马斯洛的观点基本符合客观实际。但在实际生活中，一个人的需要并不是机械

---

① [美]威廉·阿伦斯著，丁俊杰、程坪等译：《当代广告学》，人民邮电出版社 2006 年版，第 195 页。

地逐级满足的，有时会同时进行，有时在较低层次需要完全满足之前就产生了较高层次的需要，所以这些需要层次并不是固定的，一种产品也可能同时满足几个不同层次的需要，即需要具有动态性。制定广告策略之前必须对消费者的需要进行全盘考虑。

（2）搜集信息。当消费者的需要产生并确立了满足需要的购买目标之后，往往会着手了解和搜集各种有关信息，以便进行评价比较，帮助自己作出决策。消费者搜集信息旨在解答两个问题，一是选择什么品牌的商品，二是用什么标准去选择商品。消费者究竟要了解、搜集多少信息，往往取决于购买经验及其所购买商品的特性。广告所传递的信息是消费者在搜集信息阶段重要的信息来源。这类信息虽然不是消费者从自身购买经验中直接获得的，但是企业和广告公司可以通过提高广告信息的可信度、亲和力，使消费者信赖广告信息。

（3）综合评价。当消费者搜集到足够的商品信息后，就会对所有可供选择的商品进行分析对比和综合评价，从而缩小挑选范围。商品评价是以消费者自己的选择标准为基础的，比如"物美价廉"。如果综合评价的结果是可行，购买行动将产生；反之，信息搜集过程及结果将被作为经验储存起来，方便今后的决策。在综合评价阶段，广告的作用是通过直接的产品推荐或者间接的形象塑造、心理暗示等，使产品进入人们的评价序列，甚至成为最终的选择结果。

（4）决定购买。当消费者对商品信息进行综合评价后，就进入决定购买阶段。消费者的购买行为一般可分为三类：一是试购，即少量购买尝试新产品；二是重复购买，对于熟悉的品牌再次或经常购买；三是系列购买，即购买主要目标商品后还购买相关的商品。

（5）购后感受。消费者使用商品后，通常会根据个人的感受和期望对购买过程及结果加以评价，目的是论证自己的购买决策是否正确。如果用得非常满意，而且价格比较适宜，则评价结果为满意；反之，则会产生负面的情绪，直接影响下一次的购买行为。

在上述一系列的过程中，除了个人的感知、需求和态度等因素外，行为过程及结果还会受到家庭、社会等人际因素和时机、场所等非人际因素的影响。因此，消费者的决策过程是一个非常复杂、充满不确定性的过程。

（三）广告主体调查与分析

广告主体分析指的是对广告主体和广告产品的分析，通常不包括广告公司的分析。

1. 企业分析

在企业调查的基础上，对企业经营情况、企业营销战略、企业形象、消费者的态度等方面进行分析，从而把握企业整体的发展计划、营销情况和企业的优劣势，以便更好地进行定位。在营销领域，学者们开发了许多企业分析模型，其中 SWOT

模型是使用范围最广泛、知名度最高的分析模型之一。

SWOT(Strengths，Weaknesses，Opportunities，Threats)分析模型被广泛应用于分析企业的优势、弱势、机会和威胁，它强调主客观的符合、内外因的协调一致，因而虽然历史悠久但仍然适用。使用 SWOT 模型来进行企业分析，实际上就是将企业调查的结果进行具体化、细分化，以简单明了的方式表现出来。其中，优势是指企业内部的优势及其独特的竞争力，相对于其竞争对手而言，是否具有独特的销售主张，是否有市场份额及公众认可的多方面优势。劣势是指企业自身的弱点，包括内外部弱点，如技术是否过时，是否具有竞争优势，是否具有良好的沟通能力等。典型的劣势常有工厂及设备老化、生产条件有限、生产者素质较低、技术过时等。机会则包括企业在外部环境中是否具有新开辟的市场、是否有需求增长的可能、宏观经济因素的变动、汇率的波动等。威胁主要来自外部环境，比如经济衰退、市场疲软，也有部分来自内部环境，比如管理不善、员工跳槽等。

此外，更重要的是对于企业营销战略的分析，因为广告产品的营销战略是企业整体营销战略的一个部分，而广告策划无疑要以此为基础。

2. 产品分析

产品分析是广告主体分析中的重要一项，也是基本的方面，通常包括对产品生命周期的分析、对产品特征的分析以及产品定位分析等内容。

(1)产品生命周期分析。根据市场营销学理论，正如人要经历从出生到死亡的各个阶段一样，产品也会经历一个生命周期。产品生命周期是指一种新产品自开发、投入市场到最后被市场淘汰为止的全过程。产品生命周期中的位置会影响所采用的广告形式。产品生命周期一般分为四个阶段：引入期、成长期、成熟期和衰退期，可以用曲线来表示(见图 2-3)。

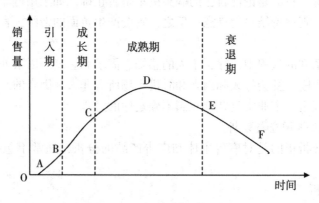

图 2-3　产品生命周期图

（2）产品特征分析。产品特征是产品与其他竞争产品相区别的特性，既可以是产品的主要功能、属性、质量等内在性质，与产品的使用价值直接相关；也可能存在于规格、形态、包装、形象等外在领域，构成产品的附加价值，满足消费者的心理需要。

在产品同质化程度加剧的当下，产品特征之间（尤其是内在性质）的差异缩小，加剧了产品在市场上生存的难度，也直接为广告活动制造了难题。因而产品特征分析就是为了寻找产品的差异点，使产品在复杂的市场局面中获得有利地位。

在产品的众多特征当中，消费者能够明显感受到的产品特征及产品间的差异是显性差异，而隐性差异相比起来难以察觉。广告活动的作用就是通过前期分析挖掘更多的显性差异，并借助创意和表现将隐性差异形象地展示出来。

（3）产品定位分析。广告人员在掌握了产品所处的周期及分析了产品特征之后，就需要进行产品定位的相关思考。战略定位的基本目的就是在消费者和潜在消费者心目中形成某个清晰的印象，获得某个稳定的位置。

定位策略诞生于20世纪70年代，由美国学者艾·里斯和杰·特劳特提出。当下，定位策略已经成为广告领域最重要的策划和创意观念之一，产品定位的方法与手段也随着时代的变迁而有所增加。因而产品定位分析就是要针对企业产品在消费者心目中的位置进行剖析，为未来的营销传播活动寻找更加有利的机遇。

常见的产品定位方法主要有两类，一类以产品实际可见的特点为依据，比如质量定位、价格定位等；另一类则不局限于产品的物理性能或可感知的具体特征，而借助更为抽象的方式加以区隔，比如特殊利益定位、比附定位、是非定位等。

在前一类定位方法中，质量定位突出表现产品的使用价值，突出产品的质量优势，即产品本质特征上的优势，这些优势主要来自产品的物理、化学、技术性能，使用期限，安全性能等，价格定位则是突出商品的价格特点，尤其是相较于竞争对手的价格特点。

在后一类定位方法中，特殊利益定位是突出产品能够超越同类产品而提供给消费者的某种特殊利益，它可以是有形的、可量化的，如质量、功能等；但更多的时候，特殊利益是无形的，例如人们的社会地位、身份、象征或者追求。西方奢侈品市场的绝大多数品牌均是通过这种"特殊利益"巩固了其与一般竞争对手的差别，牢牢占据了竞争的高位，获取了远远超过成本的巨额利润。比附定位（又称追随定位）和是非定位类似，都是将该产品与某种知名度较高的产品联系起来，利用对方的声誉和知名度。两种方法的区别在于，比附定位是将两者关联起来，而是非定位则是将两者对立起来。著名的比附定位案例有艾维斯出租公司的"我们是第二"系列广告活动，莎碧娜比利时航空公司的"比利时有五个阿姆斯特丹"广告；而是非定位早期的杰出案例有七喜的"非可乐"广告定位等。

二、传播调查与分析

传播调查与分析包括传播信息调查、传播环境调查和传播效果调查三个方面的内容。

1. 传播信息调查

传播信息调查的主要内容是创意概念调查，它是在概念阶段测定目标受众对不同创意思路的接受程度。一般而言，创意概念调查是将广告创意的大概思路或概念进行消费者测试，然后评测其创意主体概念能否得到消费者认可。

例如，艾耶公司用动画广告片的形式准备了几条试探性广告设计，初稿广告没有运用活动画面，而是采用一个个静镜头。每个场面都突出美国电话电报公司为消费者准备的一种不同功能，比如用个人通信设备从海滩发传真，在不减速的情况下付过路费，或用"智能卡"买音乐会门票。然后，公司在其特制实验室里采用深入定性访谈和定量技巧相结合的方式进行小组访谈。在主持人调控谈话的同时，每组人都可以观察这些模拟广告，公司员工则通过单向玻璃墙测定、记录和观察受访对象的反应。

在把握住哪种产品和服务最具魅力之后，艾耶公司创作了一条广告，向消费者宣传美国电话电报公司将给他们带来的好处。主题就是简简单单的"你将会"，广告提出各种各样的问题，如"你从电话亭给你的宝宝催眠过吗？"然后回答："你将会。美国电话电报公司将让你享受这一切。"这个广告非常成功。因而广告调查基金提名艾耶公司参加大卫·奥格威奖的决赛。该奖是专门奖给以调查为依据而创作出最有效的广告的。

2. 传播环境调查

传播环境调查主要围绕媒体调查展开，需要解决的基本问题是广告投放的目标区域媒体拥有量及其分布，各具体媒体的基本背景、主要栏目/节目内容、广告价格及相关广告刊播政策等。在广告业发展成熟的西方，由于专业细分程度很高，广告公司通常会向专业的广告调查公司购买相关的媒体数据，比如 A.C. 尼尔森公司、西蒙斯公司等。在国内，受西方专业分工的影响，一些本土或合资的调查公司也纷纷成立，他们在媒体数据收集和分析方面比广告公司更为专业，因而能够在传播调查中发挥更大的作用。2010 年版的《中国信息协会市场研究分会会员名录》显示，活跃在国内市场的前十大外资和本土市场调研公司有：央视-索福瑞媒介研究公司、上海尼尔森市场研究有限公司、北京特恩斯市场研究咨询有限公司、北京益普索市场咨询有限公司、新华信国际信息咨询(北京)有限公司、北京三星鹏泰技术咨询有限公司、零点研究咨询集团、北京捷孚凯市场调查有限公司和北京新生代市场监测机构有限公司。

随着媒介技术的变革和传播环境的变化，传播环境调查的对象比以往更为丰富，既包括以报纸、电视为代表的大众媒介，又包含网络、手机以及新型的户外媒体；对相关传播政策的关注，也从原来的大众媒介范畴扩散到更大范围。

3. 传播效果调查

由于广告主对广告预算的重视，必然非常重视广告的传播效果。广告传播效果调查一般可分事前、事中和事后调查。创意概念调查也可被归为事前调查的范畴。广告主利用广告传播效果调查来确保其广告资金的合理使用或规诫以后的广告投放，这样可以防止现在或以后可能发生的失误，还可以使广告主对销售结果以外的广告传播价值进一步重视。

第三节 市场细分与广告目标战略

广告目标战略是广告战略策划的核心，因为广告目标战略直接对应着下一步的广告策划和广告行动，是将广告战略付诸实施的一个转折点，确立了广告目标，广告战略就开始与实施挂钩，广告策划的整体活动就真正开始了。

在实践中，很多广告策划人在确立广告目标的时候，都会写上诸如"在市场中为产品创造有利形象，以增加销售，扩大利润"这样的表述。但这种表述其实不具备任何意义，因为这种不明确的概括不会使人明白广告究竟能够达成什么样的目标，会花多少成本，又如何去测量其结果。广告目标应当具体、明确，便于测定。

广告目标战略与目标营销是紧紧相关的。20 世纪 60 年代以前，社会还处在大众营销的时代，在卖方市场中，卖方大量生产、大量分配和大量促销单一的产品就能取得竞争的胜利。福特汽车公司生产的 T 型汽车售给它所有的客户，而且除了黑色没有别的颜色。可口可乐公司那时也只卖一种 6.5 盎司/瓶的可乐。随后，由于越来越多的产品进入市场以争夺消费者，广告媒体和分销渠道日趋多元，原先的"所有人都适用一种规格"的营销越来越困难。于是，目标营销开始大行其道。在目标营销活动中，营销人员区分主要的细分市场，把一个或几个细分市场作为目标，为每一个市场制定产品开发和营销方案，把营销努力集中在具有最大购买力和购买兴趣的买主身上。此后，随着主流细分市场的饱和及产品生命周期的缩短，营销的目标性、细分化程度进一步提高，在最初的目标营销基础上又分化出了对位营销、微观营销、一对一营销等方式，它们满足了不断变化更新的市场形势的需要。

广告目标战略的基本步骤如下：

(1)市场细分。按照购买者所需要的个别产品和营销组合，将一个市场分为若干不同的购买者群体，并界定它们的特征与个性，然后将若干细分市场按照不同的标准进行聚合，选择一个或者几个准备进入的聚合市场作为广告的目标市场。

(2)广告目标的确立。包括广告目标的量化和细化。

一、市场细分与目标市场选定

所谓市场细分就是将某一个整体市场按照一定的因素划分为若干子市场，并从中选择出目标市场。对消费者市场进行分析和细分，目的就在于锁定目标消费者的位置，明确广告目标。它一般呈现出一种两步式战略：首先，在较大的消费者用品市场或企业市场中识别出具有某些共同需求和特征的人群，然后根据他们对产品效用的共同兴趣，将这些人聚合（综合）成稍大的细分市场。这个过程可以使企业选择到规模大小足以供自己瞄准的细分市场，为制定恰如其分的营销活动组合（包括广告）打下良好的基础。

一个市场往往由许多细分市场构成，企业也许会针对每个细分市场采用不同的产品和营销战略，也许会集中所有的营销活动只针对一个或几个细分市场。从李维斯牛仔裤的案例中，我们已经看到年轻的李维·施特劳斯是如何识别并瞄准某一细分市场并用特定的产品和服务来满足这一细分市场的需求的。李维斯牛仔裤如今的多样化市场无疑是由多个具有某些共同兴趣和产品需求的小型群体组成的集合体。要在全球范围内适应所有这些需求，要求企业必须具备相当完善的营销系统和传播系统。这里我们主要探讨如何识别并划分消费品市场。

实际上，前面所进行的消费者分析从另一角度正可以作为我们市场细分的标准。"共同的特征"这一概念在市场细分的过程中相当关键。消费者的需求、欲望和记忆总会留下一些"蛛丝马迹"——那些可以揭示他们家住何处、购买何物以及如何休闲的信号，而广告人则可以通过跟踪这些蛛丝马迹来发现并锁定具有相似需求和欲望的消费群体，进而针对他们创作信息，并在恰当的时间和恰当的地点向他们传递信息。细分市场的目的就是要找到特定的位置，或者说市场中的空间，这正是广告主的产品或服务要去填充的位置。

广告人将这些特征按照地理、人口、行为和消费心态分类，以此来标明和细分消费品市场。这一目的具有双重性：第一，识别出有可能作出反应的人；第二，对这些人作出充分的描述，更好地了解他们，针对他们形成营销组合，最终通过有效的传播到达他们之中。一般根据以下变数标准对市场进行细分（见表2-3）：

表2-3

变　量	典　型　分　类
1. 地理变量	
● 地区	亚洲东北部；东南亚；西亚；东欧；西欧；南美；北美；南非；北非等

续表

变　量	典　型　分　类
● 城市规模	10 000 人以下；10 000～19 999 人；20 000～49 999 人；50 000～99 999 人；100 000～249 999 人；250 000～499 999 人；500 000～999 999 人；1000 000～3 999 999 人；4 000 000 人以上
● 密度	城市；郊区；农村
● 气候	热带；亚热带；温带
2. 人口变量	
● 年龄	6 岁以下；6～11 岁；12～20 岁；21～30 岁；31～40 岁；41～50 岁；51～60 岁；61 岁以上
● 性别	男；女
● 家庭规模	1～2 人；3～4 人；5～7 人；8 人或更多
● 家庭类型	中等家庭；小型扩展家庭；大型扩展家庭
● 家庭生命周期	青年，单身；青年，已婚，无子女；青年，已婚，有 6 岁以下的子女；青年，已婚，子女在 6 岁以上；老年，单身；老年，已婚，无子女；老年，已婚，子女均在 18 岁以上等
● 家庭月收入	1 000 元以下；1 001～2 500 元；2 501～4 000 元；4 001～5 500 元；5 501～7 000 元；7 001～10 000 元；10 000～19 999 元；20 000 元以上
● 职业	专业技术人员；经理、政府官员和业主；农民；普通职员；学生；军人；家庭主妇；离退休者；失业者等
● 教育	小学以下；初中；高中或中专、职业技术学校；专科学校；大学本科；研究生及以上
● 宗教	佛教；天主教；基督教；印度教；伊斯兰教；道教；其他；不信教
● 种族	黄种人；白种人；黑种人等
● 国籍	中国；印度；印度尼西亚；日本；法国；美国；意大利；丹麦；南非等
3. 心理变量	
● 社会阶层	下层；中下层；中层；中上层；上层
● 生活方式	变化型；参与型；自由型；稳定型
● 个性	冲动型；进攻型；交际型；权利主义型；自负型
4. 行为变量	
● 时机	一般时机；特殊时机

续表

变　量	典型分类
● 追求的利益	便利；经济；易于购买
● 受众身份	专一品牌用户；半专一品牌用户；折扣用户；知晓而未尝试用户；尝试而拒绝用户；泛产品用户
● 使用率	重度使用者；中度使用者；轻度使用者
● 忠诚度	无；中等；强烈；绝对
● 准备阶段	不了解；了解；熟知；感兴趣；想买；打算购买
● 对产品的态度	热情；肯定；不关心；否定；敌视

地理细分是细分市场最简便的方法，也是大多数企业进行市场细分的主要方法。企业在分析地理资料时，会按地区、国家大小、城市大小、特定位置以及广告类型等因素来研究其销售，有些产品在城市相当好卖，但在郊区或乡村就不好卖，反之亦然。这些信息对制定广告媒介排期非常重要，因为广告预算总是有限的，只有向潜力最大的市场进行广告宣传，才会获得最大的利益。

人口统计细分常常与地理细分相结合，以便为广告选择目标市场，这种做法又称为地理人口细分。人口的因素变化很快，需要及时了解最新情况。地理资料和人口资料能提供有关市场的信息，却很难提供有关个体心理方面的信息。企业希望到达现有或潜在的顾客，但即使处于同一人口或地理细分市场的人也具有全然不同的产品偏好和电视收视习惯，因此单凭人口标准一项很难说明人们的购买行为，人们又开始了对于消费心理细分的研究。

在消费心理细分方面，对于某些产品，顾客更容易受情感诉求或文化价值观诉求的影响而改变自身的行为。消费心态法是依据人们的心理因素——价值观、态度、个性和生活方式，将消费者归类，把人视为有感情、有倾向的个体，并按照他们的感觉、信仰、生活方式以及他们所使用的产品、服务和媒介进行划分。

细分市场的一个最佳办法就是按消费者的购买行为将其分类，这称为行为细分。我们可以根据购买时机、利益追求、用户身份和使用率等变量来对消费者进行行为细分，从而揭示谁是我们目前的顾客、他们何时购买产品、为什么购买产品、消费多少产品。

例如，按照受众身份变量，我们可以将消费者分成六大类：专一品牌用户、半专一品牌用户、折扣用户、知晓而未尝试用户、尝试而拒绝用户和泛产品用户。

专一品牌用户最具有品牌忠实性，无需进行大量的广告宣传和促销。

半专一用户使用 A 品牌，但如果一时无法得到 A 品牌，或替代品牌正在打折扣促销，他们可能会选择替代品牌。

　　折扣用户指竞争品牌 B 的半专一用户，他们不会以全额购买 A 品牌，但对 A 品牌印象颇佳，很乐意在 A 打折时购买。

　　知晓而未尝试用户指同类产品用户，但并非出于 A 品牌的信息而购买产品。因此，不同的广告信息亦会发生作用。

　　尝试而拒绝用户指的是处于 A 品牌的广告信息购买了产品，事后发现并不喜欢该产品。此时，广告再多也无济于事。只有对 A 品牌进行重组才能挽回这批顾客。

　　泛产品用户认为两种或更多品牌具有优越特性，乐意用全额购买这些产品。他们是品牌转换的主流，最易因自己变幻不定的欲望而受劝服性广告的影响，是品牌广告的主要诉求对象。

　　按照使用率变量，消费者可以分为：重度使用者、中度使用者和轻度使用者。

　　一般来讲，让重度使用者增加使用量比让轻度使用者增加使用量来得更容易，因为我们常常看到的情形是 20% 的人口消费 60% 的产品，所以我们要找到的正是这 20% 的人口。广告主若能发现自己产品的重度使用者的共同特点，便可以确认产品的差异，进而更有效地进行广告活动。

　　虽然以上细分方法都各有其优、缺点，但重要的是企业必须了解和掌握自己的顾客，这有助于他们选择正确的目标市场，有助于制订有效的媒介计划，制订合理的广告预算，使自己广告宣传的产品属性和形象能与使用它们的消费者相符。

　　广告策划人一旦认清并确定了消费者具有共同特点的产品大类市场，那么市场细分的下一步便是进行市场聚合，即首先选择对产品用途具有相同兴趣的人群，然后根据他们的购买潜力和利润潜力，将他们重新聚合成稍大的细分市场。这时的细分市场便将成为广告的目标市场。

　　例如，李维斯牛仔裤在选择目标市场时发现，其在美国的潜在顾客市场相当庞大，包括学生、蓝领工人、单身青年、专业人士、家庭主妇等，于是他们按照人口因素、生活方式和购买特点测定和分析各主要零售区域的家庭群体，将他们划分为 50 种不同的地理人口细分市场，如现有富人、游离者、恋家者、定居者、单身者、风华正茂者、城市少数民族组合等。所有这些人都有服装上的要求，但是其中有些人可能是喜欢李维斯的款式，有些人是倾慕其品牌的声望，有些人则是欣赏它的结实耐用，那么这些具有相同爱好的人就可以被聚合成一个大的目标群体。

　　市场细分是为制定营销目标服务的，同时也是我们广告目标市场确立的依据。总的来讲，广告的目标市场与营销的目标市场应当是一致的，但是有时候出于广告整体战略策略的考虑，一定阶段的广告目标市场也许并没有完全覆盖营销的目标市场。

二、广告目标的确立

目标市场确立以后，就需要确立具体的广告目标，并将广告目标具体化、量化。

在确定广告目标之前，必须知道广告能够做什么。多数广告活动都鼓励潜在消费者采取一定的行动，但就此将销售的目标加于广告并不太现实，因为实际销售成果的获得由很多营销因素构成，广告只是其中一个部分。这就要求我们在设立广告目标的时候，应当根据实际可以完成的任务进行设定。

销售的终点是营销目标，而不是广告目标，但在广告主劝服顾客购买之前，首先必须向目标受众进行有关企业、产品、服务等问题的宣传、劝服或提醒活动。这些便是广告目标的要求。

从不同的角度或不同的方面着眼，广告目标可进行不同的分类：①按目标的不同层次可分为总目标和分目标，总目标是全局性和总体性的广告目标，而分目标则是总目标的具体的地区目标和阶段目标；②按目标的重要程度可分为主要目标和次要目标，主要目标是涉及广告运动全局的、长期的战略目标，次要目标是在主要目标的实现过程中附带的目标。此外，还可以从时间上分为长远目标与短期目标，从内容上可以分为商品目标、企业目标、观念目标等。

大体上广告目标可以分为行动目标和传播目标。鉴于以上所说的原因，在确立目标时，必须牢记这条简单的格言——"营销是卖，广告是讲"（Marke-ting sells, Advertising tells）。换句话说，广告目标应该主要是传播目标，即传播效果的获得。

从广告所能达到的效果而言，我们可以借用广告金字塔来作为目标确立的指南（见图2-4）。

广告金字塔很形象地描绘了广告对于大批受众的作用过程，从中可以看出，在宣传一个新品牌、推出一个新产品的时候，与知晓产品的大量人数相比，最终被打动并采取行动的人数实际上很少。

假设你要宣传一个新品牌，那么很显然潜在顾客或者说目标市场的消费者对于此品牌的产品一无所知。要达到营销目标，促使目标消费者能够采取行动，广告的目标一般必须经过知晓、理解、信服、欲望直到行动这几个步骤。要想使广告一开始就能达到促进购买的效果，几乎是不可能的。

因此，广告的首要目标就应该是创造品牌的知名度，让消费者知道你的公司、产品、服务或者品牌。下一个任务就是要促进理解，即传递充分的产品信息，使知晓群的某个百分比的消费者认识到产品的功用、形象、位置和某种特点。再接下来，广告就要传递足够的信息让人信服，即劝服一定数量的人相信产品的价值，在被打动的人中，要打动一部分人期望得到这个产品。最后，在期望得到这个产品的人中又有一部分会采取行动——索取额外信息、送回优惠券、光顾商店或购买

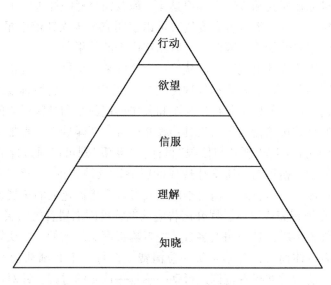

图 2-4　广告金字塔

产品。

广告金字塔的作用表现在三个方面：时间、资金和人。广告结果的体现需要时间，特别是较为昂贵或购买频率低的产品。经过一段时间，随着企业不断发布广告，知晓产品的人数会越来越多。了解产品、信任产品、期望产品的人越来越多，采取最终行为——购买产品的人也越多。

我们可以看看通用汽车公司是如何给它的新车型土星（Saturn）轿车 SCI 制定广告目标的。土星轿车 SCI 是通用汽车公司生产的一种向日本车和其他进口车挑战的新品牌车，它小巧、经济、安全、舒适，其推广过程也是非常成功的广告实践案例。1992 年，通用汽车公司推出了新车型 SCI 后，给这种车制定的广告目标可以表述如下：

（1）在两年内，向 50 多万每年购买外国经济车的人中的一半传递土星轿车 SCI 上市的消息。

（2）让上述"知晓"群中 2/3 的人知道土星轿车 SCI 是一种技术优越的经济车，有多种设计、安全和性能上的特点，是建立在无可匹敌的服务、质量和价值基础上的全新品牌标志，只通过特约经销商出售。

（3）让 2/3 的"知情"人群相信土星轿车 SCI 是一种高质量的汽车，可靠，经济，开起来乐趣无穷。

（4）在"信服"人群中，激发 2/3 的人试车的欲望。

(5)促使 2/3 的"期望"人群光顾某家经销商,试一次车。

这些广告目标在时间和程度上都很具体,像营销目标一样进行了量化。从理论上讲,在第一年的年底,消费者态度调查可以表明有多少人知道土星轿车 SCI,多少人了解该车的主要性能等,因此,可以测定广告的效果。

随着整合营销传播的出现,可以从另一个角度来看待这个广告金字塔。我们可以利用大量不同的营销传播方式和各种传统及非传统媒介,更加有效地实现广告金字塔提出的传播目标。如果是单纯的为车和公司创造新车和品牌形象的知晓,那么大众媒介广告便是首选的营销传播工具;媒介广告、新闻炒作、直邮手册以及特别活动(如赛车展)可以实现"理解与信服"目标;"欲望"则可以通过媒介广告、车迷杂志上的评述文章、精美的手册图片造成的影响以及销售推广(诸如抽奖)的推波助澜加以巩固;最后,由直邮、销售推广以及参观零售商迷人的车展室来刺激顾客采取"行动"。在销售完成以后,媒介广告应该继续巩固消费者的购买决定。

当然,广告金字塔只是表明大多数消费者购买商品之前的一个认知和行动的过程,针对消费者个体而言,并不是每一位消费者在每一个时刻都会经历这五个阶段。比如一些冲动型的购买者也许是行动—感觉—认知的过程;针对产品而言,也并不是每个产品都会让消费者经历这五个阶段,一些大件消费品、贵重物品,需要消费者仔细斟酌,经历五个过程是很正常的,但是一些日常用品甚至一次性用品就不会让消费者如此费心思。所以,广告金字塔模式只是便于我们理解消费者的行为过程,并不能死板地作为金科玉律。

第四节　广告战略的选择与评价

广告战略策划是以分析企业内外部因素为前提,以广告战略目标为核心和以实现广告目标为方向的。我们主要从市场营销战略和产品生命周期两个方面来选择和确定广告战略。

一、广告战略的选择

(一)根据市场营销战略来考虑广告战略

企业在确立了目标市场之后,就会根据市场细分情况来确立市场营销战略,主要有无差异性市场营销战略、差异性市场营销战略、集中性或密集性市场营销战略等。

我们可以根据这些营销组合和营销战略的不同,相应安排广告战略。

(1)无差异性广告战略。在无差异市场营销战略当中,只使用单一的营销策略来开拓市场,即推出一种产品,采用一种价格,使用相同的分销渠道,因而广告战略上对于整个市场也是采取统一的广告策略,应用相同的广告设计和广告宣传。例如，可口可乐过去一直是采取单一瓶装、一种口味、单一广告主题"真正可乐"，将产品推销到全世界。这种战略是建立在以生产观念或推销观念为指导思想的基础上的，但将整个市场视为一个完全相同的大目标市场，很容易忽视消费者需求的差异，不能有针对性地进行广告诉求，往往在企业采用了无差异战略后，由于竞争对手的加入，会引起激烈的竞争，结果不得不促使企业改变此种战略。

（2）差异性广告战略。这种战略是将整个大的市场细分为不同的市场群，选择目标市场，根据不同的目标市场采取不同的营销策略，设计不同的产品适应不同的细分市场，采用不同的分销渠道。因而反映在广告战略上就是应用多种广告设计和广告媒体，去满足不同顾客的需求。

差异性广告战略是科学技术发展的结果，也是企业之间激烈竞争的产物。近年来，西方国家许多公司和企业日趋采用这种战略，即采取"国际品牌本土化"的战略。如美国可口可乐公司现已生产出多种瓶装和罐装的饮料，使用多种广告主题，实行多种定价策略。又如福特汽车公司已采用多种品种、多种颜色、多种款式、多种价格、多种分销渠道、多种广告形式来满足不同细分市场对于汽车的需求。

在各细分市场分别采用不同的广告媒体和广告设计，自然会增加广告费用，但是它有针对性地宣传广告主题往往能够取得很好的效果。当然，是否采取这种战略，还要看所能带来的利润是否大于其费用支出。

（3）集中性或密集性广告战略。无论是无差异性营销战略，还是差异性营销战略，企业总是以追求整个市场为目标，跟着整个市场转。而密集性营销战略不是把力量分散在广大市场上，而是集中在某一个或几个市场上，实行专业化生产和销售。一般来说，这是资源有限的中小企业经常采用的方式，它们所追求的不是在较大市场上占有较小的份额，而是在较小的细分市场上占有较高的份额。因此，相对应的广告战略就是选择一到几个细分市场，主要针对细分市场内消费者常接触的媒介，以消费者便于接受的表现方式来做广告。例如，奇强洗衣粉在进军城市市场之前，一直采取的是先占领农村市场的战略，在农村市场站稳脚跟、获得优势的市场占有率之后才向城市进攻。宝洁公司的一些产品则是先在城市市场用广告开路，在城市占领市场之后再以"路演"（Road Show）的方式扩展到农村。

案例一：奇强的"下乡"战略

20世纪90年代中期，由于宝洁的碧浪、汰渍和联合利华的奥妙等高档合资洗衣粉品牌主要立足于城市市场，农村市场相对薄弱，而国内一些洗衣粉品牌大多在做地区性经营，因此农村还没有形成主导品牌。奇强看准了中档品牌在全国市场的这个空当，展开其"下乡"战略。通过密集性营销攻势，奇强在全国城乡大量设置销售网点，培训销售人员，在很多地方建立了办事处，并发展了二、三级经销商。在广告上，奇强采取了富有中国特色的宣传方式，如在北方用模特队，南方用锣鼓队等，分发广告传单，进行去污力示范，还做了大量的墙壁广告。"刷墙"成为奇强显著的广告特色，奇强的广告大量出现在乡村触目皆是的土墙雨棚上，非常引人注目。

这种在农村市场的密集性广告战略，以及这种便于农村受众接受的"土广告"形式，很快给奇强带来了销售的奇迹，1995 年时奇强的销量还只有 8 万吨，1997 年就已经有了 23.5 万吨，跃居全国第一。之后，奇强又开始向城市进攻，但它一直视农村市场为立足之本，从未停止过走村串镇的"刷墙运动"，这稳固了它在国内洗涤市场上的头三名地位。

案例二：宝洁的"路演"农村战略

20 世纪 90 年代我国国内几个日化品牌的崛起，给世界洗涤业巨头宝洁（P&G）造成了一定的压力。奇强运用刷墙广告的形式，抢占了大部分农村市场，本来奇强和宝洁一个定位于农村，一个定位于城市，两不相扰，但是奇强的"进城"开始打破这种平衡；丽花丝宝集团的舒蕾通过强劲的终端建设和促销让利，运用"拉"式战略在终端上抢占了消费者的注意力，控制了"临门一脚"，迅速在 2000 年坐上了洗发水的第二把交椅（第一名是宝洁的飘柔）；1999 年才真正在日化行业全面起步、走向全国市场的浙江纳爱斯，通过低价位和较高的广告投入，迅速成为家喻户晓的品牌，其透明皂的创意改变了人们对于"臭"肥皂的看法，纳爱斯洗衣粉销量迅速赶超奇强。这几个品牌的迅速成长无疑给宝洁在中国的"霸主"地位造成了一定威胁，加上同是日化大家、同样定位的联合利华也开始价格下调，宝洁不得不采取应对的措施，如降价、开始重视终端、开拓农村市场等，"路演"即是它针对农村的广告战略。

宝洁对中国农村市场十分重视，在 20 世纪 80 年代就开始了对中国农村市场的品牌调查和宣传方式测试。1996 年，通过多层次的复合测试和严格的人员挑选，宝洁派出了第一支进军"希望田野"的路演测试部队，前往江苏和浙江市场。宝洁路演的流程包括聚众、宣传和销售三大步骤。聚众是指通过现场的彩车、电视、音响、锣鼓、帐篷、彩旗、抽奖等形式吸引农村消费者前来观看，壮大活动声势，扩大影响面。宣传是指宣传队员配合主持人的讲解，现场演示 P&G 产品的功效，满足消费者眼见为实的心理，并通过现场问答巩固宣传效果，鼓励试用和购买。销售就是指现场销售，宝洁宣传人员将 P&G 产品分装成各种产品组合的便袋包装进行现场销售，价格略低于市场零售价，以扩大试用面，还通过现场抽奖，刺激消费者的参与热情，吸引更多消费者参与活动。

宝洁的路演取得了很好的效果，其足迹遍及中国 22 个省、市、自治区的农村腹地，演示的产品由最初的飘柔、汰渍、舒肤佳三个品牌扩展为飘柔、汰渍、舒肤佳、潘婷、海飞丝、护舒宝、佳洁士七个品牌。宝洁为此成立了专门的 P&G 农村品牌部，配备了专职品牌经理。经过几年路演的实施，宝洁在中国农村市场的知名度有了很大提升。

(二)从产品生命周期来选择广告战略

针对产品所处的不同生命周期，所要采取的广告战略也是不同的。

在产品引入期，由于其刚投放市场，尚未引起消费者注意，因而在广告战略上要侧重于尽快在消费者头脑中建立良好的"产品第一印象"。大卫·奥格威曾经说过：当你为客户策划时，一开始就要假定客户永远经营这种产品，并以此为立足点，以高瞻远瞩的眼光来为他们的品牌树立起明确突出的性格。他这种见解是很深刻的。在引入期，广告主必须花费大量的广告经费来达到建立市场领导地位的目的，力争在成长期前就获得较大的市场份额。但是总体来说这一时期的销售成长一般趋向于缓慢发展状态，因为建立和管理分销渠道，使产品在市场中顺利开始热销需要花费较长的时间。产品引入期的广告预算要与广告战略相适应，以保证其产品在规模声势上的效果。

在产品成长期则与此不同，产品已经在市场上销售一段时间，其竞争对手相应较多，这时的广告战略要侧重于宣传产品的独特卖点，并通过这种宣传巩固厂名和商标的声誉，取得市场优势地位。产品越优秀，效益越好，别人仿制的可能性也就越大，必须充分估计仿制品在市场上的冲击力和威胁性。同样，为其所做的广告越优秀，影响力越大，仿制品也就越容易借助于这些影响力，借势提高仿制产量。因此，成长期的广告战略必须考虑到能最大限度地遏制仿制品。这种遏制，除了广告经费、规模声势等方面外，还要力求广告本身有一两手独特的东西是竞争者和仿制者所无法借用的。产品能否稳步立足于市场，这时候的广告战略选择有着关键性意义。

在产品成熟期，产品已经进入旺销的阶段，消费者开始大量购买，广告的推销效果也就较为明显，容易"立竿见影"。这时的广告战略应侧重于劝说老顾客继续购买本产品，并劝说潜在消费者试用本产品，尽量通过广告挖掘潜力、扩大销售。在此阶段，企业一般应当加强自己的促销力量，加大品牌宣传力度，着重向顾客突出选择性需求，常常使用 USP 策略。由于此时产品营销已经形成某种"传统"，所以广告经费预算要精细，尽可能节省而又能达到理想的效果。让广告基本上起到维持这种"传统"的作用，是这一时期的广告策划的基本战略。

在产品下坡期，产品的竞争焦点已从功能、质量方面转移到价格、服务方面，因而广告战略的侧重点应放在宣传价格优惠和售后优质服务方面。但是必须充分分析企业自身情况及竞争对手的情况，审慎行事，因为宣传价格优惠有一种潜在的危险性。企业竞争对手之间为了争取顾客，确保自己的市场优势，不断竞相降低价格，无疑也就是在不断削减自己的利润。这种"拉锯战"的结果是把双方都赶进了死胡同，导致两败俱伤。明智的广告战略策划，是审时度势，如果本身是高位次企业，而且足以承受因降价而引来的利润损失，那么可以着重宣传价格优惠。如果本身与竞争对手相比是低位次企业，而且不能承受因降价而带来的利润损失，那么就应该转移阵地，待机而动，另谋新策，而不是孤注一掷硬拼价格战。日本的新日君电器公司的老板就曾有过这方面的优秀广告战略决策，他将自己的公司与松下、东芝、日立、索尼等老牌大型电器公司相比，确认"己不如人"，处于产品下坡期的劣势地位，于是他不参加价格战，而是另出新招，推出了悬赏广告：谁能找到本公司的一台不合国际质量标准规定而给用户带来麻烦的产品，就可获得相当于产品价格一倍的高额奖金。广告刊出后产生了强烈的宣传效果，许多人跃跃欲试，结果几个月过去后仍未有任何人能够领赏，这使人们对其产品产生了极大的信任感，因而公司声名大噪，产品销量大增。

在产品衰退期，产品已逐步失去市场，正在被其他产品所淘汰和取代，因而这一时期的广告战略，重点不能再放在宣传产品本身上面，而应该着重宣传商标，通过广告维护企业的良好形象，保持企业的良好声誉，等待新一代产品出现。广告战略制订者应该有一个明确的观念：广告战略是企业整个营销战略的一部分，从全局和整体上看，一种产品走向衰退，绝不是商标也走向衰退，更不是企业走向衰退；相反，企业要利用这一商标开发新产品，跨越现在，赢得将来的更大发展。

每一个产品都要经历从投入到衰退的各个阶段，这是客观经济规律。但是企业为了其经济利益，可以采取有效措施延长产品的生命周期。这些措施一般是：改进产品质量、外观和包装，扩大功能，降低价格，改善售后服务等，这些可以统称为改进措施；或者到另一个地区扩大销售范围，以延长产品生命周期；或者直接将生产场所迁移到新的地区，在那里生产产品投入市场，也可因该地区尚未流行这种产品而达到延长其生命周期的目的。在采取上述措施延长产品生命周期的情况下，广告战略也必须作出相应的选择。

产品生命周期是针对于产品而言的，企业主都明白一定的产品均有其从兴到衰的一个过程，为了延长生命周期，人们开始营造品牌。当然，并不是每一个产品都可以上升为品牌。但是从单纯的产品到品牌，的确是一个进步。

二、广告战略的评价

广告战略策划是整体广告策划的一部分，就广告策划全过程而言，广告战略的制定是阶段性工作，但是广告战略的制定并不是一次性完成的。战略经过选择而确定之后，还不能立即用于指导全局，还必须对其选定的广告战略进行评价。这种评价工作具有重要意义，它可以防止由于战略选择不恰当而对整个广告活动所造成的误导。通过评价而确认此种战略选择的正确性、科学性，可以增强广告实施的信心和决心，保证广告运动顺利发展并取得满意的效果。简言之，评价就是对广告战略选择的一种再审查、再检验。

(一)评价广告战略的标准

广告战略是企业营销战略的组成部分，它必须与企业整个营销战略配套，为营销战略服务，因此一种广告战略将为企业营销带来什么样的效果和效益，是至关重要的核心问题。评价广告战略必须围绕这个核心问题进行。

评价所使用的标准，一般有两个：价值标准和满意标准。

(1)价值标准，指多角度多方法地比较认定一种广告战略是否能最大限度地给企业带来好处，这些好处包括：在全局上引导广告运动产生长期稳定的宣传效果，保证广告运动给企业带来的形象效应、品牌效应和经济利益，赋予企业在竞争中的生存发展意义等。使用价值标准，涉及定量分析的数学方法及测试手段问题，对技术可能性要求较高，还涉及经济合理性问题，指标体系复杂。要明确达到技术可能性与经济合理性的综合要求，难度更大。所以，使用价值标准评价广告战略，必须是专门业务机构才能胜任。

(2)满意标准，就是从企业竞争环境和市场营销态势上来看，能"比别人好一些"，在这个限度内合理地使企业感到满意的最优战略。满意标准目前使用得比较普遍。这是因为：第一，它一般涉及的是经验判断法，操作难度较小，弹性较大；第二，广告策划是复杂的工作，要使战略选择达到最优化程度非常困难，策划者由于认识能力、时间、经费、情报来源等多方面的限制，不可能对各种战略的未来后果尽知无误，而只能追求一个有限合理满意的标准。

(二)评价广告战略的方法

人们通常使用三种方法来评价广告战略：

(1)经验判断法。依靠策划者的直接经验和间接经验，对最初构想的所有战略原始方案进行再比较，从最坏的方案开始逐一淘汰，保留淘汰后所剩下的"最好"方案；或者对制定各种战略方案时所依据的各个小组进行"经验评分"，然后按各小项的得分高低进行排队比较，小项总分最高的方案，或关键小项得分最高的方案，根据情况可评价为最合理的战略方案；或者将选定的战略方案与过去本企业已经采用过和别人已经采用过的同类战略方案进行历史的纵向比较，同时将选定的战略方案与现在广告业界正在采用或根据情报得知正拟计划采用的同类战略方案进行横向比较，运用策划者的知识和经验评价该方案的合理性与其他方案的合理性之间的差距，在比较中还要注意形成明确的借鉴、改进和完善意见。

(2)数学分析法。一般为专门机构专门人员所使用，主要运用数学工具做定量分析，比如计算概率、测定期望值、对策运筹研究、效用统计研究等。数学分析法要求精确度高，分析结果误差不能超过限度，因而要求战略策划者所提供的调查研究材料数据必须准确可靠，不能凭估计想当然地提供原始材料。否则，数学分析的评估结论就会变得毫无意义，严重的还会得出完全错误的评价结论，使合理的战略方案被否决，使不合理的战略方案被确认，结果导致整个广告运动的失败。

（3）试验预测法。首先假定该战略方案是最优秀最合理的，然后在人工条件下设计出该战略方案的适用环境，并运用这一战略作指导，在该人工环境中，进行广告运动实际过程，同时观察分析广告的效应、效果和效益，进行综合评价，看是否能达到预定的指标，即看是否使该战略方案的合理性得到验证。使用这种评价方法，要注意两点：一是人工环境的设计必须充分考虑与社会市场环境的相似性，对各种外在影响和干扰因素要有足够的估计，因为社会市场环境十分复杂，绝不可能像人工环境那样"纯净"；二是整个预测过程中，要对人工环境的各方面条件始终实行强有力的监控，以防其条件的"隐性变形"而影响测试结果的可靠性。

思考与练习：

1. 广告战略与广告策略的异同点有哪些？

2. 在以目标营销为营销主流的今天，消费者研究主要从哪些方面入手？

3. 广告战略选择有哪两种依据？各自分为哪几种战略？

4. 为什么要进行广告战略评价？广告战略评价通常运用什么标准？使用什么方法？

第三章　广告主题和广告表现策略

☞ **本章提要**

　　广告主题策划是将广告战略转化执行的第一步，它是在广告目标的指引下对广告活动主题思想的提炼。广告策划中所确定的广告主题必须符合目的性、显著性、通俗易懂等多种要求；其策划过程中应当避免广告主题同一化和分散化两种失误。广告创意策略和表现策略连接具体的创意和表现环节，其中广告创意主要解决"说什么"的问题，挖掘与广告诉求相关的题材和表现元素；而"怎么说"的问题则由表现策略来完成，决定用什么形式去传播所提炼的主要内容。

☞ **章节案例**

"人字拖"的奇幻变身

　　从 20 世纪初开始，巴西的市场上便出现了一种专门给咖啡采集者制造的廉价拖鞋。1962 年，受到日本夹脚拖鞋的影响，巴西生产者开始制造"人字拖"。1965 年，该产品被正式命名为 Havaianas（哈瓦那），当年的年销量达 36 万双。产品早期的售价为 1~2 美元，原材料来源于当地的天然橡胶，颜色为单调的蓝色或黑色，用塑料袋包装，摆在杂货店的地上销售，因而消费者集中于本国的蓝领阶层。到 1980 年，哈瓦那拖鞋的年销量达到 8000 万双。在 20 世纪 60—70 年代贫富差距悬殊的巴西社会，轻便且廉价的哈瓦那拖鞋解决了平民因贫困而无鞋可穿的社会问题，折射出"人人有鞋穿"的民主精神，成为不折不扣的巴西国民鞋。

　　不过，20 世纪 90 年代初，该产品的销量下降。当初成功的低价优势在企业发展的中期却成为重大障碍，一种恶性循环由此形成——产品长期以来的低价定位使产品质量难以控制，消费者普遍把哈瓦那当做必需品，购买时只关心价格。而消费者对价格的关注又反过来使产品难以提高价格，哈瓦那"人字拖"已经成为低收入者的身份标识。因此，该产品在 1994 年开始了奇幻变身历程。当年，包含 8 款新鞋的彩色"Top"系列诞生，新品运用了全新的色彩。不仅如此，产品包装从低质的塑料袋换成漂亮的纸盒，并印上各种广告。

1995 年，产品销售逐渐好转。次年，企业选择杂志媒体为摇滚版和经典版拖鞋投放广告。

自 1998 年起，哈瓦那拖鞋加快了产品更新的速度，聘请著名设计师、插画师不断推出个性鲜明、色彩绚丽、充满浓郁巴西风情的产品，例如以花朵图案迎合女性消费者的 ESTAMPADAS 系列、热带雨林主题的 IPE 系列等。其中以 WORLD CUP（世界杯）纪念款系列最具盛名。1998 年，在法国世界杯足球赛期间，企业在拖鞋上印上了巴西国旗图案，推出著名的"BRASIL"系列。此后每逢世界杯赛，企业都会推出新的纪念款，各大足球强国的国旗、国名和著名球星的球衣号是该系列产品最具标识性的要素。

2000 年以后，哈瓦那拖鞋摆脱了昔日的地摊货形象，其主体产品的价格在 10 美元到 30 美元，依然符合大众消费水平；与此同时，企业也开发了高价拖鞋以跻身时尚圈，其最贵的镶钻拖鞋售价 1.7 万美元，成为顶级时尚舞台的宠儿。不仅如此，品牌还鼓励消费者买回拖鞋后发挥创意进行 DIY，对产品的外观进行"二次创作"。"平民"和"时尚"在这个品牌身上被奇妙地融合。

2001 年，哈瓦那拖鞋走出巴西国门。自 2003 年起，哈瓦那"人字拖"连续几年成为奥斯卡颁奖典礼的嘉宾礼品——印有每个获得提名的人的名字，限量版型，价格约为 1000 美元。自此，哈瓦那拖鞋搭上了国际时尚快车，伴随着国际明星的脚步出现在各种盛大的娱乐活动中，并被 Vogue 等多家时尚杂志报道，掀起了一股风潮，以至于其他国际知名品牌如香奈儿等也推出人字拖鞋。

2007 年，该产品年销量达到 2 亿双。在当年的戛纳广告节上，哈瓦那拖鞋的广告以其原创风格和视觉冲击力一举囊括金奖、银奖和铜奖（见图 3-1）。

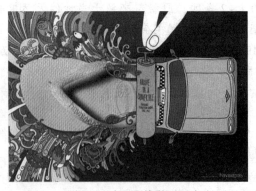

图 3-1　哈瓦那拖鞋平面广告（左）和户外广告（右）

近年来，哈瓦那拖鞋以每年超过 100 款新鞋的速度迎合世界各地消费者对时尚产品的需求，其设计团队除原有的产品设计外还包括平面设计、3D 设计。

在产品设计方面，设计选材早已突破了巴西本国的界限，而拓展到世界各地，如 2012—2013 年款的印花图案来自土耳其和泰国的传统图形和色彩。在形象传播方面，企业的官方网站和产品一样色彩缤纷，图案悦目，充满动感活力，且具备诸多互动设置；一年一度的全球性品牌活动"Make Your Own Havaianas"除展示新品外，还为粉丝们提供从尺码、色彩到饰品的独家订制机会。

2012 年 8 月，哈瓦那拖鞋首次将全球品牌活动推广到北京，试图通过促销、广告、公关结合的方式在中国启动其"全球最好的橡胶人字拖"战略，力图全面打开中国市场。

第一节　广告主题策划

广告战略确定以后，广告运动的方向就已经明确化了，要将广告战略转化为策略的实行，需要进行广告主题的策划。广告主题策划是在广告目标的指引下对广告运动主题思想的提炼。

广告主题是根据广告目标提炼的，能够达到广告诉求目标的最直接的表达，它是广告运动的中心思想和灵魂。提炼出的广告主题像一条红线贯穿在整个广告运动之中，对于整体广告作品具有统师作用。广告主题还决定着广告诉求力量的强弱，因此，它跟广告创意和广告表现是紧密相连的，在人的思维过程中有时候也不能截然分开，只是它更多地体现出一种总领性的作用，是对于广告目标的最直接体现，所以体现了广告战略的作用。

一、广告主题策划的要求

广告主题策划，就是选择并确定广告的中心思想，它是引起广告对象注意，达成广告对象满意，促成广告目标实现的重要手段。广告主题策划要根据企业或产品的实际情况及广告目标，确定一个鲜明突出的主题，使人们在接触广告之后很容易理解广告告诉了他们什么，要他们做什么，力求使广告主题能与消费者发生共鸣，进而取得广告的成功。广告主题策划带有一定的广告创意性质，它是广告创意、表现、制作的基础，具有举足轻重的作用。

进行广告策划工作，必须使所确定的广告主题符合以下要求：

（1）目的性。即要使广告主题能够反映广告目标，能切实为达到好的传播效果服务。

（2）显著性。广告主题应当力所能及、最大限度并尽可能多地引起人们的注意。

（3）通俗易懂。广告主题要通过明快的形式反映出企业的意图、产品的特征等信息，将其迅速而又准确地表现出来。主题复杂不利于进行有效的传播活动，也不利于创意、表现和制作的实施。

(4)刺激性。广告主题要具备刺激性，以求尽可能引起消费者的兴趣。

(5)集中稳定。即广告主题要能保持在广告运动期间不发生基本变化，而且要把握住诉求焦点，防止主题的多元化和分散化。

(6)协调性。即广告主题要与广告商品和广告主企业形象相协调一致，并与企业或商标的名称或标志相联系，以便于形成固定的形象记忆和概念。

(7)独特性。这是整个广告运动和广告策划活动都应该秉承的一个原则，在广告主题策划当中则显得格外重要，因为广告主题是整体广告运动的中心思想，它是体现独特性的一个焦点，是传达给受众的一个最强烈的主题思想，因此广告主题要具有跟其他同类广告相区别的特点，才能在难以数计的广告信息中独树一帜而不被其他广告所淹没，并有利于给视(听)众留下长久深刻的印象。

二、广告主题策划的程序

(一)确认广告主题构成要素

广告主题由三大要素构成，即广告目标、信息个性和消费心理。

(1)广告目标要素。确定广告主题，必须以广告目标为依据，针对要达成的广告目标而提出广告所要说明的基本观念和要告诉人们什么。广告目标融入广告活动并获得其实现的可能性，必须借助于广告主题。只有将广告目标融入广告主题，成为广告主题的构成要素时，广告目标才能与广告效果产生真实联系。在这个意义上，广告主题应该能够反映广告目标，因而必须包含这个要素。

(2)信息个性要素。信息个性是指广告所宣传的商品、企业或观念与众不同的特点，是跟其他同类产品相比较而突出显示的区别性特点。信息个性也就是广告诉求焦点，是广告主题提出的依据。信息个性可以从自然特点所显示的个性或者是由社会特点而显示的个性这两个方面去识别和挖掘。由自然特点所显示的个性，包括原料的品质、产地、历史、制造方法、技术、设备、工艺水平、卫生条件、生产规模、产品的形状、视觉形象、听觉印象、触觉印象、使用寿命、用途、方法、方便程度、节约程度、包装、用户评价、服务情况、构造、品质、保险范围、价值情况等。由社会特点显示的个性，包括商品的经历、用户的构成、社会的评价、同类产品竞争状况、消费者对产品的态度、使用上的意趣、所代表的地位与身份象征，以及企业的规模、历史、声誉等。

(3)消费心理要素。广告主题必须选择适应消费者心理的诉求方式。广告整体只有融入了消费者的心理因素，才能使广告诉求适应消费者的心理欲求，才能使广告宣传深入人们的生活领域深处，使消费者从广告主题中切身体会到广告产品跟他们的利益的密切关系，由此使广告主题与消费者发生心理共鸣，产生诉求力量。

广告主题策划的第一步就是确认广告主题这三个构成要素，从广告目标、信息个性、消费心理三个方面来提炼广告主题，力求使广告主题不仅符合广告目标的要求，也符合人们的消费心理，便于接受，而且具有明确而独特的信息个性。

（二）挖掘各要素的融合点

在确认三个构成要素之后，要注意挖掘各要素之间的融合点，即寻找共同点。这种共同的东西，不是指每个要素都具备的某"一块"，事实上也不可能从每个要素当中都各切"一块"下来拼凑成广告主题。所谓共同的东西，是指各种要素中所表现出的基本观念的交叉点。因为每个要素的特点可能有很多，但它们分别是从企业观念、商品观念和消费者观念中抽象出来的，各个要素的特点具有抽象性。而企业、商品和消费者之间又存在着必然的联系，这样就能从各个构成要素中提炼出它们抽象性观念的交叉点。只要找出这种交叉点，就能找出可以将它们融合为一体的基本观念，此一基本观念即构成广告的中心思想，广告的主题也由此而得到确定。

（三）正确处理企业与消费者利益的关系

挖掘广告主题必须把消费者作为中心角色，因为只有使广告主题符合消费者某一方面的心理需求，才能打动消费者，获得广告效果。但是，在广告主题的确立过程中，又必须在实质上优先考虑企业的销售利益。从表面看来，一种商品既要能为企业盈利，又要能够为消费者带来实际利益，这看起来似乎矛盾，实则统一，因为只有满足了消费者的利益需求，才能扩大企业销售，使得企业获利。明确这一点就可以在选择确定广告主题时，正确处理企业与消费者的利益关系。进行广告整体策划时一定要注意消费者的切身利益，一定要明确指出可给消费者带来的物质方面或精神方面的益处。如果忽视这一点，确定广告主题时只从企业利益出发，只站在企业立场说话，这样的广告主题最终会导致广告运动的失败。

（四）广告主题的调整

广告主题初步确定后，需要动用策划小组共同的智慧对其进行评价和调整。一旦确定之后，需要保持相对的稳定，不能轻易改变，这是基本原则。但是当客观情况发生变化时，必须根据已经变化的情况对广告主题作出适当的调整。这种调整可以增加广告主题的适应性，而不会损害广告主题的稳定性。

另外，广告主题的三大构成要素也是可能变化的。比如，产品定位发生变化，广告目标必然也会变化。再比如，消费者对广告产生的情感态度也可能发生变化，有时"情有独钟"，但不能保证"从一而终"，这也是正常情况，这时消费心理因素随之变化，消费者关心点发生转移。诸如上述这些构成要素的变化，必然会打破三大构成要素的和谐统一，因而这时也需要对广告主题进行再策划，作出适当调整。

（五）广告主题策划中的两种失误

由于对市场情况没有"吃透"，或者由于策划工作仓促，或者由于其他原因，在广告主题策划中容易出现两种失误：一种是广告主题的同一化，另一种是广告主题的分散化。

广告主题的同一化，是指广告主题没有显著性和独到之处，这种失误不仅在同类产品广告中出现，而且也在不同类产品的广告中出现。广告主题策划者或者实行仿效，或者只作一般化的考虑，致使所确定的广告主题与其他广告主题差别甚微，没有特色，不能给人们留下特定印象，只能留下模糊的"似曾相识"的印象，因而消费者在购买时选择商品也无意比较鉴别。例如，以前广告中经常宣扬这样那样的国际金奖或国优部优，用得太普遍就使消费者怀疑和厌烦。在商品充斥市场、广告充斥媒介的今天，这种广告主题策划实属浪费资金，是一种失误。

广告主题的分散化，是指广告主题策划过程中一直不能形成一种集中的、明确的中心思想，一个广告主题中所体现的主张太多，既想宣传这，又想宣传那，没有重点，有时甚至偏离重点，结果传播的信息量太大，消费者不易接收，有时还会对消费者产生误导，抑或引起受众的厌烦情绪。产生这种失误的原因主要有两个：一个是策划者对于信息个性把握不准，觉得这也重要，那也重要，舍不得割爱，或根本就没有掌握诉求焦点；另一个是策划者水平有限，无力对构成要素的融合点进行挖掘。对于上述可能发生的两种失误，广告主题策划者应提高警惕，并应加强研究或听取专家意见来预防失误发生。

三、概念策划在广告主题策划中的应用

概念可以帮助提炼主题，所以概念策划在广告主题策划中运用较为普遍。

概念策划与概念营销紧密相关。所谓概念营销是指企业在将市场需求趋势转化为产品项目开发的同时，利用说服与促销，提供近期的消费走向及其相应的产品信息，引起消费者关注与认同，并唤起消费者对新产品期待的一种营销观念或策略。因此，概念策划体现为提出一个新颖独特、能引起消费者注意力的概念，以此来改变人们的观念，从而引起消费者对于本产品的注意。它一方面可以帮助提炼主题，另一方面也可以帮助产品定位——它用一种新的概念来创造一个新的心理区隔，从而在这个新的心理区隔里成为第一的品牌。概念营销并不是一个新鲜的思路，经典广告案例当中早就有概念营销的踪影，比如，七喜饮料，既不是以质量取胜，也不是以服务和价格取胜，而是以"非可乐"的概念定位取胜；又如，霍普金斯为喜力滋啤酒做的广告"喜力滋啤酒的瓶子是经过蒸气消毒了的"，也是由于建立了或者提醒了一种观念而取胜。在同质化商品大量涌现的今天，人们在购买商品时，挑选的不仅仅是硬性的商品价值，而且往往追求那些能满足人们感性需求的软性商品价值，于是概念营销和概念策划开始流行。

我们可以看看近些年来概念策划在我国各个行业的运用。

（1）房地产业。概念营销在房地产业运用非常普遍。典型代表如在国内各大城市都被广为使用的"CBD"概念（Central Business District，意为中央商务区）。该概念最早产生于 20 世纪初期的美国，最初的含义为商业汇聚之处。该概念引入中国后，

被大量的房地产企业所采用，甚至一度成为各城市黄金地段的房地产项目的代名词。在此基础上，类似的概念也层出不穷，比如"CLD"（Central Living District，中央生活区）等。在房地产行业盛行的其他概念还有很多，其中既有同样来自国外的Townhouse（联排别墅）概念等，也有本土自创的概念，如北京现代城的"SOHO"（Small Office Home Office，居家办公）概念等。

（2）家电业。创维电视率先在电视机行业打起"健康电视"的旗号，为其产品大力宣传"不闪的，才是健康的"这一健康标准。随后"绿色、健康"之风悄悄吹遍了电视机行业。除了电视机行业，其他行业其他品牌也是各出高招，空调业如海尔的"环绕立体风，48种送风方式"、"去除沙尘暴"、"除湿不降温"等新概念，海信的"工薪变频"概念；冰箱业如荣事达的"全能"、美菱的"保鲜"概念及其他冰箱企业提出的"抗菌"、"节能"、"纳米"、"数控"概念等，而伊莱克斯则专注于"静音"二字，几年未变；洗衣机行业有"小鸭纳米"等，不一而足。

（3）化妆品行业。化妆品行业是在经历了最初的"国优、部优、大奖"等政府化行为之后，转而在功能诉求上开始树起"概念"大旗的，"纯天然"、"高科技"、"草本植物精华"等概念层出不穷；"维生素原B5"、"羊胎素"、"SOD"、"活化分子"等成分指标也是屡屡翻新。目前，化妆品行业概念营销方式也有了从"产品概念"逐渐向"服务概念"、"生活概念"直至"品牌概念"发展的趋势。比如"今年二十，明年十八"、"让你的皮肤吃水果"、"让女人更女人"、"白里透红，与众不同"、"在你的脸上弹钢琴"等广告语极具人情味和个性化，并获得了成功，它们都是这一概念营销阶段的具体表现。

（4）保健内衣。保健内衣是20世纪兴起的一个新兴行业，在我国已经出现了比如俞兆林、南极人、北极绒等品牌，市场销量也从1999年开始剧增。在营销推广上，保暖内衣也大打概念牌，如"微元生化纤维"，织入了陶粒子，能放射红外线等；有些宣称能调节并改善"人体微循环"；还有些打出保健功能、抗菌功能。另外，负离子纤维以及"纳米科技"这些高科技名称也让消费者"心驰神往"，却又有些不明所以。

其他如酒类、木地板等行业也有很多关于概念策划的表现，其中不乏成功之作。

概念策划最大的特点就是"差异化"，其直接效果是企业在市场上能够独树一帜，吸引消费者注意，打动他们的心灵，引发他们的购买欲望，直至形成购买行为。它是在当前信息爆炸时代，消费者的注意力已相对成为在一种稀缺资源的背景下，吸引消费者注意的一种有效方式。但是如果运用不当也会产生不良后果。一些厂家利用消费者对产品的懵懂心理，宣传产品的各种高科技概念，企图"以其昏昏，使人昭昭"，结果反而受到消费者的质疑。比如国家技术质量监督局的一项调查和检验表明，很多保暖内衣达不到产品介绍的明示担保，30种被检产品保暖率最低的为48.4%，最高的也仅为61.9%。很多消费者表示保暖内衣的保暖效果"言过其实"。

因此，概念策划中"概念"的提出必须要有科学依据，企图蒙混消费者的概念即使短期内获利，也绝对不可能长久下去。

第二节　广告表现策略

广告主题确立以后，广告主题就需要广告创意和广告表现来执行。广告创意策略和广告表现策略是广告策略中非常重要的两个部分。创意策略将在本书下篇"广告创意"中叙述。

将广告创意概念进行符合特定媒体语言的再创造，完成特定的信息编排与传达效果的创意执行过程，称为广告表现。广告表现并不是广告创意策略的简单铺陈，而是在贯彻创意方针的前提下，运用特定媒介传达手段所具备的优势，去完善实现创意宗旨的创造性活动。广告创意主要挖掘与广告诉求相关的题材与表现元素，是广告传达的第一步，即"What to say"，而决定用什么形式去传达，就是"How to say"，则为广告表现的任务。

一、广告表现的内容

广告表现是语言与艺术的联姻。

广告表现是广告创意的承载者，是将广告创意完整而准确地表达出来的一个重要步骤。大体说来，广告表现包括两大内容，即文字上的（或称语言上的）表现——广告文案和艺术上的表现——广告设计。也有人将广告制作的内容归于广告表现，但本书认为广告制作属于广告表现的实施过程，它属于一个专门的技术行当，所以不予涉及。

广告文案表现与广告艺术表现在广告表现过程中的重要性是旗鼓相当的，它们应该珠联璧合地为整体的广告效果而努力。它们集中作用于人们的视觉、听觉甚至嗅觉、味觉(某些现场示范广告)，使人们能从表现中体味到广告创意的魅力，从而印象深刻。

案例一：九华痔疮栓的广告

> 九华痔疮栓有一则广告，名为"屁股笑了"：画面白底上用水墨寥寥几笔勾出一张小的弯弯嘴，嘴又分成两半，让人觉得像个圆圆的屁股。简单、有趣的视觉要素立刻就吸引了受众的注意，再配上文字说明"屁股笑了"，两相结合让人忍俊不禁。

案例二：英国家庭计划指导会的广告

20世纪70年代，英国家庭计划指导会为推广节育而设计了这样一幅计划生育海报：图中是一位苦着脸的"大肚子"男士，他左手撑着腰，右手摸着大肚子，十足像个怀孕的妇女。广告语是："假如怀孕的是你，你是否会小心一点？"正文写道："任何已婚或单身人士都可以向家庭计划协会索取有关避孕的指导。"这张海报画面幽默，文案点题，主题一目了然，它一反传统观念，将男士作为计划生育的宣传对象，提醒和促使男士重视计划生育的责任，具有很强的震撼力量，所以一经刊出，立刻引起强烈反响。

文字与艺术在广告中的作用可谓是旗鼓相当、不相上下，只不过在具体的广告作品里，往往一个充当表现创意的主角，一个充当配角。但无论是主角还是配角，选择的依据只是创意的需要。两者需要互相配合，达到最佳效果。

二、广告表现的诉求策略

在进行广告表现创作时，常常需要选择一定的诉求策略。广告是一种以说服为目的的信息传播活动，简言之，广告诉求就是指说服的方式。广告诉求通过作用于受众的认知和情感的层面使受众的行为发生变化。因此，作用于认知层面的理性诉求和作用于情感层面的感性诉求成为广告诉求两种最基本的策略，在此基础上，又产生了同时作用于受众的认知和情感的情理结合的诉求策略。

(一)理性诉求策略

理性诉求作用于受众的理智动机，一般是通过晓之以理、以理服人来达到诉求目的。其具体表现在这种广告一般向受众讲明产品、劳务的特殊功效以及可给消费者带来显著的利益。理性诉求的广告往往因为重点突出、信息全面而具有很高的说服力。奥格威曾给波多黎各撰写了一则著名的招商广告，被誉为"以一场广告宣传运动改变一个国家形象的唯一例子"，成为理性诉求广告的典范之作。

波多黎各是一个距美国佛罗里达海岸961英里、充满了阳光的海岛国家。为了使其加快发展，穆尼奥斯总督决定请大卫·奥格威为他们做一个招商引资广告，在美国发布。

大卫·奥格威整整花了10天时间，终于完成了文案撰写工作。他拟定了这样一个醒目而有力的大标题——"现在波多黎各对新工业提供百分之百的免税"，并以总督穆尼奥斯的一段话作为副标题："我们不要逃迁的工业，但我们确在寻找新的与扩展中的工业。联邦税法不适用于波多黎各，而本邦也提供赦免全部地方税。这就是为什么317家新工厂已经设立在波多黎各的原因，这些保障都是美国宪法所赋予的。"

在正文中，奥格威紧承标题，为投资者算了一笔账："假如你的公司今年在税后净赚53 500美元，你在波多黎各则净利会是 10 万美元，多赚 87%，只因为联邦的所得税法不适用于波多黎各，而一切地方捐税也一概全部免除。"

除了各项优惠政策之外，波多黎各的投资环境也相当不错。在劳动力方面，该地可提供 65 万名训练有素的男女职工。交通也非常便利，"波多黎各与美国大陆之间有 6 家轮船公司及 4 家航空公司有定时航运服务。从纽约到圣胡安（San Juan，波多黎各首府）只要 5 个半小时"。"重量轻的货品，像雷达组件等，今天离开在波多黎各的生产线，用航运明天就会在洛杉矶、芝加哥或其他各美国大陆城市交货。"自然环境宜人，"这里的气候可能是人类所能见到的最与乐园接近的地方了……全年 12 个月气温总是停留在温和的七十几度（华氏），你住在屋外就行了。游泳、划船与钓鱼，真是世外桃源。而你的太太也会为听到家事有充足的帮佣而欢欣"。何况还有政府的协助，"本邦将会不遗余力地协助你启动，它将为你建立工厂，它将帮助你获得财源，甚至会代你安排人事——然后训练他们来操作你的机械"。

这则文案写得非常成功，它将波多黎各的免税优惠和投资环境表现得非常仔细，有说服力，故广告刊出后，投资者络绎不绝，使波多黎各的发展大大加快。

奥格威的这则广告其实就很明显地表明了理性诉求策略的特点和作用。他给劳斯莱斯汽车所做的那幅著名的长文案平面广告也与此类似，都成功地运用了理性诉求策略。

奥格威在这则广告中提出的信息非常全面，除了将投资者最关心的问题即优惠政策放在最醒目的位置予以陈述，并以总督的承诺予以保证外，正文部分还以算账的方式论述免税可给投资者带来的巨大利润。通过突出重点和层层深入的分析，把投资波多黎各将给投资者以丰厚回报的主题表达得十分鲜明，有着很强的说服力，并且还没有忘记其他，如是否有较好的劳动力，运输条件如何，气候好不好等，可谓细致全面而又简明扼要。通过这种理性的陈述，广告打消了投资者的诸多顾虑，而且进一步强化了广告说理的穿透力，使想投资的人们心服口服地来波多黎各建新厂。

随着商品同质化程度的提高，理性诉求策略也有其适用范围。一般来讲，理性诉求策略比较适用于高档耐用消费品、高科技产品等，至于中低档日常用品如酒类、化妆品、服装、胶卷、食品等则不大适宜用或用得较少。这是因为高档消费品价格昂贵，使用时间长，消费者一般不会根据一时情绪冲动、偶尔的心血来潮作出购买决策，而是在内心反复掂量、不断盘算：这栋别墅这么贵，划不划得来？还有没有更便宜的？因此，广告人在创作高档耐用消费用品广告时才需要对上述一类问题进行认真思考，苦心推敲，紧紧抓住消费者的心理状态，摆事实，讲道理，或利用权威对此产品的赞扬，或利用证人现身说法，或提供大量确凿的事实和数据，或反驳某种不正确的见解，使消费者接受之后十分信服，感到购买该产品不仅十分必要，而且十分划算。当然，对于该不该用理性诉求，也并不固定，只是在大多数情况下如此而已。现在很多商品在进行诉求的时候，都会加些理性的成分，例如洗发水的广告，都会强调"去头屑"、"黑发"、"亮泽"之类的理性诉求点，因为现在的消费者不仅仅看重价格的绝对值，更看重"性价比"，性能好的话，多花点钱没关系，性能不好的话，再便宜也不要。这是应当引起注意的一个趋势。

(二) 感性诉求策略

感性诉求策略又叫情感诉求策略。与理性诉求相对应的是，感性诉求作用于人们的情感或情绪，以情动人。正如白居易所说："感人心者，莫先乎情。"感性诉求策略在今天物质极度丰富、商品同质化越来越严重的年代运用得非常广泛。感性诉求中情感诉求表现得最为普遍。情感通常包括亲情、友情、爱情、对国家的爱、对人类的爱等。情绪则包括非常广泛，欢乐、忧愁、幽默、恐惧、荒诞等都属于其列。

中国广告人对于情感这个要素毫不陌生，而且重情重义的传统美德使得中国人对情感诉求往往难以拒绝。南方黑芝麻糊的"黑芝麻糊哎——"一句亲切而悠远的吆喝使其情感诉求也成了中国广告史上"抹不去的记忆"。之后，"孔府家酒，叫人想家"、"百年润发"的"青丝秀发，缘系百年"等情感型广告不断涌现，都取得了较好的效果。其他做得好的情感诉求广告还有很多，例如，MCI 电信服务半价优惠广告是这样写的：

> 还记得当时为了神气，赖着妈妈带我去配眼镜，现在想拿也拿不下来……
> 还记得那只乒乓球，让我和大明玩了一个晚上，夜不思返……
> 还记得爸爸总爱在我头上练功夫，但是以后的五天，我都不想出门见人……
> 还记得爷爷的心肝宝贝，却因为我想感受发号施令的威风，而一去不见踪影……
> 还记得酷暑绵绵，每晚都是外婆扇着我，可是我还没睡着，她却先打呼了……
> MCI 的半价优惠，让您以更少的花费，不断延续与远方亲友的故事……

这则广告着力于亲情诉求，语言温馨而怀旧，让人仿佛看到了儿时充满亲情的一连串的生活故事，很是亲切。

又如，美国当代著名的广告文案撰稿人 David Abbott 为 Chivas Regal 威士忌酒写的一则没有标题的长文案广告：

因为我已经认识了你一生。

因为一辆红色的 Rudge 自行车曾经使我成为街上最幸福的男孩。

因为你允许我在草坪上玩蟋蟀。

因为你总是在厨房里腰上围着茶巾跳舞。

因为你的支票本在我的支持下总是很忙碌。

因为我们的房子里总是充满书和笑声。

因为你付出无数个星期六的早晨来看一个小男孩玩橄榄球。

因为你坐在桌前工作而我躺在床上睡觉的无数个夜晚。

因为你从不谈论鸟类和蜜蜂来使我难看。

因为我知道你的皮夹中有一张褪了色的关于我获得奖学金的剪报。

因为你总是让我把鞋跟擦得和鞋尖一样亮。

因为你已经 38 次记住了我的生日，甚至比 38 次更多。

因为我们见面时你依然拥抱我。

因为你依然为妈妈买花。

因为你有比实际年龄更多的白发，而我知道是谁帮助它们生长出来。

因为你是一位了不起的爷爷。

因为你让我的妻子感到她是这个家庭的一员。

因为我上一次请你吃饭时你还是想去麦当劳。

因为在我需要时，你总会在我的身边。

因为你允许我犯自己的错误，而从没有一次说"让我告诉你怎么做"。

因为你依然假装只在阅读时才需要眼镜。

因为我没有像我应该的那样经常说谢谢你。

因为今天是父亲节。

因为假如你不值得送 Chivas Regal 这样的礼物，还有谁值得？

这则广告没有标题，画面是一瓶 Chivas Regal 酒，酒的旁边有一张卡片——"给爸爸"。作者说："这篇广告是关于 Chivas Regal 酒的，但也是关于我和我的父亲的(我确实有一辆红色的 Rudge 自行车)。这是一个冒险，对一些人来说，它是感伤的，但是我知道，另外一些说它生动的人有他们自己的经历。如果你要为它写一个标题，你就会发现为什么我没有写。"这则广告道出了人们深植心中的对父亲的情感，为人们表达这份感情提供了理由和契机(父亲节送父亲 Chivas Regal 威士忌酒)，是采用感性诉求策略的佳作。

近年来，对于情绪进行诉求，也非常普遍。如诺基亚8210的推广主题就是"生活充满激情"。无独有偶，奥迪 A6 的口号也是"激情源自奥迪"。激情的诉求将诺基亚8210、奥迪 A6 与向往激情生活的年轻人紧密相连。

在感性诉求里面，幽默、恐惧、荒诞等诉之于人们的特殊感觉和情感的，也出现了很多。尤其是幽默诉求在欧美广告里十分普遍，在我国近年来也有比较出色的案例。

比如，我国著名喜剧演员冯巩、葛优曾经为双汇火腿肠做了一则幽默味十足的广告。一开始，葛优独自做沉思状，冯巩神秘兮兮地问："冬宝，干吗呢？"葛优毫不犹豫地答："想葛玲！"听了这两句对话，观众就很容易想起电视连续剧《编辑部的故事》中李冬宝（葛优饰）与葛玲（吕丽萍饰）的喜剧纠葛——李冬宝死乞白赖地追求葛玲的一幕幕场景，禁不住发出大笑。之后，冯巩说："别想了，看我给你带来了一个新朋友，双汇火腿。"火腿递给葛优后，又问："还想葛玲吗？"最后，由冯巩念出广告口号"双汇火腿，省优、部优——葛优"，这时，与电视剧相联系的喜剧效果，加上葛优那大智若愚的傻笑，令人忍俊不禁。

赵本山给"泻痢停"做的广告也有如此效果，赵本山像演小品似的，对着学生问："拉肚子了怎么办？"当他说出"不要看广告，看疗效"、"立即拉肚，就服泻痢停"时，大家都会为其幽默的动作和带有山东口音的语言莞尔而笑。

恐惧与荒诞的诉求，需要小心对待，运用得好，可能给广告带来良好效果，运用得不好，则往往适得其反。恐惧诉求经常运用在保险类广告中，例如美国西格纳财产和伤亡保险公司的企业广告的文案是这样的：

标题：200 年来，灾害一个接一个
正文：1798 年加勒比海船只失事
1835 年纽约船坞大火
1871 年芝加哥大火
1889 年约翰斯敦水灾
1906 年旧金山地震和大火
1938 年新英格兰飓风
1947 年纳布拉斯卡龙卷风
1955 年康涅狄格水灾
1971 年洛杉矶地震
1980 年华盛顿火山爆发
1987 年衣阿华龙卷风
1989 年胡戈飓风
1989 年旧金山地震

天灾人祸一直是保险行业兴起的根源。灾害是生活中的严酷现实。在过去的 200 年里，CIGNA 财产和伤亡保险公司处理了几千家公司的保险业务。保险公司的财源和专长使它们有能力支付世界上最严重的一些灾害所造成的损失，履行他们的诺言。但是即使是最小的灾害，对于受害的公司来说也是损失巨大的。大火、管道破裂、房屋倒塌，我们所处理的事情比我们在一千个广告中所介绍的还要多。我们对所有参加保险的单位都是以诚相待、一视同仁的。不幸的灾害总是伴随着我们，我们不知道下一个灾祸会降临在何处，也不知它是大是小。但是有一点是明确的，哪儿有灾害，我们将会在哪里。我们赔偿它带来的后果。

日本本田小型摩托车的荒诞诉求广告曾经引起人们的注意：

20 世纪 80 年代，日本本田小型摩托车为了打进美国市场费尽了心机。走明星路线行不通，被"水门事件"弄得心力交瘁的尼克松又拒绝上电视，万般无奈下，来了个荒诞广告：在黑色的背景下，电视荧光屏以闪电般的速度交替映出拙劣笔迹书写的问句："我是谁？狗能思想吗？我长得丑吗？"与此同时，从背景后传来各种稀奇古怪的声音，有的像玻璃在碰撞，有的像炸弹爆炸，还有的像儿童在窃窃地笑。最后广告才说出关键的话："最新型的本田 50 型摩托车——即使尚未尽善尽美，但它也绝不会有什么问题。"这则广告抓住了青年人具有的猎奇求异的心理，获得了成功。美国市场上的小型摩托车由 1983 年之前的几千辆猛增到 1985 年的12.5 万辆。

（三）情理结合诉求策略

理性诉求策略和感性诉求策略各有其优缺点，因此，广告策划人往往不是在考虑到底是用理性诉求还是用感性诉求，而是决定如何将这两者结合起来。正如著名的广告文案撰写人员 David Ogilvy 和 Joal Raphaelson 所说："几乎没有一种购买行为是完全基于理性原因的，即使是一种纯粹的功能性产品（如洗衣粉），也可以提供那种所谓的情感利益，比如看到穿着靓丽洁净衣服的孩子们时的满足感。而且，有些品类的产品，其理性因素很少，这些产品包括软饮料、啤酒、化妆品、某些个人保健用品及许多老式产品。难道会有谁在购买一部新车时未曾经历过兴奋如潮的感觉吗？"①

消费者的购买决策常常是在感性和理性两种动机之上作出的，因此，在制作有效的广告时，这两种因素都十分重要。在广告诉求中，将感性诉求和理性诉求结合起来、优势互补的策略，就是情理结合诉求策略。在这种诉求策略中，常常利用理性诉求策略传达客观的信息，又利用感性诉求策略引发受众的情感，因此，它既能显示出理性诉求策略的叙述、论证、说明的特性，又能显示出感性诉求策略叙事、抒情的特性，形成情理交融，既有说服力又有感染力的诉求方式。

①　转引自［美］乔治·贝尔齐、麦克尔·贝尔齐著，张红霞、李志宏译：《广告与促销——整合营销传播展望》（上册），东北财经大学出版社 2000 年版，第 381 页。

采用情理结合诉求策略的广告案例有很多，大多数广告表现和广告文案都是采用这种策略，只是有时稍微偏向于某一方面而已。

案例一：1936年著名广告人乔治·葛里宾给箭牌（Arrow）衬衫做的一则对话式广告

标题：我的朋友，乔·霍姆斯，他现在是一匹马了

正文：

乔常常说，他死后愿意变成一匹马。

有一天，乔果然死了。

5月初，我看到一匹拉牛奶车的马，看起来像乔。

我悄悄地凑上去对他耳语："你是乔吗？"

他说："是的，可是现在我很快乐！"

我说："为什么呢？"

他说："我现在穿着一件舒服的衣领，这是我有生以来的第一次。我衬衫的领子经常收缩，简直在谋杀我。事实上有一次把我窒息死了。那就是致死的原因！"

"天哪，乔。"我惊讶失声，"你为什么不把你衬衫的事早点告诉我？我就会告诉你关于'箭牌'衬衫的事。他们永远合身而不收缩，甚至织得最紧的深灰色棉布做的也不收缩。"

乔无力地说："唉，深灰色的棉布是最会收缩的了！"

我回答说："可能是，但我知道'戈登标'的箭牌衬衫是不收缩的，我正穿着一件。它经过机械防缩处理，收缩率连1%都不到！此外，还有箭牌所独有的'迷淘嘎'特适领！"

"'戈登标'每件只卖两美元！"我愈说愈兴奋。

乔说："真棒，我的老板正需要一种那种样子的衬衫。我来告诉他'戈登标'的事。也许他会多给予我一夸尔燕麦。天哪，我真爱吃燕麦呀！"

口号：箭牌——机械防缩处理

如果没有箭牌的标签，

那它就不是箭牌衬衫。

机械防缩处理——如有收缩不合，免费赠送一件作为赔偿。

广告画面为一位衣冠楚楚的年轻绅士坐在矮凳上，跷着二郎腿和一匹半卧在地上的马倾心交谈。

这则广告表面上采取的是感性诉求策略，非常幽默。它以对话方式，娓娓道来，在引人入胜的同时也给人些微的恐惧（乔是穿了领口不合适的衬衫而被勒死

的），但是理性的诉求隐藏其中，箭牌衬衫领子不收缩的优点在对话中轻松自然地被表达出来了。整个广告新颖独特，给人印象深刻。

案例二：惠普打印机的一则电视广告

第44届戛纳国际广告节上有一则惠普打印机电视广告的情节是这样的：

> 爷爷在看着孩子，婴儿在他怀里熟睡。屋里静悄悄的，唯一的响声是时钟的嘀嗒声。
>
> 爷爷拿起电视遥控器，打开电视。电视音量很大，正放着"疯狂摔跤比赛"。
>
> 婴儿被惊醒了，大哭起来。
>
> 爷爷把孩子放进婴儿床，尽力哄他："宝宝，别着急，爸爸妈妈就回来了。"可孩子还在哭。
>
> 爷爷拿来一个绿色大青蛙哄他，还是无济于事。
>
> 爷爷终于想出办法了，他拿出一张全家合影，用电脑和693C型桌面喷墨打印机打出一张婴儿母亲的放大照片。
>
> 一下子声音安静下来，婴儿熟睡在爷爷怀里。
>
> 狗进入房间，在半道停下来，原来爷爷脸上盖着一张与真人一样大小的婴儿母亲的照片，爷爷正把食指放在婴儿"母亲"嘴唇前，示意狗不要出声。
>
> 接着推出字幕及广告语：
>
> 惠普图片高质量打印机，能够以假乱真
>
> 惠普公司
>
> 专家研制，人人可用

这则电视广告，通过爷爷在看护婴儿时遇到困难、寻找解决办法、引出商品信息、问题得到解决的这种过程，将商品特性的理性诉求捆绑在感性诉求氛围之中推出，是情理结合诉求策略的佳作。它将观众带入一个特定的日常生活情境中，使观众跟着爷爷一起焦急、想办法，直到问题解决，才松了一口气，商品的特点、性能、质量、效果随之印在了观众脑海中。爷爷脸上盖着"妈妈"的照片、狗进屋时也要噤声这些细节营造了浓郁的生活气息和浓厚的幽默情趣，使画面更加生动活泼，具有生活实感。

总之，诉求策略的选择需要灵活对待，根据广告的需要和实际情况选择受众便于接受的表达方式，使广告作品能够真正打动消费者的心。

思考与练习：

1. 进行广告主题策划有哪些要求和程序？

2. 概念提炼在广告主题策划中具有什么作用？试举例说明概念策划的优点和应当注意的问题。

3. 文字和艺术两者在广告表现中有怎样的相互关系？

4. 广告表现有哪些诉求策略？各有什么特点？

第四章　广告媒介策划

☞ 本章提要

　　广告媒介策划包括媒介战略和媒介战术两个部分，目的是构思、分析和选择适当的传播渠道，使广告信息能够在适当的时机、场合传递给适当的受众。媒介战略是开启市场之门的关键环节，是除了创意之外的又一大竞争，包括确定媒介目标、确立媒体组合等步骤。媒介战术则主要包括媒体评估、媒体选择和排期三大环节。随着传播技术和观念的重大变革，媒介策划迎来了全新的发展空间，也对企业和广告公司的传播实践提出了新的挑战。

☞ 章节案例

从创新到守旧

　　从 20 世纪末至今，在各行各业，无论产品研发还是广告传播阶段，以数字技术为代表的技术革命释放了巨大的能量，它既可以赋予创新者以生机，也可能提前结束守旧者的辉煌。

　　2012 年年初，著名的伊士曼·柯达公司正式提交破产保护申请，成为 21 世纪初最具轰动性的破产新闻之一。这家成立于 1880 年拥有 131 年历史的公司曾经是包括胶片及照相机在内的影像产品领域的领军者，到 2012 年，其资产总额为 51 亿美元，而负债高达 68 亿美元。在柯达的辉煌时期，它曾占据全球胶片市场 2/3 的份额，是不折不扣的"黄色巨人"；1997 年市值最高时曾高达 310 亿美元；全球员工人数最多时达到 14.5 万人，工程师、博士和科学家不计其数；130 余年中共计拥有专利超过 1 万项，其中数字图像专利组合 1100 项，令企业引以为傲。

　　在广告传播方面，柯达也曾经是创新者。早在 19 世纪末，柯达便采用了当时最先进的印刷技术制作报纸广告(见图 4-1)；其后，随着柯达影响力的扩大，它不仅继续大量运用大众媒介在美国本土和海外市场投放广告，而且配合其技术创新的脚步，引导消费者接受新产品、新观念。例如为推广其"instamatic"系列相机，柯达自信地告知消费者"您只要按下快门，其他交给我们"(You push the button, we do the rest)。20 世纪中后期，在和其他竞争对手的激烈竞争中，柯达运用广告塑造和强化了其温馨、亲和的家庭风格，广告语"就在柯达一刻"（Share moments. Share life）闻名全球。

图 4-1　柯达早期在美国的印刷广告

20 世纪 20 年代，柯达公司进入中国市场。企业最初免费发放杂志《柯达杂志》以吸引会员，并举办摄影竞赛。改革开放后，柯达在上海、厦门等开放城市建立工厂。1994 年，柯达快速彩印店进入中国。为了进一步在中国市场提高知名度，柯达先后与智威汤逊、奥美等著名广告公司合作，并首选中央电视台投放形象广告。柯达开始采用"柯达串起每一刻"的主题，提醒人们"抓住每一寸快乐时光，别让它溜走"，切中了全球性的"怀旧"思潮。广告中的许多片段，比如一对老年夫妻在整理相册，回忆相恋、结婚、蜜月、第一个孩子降生、参加儿子的毕业典礼等一系列珍贵的时刻；又如孩子们在成长中的数个有趣的时刻，让人忍俊不禁（见图 4-2）。广告语"分享此刻，分享生活"一度被作为广告教学中的经典案例。在奥美的帮助下，柯达还启用了网络媒介与年轻消费者沟通，如论坛、搜索引擎和企业博客等。1998 年，柯达启动在华的"全行业收购计划"，使中国该行业中除乐凯以外其他公司均被收入囊中。此外，柯达还赞助了许多活动，比如 1996 年举办"柯达杯"奥运摄影比赛，投资两百万元资助张家界森林公园游览线路开通工程，2000 年与新浪网共同报道悉尼奥运会等，发挥其所擅长的体育营销优势。

遗憾的是，由于从模拟相机到数码相机的转型失败，无法抗衡手机摄像的趋势，以及胶片市场的整体没落等原因，柯达的前进步伐在 20 世纪末逐渐放缓，并从昔日的技术领先者成为行业的守旧者。然而，更重要和根本的问题则

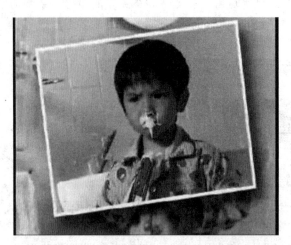

图 4-2 "柯达一刻"系列广告截图

是，柯达的失败在于不能迎合消费者在新时期拍摄需要的变化，以及处理照片方法的变化。

随着时代的变迁，尤其是数码相机的普及、手机摄像头的广泛应用，个人摄影对消费者的用途已经从"时光留念"的记忆工具转变为通信或社交的沟通载体。照片从拍摄到保存、流通的过程不但被大大简化，而且在网络中被快速分享，从一种长期性的、个人或家族的历史留存变化为短时的、快速的、个人或社交群体的分享工具，因而柯达昔日创立的从胶片—相机—专业的相片打印社或自动终端机—相片的完整产业链已经失去了存在的根基。具有讽刺意味的是，世界上第一台"傻瓜相机"——"instamatic"系列相机于 1963 年诞生于柯达公司，世界上第一台数码相机于 1975 年诞生于柯达公司的实验室，但是柯达却在原有产业领域中固守太久，以至于错失了转型的机遇。在影像产品市场，柯达的竞争对手除了有因数码相机蜚声世界的佳能、尼康和索尼外，还有数量庞大的手机企业。其中以苹果、三星为代表的后起之秀，不但便于携带，而且因集成了通信、娱乐、摄影、摄像、购物等多种功能，它们既比柯达更好地满足了消费者对个人摄影的新需要——快速拍摄、实时分享，且更符合现代消费者对多功能的偏好。

因此，柯达的失败与其说是技术创新的失败，是与对手竞争的失败，还不如说是在日新月异的消费者需求变革过程中故步自封的失败。技术革命实质上是消费需求的革命，而技术不过是用以迎合甚至引领这种变革的载具。

在广告传播阶段，从技术到观念的变革也同样改写了品牌的竞争格局，尤其是品牌在消费者头脑中的位次。

第一节　广告媒介战略

媒介策划，包括媒介战略和媒介战术两大部分。它的目的是构思、分析和巧妙地选择适当的传播渠道，使广告信息能在适当时机、适当场合传递给适当的受众。这涉及诸多问题，例如：

- 我们应在何处发布广告？（哪个国家？哪个地区或哪几个地方？）
- 我们应采用哪些媒介载体？
- 我们应在何时集中投放广告？
- 我们应采用什么频率发布广告？
- 我们的媒介广告是否有和其他传播手段整合的机会？

在是创意在前还是媒介在前的问题上，很多人有不同的看法。有的认为媒介是对创意的贯彻实施，有的则认为媒介战略是创意的起始条件。尤其是在整合营销传播时代，人们往往是通过某种媒介与品牌发生关系的，所以很多广告公司把媒介策划移到了广告运作过程的前面。在决定采用什么手段之前，必须先搞清消费者在何时、何处和在什么条件下，以什么方式接触品牌最好、最有效。只有弄清楚了上述问题，才能为创作部确定战略方向。

制订媒介计划的步骤与整体广告策划的步骤是一样的。第一，要回顾营销与广告的目标和战略；其二，确定媒介切实可行的相关目标；第三，制定实现这些目标的相应战略；第四，制定具体详细的媒介排期与选择。

媒介策划活动流程见图 4-3。

一、媒介战略的重要性

(一)广告媒介的定义和分类

1. 广告媒介的定义

只要对广告媒介稍有留心，我们就可以发现生活中已有太多的物品充当了广告媒介的角色。除了电视、广播、报纸、杂志、海报、招贴广告以外，其他广告媒体还有很多，而且层出不穷，如电影贴片广告、售点 POP 广告、VCD 光盘广告、DM（直邮广告）、车体广告、电子霓虹灯广告、电子三面翻广告、书籍广告、黄页广告等，数不清的媒介品种，数不清的变化类别。

出现这么多可以用于广告的媒介，那么，究竟什么叫广告媒介呢？

广告媒介，又称广告渠道，或者广告媒介物，是广告人用来进行广告活动的物质技术手段，也是沟通买卖双方的广告信息传播通道，如报纸、杂志、电视、广播就是广泛使用的广告媒介渠道，通称四大媒介。

广告媒介的多样性和不确定性，使其永远处在变化之中。从古代的口头叫卖、

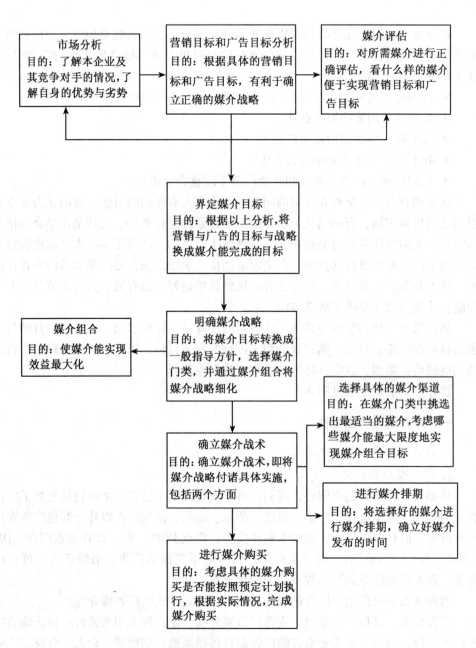

图 4-3   媒介策划活动流程图

烽火、货郎走街串户时手中的拨浪鼓、卖油郎的油梆子、悬在药店门口的葫芦、店铺门前的金字招牌和幌子等到现代的印刷媒体、电子媒体以及各种翻新出奇的户外媒体，广告媒介经历了一个由简单到复杂的历史过程。我国古代运用的媒体已经相当丰富，仅从"清明上河图"中就可见一斑，一些诗句中的记载更是不少，例如"千里莺啼绿映红，水村山郭酒旗风"说的就是古代的广告媒体"酒旗"。随着科学技术的进步，四大媒体之后新媒体的出现，广告媒介正在日益丰富。作为广告创作人员，应该具备敏锐的眼光和发现力，善于挖掘新的媒介，为自己的广告创意找到好的出口，为创意插上腾飞的翅膀。

2. 广告媒介的分类

广告媒介虽然丰富多彩、不胜枚举，但也可以依据不同的标准，将其分类，以便于理解和使用。

(1)按照传播规模来分，广告媒介可以分为大众传播媒介和"小众"传播媒介。大众传播媒介主要指报纸、杂志、电视、广播等传播受众比较广泛的传播工具，"小众"传播媒介则是指邮寄品、传单、橱窗、包装纸、招贴、路牌等传播范围相对较窄的传播工具。

(2)按照传播内容来分，广告媒介可以分为综合性媒介和单一性媒介。综合性媒介是指能够传播多种广告信息的工具，如报纸、杂志、广播、电视、车船、路牌等。单一性媒介是指只能传播某一种或几种广告信息内容的工具，如包装纸、橱窗等。

(3)按照表现形式来分，广告媒介可分为印刷媒介、电子媒介、户外媒介、售点媒介等。

(4)按照功能特点来分，广告媒介可分为视觉媒介、听觉媒介和视听两用媒介。其中视觉媒介包括报纸、杂志、海报、传单、招贴、路牌、橱窗、实物等。听觉媒介包括无线广播、有线广播、宣传车、录音和电话等。视听两用媒介主要包括电视、电影及其他表演形式等。

(5)非常规媒介。随着时代的发展，科学技术的进步，人们对于媒介的使用越来越具有创造性，除了以上那些常规媒介外，非常规媒介也非常多，若能对它们加以合理利用，会带来意想不到的效益，如录像带、报纸袋、垃圾桶、出租车收据、广告伞等，一些日常生活中常见的食品有时也能成为发布广告的载体，比如苹果、鸡蛋。一个例子是在美国的某些大电影制片公司把自己新近的电影名称印在史密斯奶奶苹果(Granny Smith)和富士苹果的标签上，以促销电影录像。

(二)媒介战略的重要性

1. 媒介战略是开启市场之门的关键

要找到通往市场的门，在于充分了解你的消费者，找到与消费者的有效接触点。因此，合适的媒介战略就是开启市场之门的关键。

我们可以以 Lee 牌牛仔裤的媒介策略为例来说明这个问题。

Levi's 可谓牛仔裤的鼻祖，在 19 世纪中叶就开始生产并销售这种服装。然而在它诞生之后约 40 年，却迎来了一位有力的竞争对手——Lee。在美国牛仔服装市场上，第一大品牌 Levi's 的目标市场是男性消费者，女性市场相对被忽略。Lee 抓住这一契机，将其目标市场定位于女性，并锁定为 25~44 岁的女性消费者，其广告主题便是"贴身"（Fit），通过围绕"Fit"形成的广告创意和针对性的媒体策略，在人们心目中形成了"最贴身的牛仔"的印象。

Lee 公司一年拨出 1 600 万美元的广告经费，虽然数额比起 Levi's 的要少得多，但它运用得更集中。Lee 的媒体宣传对象是 25~44 岁、家庭年收入 1.5 万~6 万美元的女性消费者。为了有效占领市场，公司使用了由印刷媒体和电视媒体组成的广告媒体组合。

在电视广告播放时间上，公司买下 21：00~23：30 的播放权，因为这段时间女性消费者看电视最多，广告到达率最高。而且公司将广告集中在周三至周末，以节约并有效利用广告经费。

印刷媒体广告则执行了双重功能，既沟通了消费者，又沟通了中间商。为了加强这种功能，公司在三类不同的刊物上登了广告：

时髦类——《艾丽》、《魅力》、《时装》

娱乐类——《周末娱乐》、《人》

日常生活类——《乡村生活》、《消费指南》

这么宽泛的广告范围保证了对目标市场的覆盖率。而对目标市场的充分接触，就意味着开启了市场之门，媒介战略的重要性不言自明。

2. 媒介战略是达到效益最大化的关键一环

广告活动中的大部分资金都是投往媒介的，付给广告公司的创意策划费只是占总预算的一小部分。既然资金大部分花在媒介费用上，那么这些媒介选择和安排是否得当就尤为重要。要想每分钱都花在刀刃上，有限的资金能发挥出最大的效益，需要有创意的媒介战略。它不是简单地选择媒体刊播的问题，而是要通过科学的计算和科学的策略，根据实际情况，巧妙地选择适当的传播渠道，力图使广告信息能在适当时机、适当的场合传递给适当的受众，从而达到效益最大化。

出色的广告人可以运用优秀的创意和媒体战略，将产品最有效地推向市场前沿。麦肯底特律公司高级副总裁兼媒介总监卡伦·里奇在为推介别克的路王车做媒体计划时，与本田雅阁或福特野马的预算相比，别克的预算没法与之匹敌。可是里奇和她领导的小组为别克极富创意地制定了一个针对性很强的媒介计划，比如在几家全国性杂志上使用预先印刷的广告，在全国性有线电视网的 A&E 台和探索台（Discovery）投播电视广告，安排户外广告以及针对郊区富裕汽车用户的广播网广告，具有很强针对性的媒介战略取得了非常好的反响。

3. 媒介战略是使创意腾飞的翅膀

媒介是创意的载体，那么，如果说单一的媒介是载着创意的自行车，策划周密的媒介战略则是载着创意的飞机，是真正使得创意能腾飞起来的有效保证。

媒介部的任务是要确保创作部设计的广告信息准确有效地到达目标受众，这是毋庸置疑的。而且，媒介战略还往往与创意紧密相连，甚至它还成为创意的航标，为创意提供方向。因此人们也常常将这种媒介的选择战略与创意联系在一起，称为"媒介创意"。其实质就是充分发挥媒介自身的特性，为广告策划和创意助一臂之力。

案例一：花旗银行曾巧妙地利用媒体给广告创意生辉。花旗银行将广告做在匹兹堡火车站的楼梯上，随着人们的脚步在台阶上升高，他们会被吸引住一步步看完这则广告。武汉电脑城里也有这样的台阶广告，一些电脑公司将自己的主要特色和宣传要点写在台阶上，吸引了受众的注意力。

案例二：一家制帽商选择的广告媒介是街头的柱子，只是这个柱子的顶部是一个类似帽子的铁盖子。于是，该制帽商的广告就涂在柱子上：时髦的广告模特的脸部，与"帽子"恰好构成一个整体。这则广告充分利用了广告柱的结构、形状，使平面的画面与立体的媒介融为一体，也是很好的媒介创意。

案例三：在现代都市摩天大楼里，工作于其间的人们经常会站在窗前俯视下面的街道。于是一家名叫《卫报》的报纸将广告做在公交车的车顶，广告文案是很醒目的大字："别跳！"人们在忍俊不禁的同时也记住了《卫报》这家报纸。

案例四："散利痛"将广告设置在洗手间里供人们照镜子的地方。它分为三个部分，中间是白色的文案区，左边是变形镜，文案写道："头痛吗？"右边是正常镜，旁边用红笔写道："散利痛，去头痛。"两行文案的中间是商品外观。也就是说，你照变形镜时，你的面孔扭曲了，以此来比喻头痛不堪，这种变形的效果往往让人惊异或者忍俊不禁；之后再照镜子的右边，脸部线条恢复正常，于是镜子上映出你轻松的笑颜，以此来比喻"散利痛"能去除头痛，能让人感同身受。

可见，特殊媒介的使用往往能使创意产生神奇的效果；别具心裁的媒介表现，能使创意更上一层楼。

4. 媒介战略是除了创意之外的又一大竞争

在激烈的广告市场竞争中，广告人面对的除了残酷的创意比稿外，媒介战略越来越站到了竞争的前沿。如今的媒介策划人也承担了与创意总监同样重要的职责：一位媒介策划人可能掌管着客户好几百万元的广告经费，他的工作是代表公司为客户谈下最佳价格和高效利用现有媒介进行配置的战略能力。李奥·贝纳广告公司美国媒介部主任、高级主管杰克·克鲁斯说："我们的任务就是为我们的客户高效地购买和计划媒介，使我们的客户比其竞争对手更占优势。"

20世纪90年代以后，在国外，一些客户已经开始对广告公司的服务采取"零点"政策。于是，广告公司之间在争取媒介购买和媒介策划任务时的竞争也开始像创意方面的竞争一样激烈起来。由于广告领域的运作越来越复杂，媒介决策变得越来越关键，客户也比过去更为挑剔了。广告主不仅要求广告公司出效益，还要求他们负起责任，提供信息，尤其是有关媒介选择的信息，他们要求广告公司能进行创造性的媒介购买。广告人必须对于这一竞争有着清楚的认识。

二、界定媒介目标

媒介目标是指将广告战略转换成可供媒介实施的目标。一个产品的总体媒介目标往往包括了目标受众、信息发布的原因和场所，以及广告发布的时间与频次。

例如，某一新食品的总体媒介目标表示如下：

ACME广告公司

客户：伊佳路食品公司（Econo）

产品/品牌：奇步便宜土豆片（Chirpee's）

项目名称：媒介计划（第一年推介）

媒介目标

1. 瞄准大家庭，重点是家庭中负责食物采购的人。

2. 将广告火力集中在城市地区，这类地区加工食品一般比较好销，新观念一般也较易被接受。

3. 在创牌子期间额外增加广告量，然后保持全年广告印象的持续性。

4. 向与地区性食品店销售有关的每个地区传递广告信息，制造影响。

5. 运用那些能巩固文案战略重点——方便、便于准备、口味和实惠——的媒介。

6. 一旦规范覆盖的需求与文案大纲的要求相符，有可能达到最高广告频次。

在以上那些媒体目标中，可将其合称为目标受众和信息分布目标两大部分。

（一）目标受众

目标受众（Audience Objectives）是指确定广告主所希望到达的具体人群，往往按照消费者分析中的地理人口划分或性别划分、收入层次划分、教育程度划分、职业划分等指标来确定。例如上例中，该食品的目标受众即是全国范围内居住在城市地区大家庭中的食品采购人员。所以，目标受众往往由某种收入层次、教育程度、职业或社会阶层的人群组成。

一般来说，在确定广告战略时，目标消费者已经被基本确立下来，但是在媒介计划中，目标受众不一定就是该产品的最终消费者，目标受众一般比实际消费者人数多，因为某些目标受众属于对最终消费者而言是极富影响力的因素。比如说，流通渠道成员的经销商、零售商，他们是否接受该货、是否把货放在醒目位置，他们是否向消费者推荐，都是非常影响产品的销售和购买的。再如，父母给孩子买东西，虽然是孩子在使用，但做出购买决定的父母无疑会成为目标受众。因此，目标受众将他们包括进来，代表着媒体计划中也要力图说服这些人接受和认可产品，这对于购买和销售是不可缺少的。

广告战略策划中的消费者目标受众的确立，往往通过市场调查所分析获得，在媒介策划人进行媒介战略策划时，还可以查看二级调研报告资源，借助于知名调研公司，如央视索服瑞调查中心、零点调查资讯公司等。

(二)信息分布目标

信息分布目标，又叫目标的地域性，即指明应在何时、何地发布广告以及发布的频率应该如何控制。为了解决这些问题，就必须先了解几项媒介指标。

1. 媒介指标

要解决何时、何地发布广告及发布频率的问题，要进行科学的媒介组合，媒介策划人必须充分了解媒介的一些计量指标。

(1)受众规模与发行量

进行媒介策划时，使信息能够到达尽可能多的顾客和受众，是媒介人的目标之一。因此，要关注那些能够到达最大受众规模的媒介。那么，怎么来计量受众规模呢?

如果要表示受众规模，最基本的方法就是计算某个媒介的受众人数，通用的办法是先核实媒介的发行量(Circulation)。有了媒介发行量，再乘以每册读者数(Readers Per Copy，简称RPC)，由此得出的结果就是该媒介的整个受众群。用公式表示为:

受众规模=发行量×每册读者数

(2)总印象次数与视听率(Rating)

广告印象(Advertising Impression)是指广告信息接触受众成员的一次机会。一旦弄清了受众规模，便可以轻松地计算出某一媒介排期中的广告印象稀疏。即将媒介的总受众规模乘以指定时间内所发布的广告信息次数，便可以得出总印象次数(Gross Impression)。

如果媒介排期较大，总印象次数便可能达到上百万次，处理起来很麻烦。于是，人们又发明了另一种计量办法——视听率。

视听率，也常被称做收视率，它是指接受某一特定电视节目或广播节目 3 个人（或家户数）的百分数。

打个比方，如果我们假定电视机的总家户群体（每家均拥有且只拥有 1 台电视机）为 5 户，如图 4-4 所示，5 户家庭中有 2 户看节目 A，节目 A 的收视率就为 40%；5 户中有 1 户在看 B 节目，那么节目 B 的收视率就是 20%，节目 C 同样为 20%。

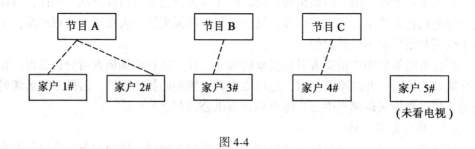

图 4-4

节目 A——5 户中有 2 户在看 = 收视率 40%

节目 B——5 户中有 1 户在看 = 收视率 20%

节目 C——5 户中有 1 户在看 = 收视率 20%

视听率（Rating）与开机率（HUT）、节目视听众占有率（Share）三个术语紧密相连。

开机率（Homes Using TV，简称 HUT），是指在一天中某一特定时间电视家户开机的百分数。再如图 4-3 所示，5 户家庭中，4 户在看电视，那么开机率就是 4/5 = 80%。这里要注意的是，假定 80% 的家庭处于开机状态，又假定每家有 2 人，但只有一人在看电视，那么电视开机率（PUT）会是 40%。因此，电视"开机"的总人数往往比总开机率低。

节目视听众占有率（Share），是指为收看某一特定节目开机率的百分数。它与开机率紧密相连，简单地说，它就是一个特定节目 A 在某一时间内视听众所占的百分比，即假定开机的家户里，50% 在看节目 A，那么节目 A 的节目视听众占有率即是 50%。如图 4-4 所示中：

开机率：5 户中 4 户在看，等于 80%

节目 A 的视听众占有率：4 户中有 2 户在看，等于 50%

节目 B 的视听众占有率：4 户中有 1 户在看，等于 25%

节目 C 的视听众占有率：4 户中有 1 户在看，等于 25%

因此，我们可以看出，收视率、开机率、节目视听众占有率三个指标，知道其

中两个，即可计算出第三个来，即：开机率×节目视听众占有率＝视听率

收视率／开机率／节目视听众占有率的相互关系见图4-5：

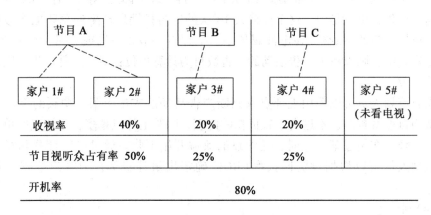

图 4-5

(3)信息力度与毛评点

进行媒介排期时，往往会选择多种媒介，那么将几种媒介的视听率相加(如前面计算总印象次数)，我们便可以判断某一广告排期的信息力度。最通行的往往是使用毛评点(Gross Rating Points，简称 GRPs)来表示。毛评点是指由各个广告媒介所送达的收视率总数。和收视率相同，毛评点一般也为一百分数。毛评点提供说明送达的总视听众，而不关心其是否重叠或重复暴露于个别广告媒体之下。对个人而言，他暴露在广告之下多少次就算多少次数。

计算毛评点，往往是用插播次数去乘每次被插播广告的节目的收视率。如果在一个收视率为20%的节目中插播了两次广告，那么毛评点就是40%(20%×2)。表4-1为13次插播通过4个节目所组成的广告排期表，说明送达200个毛评点。

表 4-1 计算毛评点

	家户平均收视率(百分比)	插播次数	毛评点
节目 A	20	2	40
节目 B	15	4	60
节目 C	25	2	50
节目 D	10	5	50
总计	70	13	200

由于毛评点计算的是一种毛额(Gross)，所以一个拥有20%收视率的节目，代表着它被20%拥有电视机的家户观看，则在此节目中的2次插播将"等于"40%家户在看。正如表4-1中这个插播共13次的广告排期表，因此"等于"有200%的人口看过这一广告，也就是说，这个插播共13次的广告排期所产生的总印象次数相当于目标市场人口的200%。在电波媒体中，毛评点一般以一周或一月为计算单位；在印刷媒介中，则以整个广告活动的广告数目为计算单位；对于户外广告，则以天为计算单位。

媒介策划人员可以采用毛评点来判断广告活动的支出上限。购买的毛评点越多，费用自然就越多，不过由于有折扣的优惠，购买毛评点越多，毛评点的单位成本反而下降。在超过某一点时，毛评点的效益开始下降。通过电脑计算和经验判断，策划人员可以根据投资回报率(ROI)确定出最佳目标，为客户节省大量的资金。

(4)到达率

使用毛评点来计算信息力度的过程中，广告人员未将重复或重叠的人次除外，因此，表现出来的可能就是，受众中的某些个体也许几次看到信息，而有些则一次也未看见。虽然信息力度可以表明受众的规模，但却难以揭示受众的构成以及他们接触信息的频率，这一现象促使媒介策划人员发明了另一套信息目标表示方法：到达率、频次和持续性。

到达率(Reach)是指在任意指定的一段时间内(通常为四周)至少接触过媒介一次的不同个人或家庭的总和，一般可以用百分比表示，或直接用数字表示。比如，在某100 000个人的市场中有40%的人在四周内至少听过一次中央人民广播电台播放的某则广告，那么这个媒介的到达率就应为40 000人，或者说这个市场中到达率为40%。计算到达率对于受众而言，不管他们看了、听了多少节目，不管他们暴露于广告片多少次，都只计算一次。不过，"到达了"只是表示"接触"该广告的人数或百分比，而不代表真正接触并消化广告的人数。

到达率的运作适用于一切类别的媒体。在各种媒体间唯一不同的是到达率所表现的时间长短的结构。就广播、电视媒体而言，通常到达率均于四周期间表示。这是由于研究来源的资料供应和所收集之资料，通常以四周作为到达率的计算期间加以制表。就杂志、报纸而论，到达率通常以某一特定发行量经过全部读者阅读的寿命时间作为计算标准。以月刊为例，一般平均每期的阅读寿命为11~12周，也就是说，从刊物开始发行时要经过11~12周才能到达最后一位读者。对户外媒体到达率的表现，要经过一个月的时间。

图4-6所示是一项包含三种杂志的广告排期将到达多少妇女。

杂志A拥有全体妇女20%在阅读，杂志B拥有17%，杂志C拥有21%。但这其中又有很多是重复的人数。

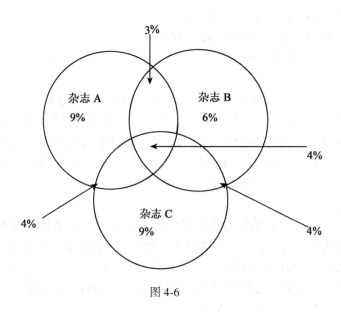

图 4-6

9%只阅读 A(独占的读者)，3%阅读 A 和 B，4%阅读 A 和 C，4%阅读 B 和 C，4%阅读 A、B 和 C。

那么，要计算全部三种杂志联合的到达率，而将重叠的读者只计算一次如下：

	到达率
A(独占的)	9%
B(独占的)	6%
C(独占的)	9%
A+B(重叠的)	3%
A+C(重叠的)	4%
B+C(重叠的)	4%
A+B+C(重叠的)	4%
总计	39%

(5)暴露频次

频次(Frequency)是指同一家人或家庭在特定时间内接触同一信息(如电台广告)的次数，表明媒介排期的密度。频次的计算是以媒介或节目的重复暴露为基础的。重复是记忆的关键，因此，频次是一个关键因素。

频次是以个人或家庭接触媒介的平均数来计算的。例如，上例中四周内至少收听一次中央人民广播电台同一广告的人数为40 000人，其中四周内三次听到同一广告的人数为20 000人，另有20 000人为五次，那么平均频次的计算就应为总接触次数除以总到达率。

$$平均频次=总接触次数÷受众到达率$$
$$=(20\ 000×3+20\ 000×5)÷40\ 000$$
$$=160\ 000÷40\ 000$$
$$=4$$

因此，在到达的 40 000 名听众中平均频次或接触次数为 4。

在弄懂了到达率和频次之后，我们可以通过它们来计算毛评点，也就是来衡量信息力度，即用节目的到达率（用视听率表示）乘以平均频次来计算毛评点，如前例，40%的收音机用户（40 点）有机会在四周内平均获收听到四次广告，那么等式为：GRPs＝到达率×频次＝40×4＝160。

（6）持续性

持续性（Continuity）是指广告信息或广告活动在制定时间段内的寿命。很少有企业会在一年内平均分配自己的营销努力。他们一般在黄金销售季节之前加强销售力量。在销售旺季过后逐步减少力量。同样道理，为了节省资金，某一新产品的媒介策划人可以在产品隆重推出期（假定为 4 周）后，再将广告活动维持 16 周，借以保持其持续性，但投放媒体的数量减少。

频次对引起记忆很重要，持续性则对维持记忆很重要。此外，由于人们每日在市场中出入的目的是为了寻找商品或服务。因而，持续性能在人们最需要信息的时候为他们提供信息。在购买环节中能击中目标的广告，其效果会更好，所需的频次也较少。

2. 如何有效规划信息分布

在制定媒介目标时，需要对信息分布有一个总体规划。其中很重要的就是确立如何增强到达率、频次和持续性。可是，正如图 4-7 所示，在广告经费一定的前提下，到达率、频次和持续性的目标呈反比关系，有时为了达到更大的到达率，就要牺牲一定的频次或持续性。

到达率、频次和持续性呈反比关系。例如在图 4-5 中，广告主可达6 000人1次，3 000人5.5次，1 000人9次。为了保持持续性，广告主有时不得不牺牲一些频次和到达率。

（1）有效到达率。由于到达率这个数字并未考虑暴露的质量，有些人虽然接触到了媒介，却并未注意到这条信息，因此，到达率并不能科学衡量媒介成功与否。于是，媒介研究人员用有效到达率（Effective Reach）来描述暴露质量，衡量从接收到足够暴露，并确实接收到信息的人数百分比。

（2）有效频次。与有效到达率概念相似的是有效频次（Effective Frequency），即某人在信息产生效果之前必须听见或看见同一信息的平均次数。从理论上讲，有效频次应该位于达到信息知晓目的的最小极和过度暴露的最大极之间，过度暴露会导

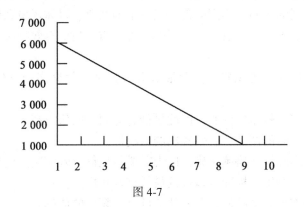

图 4-7

致消费者的"厌烦"情绪。

对于如何达到有效频次，学术界意见不一。因为在这个方面最主要的是要找到达到有效频次的临界点，达到这个点，注意率达到最高，超过这个点则是广告费用的浪费。

关于广告发布的有效频次，最为著名的是 Krugman 博士在 1972 年提出的"三次理论"。他认为，人们普遍相信的"广告需要不断强化才能防止受众忘却"的观点是片面的，广告不断显露，并不如广告发布最初的 2~3 次更为有效。他的核心观点就是：消费者第一次看广告时知道是什么商品，第二次看广告时则了解商品的特征，第三次接触时对于商品是否符合自己的需求就可以明确了解，以后再看多少次，其效果都是一样的。

Krugman 博士的观点基本上是正确的，它反映了心理学上的学习理论，只是 Krugman 博士认为达到临界点(或者说饱和点)的次数是 3 次，这并不能一概而论。

那么，究竟多少频次才不至于浪费广告费而又能达到想要的效果呢？我们可以假设一名受众在不同广告频次下的反应：

第一次广告出现——她没注意；

第二次广告出现——"又一个新牌子"；

第三次广告出现——"它到底有什么好"；

第四次广告出现——"让我再仔细看看"；

第五次广告出现——"有道理"；

第六次广告出现——"我有点心动了"；

第七次广告出现——"我真应该有一个"；

第八次广告出现——"明天得去买个试试"；

消费者对于频次的反应，肯定不是机械地按照上述的情况发展，但它基本上反映了消费者从接触广告到最终产生购买行动通常所经历的层级反应过程。

事实上，不同的产品、不同的种类以及市场竞争、媒体环境和创意的不同，都影响到有效频次的界定。一般来讲，影响广告发布的最低有效频次的变数包括以下因素：

新产品过去没有广告积累，因此最低有效频次的值会高于已经有广告铺垫的产品；

复杂的产品需要较多的说明，因此最低有效频次的值也高于简单的产品。

市场占有率越高的产品，有效频次的值越低。

市场细分越准确、策略越正确，广告需要的最低有效频次的值越低。

心理细分的市场细分标准可以降低最低有效频次的值；

消费者的品牌忠诚度越低，需要的最低有效频次的值越高。

竞争品牌广告活动活跃时，需要的最低有效频次的值比较高。

在确定有效暴露频次时，国际 4A 公司通常从三个方面来考虑，即营销因素、创意因素和媒体因素。如 R 牌牙刷 1996 年的媒体计划中，将其有效暴露频次确定为 5.3 次，那么它是如何得来的呢？

代理 R 牌牙刷的某著名广告公司分析了 R 牌牙刷的营销因素、创意因素和媒体因素。其中营销因素有：品类生命周期状态，市场份额，忠诚度，购买周期，使用周期，竞争压力，品类关心度。创意因素有：信息沟通复杂度，差别度（创意冲击力），广告运动形态，销售立场，广告协同度（创意版本数量），广告回想率，创意单位大小等。媒体因素有：媒体干扰度，媒体侵入性（或称媒体注目度），媒体排期，媒体间的分散度，媒体工具的重复使用度等。

前者的答案倾向于采用低有效暴露频次，后者的答案倾向于采用高有效暴露频次。

要将这些定性分析的结果量化，关键在于设定量化指标。在这个问题上，不同公司有着不同的习惯约定，不同品类上亦有所不同，这主要是靠经验的累计和判断。

R 牌牙刷有效广告暴露频次 5.3 次的得出，是基于把评分级别设定为 1~10 的结果。对每一因素进行评析打分，最后把三大类共十九项指标的得分进行算术平均计算。例如，R 牌作为牙刷，使用频率算是很高的，故在这项上打 9 分（次）；R 牌的广告诉求信息直接明了，在这项上打 3 分（次）；R 牌使用的媒体工具重复性高，故在这项上打 3 分（次）。然后通过相应的计算和平衡得出 5.3 次的结果。

在量化指标的设定和评定上，还要注意以下几点：

第一，营销、创意和媒体是相对稳定的三大方面。但属下的各种因素视品类的不同，应有所变化。也就是说，上述对牙膏的频次影响有意义的因素，并非对其他品牌也有意义。因此，在运用上必须先辨认影响因素项目。除了上述因素以外，还有其他因素。

品牌形象(营销因素):形象较鲜明的品牌,需要的频次低一些,形象不突出的品牌则需要较高频次的支持。

目标市场阶层(营销因素):不同的对象阶层(心理状况及生活形态等方面的差异),受频次影响的效果不同。例如,儿童的好奇心强,广告频次相对可低一些。

广告角色或称广告目的(创意因素):如广告目的是要提高"提示知名度",其所需频次要比提高"不提示知名度"来得高,"告知性"广告比"说服性"广告所需频次低一些。

媒体编辑环境(媒体因素):如广告投放于与品类、创意或品牌相关的媒体编辑环境之下,便占有较高兴趣与注目的优势,因此频次可低一些。反之,则要高一些。

总之,要确立一个理想的广告暴露频次是极为困难的。

第二,各影响因子对所需频次的影响并非等值。在必要时,可采用加权处理的计算方式,赋予各影响因子不同的权重,这样可使得结果更精确。

第三,必须注意到媒体计划传送的频次与消费者实际接触到的频次之间存在的落差。错把两者等同,将造成严重的媒体传送不足。

三、媒介战略的确立:媒介组合

媒介组合是媒介策划中很重要的一环,甚至是核心部分。科学地进行媒介组合,对于媒介战略而言至关重要。

对于媒介组合的程序,一般有两种说法,一种是先讲组合策略,再选择具体的广告媒介加以实现;另一种是先选择具体的媒介,再对之进行组合和调整。实际上,两种说法本身并没有很大差别,因为在人的脑力劳动中,两者很难截然分开。但逻辑顺序上应该是先考虑战略的组合,再考虑战术的选择。

(一)媒介组合的目标

媒介组合的最大目标就是达成效益最大化,因此媒介组合的目标在于:到达仅靠一种媒介无法到达的人群。

在获得最初的最佳到达率以后,以较便宜的二级媒介维持重复暴露。

利用附加媒介的天然价值扩大广告活动的创意效果(诸如在广播中运用音乐,在印刷中运用长文案等)。

如果主要媒介为广播,则用印刷媒介发送优惠券。

产生增效效应(Synergy),综合效应大于部分效应的简单相加。

例如,报纸可用于介绍新产品,并为信息带来即时效果,随后,由杂志广告来对该产品作细节描述、巩固形象,延长广告寿命和增强受众记忆。

(二) 媒介组合的原则

1. 目标原则

所谓目标原则，就是指媒介组合要符合媒介目标的要求，选择的广告媒体要同广告目标、广告战略协调一致，不能背离相违。它是广告媒介组合的根本原则。

目标原则强调媒介组合应当服从和服务于整体广告战略、媒体战略的需要，应当同广告目标保持一致，这是因为广告目标和广告战略是影响媒介选择的首要因素。消费者群体不同，他们对于广告媒体的态度也必然有所不同，而只有根据目标对象接触广告媒体的习惯和对媒体的态度来选定媒体，才能符合广告战略的要求，进而顺利达成广告目标，收到良好的广告效果。

2. 适应性原则

所谓适应性原则，就是根据情况的不断发展变化，及时调整媒体方案，使所选择的广告媒体与广告活动的其他诸要素保持最佳适应状态。

适应性原则主要包括两方面的内容：一方面，广告媒体的选择要与广告产品的特性、造访者的特性以及广告信息的特性相适应；另一方面，广告媒体的选择要与外部环境相适应。外部环境是指存在于广告媒体之外的客观原因或事物，如广告管理、经济发展、市场竞争、宗教文化，以及媒介经营单位等。外部环境是不断发展变化的，媒体方案也要相应做出调整。因此，进行广告媒体策划时，既要站在一定的高度上，综观全局，把握宏观，又要认清市场中的各种情况，把握微观，正确处理广告媒体与外部环境影响的关系，力求使两者保持最佳的适应状态，保持了这种最佳状态，就是最理想的媒体选择。

3. 优化原则

所谓优化原则，就是要求选择传播效果最好的广告媒体，或作最佳的媒介组合。

优化原则强调的是广告媒介渠道的选择及其组合，应该尽可能寻找到对象多、注意率高的传播媒体及组合方式。然而，就目前的媒体传播技术而言，要想寻找到各个方面都具有优势的某种媒体是不可能的。例如，报纸广告的注目率要低一些，形象效果也较差，而电视广告在这些方面具有优势，但从记忆方面分析就不尽如人意。此外，即使是同类同种的传播媒体也各有所短。同属于杂志的媒体，由于级别、性质、特点各有差别，因而其优势与不足也就各有不同的具体体现。

因此，无论是选择单一媒体，还是进行媒介组合，只能是努力趋优避劣，通过反复认真的比较权衡，两弊相权取其小，两利相衡取其大，从中选定最优化的方案。

4. 效益最大化原则

所谓效益最大化原则，就是指在适合广告主广告费用投入能力的前提下，以有限的投入来选择能获得最大效益的广告媒体。

现代市场经济条件下，无论选择何种广告媒体，都应该将广告效益放在首位，这就要求广告媒体战略策划始终围绕选择成本较低而又能够达成广告宣传预期目标的广告媒介这个中心来进行。因为运用何种广告媒体，首先取决于广告主对广告成本费用的投入能力。要使有限的钱发挥尽可能多的效用，媒介策划人员就必须坚持效益最大化原则，强调广告媒介策划的成本应同广告产生的利益成正比。一般来说，各种广告媒介因其技术手段、覆盖区域和质量的不同，成本费用也不同。某种广告媒介的技术手段高超，覆盖区域广，质量出类拔萃，则其成本费用就高，反之就低。即使是同一媒体，也会因其他因素的影响，成本费用也会有明显的差异。"黄金时段"、"黄金版面"与"普通时段"、"普通版面"价格要相差很多。

（三）媒介组合的方法

美国的玛格丽特·赖尔在对媒体组合进行研究时，在其所著《媒体选择备忘录》中提出"主要媒介效果比较图"，对于我们选择媒介有着参考意义（见表4-2）。

表4-2 主要媒体效果比较图

项目	电视	电台	杂志	日报	户外
目标传达(18岁以上的妇女)	A	A	A	C	C
创造情绪的能力	A	C	B	C	D
消费者参与媒体	A	B	B	C	C
视觉特征	A	D	B	C	B
支配感觉	A	B	B	B	B
都市集中	A	A	B	A	A
市场弹性	A	A	B	A	A
季节弹性	B	A	A	A	B

在表4-2中，A表示优秀，B表示良好，C表示尚好，D表示不恰当。

广告媒介的组合不是一成不变的，要根据实际需要有目的地进行选择。一般来讲，人们总结了几种公认效果较好的组合形式：

（1）报纸+广播。报纸的阅读人群相对文化水平较高，广播则是不分文化水平，任何人都可以听懂，而且尤以老年人爱听，所以这一组合能够覆盖不同文化层次的受众。

（2）报纸+电视。这是最常见的组合方式之一，电视媒介与报纸媒介能够达到很好的"配合"作用。电视媒体是通过图像和声音来传递信息的，但由于电视广告费用较高，往往只能言简意赅地将产品最主要的优点说出，不能进行详尽的解释；并且电视广告图像稍纵即逝，对广告记忆不利。而报纸广告则恰好可以发挥有利于记忆的特点，并且可以运用长文案来阐释和介绍产品，例如，房地产的广告有时采取优惠让利活动时，电视广告发布消息，报纸广告则发送优惠券，两者相互配合。

（3）报纸+杂志。这种组合可以利用报纸广告做强力推销，而借助杂志广告稳定市场；或者利用报纸广告进行地区性传播，而借助杂志广告做全国性大范围的信息传播。

（4）电视+广播。这种电子媒体的组合适合于那些技术含量不高、不需要过多阐述的产品，可以同时到达城市与乡村的消费者，使消费者可以普遍地接受广告信息传播。

（5）报纸/电视+POP（售点广告）。报纸或电视这种告知性媒体与销售终端媒体POP结合，可以将报纸或电视媒体所激励起的购买欲望在销售现场得到鼓励，促其变成现实。

（6）报纸/电视+DM（直邮广告）。这种组合以邮寄广告作为开路先锋，作试探性的广告宣传，然后利用报纸或电视广告做强力推销。这样先弱后强，分步推出广告，可以取得大面积的成效。

（7）DM+POP/海报。邮寄广告与销售终端相结合，有利于巩固地方市场。

以上只是一些常见的组合方式，操作者完全可以根据自己的实际情况灵活进行选择。在经费充足的情况下，可以采取多种组合结合的方式，以期最大限度到达目标受众。

这里有两类需要注意的问题：一是媒介组合如何才能包括所有的目标市场消费者。可将所有选用的广告媒体覆盖域加在一起，看其覆盖域是否可以将绝大多数的目标市场消费者归入广告可产生影响的范围；再将选用的广告媒体的针对性累加起来，看广告必须对准的目标市场消费者是否都可以接收到广告信息。如果这两种形式累加组合尚不能到达，则应将遗漏的目标市场消费者用再增加媒体的办法纳入广告影响的范围。二是即使采用以上组合方式，还应该注意具体的媒介渠道选择，不能盲目选择。例如，为到达农村受众选择媒体，就要注意他们接触媒体的时间，农忙季节他们看电视的时间往往在晚上8点钟以后，农村受众听广播比较多等。

第二节　广告媒介战术

除了以上所说的媒介组合的原则和依据外，具体的媒介渠道选择则是将媒介组合的基本想法付诸实施的一个重要步骤，也是媒介组合策略中的一个重要组成部分。在选择媒介之前对于媒介进行评估则是不可缺少的一环。

一、媒介评估

实际上，界定了媒介目标之后，媒介评估就常常紧随其后。媒介评估，就是根据媒介目标，通过调查研究分析的方法对媒介进行评价和判定，它一般包括覆盖域、视听域、触及率、广告成本和广告效应等。

（一）对媒介进行调查了解

对媒介进行充分的调查了解是进行媒介评估的基础和前提。通过对于媒介的调查，一般需要了解以下问题：

①传播媒介的性质、地位和背景；

②传播媒体的发行量、覆盖面、可能获得的市场有多大；

③传播媒体对象是谁，广告对象与广告媒体对象是否一致；

④在受众对象中，有多少可能成为潜在顾客；

⑤可能被争取过来的客户是一些什么人，他们的职业、经济收入、文化程度情况如何；

⑥广告对象对媒体的态度如何，他们是经常阅读报纸、杂志，还是经常收听广播或看电视。

（二）千人成本

在进行媒介评估的时候，有一个很重要的指标——千人成本（Cost‐Per‐Thousand，简称 CPM，M 为罗马数字"千"）。千人成本是媒介策划和媒介购买中一个很常用的名词。其计算方法是：

千人成本=广告费成本/每千份发行量×传阅人数

不过，一般来讲，媒介策划人员更关心成本效益（Cost Efficiency），即将信息暴露给目标受众的成本而非总发行数。一方面假设目标受众为 18～49 岁男性，某周报订户基数250 000的40%符合这个条件，如果报纸整版广告一次的收费标准为 3 000美元，那么其 CPM 计算如下：

目标受众=0.40×250 000=100 000

CPM=3 000/100 千=30 美元/千人

另一方面，如果该日报 60%的读者（180 000）属于目标受众的话，那么其成本效益就更好：

CPM=5 000/180 千=27.78 美元/千人

比较各个媒介的 CPM 相当重要，但 CPM 无法将媒介的其他优点和缺点计算在内。策划人员还必须评估所有的标准，才能确定以下因素：

①每个媒介的受众与目标受众的相符程度；

②各个媒介满足广告活动的目标与战略的程度；

③各个媒介所具备的满意度、暴露值和驱动值。

媒介策划人员可以计算不同广播节目的单位成本（Cost Per Point）来解决上述的某些问题。单位成本的计算方法与千人成本一样，只是把总印象次数换成收视点。

（三）媒介分析

知道以上问题后，要善于对媒介进行考察分析。主要需要考察以下问题：

①考察媒介的覆盖域与广告目标市场分布范围是否一致；

②考察媒介的权威性；

③考察媒介的针对性；

④考察媒介的时效性；

⑤考虑所做广告商品的性质与特征；

⑥考察媒介传播的数量指标；

⑦考虑广告的费用，根据本身财力合理地选择广告媒介；

⑧考虑国家法律法规。依据国家制定的广告法规，不准有的广告媒介发布某些商品广告。

二、媒介战术的确立：媒介选择与媒介排期

谈到媒介的战术，实际上就是两个方面：媒介选择和媒介排期。

（一）媒介选择

在进行具体的广告媒介渠道选择时，所有的原则显得更加具体，便于实施。一般来讲，有以下因素需要着重考虑：

1. 目标消费者

广告媒介策略最终是面对目标市场的，因而按照目标消费者来选择媒介渠道便是理所当然。按照目标消费者来选择媒介，主要基于三点：

（1）根据目标消费者的媒介接触情况来选择媒介。一个产品总要面对一定的目标消费者层，这个相对固定的消费者层可以根据性别、年龄、职业、居住城市等指标划分为具有大体相同媒介接触情况的群体，那么，如此划分后，就可以相应地根据这些目标消费者的共同特征来选择媒体，最大面积地到达目标受众。例如，产品面对大学生市场，就可以选择大学生经常接触的报纸媒介、方便廉价的校内媒体（如海报、招贴、文艺表演等）来到达。

（2）根据目标消费者视听率的高低来安排媒介时间。目标消费者经常接触的媒介，往往较易判断，但不应忽视的是要根据目标消费者对于某些媒介的视听率高低来安排媒介时间。比如，同样对准年轻人市场，在寒暑假采用电视媒介比平时采用电视媒介所覆盖的目标受众群要多，效果也要好得多。再如，电视中的体育节目或音乐节目，年轻人的收视率最高，而电视连续剧或戏曲节目则以中老年人的收视率为最高。因此，媒介策划人应当根据自己产品的目标消费者的收视、收听习惯来安排广告在媒介中播出的时间。

（3）根据消费者的记忆规律来选择媒体。各种媒介在知晓、理解、记忆三个层次上的效果是不一样的，例如，电视广播广告更有利于知晓，报纸广告更有利于记忆，因此，为了达到促使消费者购买的目的，除了媒介排期应有必要的重复率外，还应该在广告媒介选择上注意到，将促知晓的媒介与促记忆的媒介结合起来，强化

消费者的记忆。

2. 产品特征

根据产品特征来选择具体的广告媒介，在杂志领域表现得最为突出，《瑞丽》、《时尚》、《世界时装之苑》中出现得最多的是化妆品和时装的广告，而《汽车之友》、《大众汽车》等杂志中出现得最多的当然是汽车广告。专业杂志出现该专业的产品是不需多说的惯例。其实，对于其他广告媒介也是这样，而且内容包含更广，因为大多数产品是一般受众都需要的、乐于接受和使用的。很多媒体都是综合性的，在根据产品特性选择广告媒介时，主要有以下两条经验：

(1)产品功能多、需要长文案时，应以平面媒体为主。对于一些大件商品，人们注意率高但一般不会轻易定下购买决策，在做广告时一般都需要将产品的特定功能和消费者关心之处做详尽的介绍，以使消费者对它有一个全面的了解，这样才有可能激发人们的购买欲望，取得良好的效果。

美国广告之父大卫·奥格威就曾称赞长文案的好处，他自己也很娴熟地在印刷媒介中使用长文案。他给劳斯莱斯汽车所做的一则以"这部新的劳斯莱斯汽车以时速60英里开动时，最响的是它的电子钟"为标题的报纸广告是其最引以为自豪的，该文案用了719个字(英文)，在其后的一则广告中则用了1 400个字。他在《一个广告人的自白》中写道："每则广告都应该是一件推销你的产品的完整的作品，设想消费者会读有关同一产品的一个又一个广告是不现实的。你应该把每一则广告写得很完整，设想这是你把你的产品推销给读者的唯一机会——机不可失，失不再来。"

像汽车、房产这种信息含量大的商品，以电视、广播媒体很难将其说得清楚明白，最多只能引起人们的关注而已，而对其详尽的介绍则应该在报纸、杂志、宣传册等印刷媒体中出现，这样才有利于人们的购买。

(2)产品性能较为单纯，不需要大段文字说明时，以选用电视或广播媒介为宜。洗发水、化妆品、服装等性能比较单纯的产品，不需要用大段文字向消费者详细说明产品的功能，因此选用得最多的就是电视媒介。电视图文兼备，精美的画面可以渲染产品的良好性能和给人带来的愉悦感，而声音或画面文字则能促使人们知晓和记忆。例如，香烟广告在各国多被禁止，香烟要推广自己，除了采取赞助活动外，常常采用电视媒体，完全不做产品性能的描述，而只是对品牌本身进行宣传，如常见的万宝路牛仔形象、利群"永远利益群众"、"大红鹰，新时代的精神"等都属此类。之外，医疗用品器械广告往往会采用广播媒体。

3. 行销时机

季节性产品的销售一般都有其淡季和旺季，所以媒介策划人员应根据销售季节及销售机遇的不同，有针对性地选择广告媒体。一般来说，要根据销售淡季和旺季进行预算分配，销售旺季"集中火力"，尽可能地选用各种适用的媒体展开广告宣传攻势；销售淡季则减少媒体投放，加强重点，延续旺季余波，但又要避免广告费用的浪费。另外，还要利用不同媒体在不同时机受注目程度的不同来选择媒体及刊播时间。一些大型体育赛事会使一些辅助媒体如场内的户外广告受注目度大大提高，媒体的选择也应因时制宜、因事制宜。

4. 销售区域

有些商品的销售是有地域性的，或者商品只针对某一特殊的顾客群体。针对区域销售的特点，选择媒体时应该注意以下几点：

第一，地区性商品或区域性销售，可考虑地域性媒体或辅助性媒体。

第二，销售渠道窄的或直销的产品，不宜采用大众媒体。

第三，目标市场区分明确、目标对象特征明显，应选择杂志媒体来适应目标对象。

5. 媒体自身

媒体自身所具备的特征，是选择媒介的可用性时必须考虑的一环。主要包括以下媒介评估的内容。

(1)媒介的受众范围，即读者或观众数目，以视听率等指标进行测定。

(2)媒介本身的特性，其物理特征和附属特征也是应该关注到的问题，在进行媒介选择和媒介使用时，注意到这一点往往会有出奇制胜的效果。

例如，法国零售商巨头家乐福在武汉的汉阳和汉口已有两家分店，在武昌也开设了第三家连锁店。它除了在店堂内设置了很多 POP 之外，还经常运用其他媒介进行宣传，如公交车。但是，家乐福并没有在所有的公交车上涂刷车身广告，而是在一些线路经过家乐福的公交车上投放广告，车身上的广告词就是——"这是到家乐福的车"。由于它一目了然，乘客和路人很容易看到这则广告，能够对它产生深刻印象，而且一些想去家乐福购物的消费者则可直接坐车去家乐福，广告效果非常好。这样有针对性地选择媒介，就是因为充分掌握了媒介本身的特性，从而能达到意想不到的效果。

除了运用媒介本身特性来选择媒介外，还应该多创新，多出奇制胜。例如，1998 年诺基亚 5110 手机为了宣传当时还不多见的多彩外壳，投放了一批报纸广告。它打破了一般的报纸广告通常把广告放在报纸的彩版上的投放方式，专门寻找报纸上合适的黑白版面。在黑白版面上投放彩色广告，使诺基亚 5510 的多彩外壳在黑白版面的映衬下显得更加突出，广告信息也因为媒体的烘托而更加清晰强烈。

(3)媒介的可用性和弹性。选择媒介，不能光凭自己的主观臆断，还要考虑媒介自身的可用性，才能保证选择的有效，比如所代理的某产品本来准备在电视媒介某一特定时间做广告，但恰恰某一特定时间已经被人买下了；又如某广告牌想设置在某闹市中心，而该市有法规规定不准在该闹市区设置广告牌，那么就需要更改广告投放计划。

媒介的弹性是指广告从制作到播出之间的时间差距。最方便、最有弹性的媒介是电台和报纸，若广告刊播时间没与其他人发生冲突，那么只要提前一天把录音带或广告稿交给媒介负责人就可以了，而印刷媒介中以杂志的弹性最小，因为彩色稿要经过分色、印刷、装订等复杂过程，所以广告稿通常要提前三四周交给杂志社，这期间不能再作任何更改。较缺乏弹性的媒体是电视，因为电视广告的制作时间比较长，费用也比较大，若更改的话，所需的费用更大。因此，在确定媒介计划、选择具体的广告媒介渠道时，必须充分考虑产品广告信息的时间性和弹性，然后才确定最适合的媒体。

(4)媒介生命力与接受性因素。媒介生命力是指媒体接触消费者的时间长度，如电视广告媒介播出30秒钟，它的生命就只有30秒钟，而日报媒介的生命就是一天，最长的是杂志和书，如月刊杂志，它的生命是一个月甚至更长，书籍的生命则更长一些。各种媒介的生命长短不一，但其效能不是与生命长短成正比的。因此，选择时要多种情况兼顾考虑。另外，消费者对于某些产品或媒介都有一个既定的印象，那么，如果某产品的广告出现在他们认为恰当的媒介，这种媒介的接受性就会很高。如较高价位的产品广告在高级时装杂志或商业杂志中出现，就能产生较好的媒介接受性。

6. 政治、法律、文化因素

对于国际广告媒体而言，所在国的政治法律状况、民族特性、宗教信仰、风俗习惯、教育水平，对广告媒介渠道的选择也有重大影响。在进行广告媒介渠道策划时，所在国国家政权是否稳定，社会经济文化是否繁荣，法制建设是否健全，尤其是国家对广告活动的各种法规限制和关税障碍，广告宣传手法是否符合宗教仪规，是否会触犯禁忌等情况都必须事先考虑到。

(二)媒介排期

媒介排期是将媒体战略、媒体战术付诸实施的最后计划阶段，是媒介发布时间的一个总体规划。为了保持广告的持续性，媒介策划人员通常都要使用一定的排期方法。研究人员常将其总结为稳定推出法、重点突出法、波浪式推出法、大周期式推出法、渐强式推出法、减弱式推出法、组合同时推出法等多种方法，在这里我们不对这些小的类别加以说明，只将其简化为以下几种来叙述：

持续式排期(Continuous Schedule)，是指广告在整个活动期间持续发布，没有什么变动。这是建立持续性的最佳途径。对消费者定期购买的产品，广告主一般采用这种排期模式。例如，头四周在中央电视台和省级电视台上播放广告，然后，为了保持广告活动的持续性，全年每周都在中央电视台上持续播放广告。

起伏式排期(Flighting Schedule)，有广告期和无广告期交替出现。这种间歇性排期比较适合于一年中需求波动较大的产品和服务(如感冒药、空调、暖风机、花露水等)，广告主可以以四周为一组先推出产品，然后再按季节安排另外三组广告播放时期。

脉冲式排期(Pulsing Schedule)，是持续性战略和起伏式战略的结合体。消费者的购买周期越长，越适合采用脉冲式排期。采用这种排期时，广告主全年都维持较低的广告水平，但在销售高峰期均采用一时性脉冲"增强"效果，这种战略比较适合软饮料这类产品——虽然一年都有消费，但夏季销售量激增。

对于需要仔细斟酌的产品，集中式排期(Bursting)——指在同一广播网的黄金时段每隔半小时播放一次广告——比较有效。其变种为路障式排期(Road-blocking)，即在三家电台买下相同时段播出广告。克莱斯勒采用这种技术，让观众觉得广告无处不在，虽然广告有时只播放几个晚上。例如，为了到达企业主管，广告集中安排在周日播出——有线台和无线台同时播出，使主管们不至于错过广告。

排期标准确定后，媒介策划人需要拿出一份媒介计划流程表，说明整个广告战役的时间安排，让创作部、媒介部、客户部以及客户本人了解整个广告活动期间(通常为一年)媒介活动的模型。

三、计算机在媒介选择和排期中的运用

在过去的 10 年中，电脑的普及以及电脑软件给媒介策划人员提供了大量的帮助，面对计算 GRPs、CPMs、到达率、频次等所需的大堆大堆的数字，计算机可谓充分发挥了其快速、准确的功效，同时还节省了大量时间和资金。一家广告代理公司甚至发现计算机可以在两天内借助一套软件系统和三个人，就为自己最大的一个客户设计出全套的电视、广播和印刷联合预算。而在以前，这项工作需要 70 名员工手工操作一周半才能完成。

现在，广告主管已可以利用电子设备从媒介指南上收集信息，及时地为自己的客户设计出适当的预算。标准收费与数据公司的一种名为媒介策划系统的 CD-ROM 程序每月都对数据进行更新，策划人员可以根据标准收费与数据公司数据库中10 000家刊物中任何一家的发行量、CPM 或其他变量，在显示屏上对预算进行更改。

与此相似，互联市场系统(Interactive Market System，简称 IMS)也推出了个人电脑软件和在线数据。软件分析了不同行业出版物目标受众的读者特点，并以任意 10 种变量对这些出版物进行排序。此外，程序还可根据用户指定的参数范围，设计出最佳排期。

还有许多其他的程序运用高级数学模型为广播和印刷排期计算到达率、频次和GRP。这些程序一般都以所写名称出现，如 CANEX、MADIAC、ADMOD 或VIDEAC 等，每种都具备自己的特点和领域。

当然，即使有现代科技的支持，可以节省时间、人力和物力，也仍要靠媒介策划人员来了解产品，了解市场，了解媒介，引起行动。计算机不能判断哪种媒介或

环境最适合该信息，不能评估杂志的内容和电视节目的形象，不能判断它们"吃"进去的数字是否真实可靠，也不会理解数字的含义，计算机能做的就是加速这个进程。媒介策划人要充分认识到这一点，只有媒介策划人的头脑与计算机的速度和精密程度相结合，才能使计算机在媒介选择和排期中发挥更大的作用。

思考与练习：

1. 除了本书中已经写到的，你还能举出其他非常规媒介的例子吗？请谈一谈非常规媒介的作用，以及应当如何使用非常规媒介。

2. 广告媒介战略的重要性体现在哪里？

3. 媒介组合应该坚持什么原则？一般有什么样的组合方法？

4. 进行具体的媒介选择时，应该考虑哪些方面的因素？

5. 某公司为了调查综艺节目的收视率，选择了某地 100 个样本。某个周五晚上，100 户样本家庭中有 88 家开了电视机，其中有 38 家在看综艺节目 A，另有 30 家在看另一热销节目 B，剩下的人在看其他节目。请问当天晚上的开机率达到多少？A 节目的视听率达到多少？节目视听众占有率又是多少？节目 B 的视听率和视听众占有率是多少？从中可以看出开机率、收视率、节目视听众占有率之间是怎样的一种关系？

第五章　营销与传播的整合

☞ **本章提要**

整合营销传播(IMC)的核心和出发点是消费者,目的是要与消费者以及其他利益相关者建立一种持久的亲密关系。其理论支持有营销组合4C理论、关系营销理论等。在这个大系统中,营销传播要素的整合、营销传播工具的整合以及资讯的整合至关重要。广告策划与关系营销、直接营销、人员销售以及销售推广具有全局性的关联,各方在IMC的系统中构成互动关系。

☞ **章节案例**

让消费者主动参与传播

策划活动引起大众的注意从而推广品牌,这在如今已经不是什么新鲜的做法。然而棘手的问题是,当舞台太过热闹时,怎样吸引消费者有限的注意力并吸纳其参与传播呢?

上述问题的部分答案可以从这个活动中获得——2012年9月,成都大熊猫繁育研究基地第二次面向全球开展"熊猫守护天使"的征集活动。此前,基地已经在两年前成功地举办过一次该活动,招募了6名守护天使。活动主办方动用了报纸、电视等常规的大众媒介,还建立了官方网站,并借助多家网媒传递相关信息。每一名参赛选手都要制作参赛视频,进入终选环节的12名选手与熊猫共处的视频通过网络发布,为活动推波助澜。据活动主办方介绍,除了国内多家媒体的高度关注外,美联社、美国全国广播公司、美国哥伦比亚广播公司、意大利国家电视台、半岛电视台等国外媒体在终选前或当日到达成都拍摄。和同一时期国内此起彼伏的娱乐活动相比,"熊猫守护天使"征集活动虽然少了许多噱头和刺激,但是它却以别样的方式引起了关注,尤其是海外媒体和受众的关注,使活动的参加者从最初的信息接收者变成了传播者。

另外还有一个非常成功的案例:

2009年1月19日,澳大利亚昆士兰旅游局面向全球发起了"世界上最好的工作"招聘活动,为大堡礁招聘看护员。申请成功者在六个月合同期内可以获取150 000澳元的薪金;此外,看护员在此期间的吃、住、行以及来往机票均由昆士兰旅游局全部负责。大堡礁看护员的主要职责是探索大堡礁群岛，并通过博客、相簿、视频及接受采访等方式，向昆士兰旅游局以及全世界报告其探险历程。

活动所有的关键环节都借助网络进行。官方网站提供了多个国家语言版本，发布活动信息、公布活动进展并接受报名。在活动启动初期，为加速消息的扩散，主办方还要求其在全球各大办公室的员工登录论坛、社区发帖。超出主办方的预计，网站在活动开始几天便因登录人数过多而几近瘫痪。

招聘选拔开始后，所有申请者在官网报名时，必须提交一份英文求职视频来介绍自己，并允许活动官方网站及合作伙伴 YouTube 发布。主办方借用了选秀节目的模式，设计了网络投票角逐"外卡选手"的环节，不仅使招聘活动公开透明，而且还使这一活动像真人秀节目一样充满挑战和不确定性（见图 5-1）。此外，活动主办方向所有投票者发出一封展现昆士兰美景的电子邮件，投票者只能在确认签收之后方能投票。2009 年 5 月 9 日，英国人本·索撒尔胜出。

此项活动耗费了昆士兰旅游局 170 万澳元的推广费用，共吸引来自全球200 多个国家和地区的近 3.5 万人的竞聘。然而，该项目并未如其他招聘、选拔活动一样到此结束，而是进入了更加有趣的阶段——看护员本·索撒尔开始履行职责，每天将工作图片与视频上传到博客，记录探索大堡礁的情况。通过本·索撒尔的个人传播，大堡礁的美貌与风情继续展现在人们面前。本·索撒尔工作期间，发生在他个人身上的小故事同样成为看点，比如其漂亮的女友一同上岛工作，又如他在工作中不慎被动物咬伤，等等。

"世界上最好的工作"招聘活动充分展示了整合的力量，解决了令诸多活动主办者头疼的关注和参与问题。在活动启动初期，尽管主办方只选择了网络媒体，但是实际推动活动的媒体遍及世界各地，它们关注本国选手的成绩，起到了间接助推的作用；活动中期，每位候选者都从信息的接收者变成了传播者，他们在通过自媒体、活动官网以及其他传播途径为自己拉票的同时，也在为活动本身积聚人气；活动后期，看护员本·索撒尔接替旅游局继续传播相关信息，进一步发挥了网络传播的人际、互动优势，他颇具戏剧性的工作经历本身就是一场精心策划的活动……这项工作产生的公关价值估计在 1 亿澳元左右，投资回报率接近 1：10。在 2009 年戛纳国际广告节上，这一活动荣获公关类和直效类两个全场大奖，共获四尊戛纳金狮，打破了戛纳广告节上一个作品得奖数目的最高纪录。

2013 年年初，澳大利亚旅游局推出第二季活动，将岗位增至 6 个，包括悉尼玩乐者、南澳野生动物护理员、墨尔本时尚生活摄影师、北澳探险家、昆士兰公园巡护人和西澳风味美食家。活动的传播代理商包括 DDB、OMD、

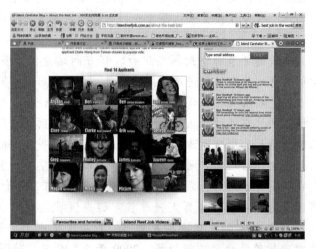

图 5-1　活动官网为 16 位进入决赛的申请者设置的网页

Pixolüt、Mango 四家公司，总预算 400 万澳元(约合人民币 2 600 万元)。活动还吸引了维珍航空、宜家、戴尔、花旗银行、求职网站 Monster.com、SONY音乐等与之合作。活动启动两周后，全球报名人数即超过 3 万人。活动官方网站的中文版页面也于同期开设。

　　"世界上最好的工作"招聘活动第二季究竟会续写传奇还是超越历史，让我们拭目以待!

第一节　整合营销传播概述

　　广告的发展总是与时代的需求紧密相连，广告理论的每一步发展和创新，也必然与当时市场环境的变化、传播环境的发展变化以及实践的发展紧密相关。从"酒香不怕巷子深"，到现在对于"品牌"与"形象"的分外重视，广告经历了一个从不成熟到成熟的发展过程。而广告理论作为对广告实践的思考和总结，也从"术"走到了"学"的阶段。在这个过程中，广告理论不断吸收实践的营养，同时又注入了许多其他学科的新鲜血液，在不断创新中得到发展。

　　作为一种营销传播理论，整合营销传播的发展轨迹也是如此。"广告在商品销售中的作用是强大的，却也不是无所不能，社会营销与传播环境越复杂，其限制就越大。一部广告传播史，就是在不断寻求与克服广告传播有所不能的历史。于是，有了罗瑟·瑞夫斯的 USP 理论，以解决广告有效诉求的问题；有了 20 世纪 60 年代美国广告史上的三大创意理论，探寻如何以有效的广告创意实现广告的有效传播；有了 20 世纪 70 年代的定位理论，以在消费者和受众的心理空隙中占据合理有利的位置；有了 20 世纪后半期以来丰富发展的品牌理论，以品牌形象造成对消费者的挡不住的诱惑。""由于广告传播在品牌形象建立和塑造中的巨大作用，也由于品牌巨大的市场利销性，广告传播发展到品牌形象时代，其在商品营销中的作用似乎已发挥到极致。于是有了 20 世纪 90 年代兴起的整合营销传播。"①

打开电视机，我们会发现广告如此之多但却很少能给我们留下深刻印象。现代科技和生产力的发展使得产品之丰富今非昔比。各个厂家生产的产品的科技含量大同小异，产品的同质化程度也越来越高，以往那种只需说出自己产品独特性能就可以制胜的广告之道离我们越来越远。而面对普通受众对于广告越来越熟悉甚至熟视无睹的现状，广告人要如何做才能突破信息的森林和沼泽呢？

简洁明了而又强有力的信息传播才是越过这种森林和沼泽的途径，也是打破受众视若无睹的神经壁垒的唯一方法。整合营销传播正是由此提出的。

正是在这个意义上，我们认为整合营销传播理论是时代需求的产物，是广告创新的又一成果。而实际上，许多国际大型广告公司为了适应市场营销情况的变化，数年前就开始开展全方位服务，例如，美国威雅广告公司的"全蛋经营"概念、奥美广告公司的"行销合奏"概念和安历琴广告集团推出的"行销网络"概念等，它们的这些实践都类似于后来提出的整合营销传播理论。这也从另一个角度说明了这一理论的提出是顺应时代潮流的，是值得推广的。

"我们现在进入一个广告的新纪元，广告是受人尊敬的而不是施恩于人的；是寻求对话而非独白的；是能引发回应但不是可以安排的。它谈的是共同利益的最高点。广告已不再是人们所认知的'广而告之'，它不再只是电视广告、广播广告和报纸杂志的平面广告。此外，厂商也不再视广告为必要之恶，不再是难以理解、无法操纵的成本项目，越来越多的广告主，将之视为投资并且应对其结果负责。广告主、广告代理商和媒体各自调整彼此的关系，以扮演新的角色。"②在产品高度同质化的时代，面对普通受众对于广告越来越熟视无睹的现状，要穿越层层叠叠的信息森林，需要我们协同一致，加强我们的说话力度，用一个声音去说话。——这就是整合营销传播的核心要义。

针对以前广告理论中营销与传播分离的现状，整合营销传播鲜明地提出了"营销即传播"的观点，真正将营销与传播结合起来，把它们融为一体，是广告传播理论发展的一大进步。虽然其基本思想早已在很多知名企业的广告实践中实现，但是不管怎样，这一理论的提出仍然具有划时代的意义。而且，正如其提出者唐·舒尔

---

① 张金海著：《20 世纪广告传播理论研究》，武汉大学出版社 2002 年版，第 182 页。

② 舒尔茨，田纳本，劳特朋著，吴怡国等译：《整合营销传播》，内蒙古人民出版社 1997 年版，第 22 页。

茨所说，整合营销传播并不是一个固定的模式，它需要持续的改变和适应，需要我们不断尝试、探索和创新，这是整合营销传播的未来，也是所有指导实践的广告理论的未来。

一、整合营销传播的内涵及其理论支持

自20世纪90年代提出至今，"整合营销传播"已成为现代营销学和广告学的关键性术语，"整合"也成为人们经常提到的一个词。

鉴于目前学界对于整合营销传播理论的论述多而杂，本章力图将其梳理简化，并结合实例来说明整合营销传播及其对于广告策划的指导意义。

（一）IMC 的内涵

1993年，美国学者唐·舒尔茨教授在其《整合营销传播》一书中首次提出了整合营销传播的概念，并系统地阐述了它的运作规律。随着这一理论的传播开来，它的内涵以及它究竟能够为广告传播带来什么样的效果，一直是广告界探询和争论的话题。在其提出之初，舒尔茨教授所在的美国西北大学对整合营销传播是这样定义的："整合营销传播是关于营销传播规划的一种思想，它明确了综合规划所产生的附加价值。依靠综合规划，可以对一系列传播学科的战略角色进行评价（例如，普通广告、直接反应、促销及公共关系等），并且将其融合，从而使传播活动明了、一贯并获得最大的效果。"

舒尔茨在2001年和2002年曾两次来华讲学，宣讲整合营销传播。依据营销传播管理环境的不断变动和营销传播的发展，他给整合营销传播下了一个新的定义："整合营销传播是一个业务战略过程，它是指制定、优化、执行并评价协调的、可测定的、有说服力的品牌传播计划，这些活动的受众包括消费者、顾客、潜在顾客、内部和外部受众及其他目标。"

可以说，舒尔茨教授先后给整合营销传播下的两个定义实际上就体现了整合营销传播是一个不断发展的过程，是从狭义到广义的发展过程。

除此之外，很多学者也对整合营销传播进行了研究，发展和丰富了这一理论，对其定义也形成了不同的看法。如美国4A协会（全称 American Association of Advertising Agencies，美国广告代理商协会）对整合营销传播的定义是："一种作为营销传播计划的概念。确认一份完整透彻的传播计划有其附加价值存在，这份计划应评估各种不同的传播技能在策略思考中所扮演的角色——例如，一般广告、直销回应、销售促进以及公共关系——并且将之结合，透过天衣无缝的整合，提供清晰、一致的信息，并发挥最大的传播效果。"

威廉·阿伦斯在《当代广告学》中对它如此定义："整合营销传播指企业或品牌通过发展与协调战略传播活动，使自己借助各种媒介或其他接触方式与员工、顾客、利益相关者以及普通公众建立建设性的关系，从而建立和加强与他们之间的互

利关系的过程。"

这两个定义，代表了大多数人对 IMC 的基本认识。相比之下，威廉·阿伦斯的定义更贴近整合营销传播的实质，因为它不仅仅强调传播手段的整合，而且将定义的重心放在了企业要与谁建立一种建设性的关系上，从而更加符合整合营销传播的核心内容——对于消费者和公众的重视。

综上所述，IMC 就是指"协同作用"，也就是"整体功能大于部分之和"，即协调各种传播活动的总体效果要大于它们单纯执行时的情况。它的一个基本要求就是企业传播给消费者的信息要"用一个声音去说"。

对于企业来讲，不管是使用广义观点，还是狭义观点，在很大程度上取决于它的企业文化。汤姆·邓肯提出了企业经常采用的四种整合层次：统一形象、一致声音、好听众与(最高境界的)世界级公民。这些层次揭示了整合营销传播活动的领域：从狭隘封闭的企业独白到开放互动的对话，最后从内到外产生了一种渗透到整个组织并驱动一切的企业文化(见表 5-1)。

表 5-1　　　　　　　　　　　企业四种整合层次

层次	名称	描述/重点
1	统一形象	一个面孔、一种声音、注重强烈的品牌形象
2	一致声音	前后一致的声音和面孔，对不同受众(顾客、同行、供应商等)采用相应的信息
3	好听众	采取双向传播，通过免费电话号码、调查、商展等获取反馈，注重长期关系
4	世界级公民	关注社会、环保、健全的企业文化，注重更广阔的社会

对于 IMC 的基本含义，我们可以从以下几个方面去理解和深化：

(1)IMC 的核心和出发点是消费者。IMC 是一种以消费者为核心的营销传播理论，它代表着"生产者"指向到"消费者"指向的转化。也就是说，整合营销传播将企业从"我要推销什么"这一境地推向了"谁为何要买我的产品"的思考。正是这种指向的转化，标志着 IMC 理论对传统营销传播理论的颠覆。

(2)IMC 的目的是要建立与消费者以及其他利益相关者的一种持久的亲密关系。由于对品牌形象的重视，IMC 立足于一种长久关系的维系。很多知名品牌正是由于其一贯的传播而树立起了消费者对它的一种长久信任，甚至指名购买。

(3)IMC 的基本要求是"用一个声音去说"。虽然后来 IMC 的发展证明 IMC 的贯彻执行远不止"用一个声音去说"那么简单，但是这仍然是一个最基本的要求。

(4)IMC 应当采取一种双向沟通策略。借助于双向沟通策略，整合营销传播更易于建立与消费者的持久亲密关系。双向沟通策略往往比大众传播手段来得更加有效，因为受众对属于自己独有的信息总是特别关注。例如，为推销其新款汽车，保时捷汽车公司向每位车主都寄发了一张独特的海报，画面上是一部保时捷新车，车牌上印有车主的名字。车主们收到这一海报十分惊喜，因为这是完全属于他自己的礼物。保时捷公司由寄发个人海报为起点执行了一系列消费者导向策略，其中一项活动是将购保时捷汽车车主的姓名铭刻在车内的底盘上，甚至向车主赠送有其姓名的车牌。这一系列的活动牢牢地将车主和保时捷联系在一起，并极大地发掘了潜在消费者。当然，双向沟通的前提是企业必须拥有一整套的完整的消费者资料库（消费者档案）。除此以外，企业对潜在消费者的挖掘，还依赖于对公众信息资料的运用。

（5）IMC 认为营销即是传播，传播即是营销，营销与传播的各个发展阶段都在与消费者进行沟通，这是 IMC 的一个创造性的观点。

（二）IMC 的理论支持

IMC 虽然是一种新兴理论，但是其提出则经过了长久的酝酿，有其理论根基。大致上看来，除了系统论"整体大于部分之和"这种最基本的理论支持外，IMC 的理论支持还有以下这些：

1. 劳特朋的营销 4Cs 理论

美国市场营销专家劳特朋也是《整合营销传播》的著作者之一，他在 1990 年提出了整合营销的新概念。所谓整合营销，指的是企业的全部活动都以营销活动为主轴运营，强调企业非营销的生产、财务、人事各部门与营销相配合，以营销为目标协同作业；当然也包括传统意义上的营销要素组合，所不同的是，整合营销以"4C"取代了"4P"。"4Cs"理论就成为整合营销传播的主要理论基础。

传统的 4Ps 理论是密歇根州立大学麦考锡教授提出的，四个营销要素指的是产品（Product）、价格（Price）、渠道（Place）和销售促进（Promotion）。20 世纪 90 年代，劳特朋将其发展成了 4Cs，即消费者（Consumer）、满足消费者需求的成本（Cost）、便利（Convenience）和沟通（Communication）。20 世纪 90 年代初随着社会现实的变化，卖方市场变为买方市场，使得越来越多的人转向劳特朋所提出的 4Cs 理论。4Cs 理论所主张的新观点是：

把产品先搁到一边，赶紧研究消费者的需求和欲求（Consumer wants and needs），不要再卖你所能制造的产品，而要卖消费者想要购买的产品。

暂时忘掉定价策略，着重了解消费者为满足需求所愿意付出的成本（Cost）。

忘掉渠道策略，而考虑如何给消费者以购买商品的便利（Convenience）。

最后请忘掉促销，取而代之的是沟通（Communication）。

IMC 即是以 4Cs 理论作为考虑问题的基点，实现了理论重心的转移，舒尔茨教授用了一句话来说明这种转移，他说过去的座右铭是"消费者请注意"，现在则应是"请注意消费者"。

4Cs理论以及以此为基础的IMC理论将消费者提到了前所未有的高度，从消费者的角度出发来考虑问题，满足消费者的需求，成为企业获得自身利益的前提。这种以消费者为中心的思考模式从根本上改变了以前以生产者为中心的思考模式。

2. 关系营销

关系营销可谓现代的营销秘诀，它也是IMC理论的背景因素之一。如今，许多广告主已经认识到了在21世纪建立品牌资产的关键在于发展与顾客之间的互相依赖、互相满足的关系。今天的消费者富裕而成熟，他们可以从全世界生产厂家所提供的丰富多彩的产品中随意进行选择，顾客关系(销售仅是其开端)无疑将成为21世纪企业成功的关键战略资源。

关系营销的目的是为了培养企业的忠实消费者，它意味着要在企业与顾客和其他利益相关者之间建立、保持并巩固一种长远的关系，进而实现信息及其他价值的相互交换。这种思想是整合营销传播的思想基础。

要想在当今社会获得成功，企业就必须重视培养和经营精选顾客与其他利益相关者(员工、持股人、金融团体和新闻界等)的忠诚度。人们已经充分认识到忠诚度的价值，认识到保持老顾客的重要性。世界第二大直接反应广告公司——卡托·文德曼·约翰逊公司的创办人莱斯特·文德曼说，生产商90%的利润来自回头客，只有10%的利润来自零星散客，少损失5%的老顾客便可增加25%~85%的利润，而且，顾客与企业的关系越长久，他们也越乐意付出高价或者向朋友推荐，越不需要厂商关怀备至，往往每年的购买量还会增加。丧失老顾客的代价和争取新客户的代价都是巨大的，老顾客的流失很难用广告争取回来，而争取一名新客户所付出的营销、广告和促销代价是维持一名老客户的5~8倍。因此，企业越来越认识到企业的首要市场应该是它目前现有的顾客。

过去，大多数营销和广告的努力都集中在售前活动上，希望获得更多的新客户。如今，生产厂家也更为成熟了，将更多的资源转而投入售后活动中，将保持客户作为自己的第一道防线。如国际知名企业IBM、迪斯尼、宝洁，我国企业海尔、荣事达等都是注重售后服务的典范。

关系营销对顾客及长久关系维系的重视正是整合营销传播的基础。

3. 消费者处理信息累积模式

营销4C理论和关系营销都要求必须从消费者的角度来看待问题，那么，了解消费者处理信息的方式就必不可少。

在李奥·贝纳广告公司的一次调查中，消费者将102种不同媒介的信息都判为"广告"：从电视到购物袋直至受人赞助的社区活动，无所不包。顾客还通过其他信息源如新闻报道、口传、闲话、专家评论、财政报告，甚至首席执行长官的个性等，形成对某公司或品牌的印象。

所有这些传播活动或品牌联系都会在消费者心中产生出一个整合产品印象，也就是说，消费者会自动把企业或其他信息源发出的与品牌有关的不同信息整合在一起，整合这些信息的方式会影响到他们对企业的感觉。既然这样，企业所做或未做的一切都会传递某种信息，也就是说，企业的每一项活动都是信息的组成部分，甚至企业没有做哪项活动也属于信息的组成部分。因此，消费者的信息来源是很丰富的，消费者处理信息的方式也是一个累积的过程，是将所有的印象和感觉整合在一起的结果。

汤姆·邓肯曾将利益相关者接收到的与企业或品牌有关联的信息分为四类：

一是计划内信息。计划内信息主要是指企业通过传统的营销传播方式所传递出来的信息，如广告、销售推广、人员推销、销售资料、新闻发布、活动赞助等。它是所有企业都会注意到的、最普遍的一种信息传播方式。

二是产品信息。按照整合营销传播理论，信息组合中的每一个元素都会传递一种信息。由产品、价格或流通要素传递出来的信息一般被称为产品信息。产品信息具有很大的威力，如果产品使用效果不错，消费者就会从中得到有利的印象，巩固自己当初的购买决策，并有可能介绍给自己熟悉的人。但是，如果产品性能与广告承诺之间存在差距，就有可能产生不利的信息，也有可能会将这种不利信息传递给他人。

三是服务信息。员工与消费者之间的相互作用也会产生许多信息，员工的言行举止是企业的另一张"脸"，他们传递出的服务信息比计划内信息具有更大的影响力。也正因为此，现今的企业越来越重视对员工的培训。

四是计划外信息。它是指诸如员工的闲话、小道消息、贸易圈的评论、竞争对手的评论、口传谣言或重大灾害而引起的信息，因为企业对其难以（或无法）控制，因而称为计划外信息。但是，计划外信息却对消费者的态度具有巨大的影响。这就需要企业的公关部门对信息进行有效引导和处理，如对有利信息的利用，对不利信息的规避等。

营销传播人员必须了解这些信息都是从哪里产生的，影响或者控制它们的代价有多大，从而用来指导自己的实践。对于整合营销传播而言，就是要整合这几种类型的信息，从而使得消费者接触的每一类信息都是统一的、协同一致的，从而形成对于企业的整体的良好印象。这就迫使企业在传播信息时必须注意以下几点：

厂商的产品或服务信息必须清晰、一致而且易于理解。产品资料越丰富的市场，消费者得到的产品信息却越少；换言之，消费者采取的是"浅尝式购买决策"，信息只有清晰一致才可能进入消费者的视线。而且消费者每天接触成千上万的营销传播信息，他们只会主动挑选少量信息来关注。无论信息来自何种渠道，消费者都以同样的方式处理，经由相同的判断过程，与头脑中既有的概念和类别作比较之后才作出判断或决策。

营销组织传递的信息必须简明，具有说服力。市场的不断扩大和商品的不断丰富，使得消费者越来越没有空间来储存个别产品和服务的信息。因此，信息必须清楚、简明、有说服力，也就得把所有形式的营销传播活动整合起来。

在未来一对一营销或关系营销的年代中，双向传播将会是建立和维持关系不可或缺的因素。要想和消费者建立关系，而不单只是交换信息，厂商必须整合种种形式的传播渠道，形成一致的诉求。

二、整合营销传播的各层面

整合营销传播表明了一种新的营销与传播活动策划方法，将营销与传播策划彼此不分离地融为一体，是与传统方法大为不同的。整合营销传播在实现与消费者的沟通中，追求与消费者建立起长期的、双向的、维系不散的关系，其核心概念是整合、一致与沟通。

整合营销传播将营销和传播整合在一起为获得消费者的忠诚服务，是一个复杂的大系统，我们可以从以下层面去掌握其内容：

（一）营销传播要素的系统整合

营销传播要素的系统整合，是指营销传播的诸要素（营销的 4C、传播的 5W）都要在整合营销传播整体框架下予以考虑，以整合营销传播的最终目标为指导来规划这些要素，从而使它们不是单一地起作用，而是协同起来形成一股力量。这种要素的整合不是显性的，而是思维当中将所有要素均以"从消费者出发"来统一考虑。营销要素的 IMC 整合实际上已经体现在营销 4C 中，因为市场营销学的提出本身就意味着对营销要素的整合，且 4C 正是 IMC 的立足之本。传播要素的 IMC 整合则意味着在传播的 5W（Who say what to whom in which channel to what effect）之中将"whom"提到总领的位置，以此来规划其他诸要素，从而为传播渠道整合和资讯整合做好准备。因此，与下面三点相比较，营销传播要素的整合是隐性的，它是思维中的一个思考过程，但却又是极其重要的思维整合。

（二）营销传播工具的整合

营销传播工具的整合意味着在广告策划中综合运用各种传播工具和营销手段，综合所有能够直接或者间接接触到消费者的渠道，如传播媒介中的电视、广播、报纸、杂志、路牌等，以及营销手段中的公共关系、直接营销、销售推广、人员销售等，综合所有这些渠道为 IMC 的目的服务。营销传播工具的整合和资讯的整合实际上是从营销传播要素的整合中衍化而来的，是将隐性的要素整合的显性表现。

（三）营销传播资讯的一致性

根据消费者处理信息的累积原理，各种媒体发出的信息，不管是以语言文字形式出现，还是以图片、声光形式出现，都在向消费者传达某种符号意义，从而在消费者心目中形成一个笼统的印象，而消费者并不会加以区分。因此，营销传播资讯的一致性意味着所有的营销传播符号所表达的意义的整合，以达到"Speak with one voice"的效果。正如前面所说，消费者将 102 种不同媒介的信息都判为"广告"，企业的每一项活动都是信息的组成部分，因此不光是传播资讯应当一致，而且对营销行为所产生的某种印象的"资讯"也应格外重视。这才体现 IMC 信息整合的真谛。

（四）在整个营销传播过程中的整合

这一点是强调一种过程性，即表现为一种历时性。因为整合营销传播并不是一时的、短时间的行为，而是长久的坚持。它表明的是在营销与传播的每个阶段都应当推行 IMC 的基本策略，从一而终地整合各种营销传播要素，传达一致的营销传播资讯。在这个过程中必须保证目标的集中性，以及各营销传播要素和手段的协调性、统一性。这样才是一致的整合营销传播实践，也只有这样的整合营销传播计划才能真正实现品牌的持久魅力。

对于整合营销传播的结构层次，我国广告学专家卢泰宏、何佳讯以"横向整合"和"纵向整合"建立了 IMC 的时空结构，很有见地，为我们思考 IMC 提供了一个比较清晰的脉络。何佳讯在《现代广告案例——理论与评析》一书中是这样概括 IMC 的结构的："如果用一句话来概括整合营销传播（IMC）的精髓，那就是通过对传播过程的整合处理，争取和维护消费者与公司/品牌之间的亲密关系。其中，正确认识'整合'的内涵非常重要。我们可从两个层面清晰把握它的脉络：横向的整合，在 IMC 中，类似'广告'的各种传播工具（如促销、直效行销、公共关系、事件等）处于'并列'的位置，对它们传达的信息需要加以整合；纵向的整合，IMC 的观点认为营销即传播，传播即营销，营销与传播的各个发展阶段都在与消费者沟通，因此，对它们传达的信息或体现的符号意义需要整合，以获得协调一致的效果。"①

参考他们对于 IMC 时空结构的表述，可以将 IMC 各层面画一个简单的示意图（见图 5-2）。

我们可以通过具体案例来观察 IMC 的时空结构及其在各层面上的表现。

案例一：微软视窗 95（Windows95）市场拓展情况②

1995 年，微软在开发出视窗 95 以后，发动了全球性的广告发布活动，他们将每一个能想到的媒介与营销方案有机地整合在一起，利用了电视、印刷、企业广告、庞大的店内促销、公关、新闻炒作等媒介。强大的媒介战略使得视窗 95 迅速成为人们的新宠。我们可以从中撷取一些亮点欣赏：

---

① 何佳讯编著：《现代广告案例——理论与评价》，复旦大学出版社 1998 年版，第 432 页。

② 参见威廉·阿伦斯著，丁俊杰、程坪、苑菲、张溪译：《当代广告学》，华夏出版社 2001 年版，第 243 页。

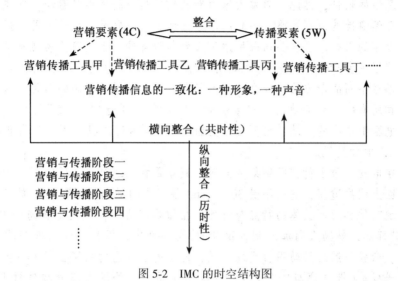

图 5-2　IMC 的时空结构图

1995 年 8 月 24 日是视窗 95 面向市场的第一天，在澳大利亚，微软公司给那天出生的澳大利亚婴儿(共有 700 位婴儿)每人奖励一份免费的微软全新版视窗 95。其后这一活动又扩展至近 20 个国家，微软为此共耗资 7 亿美元，这是一次令人难以置信的营销传播活动。

这一天，微软还买下了伦敦所有的《时代》周刊，使伦敦人一早醒来便能收到一份赠送的《时代》周刊；在纽约以前的帝国大厦披挂上视窗 95 的标志色；在美国的软件经销店内，由店家免费招待所有的消费者夜宵比萨饼，CompUSA 这类电脑商店还向购买软件的顾客分送美国航空公司和 MCI 的长途电话服务优惠卡；在波兰，甚至还请记者乘潜艇下海，让他们看看世界"如果没有窗户会怎么样"(Windows 为微软公司的品牌名，但 Windows 一词本意是"窗户"，在此为双关语)。该活动耗资 2 亿美元，如此庞大的大众媒介广告在微软历史上是一次很大的投资。微软刊登在大众报纸和贸易杂志上的先导性广告引起了人们的初步反应，使他们意识到 8 月 24 日的重要性。随后，微软全球性的电视广告活动在软件推出的当天全面铺开，再配合一条以滚石歌曲《让我开始》的风格为特点的插播广告。在美国，微软还在《今日美国》和《华尔街日报》上发布了长达 8 页的广告，在大众刊物、商业刊物和电脑迷杂志上还发布了更多的广告，整个媒介活动用了十几种语言(包括西班牙语、法语、德语、意大利语等)，遍及 22 个国家。

微软的整体目标是使千万人兴奋起来，去购买这款售价较高的软件。虽然视窗已经是大多数个人电脑的标准运行系统，但微软公司担心人们不会马上购买这款新的软件，因此，启发大家对新款软件推出的兴趣与激动，便成了克服市场自然惯性的最高战略。微软的广告代理公司威登暨肯尼迪公司选择电视来引起大家的兴奋。广告公司采用滚石音乐作为背景，用快镜头表现不同职业的人在使用视窗95时的情景，还利用软件的"启动"键作为一种标志，表明人们可以通过不同的新方法完成个人电脑任务，最后才提及产品的名称。这些插播广告和所有的促销活动以及宣传活动确实起到了创造"知名度"的作用。有一个连电脑都没有的人从店里买了一盒新版的视窗95，"我只不过觉得我应该有一份"，他如是说。

在电视广告进行空间辐射的同时，威登暨肯尼迪公司又用印刷广告的形式在地面上调兵遣将，它们不受30秒、60秒广告的限制，因而在印刷广告中尽情表现软件真正而具体的特点与好处。在印刷广告中，他们也普遍采用了"启动"键标志，鼓励人们加入到视窗95的运动之中，投身到令人振奋的新生事物里。微软不满足只动用自己的力量，还动用了自己的左膀右臂——自己的流通渠道成员(批发商与零售商)以及电脑制造商、外国供应商和软件开发商。视窗95的成败也决定着他们的成败。结果，这些公司又投入5亿美元制作和发布广告，使得1995年8月24日不仅成了一个新产品上市日，还成了一个前所未有的、世界级的营销传播活动日。

除了微软及其合作者投入的全部广告之外，公关力量还为这次活动赢得了不可估量的免费宣传效果：3 000多条标题，6 528条新闻报道，300万字的评述。其整合营销传播的实践成为1995年最大的新闻之一。

整个战役的效应可以从销售结果上看出来，在新产品上市的头三周，全世界消费者购买了约500万份视窗95，至1997年年底，超过了1亿份，这大大超出了许多观察家最初的预测。

微软视窗95的推广案例向我们展示了整合营销传播的运作。

首先，微软对"窗户"(Windows)的主要诉求和"启动"键的标志，是将传播信息单纯化、简单化的举措，是在营造"一种声音"，属于传播信息的整合；而所有的信息集中到一起在1995年8月24日发布，并到达了22个国家，让所有的人都在同一天收到同样的信息，则是加强了这一"声音"的强度，并保证了广泛的传播范围。

其次，微软采用了报纸、杂志、电视和户外等多种媒体发布广告，属于传播工具的整合。

再次，微软还在活动当中运用了多种营销手段，如赠送给8月24日出生的澳大利亚婴儿免费视窗、赠送给伦敦人《时代》周刊以及软件经销店免费比萨饼等，为视窗 95 的宣传努力，这些都属于营销工具或手段的整合。

这三者都可以称作 IMC 的横向传播。由于微软的这次整合营销传播是以活动的形式展开的，在广告战略上是采取了集中密集型的战略，所以其活动本身的延续性不强，它主要体现的是 IMC 头三个层面或者说横向传播的层面，我们可以再通过力士的整合营销传播案例着重来看 IMC 的第四个层面或者说纵向传播的层面。

案例二：力士与时俱进的国际影星形象战略①

对于力士你最熟悉的是什么？是其优质的产品，还是那些国际知名的影星？

几十年来，力士一直推行其国际影星形象战略，它通过传播要素的整合和持续不断的贯彻坚持实现了这一点。

正如力士最初的起名一样——"力士"（Lux）有着与"精美昂贵"（Luxurious-ness）、"奢侈"（Luxury）等词相近的含义——力士的名称也间接体现了力士的定位：国际影星使用和信赖的产品。为了传播这一定位，实施国际影星形象战略，力士采用了统一的传播策略。无论是香皂，还是其他护肤品或洗发水；无论是纯广告还是外形包装；无论在什么时候，力士都持续不断地"用一个声音说"：这是国际影星使用的产品！70 多年来，力士始终执行这一国际影星品牌战略，与无数世界著名影星签约，其中包括索菲亚·罗兰、简·方达、伊丽莎白·泰勒、奥黛丽·赫本、陈冲、张曼玉等，一直保持了这一战略的连续性和稳定性，也保持着广告主题与创意的一致性。

比如力士香皂就是如此定位：它是用纯天然原料制成的经典护肤佳品，能令你的肌肤柔嫩光滑，这就是为什么国际影星永远信赖并推荐其他女士使用的原因。单纯从力士香皂的外形和包装的变化历程上就可以看到力士坚持一贯的整合营销传播策略表现：力士香皂的外形和包装一直立足于对消费者心理的体察，并与当时的广告战略相配合。从 1924 年至今，力士香皂外形经历了最初的"长方形"皂体、"枕垫"的形状、"体育场"形、"月环形"等，包装上经历了刺绣样包装、金色或彩色的锡箔包装等形式，每一次变化都是从时代变化和广告宣传需要出发的。

而且，联合利华公司与它的广告代理商智威汤逊，几十年来不断根据时代观念对妇女态度与行为的影响，使品牌传播中的影星表现更符合当今世界中妇女关于影星作用与价值的流行观点和意见，使之与时俱进。正如力士产品的外形与包装设计的适时调整一样，力士的广告也适时地调整诉求重点与风格（关

———————————

① 参见何佳讯编著：《现代广告案例——理论与评析》，复旦大学出版社 1998 年版，第426 页。

于影星的风格与情调），以保持买主对品牌的信任与好感。

力士的国际影星战略，体现了 IMC 的三个特点：

首先，一个诉求贯穿始终，即宣扬力士香皂是国际影星使用的产品，各个时期都请来当时的国际著名影星充当代言人，不间断地宣扬这一诉求。

其次，对于传播要素的整合不遗余力，即使是包装和外形上也不放过，整合多种传播渠道，从而达到传播符号的真正统一。

再次，战术运用上始终体现了与时俱进的时代精神，其整合不是阶段性的、静止的，而是几十年来的一贯坚持，它紧跟时代脚步，把握妇女地位和心理的变化，达成了与女性的深度沟通，也与整个女性群体达成了一种维系不散的亲密关系，维护了统一的品牌形象。

案例中，包装、外形与广告等形式的结合以及统一的传播信息的传达，属于 IMC 空间上的横向整合；而持续不断地使包装和外形与广告形象适应，70 年如一日地宣传其国际影星的定位，则属于 IMC 时间上的纵向整合。因此，IMC 就是空间上符号整合和时间上符号整合的统一，它并不是对于营销传播工具和要素的简单融合，而是对主题思想的凝练和对其坚持一贯的传播，它需要适应时代潮流，迎合消费者的期望和心理，只有这样既连续一贯又灵活机动，IMC 才能最终达到传播整体形象、维系品牌与消费者亲密关系的目的。

第二节　广告策划与营销策划的整合

在整合观念的指导下，广告策划的观念和实践发生了质的飞跃，体现在以下两个方面：

首先，整合营销传播理论的提出，扩大了广告策划的范畴，使原先固定保守的广告策划有了更多的运作范围。广告策划突破了原来的封闭系统，开始观察整个广告运动，使广告策划得以作为一个平台，开始实现对其他营销传播方式的整合，从而实现了整合营销传播的策划，包括公关、广告、促销等诸多营销传播手段的策划，真正实现了"大策划"。

其次，整合营销传播理论的提出，使广告策划的关注点真正落到了消费者身上，使其成为营销传播的核心。整合营销传播理论奖消费者置于核心位置，将理论基点由传播者和企业转向了受众和消费者，不仅从本质上改变了广告策划的起点和归宿，而且使广告策划的成效得到了优化的可能。

本章将逐项分析整合观念指导之下，广告策划如何与其他营销传播工具——直接营销、人员销售、销售推广等方式共同结合，发挥作用。

一、广告策划与直接营销

（一）直接营销的定义

直接营销（Direct Marketing），又称直效营销、直复营销，简称"直销"。很多人对它已经非常熟悉，比如雅芳（AVON）、玫琳凯（MARY KAY）等都是大家较为熟悉的运用直销的化妆品品牌。但是在营销领域，直接营销的定义却一直有着很多模糊不清的地方，甚至在专家中也是如此。

直接营销协会对于直接营销的定义是："利用一种或多种广告媒介在任何场所所产生可测量的反应和（或）交易的一套互动营销体系。"

相比较而言，《直接营销》杂志说得更深刻一些："直接营销是利用一种或多种广告媒介在任何场所所引起可测量的反应和（或）交易，并将该活动存入数据库的一大套营销体系。"本书采用这一定义。

从这个定义我们可以看出直接营销的几个要点：

（1）直接营销是"一个营销体系"，是互动的，也就是说，买卖双方可以直接交换信息，因此也可用"互动营销"与"对话营销"这种词语来形容。

（2）"一个或多个广告媒介"。在此很容易混淆的是直邮，因为直邮与直接营销很接近。虽然如此，直邮也只是直接营销人员所利用的众多媒介中的一个，电视、杂志等其他媒介同样可以用来试探消费者的反应。而且，一般来讲，运用多种媒介产生的效果比运用单一媒介要好得多。

（3）直接营销的效果可测量，即定义中所称的"可测量的反应"。实际上，直接营销采用的广告类型被称为直接反应广告或者行动广告，这是因为直接营销的努力目的一半就是为了引起顾客或潜在对象的某种行为或反应。这种反应也许是进一步查询、光顾店铺，也许就是真的购买。这些反应可以记录和分析，能够使企业主从中直接看到自己投入的资金可得到多少回报，使得直接营销变得可信而受到大家欢迎。

（4）反应可以发生在"任何场所"，也就是说直接营销不只限于邮购或目录销售，顾客还可以通过电话、优惠券回执、互联网、零售店或其他经营场所，作出反应。

（5）直接营销要借助于数据库。出色的数据库为营销人员瞄准、归类细分顾客提供有利条件，有助于他们掌握谁是自己已有的顾客、谁是自己潜在的顾客、他们何时购物、购买什么商品以及如何与他们取得联络，这些自然给"关系"打下了基础。因此，数据库营销目前已经成了整合营销传播的一个重要组成部分。

（二）直接营销的发展原因

直接营销虽然是最古老的营销方式，但在近几十年重大社会变革与技术更新的推动下，其发展速度之快让人惊叹。其发展有以下几种原因：

第一，人们的购物时间越来越少。工作压力的增大，加上越来越多的女性出外工作，使得大城市的人们虽然家庭收入增加了，购物时间却越来越少。

第二，信用卡的广泛使用、电话与电脑的便捷。在国外，信用卡的使用非常普遍，在我国近些年发展也非常迅速。信用卡的广泛应用使得消费者购买商品和服务的方式发生了革命性的变化。电子和无现金交易方式使得购物(尤其是购买大型或昂贵的物件)变得更方便、更快捷。现在随着信用卡安全技术的发展，人们甚至可以直接通过电脑购物。很多企业都设置了免费电话号码，方便顾客订购产品或查询信息，为顾客迅速而直接的反馈提供了有效途径，有助于企业收集信息，建立或更新自己的数据库。

数据库是直接营销成功的关键，尤其是在整合营销传播方案中，它可以使营销人员瞄准、细分自己的顾客，并为它们定级。数据库是企业对所有重要顾客信息的记录：年龄、地址、电话号码、业务编码(工商业户)、查询来源、查询成本、购买经历等。数据库应该记录流通渠道和顾客两方面的所有交易活动。一个企业如果比竞争对手更了解顾客的需求和欲望，留住的最佳顾客也就越多，就能创造出更大的竞争优势。因此，从战略上讲，企业必须明确自己是要侧重于争夺市场份额，还是要保持顾客或培养其忠诚度。这往往是一个长期交换或短期交换的问题。

(三)直接营销的种类

直接营销主要包括两种策略，即直接销售策略和直接反应广告策略。一般来讲，直接营销人员所考虑的是采取其中一种，还是兼而用之。

1. 直接销售

直接销售是指企业不通过零售店铺或其他流通环节，而是派营销代表直接上门或到顾客的工作场所进行推销。直接销售的特点就是人员(面对面的)直接销售或电话营销。

人员直接销售。它一般是指固定零售场所以外的面对面销售，通常是指某种消费用品的销售方式，这些商品包罗万象，从百科全书和保险到化妆用品乃至营养产品。采用人员直接销售的知名企业很多，比如雅芳(Avon)、安利(Amway)、玫琳凯(Mary Kay)、世界书籍(World Book)以及图波韦尔(Tupperware)等都在直接销售上取得了很大的成功。在人员直接销售方式中，销售代表向顾客介绍产品，说服顾客相信产品的价值。如果这两项进展顺利，就争取完成销售。人员直接销售的方式主要有两种：个人对个人和个人对群体。在某些网络营销机构，如安利、国际丽夏展示和夏克利，直接销售人员既是经销商，又是终极用户，他们实际上很少进行产品零售，他们的目标主要是吸纳新的经销商，让他们以批发形式购买产品，并自己消费这些产品。在雅芳的销售网络中，上级经销商与下级经销商之间的关系常被称做"上线"、"下线"，他们虽然也销售商品，但很多人是自己消费这些产品。

直接销售的定义对于企业与企业之间的营销也是适用的，但是企业与企业之间的直接销售，一般叫做人员直接销售。

电话营销。作为直接销售的一种方式，电话营销的运用已有几十年的历史，但是"电话营销"这一词语的出现却相对较晚。电话营销通过电话向消费者推销产品、推荐产品、回答查询并提供与销售有关的服务，得来的信息再不断更新企业的消费者数据库。电话营销比人员销售的成本费用要低得多，因而很多企业采取这一营销方式。人们也逐渐接受了电话购物的观念，因为电话购物方便、便宜，且不受他人干扰。

我国开通的免费电话业务也在增多。作为一种整合营销传播媒介，电话营销是仅次于面对面人员直接销售拜访的最佳形式。在企业对企业的领域里，优秀的电话营销人员可以与自己从未谋面、但每周都有电话交流的客户建立起牢固而持久的关系。如果能与其他直接反应媒介结合起来，电话营销的效果还会更好。经验表明，如果将电话营销与直邮相结合，反馈率至少要提高10%，通常要高于10%。

2. 直接反应广告

直接反应广告是指读者、观众、听众直接将意见反馈给广告主的广告。直接反应广告可以利用任何广告媒介，但最常见的是直邮、目录销售等。

直邮。除人员直接销售和电话营销外，直邮可以说是完成销售或引发查询的最有效方法，对那些寻求直接反应的直销企业主，这种方法极为有用。

目录销售。目录是一种参考书籍，在上面列有生产厂家、代理商、批发商或零售商经销的产品目录，并对产品进行简单描述，通常还配有图片。随着越来越多的高收入家庭在家购物，专门目录也变得日益普及起来，有些目录零售商专门经销某类商品，比如户外衣着与设备等。目录销售是一个大行业，1997年，目录销售在广告方面的投入约为100亿美元，由此在企业市场和消费者市场上产生的销售额超过了780亿美元。前10位目录公司在1996年创下了250亿美元的销售业绩，仅戴尔电脑——目录企业主中的领头羊——一家便售出了75亿美元的商品。

直接反应印刷广告。正如很多公司实践的那样，以优惠券或免费电话号码为主体的杂志广告或插页往往能够成功引起顾客的反应。如今，报纸也能够做到这一点。我们经常在报纸上看到的某产品或某商场的广告，上面写着"持本广告购买××商品，可获得×折优惠"就属于直接反应广告。

直接反应电视、广播广告。近年来，使用电视和广播的直接营销企业大大增加，主要表现为电视购物广告、广播购物广告等。比如一向上门推销产品的雅芳公司，也利用15秒联播电视广告和印刷广告公布自己的产品目录和免费电话号码，结果消费者的反应非常强烈，使其4天内就累计收到35 000个查询电话。雅芳公司于是又制作了一条以电视明星琳达·葛瑞为主角的30分钟信息式广告。越来越多的人收看信息式广告并由此而购买其所宣传的商品。但在我国，做电视直销广告的，大多是有关增高、减肥、丰乳之类的内容，制作粗劣，而且不实之处甚多，需要大力加强管理。

互动媒介。互动媒介系统使现有的用户和潜在的用户得以控制，直接从系统上订购商品，俗称电子商务。目前最流行的互动媒介是在线个人电脑。互动电视虽然尚处于开发阶段，但它将来肯定可以让观众在收看广告的过程中作出反应，为广告主的下一步促销提供宝贵的人口统计信息。

（四）直接营销之于广告策划的意义

将直接营销引入到广告策划中来具有重要意义。它有助于广告策划挣脱传统仅限于传播策划的窠臼，而站在更高的位置，将有利于广告策划的营销思路和手段都有效地整合进来。

直接营销是建立在尊重每一个顾客的基础上的，因为每一个人都愿意自己与众不同，不愿成为百万大众市场中不起眼的一分子，直接营销的参与可以使得广告策划能够做到向不同的顾客和潜在顾客发出不一样的信息，再借助于不同的销售推广，广告策划将不仅仅只是面向大众媒体的统一信息，而完全可以刺激个体，进而与每一个个体都建立起关系。当然，直接营销并不是要与每一个消费者都建立起联系，因为"二八法则"在这里同样见效。人们往往发现20%的顾客消费了企业80%的产品，而其他80%的顾客却只消费了20%的产品。因此，直接营销的企业需要选择出对自己最有利，也最便于自己服务的对象——这正是所有营销活动的目的。

直接营销产生的反应实实在在，可以计算，这给广告策划提供了便利。广告策划人员可以计算反馈的数量，并判定每一反馈的成本，还可以判断自己所采用的媒介效益，试验不同的创意实施方案，直接营销因而受到欢迎。同时，直接营销也为惜时如金的消费者提供了便利，对于关心成本的企业主又有着准确和灵活的优点。

由此可见，直接营销对广告策划开发顾客忠诚有着非常重要的意义。因此，在顾客忠诚度显得越来越宝贵的现代社会，将直接营销整合进广告策划就显得十分必要了，它意味着在大众传播社会，在难以获得大众反馈的情况下，采取积极进取的姿态和手段与消费者建立有效联系，能获得看得见的效果反馈；而且作为一种营销传播手段，它可以为广告策划拓宽思路，甚至成为企业在竞争中获胜的重要砝码。

案例三：电脑界的"直销奇才"——戴尔公司①

"我要和IBM竞争。"一位年仅19岁的大学一年级学生自信地说道。

19年后，他果然实现了自己的梦想，创造了一个世人瞩目的商业奇迹。他便是全球第二大电脑公司的当家人、世界500强中最年轻的首席执行官（CEO）迈克尔·戴尔（Michael Dell）。

戴尔公司是电脑界具有显著直销特色的公司，而戴尔早在少年时代就充分

---

① 周志民，卢泰宏：《21世纪直效营销的黄金时代》，载《销售与市场》，2000年第7期。

显示了直销的才能，并积累了直销的经验，比如他在 12 岁时就曾通过邮寄方式销售邮票，赚到了生平第一笔钱 1 000 美元；在 16 岁时，他就利用电话推销订报，一年之内赚了 18 万美元，他用这笔钱买了一辆宝马车。19 岁时，戴尔创办了戴尔公司。从 1984 年创业至今，戴尔公司以非凡的速度发展和壮大，到 1997 年 12 月，戴尔台式电脑销售量首度超过 IBM，坐上了全球电脑业的第二把交椅。1990 年戴尔股票上市，至 1998 年已升值 29 倍，超过微软、英特尔等新兴行业的巨头。

戴尔公司的崛起成为公认的奇迹，而它对于直接营销的有效使用成为它战胜电脑业传统营销模式的法宝。

1. 按单定制电脑

戴尔及戴尔公司很早就认识到按照顾客特殊需要装配电脑的好处，从而形成了一种完全不同于传统的标准化生产规范的生产哲学，即接单后生产的模式（BTO）：顾客通过电话、传真或互联网直接与戴尔公司联系，告知所需的配置；公司则从就近的零件供应商处迅速采购零配件，按订单要求及时组装。与大多数电脑厂商不同，戴尔公司不自行研制电脑零配件，而只是选择合适的零配件供应商建立合作关系，有订单时及时采购装配即可。例如，当其他电脑公司在研发新技术的时候，戴尔公司却忙于挑选最优秀的合作伙伴。

对于大型客户，戴尔公司则派技术人员进驻。如波音公司有 10 万台戴尔电脑，而且每天还要购进 160 台，于是戴尔公司派 30 名技术人员常驻波音公司，实时了解技术需求信息，然后按这些信息组织生产。这种与客户的直接接触加强了反馈，戴尔公司几乎不可能生产出客户不需要的积压产品。而其他大多数厂家，无论是康柏公司、IBM 公司还是苹果公司，都通过传统渠道销售电脑，他们常常由于对市场判断有误而造成产品大量积压。

20 世纪 90 年代初，戴尔公司出于对技术的自信推出了集台式电脑、伺服器和工作站功能于一身的新型电脑"奥林匹克"（Olympic），结果却大失所望：顾客只是欣赏而不愿购买。这次失败使戴尔清楚地认识到传统生产模式的弊端，从此更坚定地把按单定制作为戴尔公司的生产模式。

"我们不用去推测顾客想买什么。他们每天都会告诉我们。"戴尔说。

2. 直接销售电脑

对于一般的生产商而言，中间商是厂家与顾客联系的纽带，是促使商品迅速售出的重要环节。然而，具有前瞻性眼光的戴尔却认为，中间商并无存在的必要，顾客完全可以足不出户就买到满意的商品。在电话、传真、互联网等先进的通信技术的支持下，戴尔的观点得到了验证。

为方便顾客订购，戴尔公司开通了被叫付费电话（800 电话）和戴尔网站

(www. dell. com)，顾客只需打个电话、发个传真或敲几下键盘就可完成购买过程。其中，戴尔网站使用的是 Microsoft 的分散式网络架构，目的是使系统能够应付庞大的网络交通容量，避免客户在线上等待。针对组织型大买主，戴尔公司还专门设计了"优先网页"，使他们可以方便地从自己的企业内部网直接下单给戴尔公司。使用这种网页除了可获得单点订购的便利及密码认证的安全性外，还可享有特别折扣及定制特殊规格的好处。因此，许多大企业都与戴尔公司建立了长期的线上购销关系，如美国第二大电话公司 MCI 就向戴尔公司集中采购电脑，从而缩短了采购周期，并获得了很大的价格折扣。

戴尔模式的发展并非一帆风顺。1989 年，戴尔在众人建议下动摇了创业时的原始信念，在各大电脑卖场销售戴尔电脑，结果营业利润大不如以前。于是在1991 年，戴尔重操旧业，继续以独特的戴尔模式销售电脑。时至今日，戴尔电脑的销售额有 50% 是通过互联网完成的。

3. 提供优质服务

从某种意义上说，戴尔公司为顾客提供的不只是电脑，更多的是服务。戴尔公司的服务体现在顾客购买的全过程：售前，在公司网站上发布各种最新配置的性能、价格等信息，使顾客及时了解电脑行业的动态，从而方便顾客确定自己对配置的特殊要求；售中，顾客可利用电话、传真或互联网向戴尔公司直接订购，可通过互联网查到有关电脑组装及出货的进度；售后，戴尔公司将定制的电脑直接邮寄到顾客手中，顾客可以用信用卡付款，若电脑出现故障，可打电话获得技术支持等。戴尔公司利用 Site Server 的会员管理功能针对不同客户提供主动的服务，每周向100 万个客户提供45 000种不同的服务，包括 E-mail、Newsletter 及常见问答集等。戴尔公司的服务体系为顾客提供的消费价值非其他同业者所能比拟，正因为如此，戴尔公司拥有大批忠实的顾客。

二、广告策划与人员销售

(一)人员销售的概念

人员销售是指在人际传播过程中，销售人员肯定并满足买主的需求，使双方建立长远的互利关系。我们常见的推销保险等活动就属于人员销售的范畴，它与直接营销密切相关。

人员销售的任务不仅仅是完成一次销售，在整合营销传播活动中，它的目的是要建立一种关系，一种为买卖双方提供长期利益的伙伴关系，实现双赢。人员销售是靠销售代表与消费者面对面、一对一的直接沟通达到的。销售代表帮助客户发现问题，从而发现他们的需求，为他们提出可行的解决方案，然后在他们下决心解决的过程中提供援助，在销售实现之后提供售后服务，确保他们长期满意。因此，影响和劝服仅仅只是人员销售的一部分，主要的还是解决问题，与消费者形成长久的联系，对销售的促进则是其自然而然的结果。

在这个过程中，销售代表起着非常重要的作用，杰出的销售代表是企业巨大的财富。虽然每个企业使用人员销售的方式有所差异，但是在整合营销传播方案中，销售代表的努力必须与公司的任务、形象、战略以及公司的其他传播活动保持一致。

(二)人员销售的种类

可以说，每个企业都需要推销，我们每个人都有着推销的行为，所以人员销售的范围很广。比如，某位零售商可能卖给你一只袖珍计算器，而在他的身后，可能另有一大群销售人员在向生产厂家出售加工元器件，用于生产过程的资本设备以及经营服务，诸如人力资源、财务、厂房、办公室家具、汽车、广告服务、媒介时间与空间、保险等。于是，生产厂家的销售人员把计算器卖给独家代理商，这位代理商当然要从别人那里购买交通服务和仓储服务。然后，代理商的销售人员又将计算器卖给零售商，你又从零售商那里买到这只计算器。

在这个过程中，销售人员为各种各样的机构工作，相应的，他们会去拜访各种各样的客户，可能拜访其他公司，向他们推销供他们生产其他产品所用的产品或服务；他们可能拜访中间商，中间商购买了这些产品后，让产品增值，然后再将它们售出；他们也可以直接将产品卖给客户。

从根本上讲，广告是企业销售力量的一支增援部队。因此，广告人员必须了解自己的企业或客户所处的销售环境。正因为如此，许多企业配有专门的广告人员与销售力量进行沟通。一方面，广告人员可以从销售人员那里了解到消费者对本企业及其竞争对手的印象、消费者对本企业产品的使用方式等情况，从而对消费者的需求和使用习惯更加了解。另一方面，有关广告传播的信息也有助于销售人员与潜在对象更好地沟通。

(三)人员销售的优劣势

人员销售的最大魅力在于人性，其他任何东西都不可能像人际沟通那样具有说服力。经验丰富、训练有素的销售人员可以读懂对方的身体语言，了解字里行间的隐晦含义，发现客户的真正问题。销售代表可以主动提问，也可以解答对方的提问，面对面的局面可以使双方马上得到反馈，销售人员可以根据情况调整自己的表现，专门针对特定对象的兴趣和需求进行沟通。不仅如此，销售人员还可以现场演示产品，可以与客户进行谈判，从中发现最适宜于企业需求的条款。因此，人员销售在于营造一种关系，不一定要当天完成销售任务，但是关系一定要建立。

人员销售的缺点在于：(1)劳动强度大，因而是一种极为昂贵的沟通手段。(2)人员销售还非常费时。由于其销售的规模经济性较差，有时候遇到重要客户，需要两三个销售人员到客户的办公室进行提案，因此在人员销售中常常不以千人成本作为衡量标准。(3)消费者对于销售人员的印象不佳。多年来，"西装革履"的推销人员采用高压战术，败坏了这个行业的名声，致使消费者非常反感，以至于很多人对于推销上门一概拒绝。

(四)人员销售之于广告策划的意义

销售人员是企业的传播者，是人性化媒介。实际上，对那些根本不认识企业其他人的客户来讲，销售人员不光代表企业，而且就是企业本身，客户对销售人员的印象时常会左右他们对企业的认识。

在整合营销传播方案或广告策划活动中，人员销售同样可以发挥很大的作用。人员销售中与消费者面对面的直接沟通，给广告策划增添了人性化色彩，更加凸显其消费者主导的思维模式。而且同直接营销一样，对人员销售的整合有助于广告策划突破传统的媒介传播方式，采取与消费者的直接沟通有助于拓展广告策划的思路，更符合现代营销传播的发展方向。

销售人员具有四大传播功能：收集信息、提供信息、完成订购、建立关系。

收集信息。销售代表往往扮演着企业耳目的角色，由于他们一般都在销售第一线，与顾客交谈或出席贸易展览会，因此，他们可以接收到很多信息，及时向企业汇报。比如，销售人员可以收集到本行业有哪些新产品上市，顾客对新产品的反应如何，竞争对手在干什么，还有哪些市场可供开发等方面的信息。一般来说，销售人员收集的信息多半关到如何进行预测，如何判断顾客的需求、欲望和能力以及如何监测竞争对手的情况。这对于企业决策和广告策划都是很有裨益的。

提供信息。销售人员对于客户来讲就是提供信息。销售人员不仅应是好听众，而且要能说会道。他们在企业内部起到上传下达的作用，他们向客户传递有关本企业及其产品的信息，向他们提出解决问题的建议和方法，利用信息传播价值，建立关系与信任。

完成订购。如果前面的步骤做得比较好，那么销售人员的下一步责任就是促使客户采取行动，完成销售，然后确保准确无误地送出商品或服务。人员销售的重要一环是售后服务要跟上，保证商品或服务送上门的时间准确无误，确保客户完全满意，为以后建立长久联系打下基础。

建立关系。企业的销售代表应该是首要的关系营销人员。其实，人们在很多时候是因为喜欢某个推销员而不是其他原因才购买产品的。销售人员只需注意到三件事便可以建立关系，这就是：信守诺言，为客户服务，解决问题。有趣的是，这大概也是任何一家企业取得成功的三项必备条件。在这一方面，广告人员可以提供帮助。当企业做广告时，它实际上就是在向自己的顾客和潜在对象许诺，但如果广告过于夸大其词，就很难让销售人员信守这种诺言。同样，如果每次客户打电话进来都听见忙音，也很难让顾客服务代表向客户提供充分的服务。总之，无论是广告，还是销售人员，都应把精力集中在解决问题上，如果销售人员发现了顾客经常碰到的问题，而本公司的产品又恰好可以解决这一问题，那么，这无疑可以成为某些计划内传播活动——广告或宣传的中心。

三、广告策划与销售推广

（一）销售推广的概念

销售推广，是指在营销过程的各个环节中为推动或加速产品从生产厂家向消费者方向运动而向消费者提供的额外奖励，是一种直接刺激。这个定义里包含三个重要因素：

（1）可以在营销的各个环节加以利用，由生产厂家到批发商，由批发商到顾客，或由生产厂家直接到顾客。

（2）一般涉及某个直接诱因（如现金、奖励、赠送产品、礼品等），为消费者购买商品、光顾商店、申领宣传材料或采取其他行动提供额外奖励。

（3）加速销售过程。

销售推广常常被当做广告和人员销售的一个补充，它相当于我们常说的促销，也就是 SP（Sales Promotion）。但实际上，销售推广所起到的作用远不只是两者的补充。在有些企业，销售推广的费用占整个广告或促销预算的 75%，而广告仅占 25%。当然，这个比例的差别全凭个人想法和选择不同而已。但是，由于销售推广对于品牌传播的两面性（效果明显，但缺陷也比较突出），营销和传播界内对此产生了很大的分歧。

（二）销售推广对于品牌宣传的利弊

销售推广能对品牌的市场占有率起到有利影响。富有创意的销售推广活动由于强烈的利益驱动机制，能充分调动起经销商、零售商和消费者的积极性。零售商大量进货并将其布置在显著位置，能够迅速扩大销售量，它像一个"销售加速器"一样，能够在一定时期内迅速提升品牌占有率。

销售推广也有可能对品牌态度和长期市场份额产生不利影响，而且还要付出昂贵的成本。一项分析表明，只有 16% 的销售推广能产生利润。过度的销售推广还可能导致竞争对手加入价格大战，最终导致各家的销售量和利润都下降；消费者有时还会对市场进行促销的品牌产生不良印象。正如 4A 品牌资产协会主席拉里·赖特所说："销售推广过多，品牌肯定会有较高的市场占有率，但利润却会降低，市场领导者的地位可以通过小恩小惠换来，但长久而有益的市场领导者的位置却必须通过树立品牌价值和占有率才能获得。"

（三）销售推广战略与策略

将产品从生产场所移向消费者并不轻松，商品往往必须经过 4 个环节才能到达目的地：（1）生产场所到某位代理商或经纪人；（2）到批发商；（3）到零售商；（4）最后到消费者。沿着同一个路径传递生产厂家的信息并不是一件轻而易举的事情，有些成分会在中途丢失。因此，为了使自己的产品顺利地通过流通渠道从生产点流向消费点，生产厂家往往采取两种销售推广战略：推式战略和拉式战略（即推式促销和拉式促销）。推式战略基本上采取防卫性策略，以保证零售商的合作，获得更大的销售空间，并保护自己的市场不受竞争对手分割；拉式战略采用进攻策略吸引顾客，提高产品的需求量，消费者广告和消费者销售推广便属于拉式战略的典型，它们的目的都是吸引消费者寻找或查询产品，实际上就是将产品通过渠道拉住消费者。

1. 推式战略

主要针对经销商和零售商，按照威廉·阿伦斯在《当代广告学》一书中的分类，推式战略采取的策略包括货位津贴、贸易折扣、陈列津贴、回购折扣、广告津贴、联合广告和广告用品、经销商奖励和竞赛、推销奖金、公司大会和经销商聚会等。

货位津贴。面对新产品不断面市，一些零售商开始向生产厂家收取货位津贴，即生产厂家为获得新产品占用货架或地面位置的特权而支付的费用。这种做法在业内有争议，一些生产厂家认为自己是被迫补贴零售商的经营成本。

贸易折扣。生产厂家与零售商之间设定某一幅度的贸易折扣，由生产厂家向零售商提供短期折扣的优惠条件。但是过度的贸易折扣有损于品牌忠诚。

陈列津贴。如今，越来越多的店铺要求生产厂家支付陈列津贴，即店铺为生产厂家腾地方和安装陈列品的费用。

回购津贴。在推出新产品时，生产厂家有时会向零售商提供回购津贴，购回尚未售出的旧产品。为了促使零售商经销自己的产品，有些生产厂家甚至回购竞争对手的产品。

广告津贴。生产厂家经常给零售商补贴广告的全部费用或者部分费用。一般来说，消费者用品的广告津贴比工业用品的广告津贴更为常见，主要是大型生产厂家提供的，不过，有些小企业对经销量大的客户也提供这种优惠。

联合广告和广告用品。联合广告是指全国性生产厂家向自己的经销商补偿他们在经销区域内为厂家的产品或标志做广告而支付的广告费用。厂家往往还会提供现成的广告用品，如广告、图片、电台广告播出样带等。与广告津贴不同，联合广告一般要求经销商交验广告发票和广告发布证据（如报纸撕样、电视台的播出证明），有些广告主坚持要求经销商使用由他们提供的那些广告物件，从而使联合广告名副其实。

经销商奖励和竞赛。为了使零售商和销售人员达到特定的销售目标和储备某种产品，生产厂家会给他们提供特别奖励和礼品。

推销奖金。生产厂家常常鼓励零售销售人员推销某些产品，给推销人员一定的推销奖金，或者把利润含量比较高的产品提供给销售人员提成。

公司大会和经销商聚会。多数大厂家会举办公司大会和经销商聚会来推介新产品，公布销售推广方案或展示新广告战役，有时还举办销售和服务短训班。

推式战略不管采用哪种形式，消费者也许毫无知觉，但是成功的推式战略意味着厂家可以争取更多的货位，得到特别陈列的机会，并赢得销售人员额外的关心和热情，而额外的关心往往决定着厂家产品的成败。

2. 拉式战略

这种战略直接针对消费者，采取的策略包括售点广告、优惠券、电子优惠券、累积分卡、减价促销、退款和部分退款、奖励、样品试用、套装赠送、竞争和抽奖等。成功的整合营销传播战役往往是这几种技巧与媒介广告、产品宣传和直接营销的有机结合。

售点广告。在大型卖场内，我们会看到众多的陈列物件，它们在某种程度上能起到广告的作用，往往是为了吸引客流、展示和宣传产品，增加人们的冲动性购买。它包括一般的柜台宣传物品陈列、橱窗陈列、落地陈列、壁架陈列、横幅和招贴等。调查表明，如今消费者的购买决定66%是在超市临时作出的，其中53%完全出于一时冲动。因此，售点广告起到越来越重要的作用，往往能刺激购买。特别是随着自助式零售模式的兴起，在懂行的销售人员越来越少的情况下，消费者购买的自主性越来越强，因此，醒目而又信息充分的陈列无疑为他们提供了所需的推动力。

优惠券。优惠券是明确说明商家某一指定商品的价格折扣优惠的证明。优惠券可以附在报纸、杂志上，也可上门派发，还可以在卖场内散发，或者随包装附送，或者通过邮局直邮。一般来讲，报纸广告插页发出的优惠券的兑现率比较高。

电子优惠券。高科技电子优惠券在提供折扣的功能上与普通优惠券并没有区别，但分发方式完全不同。在欧美，设在售点的互动触摸式显示屏当场可以打印出折扣幅度、部分退款幅度和试用新品牌的优惠条件等。我们也可以从网络上得到这种可以自行打印的优惠券，如麦当劳的网站上就提供这种优惠券。

累积分卡。一些企业提供给顾客一张累积分卡，记载顾客的累积分。顾客可以累积光顾店铺或购买某品牌产品的分数，以后凭借累积达到一定的分数就可以换取奖励或者购买商品的折扣。欧莱雅等化妆品企业就有这种形式的累积分卡。

减价促销。减价促销是指采用减价包装、薄利销售、赠送或盒盖退换等形式对某一商品实行短期价格折扣的做法。往往在其包装上有显著的减价标签。

退款和部分退款。有些企业以现金或优惠券的形式给予顾客退款，吸引他们在未来进行购买，想要获得退款，消费者必须提供购物证据。部分退款是指数额比较高的现金返还，一般用于较大型的商品，如汽车、家电等。高额部分退款（如给予汽车的）一般由卖方来处理，小额部分退款（如给予咖啡机的）则由消费者送回一份证明即可。

奖励。奖励是为了刺激消费者购买某一种广告上的产品而以赠送或低价的形式提供给消费者的物品，奖励同部分退款一样会对购买行为产生影响，但在促使消费者购买非必需品方面的功效往往更大，如常见的"买一送一"等。

样品试用。样品试用是所有销售推广方式中成本最高，但同时也是最适宜于新产品推介的一种手段。样品试用是让消费者免费尝试，借此培养他们使用该产品的习惯。样品试用应在广告活动的支持之下进行，而且也只适用于小包装、购买频率高的产品。样品试用成功与否在很大程度上取决于产品自身的品质，优质能带来极好的信誉，并可能将一个非使用者一下子变成忠诚的顾客。样品可采用邮寄、上门派送、优惠券广告或店内人员分发等形式。而店内样品试用已经非常普遍，在人们购买产品之前促其下定决心非常有效。

套装赠送。食品和药品生产厂家比较喜欢采用套装赠送方式，例如，剃须刀与一包刀片，牙膏与一支牙刷，或优惠价格的二合一套装等。要想达到最佳效果，套装的产品最好彼此相关，有时候生产厂家采取新老产品搭配特价出售的方式以带动新产品的销售。

竞赛和抽奖。竞赛依据参赛者的技巧给予奖励，而抽奖则根据参与者的姓名随机抽签给予奖励。游戏也有抽奖的几率成分，周期更长。为了吸引更多的消费者参加，竞赛活动的赞助者应尽力使竞赛简单，奖励机制和条例必须明白无误，而且竞赛和抽奖活动必须借助于促销和广告才能成功。

（四）销售推广之于广告策划的意义

销售推广对于广告策划具有非常重要的作用。前面已经讲过，广告媒介计划在广告策划当中具有举足轻重的决定性影响，但是现代营销传播观念认为，销售推广（促销）活动与媒介计划增长率具有同等的重要性。事实上，自20世纪70年代开始，企业行销者对促销活动的投资已经大大超过了对广告的投资，在推广预算分配中，拨给促销活动的经费百分比的增长率也比拨给广告活动的要高得多。

如果说普通的广告活动通过媒介传播广告，是给消费者提供一种产品的购买"理由"，那么，销售推广则是向经销者和消费者提供推销和购买这种产品的"激励"。前者有益于建立长期性的品牌形象，有利于品牌和产品形象、企业形象等方面的宣传效果的持久性；后者则是有益于短期销售利益的获得和市场占有率的提高。广告策划活动应当充分考虑销售推广的重要性，将它与常规广告活动结合起来，达到与促销活动的整合。

销售推广可以弥补广告活动功能的局限性或者加强广告活动的效果。根据舒尔茨在《广告运动策略新论》一书中的看法，对于广告运动而言，消费者销售推广不外乎完成以下目的：

（1）通过短程激励，吸引现在尚未使用该产品的顾客。

（2）通过短程激励的吸引力保持现有顾客。

（3）通过短程激励促使顾客产生大量购买，培养使用本产品的习惯。

（4）通过短程激励显示产品的新用途，从而增加产品的使用范围和使用量。

(5)通过短程激励，对消费者实施产品高级化，使他们逐渐接受高价格商品，或者购买比他们正常所使用更为昂贵的品牌类别或型号。通过激励让消费者认识到高价格商品的高品质，从而养成购买此高品质商品的习惯。

(6)通过短程激励，在卖场营造气氛，从而与常规广告相配合，增加顾客对该产品的认知度，加深对产品的印象。

这6种促销活动的目的，不会在一个促销活动中同时达到，因而在一项促销活动计划中，对活动目的只能根据情况和需要选定其中一个或某几个目的列出。选定何种目的，这要看广告活动的目的是什么、能否与之很好地配合。正如舒尔茨所说："促销活动成功的关键在于跟广告的整合。"对于广告策划来说也是如此，广告策划过程应该认真思考如何将促销活动与常规广告活动相整合，使其取得相得益彰的效果。

思考与练习：

1. 整合营销传播理论发展的时代背景和理论背景是什么？

2. 运用图表来说明整合营销传播的时空结构。

3. 直接营销、人员销售、销售推广之间有什么区别和联系？它们对广告策划具有怎样的意义？

4. 推式战略和拉式战略各有哪些具体措施可供采用？

第六章　　广告效果测定与广告经费预算

☞ **本章提要**

　　作为广告活动的投入和产出环节，广告效果测定和经费预算是必不可少的环节。广告效果是指广告对于受众所产生的影响以及由于传播所达到的综合效应，具有复合型、累积性、间接性等特点。对于广告效果的测定，可在事前、事中和事后来进行，方法也可分为定性和定量两大类。广告经费预算是对广告活动所需经费总额及其分配进行的详细规划。在总费用一定的情况下，如何科学高效地使用广告经费，事关广告目标能否顺利实现。

☞ **章节案例**

小预算，大成效

　　当很多人习惯于为著名品牌动辄数千万的广告活动喝彩叫好时，一个更大、更现实的圈子——中小品牌实际上被他们忽视了。这些品牌在竞争序列中总数巨大，但单个品牌的实力却不强。对于它们而言，国际品牌、行业巨头的成功经验虽然足够叹为观止，却不足以成为实际操作的经验。怎样合理使用非常有限的预算，才是我们应该为这些品牌考虑的重要问题。

　　2011年，一部投资900万元的小成本电影——《失恋33天》跻身当年国内电影行业的黑马。这部电影虽有一大堆熟悉的年轻面孔，但没有一线大牌明星；电影导演及其他主创均来自电视圈，缺少电影运作的经验；推广费用为200万元，少于同时期的大制作电影。无论怎么看，该片都不属于"有钱景"的项目。然而，该片上映前半年，一场层层推进的营销活动便已经开始——

　　在该片之前，国内电影行业已经有一批影片尝试通过网络预热市场，如《让子弹飞》等，为该片提供了宝贵的学习经验。电影的目标消费者被清晰地定位为都市青年，尤其是年轻女性，80后和90后，单身。电影的上映时机选择为2011年11月11日，借助坊间对该日的提前预热"世纪光棍节"，凸显迎合目标消费者之意。

　　该片于2011年5月关机。和所有小成本电影一样，该片的关机仪式并未获得多大的媒体关注度。不过，该片的其他营销推广举措却大大弥补了这一缺憾。推广方影行天下文化传媒公司在关机前便以7个国内城市年轻人的失恋经历为素材，以亲身讲述的方式制作了14个相关视频，并联系人人网、优酷等网站投放，每周发布一则视频。同时继续收集各个城市的失恋物语、失恋纪念品。视频引起了巨大反响和共鸣，该系列视频仅在优酷上的点击率就超过了2700万人次。根据百度指数分析的报表，2011年9月前搜索量平均为1000条；从9月中旬开始增至5000条左右，随后搜索量均在30万条以上；10月底搜索量近130万条。电影上映一周内，在Google搜索"失恋33天"，共有相关结果约5900万条。更为意想不到的成效是，网友在此后自发地拍摄了20多个不同城市、不同方言、不同版本的《失恋物语》，让"失恋"成为一个影响大批年轻网民的流行话题，进而带动大家对该电影的关注。

微博方面由北京伟德福思文化传播公司具体负责，它利用电影主创的个人影响力，以明星的个人微博为起点，并充分借助圈内其他知名从业者的影响力，使影片的相关信息在层层转发中产生几何倍数的叠加效应。影片的新浪微博粉丝量接近10万人，同期一批与"失恋"相关的微博均有10万体量的粉丝群，形成了一个人数庞大的粉丝阵营。电影上映一个月后，在新浪、腾讯微博上关于"失恋33天"的搜索结果突破800万条。

除视频外，推广方为影片制作了官方网站"失恋博物馆"。和其他影片的网站不同的是，除了信息发布、视频欣赏等常规内容外，"失恋博物馆"还将从微博上征集到的网友反馈制作成"分手信物"、"失恋书籍推荐"、"失恋歌曲推荐"、"失恋辅导"等板块，全面收藏失恋记忆(见图6-1)。

图6-1　影片官方网站"失恋博物馆"首页截图

电影上映后，"失恋"热潮从酝酿期进入真正的高潮，目标人群也从真正失恋的人群扩展到了所有曾经失恋、正经历失恋、已经失恋的人群。而提前设置的"分手信物"、"失恋书籍推荐"、"失恋歌曲推荐"、"失恋辅导"板块的设置则作为对影片的一种呼应，继续"失恋"的话题。影片的首日排片接近10000场，而光棍节11月11日当天排片率更高达40%，单日票房4600万元，票房总计达到 3.5 亿元，大大突破了片方最初的 2 500 万~3 000 万元预期。尽管和 2012 年大热的《泰囧》相比，这部电影的票房成绩不如后者轰动，但是在营销方面，《失恋 33 天》无疑是近年来可圈可点的佳作，尤其是依靠小投入博取大回报的范例。

2011 年年末，中央电视台电影频道的"第 10 放映室"栏目在"2011 电影盘点"中评价道："《失恋 33 天》对中国电影的意义在于，它第一次开掘了一个可以复制的市场模式——这部电影所有的构成元素都是当下电影市场上可购买到的。原著故事来自中文网络，主创都是内地年轻团队，演员都是内地阵容，制作资金在中小范围之内，宣发营销团队也是内地专业化团队。这些元素对于国产电影来说，具备了可重复组合的可能性。"

必须承认，尽管电影的营销推广与其他产品的营销传播未必完全相同，不过，对于所有在大品牌夹缝中成长起来的弱小品牌而言，成功的道路或许有千万条，而共同的准则一定是如何利用有限的预算创造最大限度的回报。

第一节　广告效果测定

一、广告效果

广告效果既是测定的对象，又是测定结果要说明的问题，它回答"测定什么"和"结果如何"的问题，因而是一个极为重要的概念。我们常常听见人们议论某个广告做得好，达到了很好的效果，或者说某个广告做得太差，是无效的广告。但是，究竟怎样是有效果，怎样是无效果呢？我们首先必须明白广告效果是什么。

（一）广告效果的界定及其分类

简而言之，广告效果就是指广告对于受众所产生的影响以及由于人际传播所达到的综合效应。比如，新产品广告，通过广告活动促使消费者了解本品牌的优点，从而改变已有的品牌消费习惯；企业形象广告，通过广告活动宣传企业独特的形象，从而在公众心目中建立企业的良好形象，使消费者对本企业及其各种产品产生亲近感、认同感，最终促进产品销售。

在广告活动中，人们对于广告效果的内涵理解不一，但通常都是从以下几个角度对广告效果进行分类：

从广告的宏观影响来讲，可以分为经济效果和社会效果。广告经济效果指广告对社会经济生活，包括生产、流通分配、消费产生的影响，特别是指由于广告活动而造成的产品和劳务销售以及利润的变化，既包括广告活动引起自身产品的销售及利润的变化，也包括由此引发的同类产品的销售、竞争情况的变化。广告社会效果是指广告活动对于社会文化道德和人们的思想意识形态造成的影响。也就是说，广告的效果不仅表现为物质的，也表现为精神的，它不仅对人们的消费行为、消费观念的变化起作用，也会对社会精神文化生活产生影响。比如脑白金"收礼只收脑白金"的广告在经济效果上是显著的，它大大促进了脑白金的销售，一定程度上影响了同类产品的销售，但在其社会效果上却引起了很大的争议，很多消费者认为它宣扬了一种不良风气，属于"恶俗"广告。经济效果上的业绩和社会效果上的争论就形成了脑白金在宏观上的双向复杂效果。

从广告效果的表现形式来说，可以分为销售效果和心理效果。大家常说的投入了广告费用，商品卖出去了，就是指的销售效果，它是指广告在发布后商品销售额和利润额增减的幅度。而广告的心理效果是指广告的接触效果和对人心理上的影响，是指广告呈现之后对接受者产生的各种心理效应，包括对受众在知觉、记忆、理解、情绪情感、行为欲求等诸多心理特征方面的影响。

在广告活动的评价上，以销售情况的好坏来直接判定广告效果的不在少数。这种看法认为，广告既然是促进产品销售的一种手段，那么产品既然做了广告，销售情况就应该随之改善，否则该广告就是白做了。这种看法表面看起来很有道理，但其实相当片面，因为广告效果更突出地表现在广告的心理效果上，广告并不只是能达到一定的销售效果，更多的是对于人们的心理造成影响，心理效果才是广告效果的核心部分。正如前面章节中所说，产品销售效果的获得由众多因素构成，广告只是其中一个因素；广告金字塔表明消费者一般要经过知晓、理解、信服、欲望等几个阶段才能够实际采取行动，销售效果的获得只是心理效果进一步升华的结果而已。因此，以广告的心理效果来评判广告效果才是比较科学的，它不是直接以销售情况的好坏作为评断广告效果的依据，而是以广告的收视率、收听率、产品知名度等间接促进产品销售的因素为依据。著名效果测定理论 DAGMAR 理论就是根据心理效果来测定广告效果的理论。

从广告效果产生的时间角度来说，它可以分为即时效果和潜在效果。广告即时效果是指广告发布后在短时间内所产生的社会反响，主要指知名度迅速提高，或者获得即时的促销效果等。一般来讲，售点广告、优惠酬宾广告或者新产品的广告的即时效果会比较好。

广告的潜在效果，是指广告在消费者心目中产生的长远影响，对受众观念上的冲击，如消费者对产品及企业印象的变化。一般来讲，企业的形象广告能够做到这一点。例如，中国银行曾经做了一套形象广告，以中国传统文化的精髓如山外有山、重情重义、富而不骄、源远流长等来喻示中国银行的形象内涵，广告画面优美，配乐和音响扣人心弦，许多消费者至今对它记忆犹新，形成或加深了对中国银行的良好印象。就这个系列广告而言，虽然它不一定能引起促进储贷的即时效果，但是对于人们心理上潜在效果的影响却是长久的，它构筑了中国银行的良好形象。

（二）广告效果的特性

广告效果的产生虽然往往在广告策划活动实施之后，但是广告策划活动中的每一个环节都有可能影响到广告效果。同时，广告效果还受到市场环境、社会环境、政治环境及文化心理的影响，企业产品策略、价格策略、销售策略以及促销策略的微小变化也都有可能帮助或者阻碍广告效果的获得。这一切都导致了广告效果的复杂性，因此，我们要进行科学的广告效果测定，就必须了解广告效果的特征。

（1）复合性。上面已经提到，广告活动是一种复杂的综合性的信息传播活动，它的效果的产生，有赖于多方面的因素和条件，比如多种表现形式、多种媒介组合、企业营销战略的制约、消费者心态的变化等，都可能会对广告效果产生影响。据美国一位市场营销专家的调查研究，影响产品销售的因素竟有 37 个之多。而且，广告效果还是经济效果、社会效果等诸多效果的统一。因此，广告效果的最后产生，是"各种变化的总和"，广告效果总体上呈现出一种复合性。

（2）时间推移性。消费者因受时间、空间、经济、文化、个性、兴趣等条件的限制，从接受广告到产生需求、实施购买的过程是不一样的，有些可能连续进行，有些则可能发生断续，需要一定的时间或者由于某种偶然的暗示才产生购买欲望。前者表明广告效果的即时性，后者则反映广告效果的迟效性，广告效果的时间推移性就表现在即时性和迟效性的统一上。这也给广告效果测定制造了一定困难。

（3）累积性。广告的发布在媒体上往往是组合使用的，在时间和频率上也往往是反复进行的，这种反复性造成了广告效果的累积性。例如，某广告连续播放五天，前四天消费者都未采取购买行动，到第五天时广告才取得了一定的销售反应。那么，很显然这时候的效果非第五天播放的广告之功，而是这五天来的一个累积效果造成的。另外，由于消费者本身的缘故，消费者从接触广告到完成购买，中间有一个心理积累的过程，消费者是逐渐从认知到理解到偏爱到欲望再到行动的，在行动上又由于偶然购买而形成品牌忠诚。这使得广告效果的产生大多需要较长的周期。因而，广告活动的开展应确定长远战略目标，这样才能把眼前利益与长远利益结合起来。

（4）间接性。消费者受到广告的影响可以分为两类：一类是自己看到了广告而产生了好感或购买欲望，另一类是自己虽然没有看到广告，但是通过看过广告的他人介绍而产生好感或购买欲望。前一种体现了广告的直接效果，后一种则体现了广告效果的间接性。比如，一位在校大学生，由于看了索尼随身听的一则广告引起了购买欲望，买了之后，他对它很满意。他向他的一位同学介绍，于是这位同学也购买了一台。那么，这就构成了一种连锁反应，前一位同学购买索尼体现的是广告的一种直接效果，后一位同学的购买则体现了广告的一种间接效果。

（5）竞争性。广告作为一种竞争手段，其效果具有明显的竞争相对性。作为竞争和促销手段，广告效果的大小与竞争激烈程度是密切相关的。激烈的竞争要求厂商付出更多的代价才能保持相同的效果水平。当竞争对手增加广告投入、制造更大的广告攻势时，受众受到同类产品的影响，本企业的广告效果就会被削弱，该企业就需付出新的更高代价来巩固市场地位，维持现有的市场份额。因此，不能单纯从广告效果来评判广告作品的优劣，一定要考虑到竞争因素，这正如逆水行船，波峰浪急时，行船缓慢，但并不等于说撑篙的人没有使劲。

二、广告效果测定策划

虽然广告效果具有以上所说的种种不可捉摸的特性，但是广告效果的测定仍然是非常必要的。简言之，广告效果测定就是对于广告活动的效果进行总体评判的过程和工作，它是实现对广告活动进行目标管理的必要前提，是保证广告主对于广告活动控制的一个重要手段，也是广告工作方向化的重要保证。

广告效果包含的内容丰富，广告效果的特性又颇多复杂之处，所以，广告效果测定并不是简单的一个程序化内容，而需要周密策划。广告效果测定策划就是指对广告活动所产生的影响进行评估检验的预先谋划。我们可以从以下两个方面来探讨广告效果测定策划。

（一）广告效果测定策划的程序

一项广告效果测定策划通常应有以下程序：

（1）确立效果测定的目标。根据广告策划的整体要求和广告主的要求，确立效果测定的目的和内容，比如这次测定主要是测定广告主题、广告创意和文案等内容，下次是为了测定媒体等。然后再依据测评目标的主次，排列优先测定或重点测定的次序。

（2）制定效果测定的方案。根据测定目标，确立各阶段具体的测定内容和测定方案，包括各阶段的时间安排和测试的方法技术、测定的对象范围、测评人员安排和经费预算等。主要包括以下内容：

● 根据测定项目、对象和方法制定测定方案，明确人员分工，安排各项必要措施。

● 明确测定方法和技术，抽样调查需要设计调查问卷，其他技术测定也需要布置和安排测定场景。

● 对测定人员进行培训，考虑测定困难及防范措施。

（3）实施测定方案。主要内容包括：

● 实施测评，派出测定人员按照测定方案展开调查。

● 测定结果汇总，整理分析数据。

● 对于测定结果进行总结评价。

（4）撰写测评报告。根据不同阶段的效果测定，汇总分析，对整个广告活动过程的效果进行总体评价，写出报告。报告内容通常包括测评题目、测评目的、测评过程与方法、测评结果统计分析、测评结论与可行性建议等内容。如表 6-1 所示。

表 6-1 广告效果测评程序

测评准备阶段	(1)明确测评目的与内容 (2)初步情况分析 (3)制定测评计划 (4)明确资料来源与收集方法
正式准备阶段	(1)项目测评方案的制订 (2)测评问卷设计，进行抽样测评；或者布置测评场景，技术设备的安置等 (3)预测，相关人员培训 (4)现场施测
结果处理阶段	(1)资料整理分析、数据处理 (2)撰写测评报告 (3)随时与广告主沟通
总体评价阶段	(1)汇总分析 (2)编写报告 (3)将结果反馈给广告主，共同探讨总结

(二)广告效果测定三部曲

广告效果测定可以分为事前效果预测、事中效果检测和事后效果评估。广告活动实施前对广告效果的预先测定，便于根据广告效果来调整作品和广告实施计划；广告活动进行过程中对于广告效果的检测，便于尽早发现问题，并及时加以解决；广告活动实施以后对于广告效果的评估，便于考察整体广告活动是否达到了最初设定的目标。这三个部分构成了广告效果预测的三部曲。

1. 广告事前效果预测

广告事前效果预测就是在制定了广告草案后，在广告战役实际展开之前对其进行检验。这种测验主要在实验室中进行，也可以在自然情境中进行。主要目的有两个：一是诊断广告方案中的问题，避免推出无效的广告；二是比较、评价候选方案，以便找出最有效的广告方案。

(1)广告事前效果预测的内容。

事前测试的内容一般包括对于媒体质和量的测评、广告主题测试、创意概念测试、文案表现及广告作品测试等。

媒体质和量的测评。由于广告主的广告经费绝大部分是投往媒介的，所以在广告策划选择媒介之前，细致了解媒介的基本情况非常重要。广告策划实施之前对媒介的测评，主要针对以下方面：在质上，调查媒介的权威性、可行度和与广告产品的相关性等；在量上，主要调查媒体的受众人数、范围和受众所处的社会阶层，如电波媒体的视听率、到达地区和视听者阶层，印刷媒体的发行量、销售地区、读者层和各媒体特性等。

广告主题测试。广告主题测试是在广告创意工作开始之前对于广告主题进行的测试，一般包括思路测试、名称测试、口号测试等。

创意概念测试。创意概念测试是在广告主题确定以后所做的构想测定。与广告主题测试紧密相连，也常常同时进行。

文案表现及广告作品测试。一般是将广告作品给被测试者看，观察其反应，从而对广告文案和作品提出修改建议。

（2）广告事前效果预测的优缺点。

广告事前效果测定的主要优点是：第一，能以相对低的费用（与事后测定相比）获得反馈。此时，广告主还未花大量的钱刊播广告，事前测验可以帮助广告主及时诊断并消除广告中的沟通障碍，有助于提高广告的有效性。第二，预测广告目标的实现程度。例如，如果广告战役的主要目标是提高品牌的知名度，就可在事前测验中测定广告文稿是否能够增强人们对品牌的认知度和记忆度。

广告事前效果预测的缺点在于：测定大多是在受测者看了一次广告后进行的，无法测出他们接触多次广告后或在其他营销活动配合情况下的广告反应，因此，所测的只是个别广告的效果，而不是广告战役的效果。此外，事前测验有些延误时间。许多广告主认为，第一个占领市场会带来压倒竞争者的独特优势，因此他们常常会为节省时间，确保这种优势而放弃测量，从而使得事前测验效果与实际效果往往不一致。例如，否定诉求广告在事前测验中往往分数不佳，而其实际效果可能颇为成功。相反，幽默、轻松的娱乐性广告事前测验结果往往比实际效果好。因此，对广告事前效果测定的结果还要加以分析。

（3）广告事前效果预测需要考虑的问题。

• 明确广告效果测定的意义，既是对广告效果进行预测，也是对广告策划的各项策略进行检验和再论证。

• 将广告策划中规定的实现广告目标的各项指标进一步明确化，并作为具体衡量广告效果的备用依据。

• 明确事前测定的重点，是评估广告目标的实现程度，包括对广告活动可能达到的效果的预测，以及各项广告策略的得失考察。

• 对广告活动可能达到的效果进行预测，包括的项目有：广告到达的范围、广告的注意率、广告的记忆率，并根据以上预测去判断广告对消费者观念的影响如何；还要预测市场占有率、商品知晓率、销售增长率三者各能提高多少，并据此判断能否实现广告目标。

• 对各项广告策略进行检验，包括以下项目：分析广告目标及其指标是否准确；广告主题是否明确；广告媒介、时机、区域等策略是否正确；广告表现是否恰当；是否符合法律和道德原则；消费者对广告可能作出什么反应；各项策略对广告目标的达成有无障碍点和欠缺，如何补救为好。

- 评估可采用的方式：邀请局外人进行评估；选择部分消费者进行模拟试验，以观察反应；在小范围内试行，并调查试行效果等。

将以上各项得出的评估结论跟广告目标全面对照，判断差距大小。差距愈小，达到预期目标的把握性愈大；差距愈大，广告目标或广告策略失误的可能性愈大，要及时考虑修正方案。

2. 广告事中效果检测

广告事中效果检测就是在广告战役进行的同时，对广告效果进行测量。主要目的是测量广告事前效果预测中未能发现或确定的问题，以便尽早发现问题，及时加以解决。这种测验大多是在实际情景中进行的，在广告刊播或者市场宣传的地区，寻找一块或者几块"试验田"，比较"试验田"之间的效果差别或者"试验田"与"非试验田"之间的效果差别，从而为广告活动提供有益的建议。

(1)广告事中效果检测的内容。

当今营销状况不断变化，市场竞争日益激烈，在广告战役的进行中，常常会发生一些意想不到的情况，影响原定的广告方案。因此，越来越多的广告主开始重视在广告战役进行中对其广告的效果进行测量、评估，以便及时调整广告策略，对市场变化尽早作出反应。

广告事中效果检测的内容与事后效果测评的内容差不多，均是调查广告实际给人带来的心理效果以及取得的销售效果，只是所处的时段不一样，有时出于"试验"的目的，还带有些许预测的性质。一般来讲，广告事中效果检测包括以下内容：

- 销售效果测试。一般采取市场销售试验法，即选择某一特定地区和特定时间推出广告，对被确定的广告因素做推出前后的销售情况对比调查，根据销售变化的大小，考察广告活动的效果。在"实验市场"推出广告的同时，还可以选定一个"比较市场"，控制其中一个因素，其他因素相同，从而观察和测试这两个市场中因素不同所造成的销售影响。假定要调查大白兔奶糖新包装的效果，就选定甲地为实验市场，以新包装推销，乙地为比较市场，仍以旧包装推销，甲乙两地市场在实验前的销售量相当，经过三个月的实验，销售量发生变化，因而差别就显露出来了，由此可以看出新旧包装的优劣。

- 广告文案测试。对同一种产品制作出 A、B 两种广告文案，在同一种杂志或报纸、同一日期、同一版位及同一面积上，交互印刷 A、B 两种广告文案，然后将它们平均寄给读者，将反馈的信息统计后即可知道两则广告的优劣。

- 广告媒体比较测试。用同一个广告文案，在同一个时间段，以同样的版面大小，投放在 A、B 两种相同性质和受众范围的媒介上，一段时间过去后再通过受众访谈等方式来观察其对广告产品是否有印象，以及该印象受到哪个媒介的影响，从而确定 A、B 的广告效果是否有差异，哪一个更加有效，之后可以加强投放。

（2）广告事中效果检测的优缺点。

广告事中效果检测的主要优点是：同广告事后效果评估相比，它能及时收集反馈信息，发现广告沟通中的各种问题，并能迅速有效地加以纠正。同广告事前效果测定相比，广告事前效果测定是在人为的情境中、在较小的范围内进行的，而广告事中效果测定是在实际市场中进行的，因而所得结果更真实、更有参考价值。

广告事中效果检测的缺点在于：不仅难以调查到广告效果的全貌，而且由于广告的累积效果原理，很难测试到广告给人们造成的长久心理效果。

3. 广告事后效果评估

广告事后效果评估就是在整个广告战役结束后对广告效果加以评估，它是根据既定的广告目标测量广告结果。因此，测量内容视广告目标而定，包括品牌知名度、品牌认知、品牌态度及其改变、品牌偏好及购买行为等。

在美国，广告事后效果评估几乎成为广告主和广告公司的惯例。如同广告事中效果检测一样，广告事后效果评估也是在自然情境中进行的，而且比事中检测更加准确，因为其测试的范围更广。其作用主要是：第一，评价广告战役是否达到了预定的目标；第二，为今后的广告战役提供借鉴；第三，如果采用了几种广告方案，可对不同广告方案的效果进行比较。

广告事后效果评估既包括对销售效果的测评，也包括对心理效果的测评，可以测试消费者对于广告的感知、认知、理解、喜好和记忆的程度。

一般来讲，广告事后效果评估中还包括对于广告效果的追踪测试。在广告活动过去后，产品是否仍然畅销，仍需追踪广告的余波在市场上的冲击效果，这对于品牌管理十分重要。例如，品牌追踪研究就是美国常用的一种研究工具，因为它可以用来测量一个产品在市场上销售情况的影响变数。

从广告效果测量的目的看，广告事前效果预测、广告事中效果检测与广告事后效果评估的最大差别在于：广告事前效果预测、广告事中效果检测的作用在于诊断，以找出并及时消除广告中的沟通障碍；而广告事后效果评估的作用则是评价广告刊播后的效果，目的是了解广告实际产生的结果，以便为今后的广告活动提供一定的借鉴。

三、广告效果测定的方法

广告效果测定的方法可以将其整体上分为两大类：广告定性调查和广告定量调查。为了获得对市场、消费者或产品的总体印象，广告主一般会从定性调查入手，这种方法既可以使调研人员了解被抽样的人的观点，又可以了解问题本身。然后，他们可以运用实施调查或其他定量调查方法，找出有关具体营销形式的确凿数据。因此，这两种调查方法在广告策划当中往往是结合使用的，在效果测定的调查问卷当中，定性与定量方面的问题也是融合在一起的。

调查方法对于事前效果预测、事中效果检测、事后效果评估三个阶段而言各有相对更适合的技术和方法，对于不同目的的效果测试(如媒介评估、广告主题和创意测试、文案测试等)也各有侧重点。在实际操作当中，广告策划人应当按照广告效果测定的目标和测定时段来灵活科学地选择测试方法。

(一)广告效果的定性调查

定性调查的目的是为了更加了解消费者的基本需求和取向，从而对市场形成一个整体、宏观的认识。在做定性调查时，调查人员是采取漫谈式的诱导，而不是作"是"或"否"的回答。有些营销人员将此称为动机调查。但是有时候要洞察消费者的真正动机却十分困难，比如当被问到为什么要买一辆标志身份地位的车时，很少有消费者会愿意承认是因为该车让他们觉得自己是个有地位的人，他们多半会回答是因为该车便于驾驶或比较实惠，或性能可靠。定性调查经常采用小组讨论的方式，有时也采用投射测试法和深度访谈法。

1. 投射测试法

投射测试法来自临床心理学。简言之，投射测试的目的就是要探究隐藏在表面反应之下的真实心理，以获知真实的情感、意图和动机。投射技术需要调研人员具备很丰富的经验，一般不作直截了当的提问，而是尽量让消费者无拘无束地表达自己对问题或产品的真实感觉，从而能够了解到人们潜藏或者下意识的感觉、态度、兴趣、观念、需求和动机。投射测试是穿透人的心理防御机制，使真正的情感和态度浮现出来的技术。一般来说，给受试者一种无限制且模糊的情景，例如词语联想测试、句子和故事完型测试、漫画测试等，要求受试者作出反应。由于这种情景说得很模糊，也没有什么真实的意义，所以，受试者能够不受干扰，不假思索地根据自己的偏好来作出回应。在理论上，受试者将他的情感"投射"在无规定的刺激上，因为受试者并不是直接谈论自己，所以就绕过了防御机制。但是，受访者谈论的虽然是其他的事情或其他的人，却不由自主地透露了自己的内在情感。大多数的投射测试法很容易操作，它的问题像其他无规定答案的问题一样被制成表格，通常与非投射的无规定答案的问题和非投射的有规定答案的问题连用。投射测试收集的资料比一般提问方法所收集的更丰富，而且可能更有揭示性。投射测试法经常与其他测试方法结合使用。

2. 深度访谈法

深度访谈属于一种深度调查技术，它是一种无结构的、直接的、个人的访问，是一种相对无限制的一对一的会谈，用于揭示对某一问题的潜在动机、信念、态度和情感。在进行深度访谈时，设计周密而结构松散的问题有助于访问员挖掘受访对象更深层的感受。应用深度访谈的一个好处在于，被访者的观点没有任何互相"混淆感染"，跟我们下面要谈到的小组讨论法的情形不一样。当涉及一些诸如个人理财、个人卫生保健等敏感问题时，深度访谈法比小组讨论法等更加适合，而且更易于操作。相对于小组讨论来讲，每位受访者都有很多说话机会，说话时间大多在半小时到一小时，不像小组讨论中往往轮流发言，每人不过几分钟。但是，深度访谈也有弱点，那就是它虽然有助于揭示个体的动机，可也代价高昂、费时颇多，对于访问员的素质要求也很高。

3. 小组讨论法

小组讨论法是最常见的一种定性调查技术。公司邀请 6 名以上的消费者作为目标市场的典型代表参加小组会谈，就产品、服务或营销状况等展开讨论，座谈会时间一般以一小时或稍长为宜，由一位经验丰富的主持人控制与会者的自由漫谈。与会者之间的相互影响会揭示每个人对产品的真实感受或行为。通常在单向玻璃墙后面还有另一批调查人员对小组讨论实况进行记录、观察或录像。参加小组讨论的人并不能绝对代表真实的人口样本，但他们的反应却有利于解决以下几个问题：提供候选代言人的可行性资料，判定视觉元素和战略的效果，区别哪些因素不够清楚、哪些承诺不太可信。小组讨论法最好能与全面调查法配合使用，在全面调查之后，小组讨论可以充实原始数据。

(二) 广告效果的定量调查

广告人员通过定量调查获得有关具体的市场形势的确凿证据。用于收集定量信息的基本方法一般有三种：观察法、试验法和全面调查法。

1. 观察法

观察法是指调查人员通过对于消费者行为的调查来判定广告的效果。比如，站在马路边上观察经过某一路牌的人流量，或者通过连接在电视机上的仪器统计电视观众数目，或者到超市观察消费者对某一产品的反应。大多数观察法调查都是由大型独立营销调查公司来操作的。很多品牌的产品可以从这些调查公司获得相关数据，从而有助于认清自己品牌的占有率以及整个行业的运作情况，并从统计学的角度了解市场的动向。

观察法一般包括直接观察法、仪器观察法、实际痕迹观察法三种。

直接观察法是针对调查人员实地观察受访对象而言的，在策划活动中一般用于商店顾客流量、道路汽车流动量、街头流行服饰的调查，以及利用单面玻璃观察特定刊物的阅读情形等。

仪器观察法是使用各种运用于调查的仪器，如连接在电视机上的仪器，来测定广告效果的方法。有代表性的仪器主要包括：视向测定器，又叫眼睛照相机，通过记录和测定视线的停留位置和时间来测定效果；瞬间显露器，通过对于广告各个构成要素所需时间的微调来测定记忆度；电流测定器，通过测量脉搏、血压、呼吸、汗腺等来间接测出情感变化和心理反应；皮肤电流反射器，又称精神电流器，根据受试者精神上的变化表现在皮肤上的变化，借以测出受试者的反应；自动记录器，指装在收音机、电视机上可自动将样本收视、收听的频道及时间记录下来的仪器，一般用做媒介效果调查。

摄像机也影响着仪器观察技术的发展，很多调查公司或者超市运用保安摄像镜头录取消费者在店内的购买习惯，公司分析人员分析人们在购买某一物品上花费的时间和他们阅读标识的方式，以此来判断包装和陈列的效果。

实际痕迹观测法是指调查人员不直接观察消费者的行为，而是通过一定的途径来了解他们行为的痕迹，例如，选择几种媒介做同类广告，广告附有回条，顾客可以凭借回条购买优惠商品，企业根据回条统计就能找到其中最佳的广告媒介。再如，通过条形码来调查产品的销售效果等。

现代科学技术大大丰富和简化了实际痕迹测量法，比如，每件包装商品上的12位数的条形码 UPC 就给调查提供了很多便利。调查人员利用扫描器阅读条形码，便可以得知正在售出的是哪种产品，其销售情况如何。条形码不仅可以提高收银台的工作效率和准确性，还能使店铺和生产厂家对库存进行及时调整，为店铺和生产厂家提供涉及价格、店内推广、优惠券以及广告冲击力等方面的售点信息。

2. 试验法

调查人员利用试验法来测定真正的因果关系，这是一种科学的调查方法。调查人员将试验组的刺激作了改变，然后将其结果与未改变刺激的控制组的结果进行比较，这种调查方法一般用于新产品上市以前，营销人员单独选择一个地理区域——试验市场，只在那个地区推出新产品，或在全国推广之前，先在那个地区进行新广告或新促销活动的试验。比如，将某条新广告在某一地区投放，但却不在另一地方投放，然后将两地的销售情况进行比较，从而判断广告的效果。我们在事中效果检测部分中已经谈到过。不过，在运用这种调查方法时，调查人员必须进行严格的控制，这样才能准确地判断结果的变量，但因为每个销售量并不容易控制，因此这种方法比较难以实施，而且费用高昂。

3. 全面调查法

全面调查法是收集初级信息最常用的一种方法，调研人员通过询问现有或潜在消费者来获得有关他们的态度、想法或动机方面的信息(政治民意调查最为典型)。全面调查法可以通过人员面访、电话或邮寄的形式来实施，每一种方法都有明显的优点和缺点。

在调查方法里，我们经常要用到抽样技术，经常需要进行问卷设计等。抽样方法包括随机概率抽样和非概率抽样两种，调查问卷的设计需要很强的专业知识和设计技巧。有兴趣者可另行参阅广告调查或广告效果测定方面的资料。

第二节 广告经费预算

广告资金分配和经费预算往往是广告策划最先考虑的问题之一，因为一定的策划实务总是对应着一定的资金预算，只有使其保持一种平衡，才能保证策划活动的顺利实施。对于广告策划来讲，它的主要目的就是用尽可能少的经费达到最佳的广告效果。广告预算的作用在于可以使广告经费得到科学、合理的使用，让每一分钱都花在应该花的地方。

企业在确定其营销战略目标时，通常也划拨了与之相应的广告活动资金，并规定了在广告实施阶段内从事广告活动所需要的经费总额、使用范围以及使用方法。广告策划者对广告活动所需经费总额及其使用范围、分配方案等进行一个详细规划，称为广告经费预算。如何科学合理地确定广告投资方向，控制投资数量，使广告投资能够获取所期望的经济效益和社会效益，是广告预算的主要研究课题。

一、广告经费预算与广告目标的关系

花多少钱与达成什么样的目标，无疑是密切相关的；或者说要达到什么样的目标，得花多少钱。因此，广告经费预算与广告目标之间是一个相互制约的关系。一方面，广告目标决定着广告经费预算；另一方面，广告经费预算也决定着广告目标的制定和实现。

(一)广告目标决定着广告经费预算

要实现广告金字塔中的各种广告目标层次，所花的广告经费一般是有差别的，越是高的广告目标，所需的广告经费就越多。也就是说，要达到一定的广告目标，需要花费一定的广告费用，它有一个金额指标。

因此，广告经费预算除了考虑企业本身实力外，首先应该根据广告营销目标和广告目标来确定，它应该与企业营销目标和广告目标相适应，不能离开营销目标和广告目标而盲目决策，这是广告经费预算的一条重要原则。

一般来说，根据企业实力状况，可以提出一个企业能够承受的广告费用限度总额，同时，根据企业的营销目标和广告目标以及为了实现广告目标的需要，也可以提出一个广告活动所需要的广告费用总额。把费用限度总额和费用需要总额加以综合比较，如果两种概算数额基本一致，那么确定广告预算就比较容易了，如果费用需要总额小于费用限度总额，也比较好办，只需按费用需要总额确定广告预算就行了。然而，当费用需要总额超过费用限度总额时，问题就复杂起来，面临的将是广告费用开支超过企业承受能力这样一个棘手的难题。

这时，必须对企业的市场地位和广告策略进行反复论证，检验企业的营销目标和广告目标是否切实、是否正确。只有在正确的广告目标指引下，才能制定正确的广告预算方案。

（二）广告经费预算制约着广告目标的制定和实现

"巧妇难为无米之炊"，要达成一定的广告目标，必须以一定的广告经费为支撑。广告预算的多少在一定条件下也制约着广告目标的制定和实施。

广告销售效果的获得与广告经费投入有着不可否认的因果联系。一般来讲，其他客观条件一定，在广告活动本身有效果的情况下，销售量的大小取决于企业广告资金投入的大小，在合理的界限内，企业花费的广告资金越多，销售量就应越大——直到临界点（见图6-2）。

广告人和广告主应该了解每增加一定的广告经费，可以增加多少销售量，什么时候这种效果会消失。

在图6-2中，曲线的大部分向右呈上升状态（正弧线），这意味着增加的广告会继续引起销售，直到信息达到饱和（X 预算数），此时，人们开始对信息无动于衷，不再将它与产品产生联系。

在企业提供的广告经费未达到饱和状态时，尚能维持销售增长，但随着广告费支出越来越大，曲线就会达到平衡，直至出现饱和。曲线开始变平的点就是广告回报开始消失的那个点。在整个广告预算都很少的时候，每增加 10 元的广告经费，就有可能增加 10 倍的销售量。但当市场接近饱和的时候，每增加 10 元的广告经费，可能只会引起 3 元的销售。

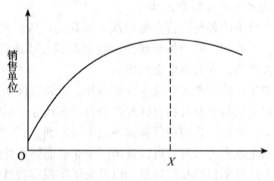

图6-2　广告费支出

因此，在实际调查中我们可以看到广告与销售之间的这种关系。市场份额的增加与经费预算的关系比跟价格的关系更为密切，市场份额是企业赢利与否的一个主要指标。从图6-2中，我们要明确以下几点：

（1）随着广告的增加，销售量一般也会增加，但在到达某一个点后，回报率就会下降。

（2）广告经过一段时间可以引起销售反应，但广告的持续性很短，因此广告主必须不断投入，这一点很重要。

（3）广告有最低线，未达到此线，广告支出不会对销售产生影响。

（4）即使不发布广告，也可能会有一些销量。

（5）广告存在着文化和竞争引起的饱和限度，超过这个限度，广告再多也不会增加销售。

从管理上讲，上述客观事实可能意味着：支出更多的广告费，直至其不能发挥作用为止。但事实上，问题并不那么简单，广告并不是影响销售的唯一营销活动。其他新产品上市、更吸引人的零售店开业、竞争企业更好的人员销售，甚至商业循环中的季节性变化，都有可能导致市场份额的变化。

另外，多数企业对如何确定销售与利润之间的关系并没有一个明确的方法，如果企业同时销售多种产品怎么办？是哪条广告推动了哪种产品的销售？

有一件事是清楚的：由于对广告的反应要经过较长的时间才会体现出来，因此，广告应该被视为一种对未来利润的长线投资。像其他所有支出一样，广告也应按其是否有浪费现象来加以衡量。纵观历史，凡是在艰难时期把广告当做替罪羊的企业，结果都在经济复苏之前丧失了大片领地。在困难时期坚持做广告，可以保护（有时甚至可以增加）市场占有率、树立品牌，这一点已被事实证明。在 20 世纪 90 年代的一次全球性经济衰退中，欧洲的主要企业纷纷认识到了这一点。在意大利、奥地利、德国、法国和西班牙，只有不到 40% 的大广告主削减了广告预算。

因此，广告预算的规模与广告目的是否适应，将直接决定能否达到广告目标。如果广告预算规模过小，广告缺乏充分的资金支持，在发布的数量或区域及媒体利用率等方面就会处处受制；如果规模太大，则又形成浪费。同时，广告预算分配是否合理，也是广告目标能否达到的决定因素之一。

二、广告经费预算的方法

企业有一系列的方法来决定应该在广告上花费多少，如销售额百分比法、销售单位法、利润百分比法、目标与任务法、任意法、竞争对抗法、资本投资法等。

（一）销售额百分比法

销售额百分比法是确定广告预算最常用的方法之一，它按头年销售额、来年预定销售额或两者结合划出一个百分比的方法来确定广告预算，百分比的大小一般按照行业平均数或企业经验或任意方式来确定。

这种方法很简单，如果用公式表示那就是：A（广告预算总额）$= S$（销售额）$\times a$（企业所确定的广告费占销售额的百分比）。由于这种方法简单易行，无须任何花费，又与收入相关，因而被视为一种安全可靠的方法，很受企业主的欢迎，但是这种方法的难点在于要判断使用多少百分比。

通常百分比是按行业的某个平均数或企业的经验来决定的。然而，这种方法的随意性较大，行业平均数的前提是同行业每家企业的目标大致相同，面对的营销问题相同；企业经验的前提是市场高度固定，而这几乎是不可能的。不过如果以未来的销售量作为参考，这种方法的效果就好多了，因为它假定一定数量的销售单位就需要一定的广告推广资金，如果广告主知道它们之间的百分比，广告与销售之间的相互关系就可以保持和谐。其前提是市场稳定，竞争对手的广告又没有什么变化。

销售额百分比法最大的缺陷是它违背了营销的基本法则。营销活动应该刺激需求，然后引起销售，营销活动不应是销售的结果。如果广告随销售的涨落而涨落，那么就有可能忽略所有其他也许会引起反向运动的因素。这种逻辑关系与实际情况往往是不相符的。

（二）销售单位法

销售单位是指商品销售数量的基本计量单位，如一个、一箱、一台、一辆、一瓶等。销售单位法又可称为分摊率法，是按每箱、每盒、每件等计量单位分摊一定数量的广告费用，有时可用做企业联合广告的合作单位互相分摊广告费用。

销售单位法的计算参考数据是销售商品基本单位的数量。这种方法规定，每一个销售基本单位中都有一定数量的广告费。比如，一辆东风货车，售价4.6万元，每销售一辆东风货车，其中就有500元广告费。预计企业年销售东风货车1万辆，则广告费用为：500元×10 000＝500万元。

采用这种方法制定广告预算，主要适用于两类商品，一类是价格比较高而且耐用的商品，如汽车、电冰箱、电视机、录像机等；另一类是销售单位明确的低价易耗商品，如各类水果、酒类、化妆品等。

这种方法实际上与销售额百分比法相似，只不过变换了一下形式而已。其优点也是简便易行。在竞争环境比较稳定，市场动向比较容易了解和预测的情况下，采用这种方法比较合适。

但是该方法同销售额百分比法一样有其先天性缺陷，即违背了广告产生销售这样一个简单逻辑关系，仍是把广告预算看成了销售结果，这是不正确的。除此之外，销售单位的数量只是一种预计，预计的这些销售单位是否能够真正销售出去，尚不可知，此时就来确定广告预算，显然具有一定的冒险性。而且这种方法比较死板，不能适应市场环境和竞争状况的不断变化，也不适应开拓新市场的需要。

（三）利润百分比法

利润百分比法是依照头年或来年的利润划出一定的百分比作为广告预算总额。利润少时，广告预算总额就少；利润多时，广告预算总额就多。由于利润额还可分为毛利、纯利等，所以其计算方法各有差别。而且，用来计算的利润额，既可以用前一年的利润额，也可以用前几年的平均利润额，还可以用下一年度的预计利润额。如果考虑用下一年度的利润额来确定广告预算，那么其计算公式就是：A（广告预算总额)= B(前一年度实际支出的广告费)+S(预测下一年度纯利润增加额)×a(企业确定的百分比率)。或者直接是 A(广告预算总额)= S(下一年度利润估计)×a(企业确定的百分比率)。

这种方法确定的百分比率，没有考虑竞争因素给广告费带来的压力。假定互相竞争的各个企业都采用这种方法，那么同类企业的广告竞争可保持平衡。但实际上不会完全是同一种状况，各企业可能采用不同的预算制定方法，竞争因素给本企业的广告费开支可能带来压力，这时该方法的不足之处就显露出来了。

这种方法还有一个局限性，即将广告预算建立在利润基础之上。当企业销售盈利时，广告预算可以保证；但当企业销售不能获利时，便不会有广告预算了，广告宣传就得中止。因此，这种方法不是以广告促销为出发点，而是以利润分配为出发点，不符合广告运动的基本宗旨。

（四）目标与任务法

目标与任务法，又可称作目标达成法或完成指标计算法，由美国 R. H. 科利于1961 年提出，为公认的最合乎逻辑、最具有理论合理性的一种广告预算方法。它主要根据广告目标来确定广告预算。采用这种方法，首先要根据企业的营销目标来确定广告目标，然后再考虑为了实现广告目标应该做出的广告活动计划，如广告媒体的选择、广告表现内容的确定、广告的发布时间和频次的安排、刊播范围等，最后逐项计算实施广告计划所需的费用，再将各项费用累加起来得到广告预算总额。

这一方法的显著优点是广告预算与广告目标相吻合。一般把广告改变消费者态度的过程分为认知、知名、了解、确信、行动等几个阶段，每一个阶段都需要广告发挥功能。如果企业在推出新产品时采用这种方法，一般都能产生良好的效果，因为这时的广告目标主要是提高商品的知名度，广告目标与广告发布时间、数量等的关系比较明确，因此比较容易推算出广告预算总额。

但是，要使这种推算达到精确的程度却很困难，这是因为计算时没有固定的比率可依循。广告目标虽然可以预先制定，但要确定达成这些目标具体需要多少钱却比较困难。因此，有人认为，运用这种方法在广告发布之后来检验广告费花得是否恰当，可能更有意义。由于这种方法在具体使用上有一定难度，因而在目前尚未普遍使用。但是，它不依据过去的效果，也不依据未来的可能效果，而是依据计划的目标，在这方面就比前三种方法更为科学，基础更为坚实，值得广告预算策划者认真研究。

（五）任意法

任意法是一种"武断的拨款"方法，即通常由企业管理最高权力部门或者财务部门经过某种形式的判断来代替广告预算的制定过程，任意从企业财务上拨一笔经费作为广告费用。它既不考虑广告要达成的目的，也不考虑要从广告中得到何种结果，更不去考虑其拨款决定的科学基础。虽然显得武断和任意，却是目前比较普遍采用的一种方法。

采用这种方法主要考虑以下事项：

(1)企业有多少流动资金可供开支，其中有多少钱可以用做广告经费。

(2)假如把广告费作为对某一品牌的投资，那么就应当考虑能否收回投资，能否获得想象的总利润额。如果可能，而且企业负担得起，则可以拨出这笔广告费。

(3)希望通过广告获得市场，或者希望用广告去拯救某一垂死的品牌，不管它跟销售利润乃至投资回收的关系如何，只要能征服消费者或压倒竞争对手即可。

(4)广告媒体(特别是电视)中干扰和杂乱情况严重，如果广告费低于某一限度，那么广告刊播之后，可能市场上听不到广告信息，完全被别的企业的广告信息所淹没。为了冲破这种干扰，使自己的广告信息能到达受众，必须把广告费拨款定位比该限度高一些。

(5)广告媒体费用快速上升，如果不相应增加广告费预算，就无力按计划购买刊播媒体，实际上等于降低乃至失去了广告信息渗透率。因此，要根据对预算期间媒体费用增加幅度的预测来增拨广告经费。

任意法虽然省心省力，但它的科学性较差，不太可靠，广告预算策划人员也不容易参与进去做真正的广告预算制定工作。

(六)竞争对抗法

这种方法主要是根据竞争对手的情况来制定广告预算。其基本设想是将产品所拥有的市场占有率与广告投资相联系，也与产品整个类别中全部广告投资占有率相联系。调查机构的调查结果表明，广告媒体发言力占有率与市场销售占有率之间有一对一的稳固关系，对有些新产品来说，两者之间则有 1.5 : 1 到 2 : 1 的关系。也就是说，某一种商品的广告，比如皮鞋的广告，只是与其他品牌的皮鞋所做的广告进行竞争，争取获得消费者的注意，而不会与汽车、饮料或电脑的广告发生竞争。因此，广告主能够推算其所做广告的同类广告占有率，并由此推算出其广告将获得的品牌注意占有率，然后根据两者之间的联系推算出其广告将获得多大的市场销售占有率。这一基本构想可以简化为如下等式：

广告媒体发言力占有率=消费者心灵注意占有率=品牌市场销售占有率

根据上述基本构想，采用竞争对抗法制定广告预算的程序是：

(1)调查确定该品牌商品拥有的市场销售占有率；

(2)调查确定该类商品所有品牌的广告主在广告预算上的投资总和；

(3)用各广告主的广告投资总和按市场占有率进行折算，得出该品牌商品广告的基本预算额；

(4)用基本预算额加上为了造成占有率优势而增投的广告费，即为该品牌广告预算总额。

例如，经调查，A 品牌皮鞋拥有 15% 的市场销售占有率，而市场上的皮鞋品牌共有 5 种：B、C、D、E、F。它们的广告媒体投资总额为 8 000 万元，预估下一年度媒体购买费用将上升 10%，即要增加 800 万元，因此，5 种皮鞋品牌的广告预算投资总和为 8 800 万元。根据折算，A 品牌皮鞋的广告预算基本数额应为：8 800 万元×15% = 1 320 万元。为了造成占有率优势，准备增投 200 万元，于是得出 A 品牌皮鞋的广告预算总额为 1 520 万元。

总之，这种方法是以主要竞争对手的广告费支出为基础，确定足以与其抗衡的广告支出额。其前提是要调查主要竞争对手的广告费数额，掌握竞争企业某种商品的市场占有率，计算竞争对手每单位市场占有率支出的广告费数额，以求与竞争对手保持同一水平层次的广告投资，并在这一基础上按一定比例增加广告费，给主要竞争对手的市场占有率形成强烈冲击。

这种预算方法较容易掌握，计算简便，而且为品牌广告竞争提供了一个"不落下风"的保障。当本企业的产品在同一市场上面临三个以上的竞争对手时，采用这种预算方法可以维护市场现状，或者可以争取在短期内达到一个强有力的市场竞争地位。如果企业资金雄厚，为了在市场上建立强有力的领导地位，采用这种广告预算方法更为有效。

但是这种方法同样也有缺点，首先是其所制定的广告预算与可能制定的目的不会发生直接联系，因而有可能"离轨"；其次是对于资金不足的中小企业来说，采取这种方法所担的风险比较大，需要特别慎重对待。

（七）资本投资法

这种方法认为广告和广告支出是一项资本投资，它以投资回收，或花费于广告上的资本的某种回收作为基准而评估广告预算。

运用资本投资法制定广告预算的步骤是：

（1）为特定的广告专案测定其资金成本。这种测定工作较为复杂，一方面要研究资金本身的成本，即花费多少成本才能获得这项资金；另一方面要研究资金的利用价值，即现在运用这笔资金能创造多少价值，获得多少收益，如果现在使用了这笔资金，但现时不能获利，要等到将来才能获利，那么获利的价值与现在获利的价值相比较，是大致相当，抑或是有折损，抑或是有超盈。当把将来所获利益用一个金额数现在就确定下来，那么这个数额在确定时肯定包含现在的价值尺度的衡量。比如，将来回收或获利为 100 万元，那么现在的价值 100 万元，实际上将来得到 100 万元时，肯定已经抵不上现在 100 万元的价值，而只抵得上现在的 80 万元了。这中间有 20 万元的折损。这种利用价值上的折损，是经济规律决定的，企业本身无能为力，只能正视它，并在事前将这种折损因素考虑在内，采取处理折损的合理有效的对策。

（2）估计将来每一期间的投资回报率，并计入因为时间因素所造成的折损，直到所投入的资金全部回收为止。这些估计的回报或现金流量均以折损率计算，然后可计算出整个投资的价值。计算公式如下：

设定 PV 为每一货币计量单位（一般采用"元"）的现值，n 为投资经过的时间，r 为实际利率或者为资金成本，则：

$$PV = 1 / (1+r)^n$$

要注意的是实际利率计算所使用的时间单位与计算投资经过时间使用的时间单位要一致，比如都用"月"为时间单位。

计算出每一货币计量单位的现值以后，即可根据每单位现值所表明的折损率制定广告预算投资。

使用这种方法有一个明显的优点，即有利于管理者把广告投资支出跟其他投资支出加以比较，从而对广告投资的回收有一个比较清楚的认识。但也有其明显的缺点，即这样制定的广告预算跟广告目标没有直接关系，将来有可能会在广告费开支与广告目标协商上发生一些问题。另外，要正确决定某个期间广告的价值，也可能遇到困难。

总的说来，广告预算策划是一个非常复杂的问题，以上方法只是试图将其简化，供策划者选择和参考。

思考与练习：

1. 在销售效果和心理效果两方面，广告效果应该根据哪个来判定？为什么？试结合广告金字塔来说明。

2. 试评价效果测定理论"达格玛"（DAGMAR）是否合理，并进一步讨论其现实可行性。

3. 广告效果测定的三部曲是什么？各包含什么内容？有什么优缺点？

4. 广告经费预算与广告目标之间是怎样一种关系？

5. 广告经费预算的方法有哪几种？试对其优缺点进行评论。

第七章　广告策划书的撰写

☞ **本章提要**

　　广告策划书是在广告策划整体活动完成后对广告决策的总体归纳和对实施过程的总体表述，它作为重要的操作蓝图，既面向广告主，又指导广告公司执行广告活动。广告策划书的格式多样，但是构成要素基本固定。在撰写过程中，要注意详略得当，以达到简明晓畅的要求。

☞ **章节案例**

360 度品牌传播方案

　　20 世纪 90 年代初，奥美集团提出了"品牌管家"（Brand Stewardship）的管理思想，通过一套完整的企业规划，确保所有与品牌相关的活动都反映品牌本身独有的核心价值及精神。其后，随着整合营销传播观念的风行，奥美又提出"360 度品牌传播"体系。奥美公司对 360 度品牌传播的含义解释为："它不局限于目标消费者接触点的数目，它总在寻找媒体机会，创作行销活动，无论何时何地都使消费者与品牌的互动最大化。换句话说，360 度品牌传播从解决问题入手，用量身定制的方案解决问题。""与传统的品牌传播相比，360 度品牌传播最大的区别是，后者的代理商以各种令人吃惊的方法为各种令人吃惊的问题提供各种解决方案"，它遵循"品牌问题有限，传播方案其次"的原则，"因此这一思考模式没有媒体偏好"。①

　　相关的"操作系统"包括：

　　● 品牌扫描。评估品牌优势与弱势，考察品牌的六项资产，寻找出最大的机会和问题。

　　● 品牌检验。记录消费者对品牌的认知，包括无形的感觉、印象、联系、回忆、批评等。

　　● 品牌写真。用简洁的言语投射出品牌与消费者的关系。

---

　　① 马克·布莱尔，理查德·阿姆斯特朗，迈克·墨菲著：《360 度品牌传播与管理》，机械工业出版社 2004 年版，第 14~16 页。

● 接触点。评估品牌与消费者所有的接触点，寻找最佳时间、地点、行为和态度，从而帮助品牌融入消费者的生活。

奥美在中国的分支机构运用这一传播观念为许多国内企业及其品牌进行了营销传播策划，比如中国移动旗下的品牌"动感地带"。

2001年年末，广东移动推出了"动感地带"品牌，以"数据业务打包，短信批量优惠"为卖点，以年轻用户为目标消费者，品牌代言人为虚拟卡通人物"M仔"。动感地带在广东小试牛刀后，中国移动总公司在2003年年初对旗下的品牌进行了重大的战略调整，将动感地带作为集团与全球通和神州行并行的第三大子品牌。当年，北京奥美广告公司在比稿中胜出，成为该品牌的全案代理，除提供广告策略外，奥美还提供营销、产品资费、服务、渠道策略等建议，并对品牌进行年度检查，以部署次年的工作。

北京奥美将品牌定位为针对年轻族群的通信品牌领导者，摆脱与竞争对手的价格战；它不仅是一个年轻人的通信品牌，还是一个时尚品牌。奥美将核心消费人群描述为：年龄在15~25岁，追求时尚，崇尚个性，乐于接受新事物，容易相互影响，尝试新事物，有成长性，是未来高端客户的生力军。

2003年3月，品牌正式上市。活动分四个阶段进行，其中第一、二阶段最为精彩。第一阶段的主要任务是广泛告知品牌名称，其次是推介产品和短信、图片和铃声下载以及移动QQ三项基本业务，品牌主张为"我的地盘，听我的"，基础沟通要素包括名称、标志、广告语等，以及根据年轻人的语言特征撰写文案。第二阶段的推广主题为"玩转年轻人通信自治区"，推出品牌代言人周杰伦，引发名人效应，广告形式包括电视广告、平面广告、终端物料以及新闻发布会等。

据中国移动2003年的不完全统计，启用动感地带品牌后，短信流量增长超过63%，点对点短信业务收入增长超过30%，短信增值业务收入增长超过45%。

2004年，该品牌的用户数突破2 000万人。此后，旨在提升品牌增值业务的"M计划"随即展开。奥美发现，青少年对礼品回馈更有兴趣。于是，"M计划"的用户回馈以礼品为主(如迪斯尼和华纳公司的卡通玩具)和其他娱乐活动(如2004年周杰伦武汉演唱会的"充值700元换演唱会门票"等活动)。随着更多明星成为动感地带的代言人，明星效应和品牌增值业务被更紧密地捆绑起来。此后，奥美还推动品牌先后与麦当劳建立品牌联盟、与NBA结成战略联盟……这些大胆尝试将企业对动感地带的原有定位"通信自治区"发散为"生活自治区"。

到2008年，动感地带已成长为拥有8 000万名稳定消费者的大众品牌。面对市场环境的变化，奥美将动感地带的核心消费者转向"85后"和"90后"，针对他们不同的生活、心态和消费行为制定新的策略。当年，奥美利用多种多样的音乐文化主题活动继续深化音乐属性的传递，让音乐成为年轻用户生活中重要的文化组成部分；以网络为突破口，推动品牌网站的前进；将消费群细分为三个部分：中学市场(潜力市场)、大学市场(核心市场)、职业青年市场(维系市场)。

2010年，动感地带继续保持市场第一的位置，奥美为品牌制定的传播主题为"M-zone人都是型动派"。

2011年，针对"90后"群体对娱乐、交流和分享的需要，奥美着手为品牌制定新的重心——为用户提供更强大的移动互联网体验，成为移动互联网聚合服务平台。

第一节　广告策划书的内容

广告策划是广告运动事前的一系列思维决策活动，广告策划书则是广告运动的进程及工作具体安排的文字方案或书面表达。因此，广告策划书可以说是广告策划成果的体现，它的内容必然包括了广告活动决策的具体内容，包括广告活动的各个基本环节。

广告策划书是在广告策划整体活动完成之后对广告决策的总体归纳和对实施过程的总体表述，它是广告人向广告主陈述广告策划的重要文本，也是广告策划得以切实实施的操作蓝图。对于广告策划人来说，广告策划书既是一个总结，又是一个开始。因为它对于一系列的思维决策活动是一个总结，在广告主审阅通过之后又是整体广告策划实施的开始。如果广告主对策划方案有不满意的地方，应根据其意见和实际情况，或对策划方案做出相应修改，或跟广告主进行充分沟通，如此经过商讨决定下来的广告策划书就成为广告实施的纲要，其可操作性的条款是正式评价广告活动事实是否按照既定计划进行的标尺。当然，广告策划书的编写，并非广告策划工作的结束，在广告活动进行的过程中，如果现实情况发生了变化，就应该及时调整广告计划，对广告策划书进行修改和补充。

一、广告策划书的构成要素

广告策划书的构成要素也可以说是广告策划书的主要内容，一般情况下可以将其分为以下九种：

(一)前言

前言是对整个广告计划的简明概述，摘出要点，置于计划书的最前面，也可以叫做执行摘要。其作用在于报请管理者审阅时便于他们快速阅读并立即获得整个计划的要点，了解整个计划的概貌。

（二）情况分析

情况分析是提供广告决策所依据的环境情况，说明广告主和广告运动所面临的现实处境。我们将其归纳为四个主要方面：

1. 企业及其产品历史情况的介绍

介绍历史情况应当简明扼要，并且有针对性，即针对企业及其产品所面临的主要问题，以及将来销售成功的可能性问题。此外，还可以对过去的广告计划执行后的效果及影响跟目前企业和产品的现状有何关系等问题进行简要回顾，并客观地提示形成目前销售状况的主要原因是什么。

2. 产品分析

将可能会影响到产品或服务销售的所有一切因素都提出来并加以比较，比如产品特性、品质、所提供的利益以及配销渠道和方式及定价等问题，都要简明地加以概述。概述必须是各个明确的事项，而不能掺入主观猜测或者随意估计的成分。某些事项有可能影响到广告运动的成败，因而要加以特别注意。同时，与广告运动成败没有关系的那些产品资讯，不必列入广告计划。

3. 消费者分析

即对广告将针对的目标市场进行尽可能明确、准确的叙述。叙述重点为本产品种类的购买者人数、本品牌的购买人数、本品牌的市场占有率。同时，叙述应包括年龄、性别、收入、教育程度、种族和职业等人口统计因素，以及消费者心理图示资料和消费者或者潜在消费者的生活形态资讯。

4. 竞争态势分析

即对"敌情"进行叙述，为了力求"知己知彼"，必须说明竞争对手正在进行什么营销活动，他们的能力可开展什么规模的营销活动，其中最可能做的是什么，等等。评估主要针对竞争性的广告活动，说明它们各针对哪一类人，对目标市场将会有哪些影响。此外，还要介绍竞争对手过去所使用的竞争策略，以及本产品广告与之竞争抵消其竞争影响的机会在何时何处。最后，还要尽可能说明竞争对手用于竞争的投资预算或者实际花费，以便确定其竞争的程度、规模和本产品广告的竞争规模合理程度。

（三）行销目标

行销目标虽然不属于广告计划的范围，但是对于说明广告计划与行销活动的关系很有帮助，可以使管理者了解广告计划活动对于企业行销活动的支持力度。这一要素通常以数量或图表来直观表示行销的长程目标以及短程目标。

（四）广告预算

广告预算要说明本品牌在过去历史上的广告运动花费多少，现在这一广告运动的全部花费提议作多大预算，并以适当的方式说明其间的联系和现在广告预算提议的理由。

（五）广告建议事项

这主要是指明广告活动中必要的特定事项。

1. 目标市场

要尽可能明确地提出在人口数量上、地理位置上的可靠证明，以支持对目标市场的建议。

2. 广告传播目标

要详细说明用什么销售信息与目标市场沟通，以及实现目标的时间阶段划分。即要明确这个广告运动在什么时限内使目标市场多大比例的人数，对本产品产生偏好或购买行为等。

3. 创意策略

要概略说明对企业或者产品所面临的已经被确认的那些广告问题的解决方法。

4. 执行制作

要说明广告运动中实际使用的各种工具和手段。

5. 权宜应变计划

要对在该广告运动中可能发生的权变活动提出明确的解决步骤。

（六）媒介推荐

主要对媒介计划活动进行完整的轮廓性描述，通常包括"主要的媒介难题"、"媒介目的"、"媒介策略"、"媒介计划"等项目。

（七）促销活动推荐

主要应该提出促销计划，并说明它怎样与广告活动相互配合以及配合的效果如何。促销活动计划应该包括"促销活动目的"、"促销活动策略"、"促销活动执行细节"和"促销活动计划纲要"等内容。

（八）广告预测与评估计划

应该详细、清楚、正确地说明对广告运动如何评估，包括广告运动的事先测定评估、事中和事后测定评价，以及评估方法和评估经费预算说明。

（九）结论

主要说明这个广告计划对本品牌销售最为合适的基本理由，可以将此计划与曾经考虑过的其他计划进行比较。这一"结论"主要是肯定本计划的合理性、适用性，而不是重复计划内文中已经说明过的那些问题。

二、广告策划书的基本格式

广告策划书的基本格式就是要简单明了地显示广告策划书的构成要素，所以它的写作格式有很多种，往往是根据需要灵活选择。但一般而言，根据其构成要素，广告策划书主要有以下两种格式：

其一：

前言

情况分析

广告预算

市场机会点

行销目标

广告战略

广告策略

广告效果测定

其二：

前言

市场研究及竞争状况

消费者研究

产品问题点/机会点

市场建议

行销建议

创意方向与广告策略

广告表现

媒体策略

预算分配

广告效果测定

在第一种格式中，广告战略主要讲述广告目标、广告定位、广告诉求对象和内容等战略问题，广告策略则是在广告战略指引下，对广告创意策略、表现策略、媒介策略等进行详细论述，基本上都属于构成要素中的内容。

第二种格式中是将情况分析分为市场研究及竞争状况和消费者研究两大块，市场建议主要讲述广告目标、广告目标对象、广告定位，行销建议则涉及营销的价格、配销等要素和对销售重点的建议。

当然，广告策划书的体裁和拟写方法都不是固定的，在大多数情况下，各个公司都是根据自己的实际情况对广告策划书进行编写。

三、广告策划书的撰写技巧

实际上，就广告策划书的功能来讲，它只需将广告策划的意图简单明白、重点突出地表达出来就可以了，本不存在很多的技巧成分。但是，由于广告策划书的读者包括广告主和广告策划的执行人员，为了说服广告主采用广告策划案，为了广告策划执行小组能充分明了各自的职责，发挥协同作战的力量，广告策划书撰写时需要顾及受众的接受问题，因此必须注意到有关问题的表述，或者说需要一定的撰写技巧。

（一）找准切入点

作为对广告主的提案，广告策划书需要顾及广告主的实际需要和广告策划案的可看性，所以必须找准切入点来进行叙述。也就是说，抓住广告策划的中心问题以及广告主最关心的问题进行论述。在策划书行文过程中不能自说自话，应时时处处注意到广告策划书的读者（企业管理者和广告策划的执行人员）所真正关心的是什么问题，这样才能有的放矢，起到提案的作用。

（二）用事实说话，力求实用

广告策划书是供工作之用的，要力求实用，避免文学性表现。广告策划撰写人要明确树立沟通观念，即要将策划内容以清晰实用的表达取得与企业管理者和广告策划执行人员的沟通。要尽量修改、调查、推敲，删除一切多余的文字，使策划案简明扼要。

（三）根据不同需要来设定策划书的风格

找好切入点之后，应当根据问题叙述的需要和广告主对广告策划了解的程度来确定广告策划书的风格。如果广告主对于广告行业和广告策划比较熟悉，那么策划书就可以相对叙述简洁。但如果广告主对于广告行业和广告策划工作、广告专业术语不很熟悉，策划书就应该尽可能地详尽、明白，特别是对于为何选择这一策略的原因要进行较为详细的叙述。总之应该根据需要灵活地处理。

（四）策划书应当尽量简明，控制篇幅

无论是相对详尽还是相对简单的策划书，在叙述时都应该尽量简明扼要、控制篇幅。叙述详尽时，也仅仅是对要点和支持这些要点基本理由的陈述稍为细致而已。策划书应当控制其篇幅，篇幅太长容易使读者厌倦，也容易淹没主要问题。现在很多广告公司的策划书都在向简短、扼要的方向走，比如盛世长城广告公司的广告策划书经常非常简单，有时候就只有一页纸，只是将主要思路列于纸上，再通过口头陈述向广告客户详尽说明。这种尽量简短的方式有其可取之处，但是每个广告公司都应该按照自己的情况、客户的情况以及实际策划的需要来安排广告策划书的篇幅。

（五）长篇策划书需要目录，分项策划书分开叙述

如果广告策划中的活动设计比较多，或者比较复杂，需要长篇策划书时，就应该在封面后做一个目录，使人便于翻看。而且长篇策划书如果内容过多，可以先在广告战略和广告策略里进行简洁明了的概括，在做了一个总的战略策略陈述之后再将一些占篇幅较多的策略做成分项策划书放在总体策划书之后，如创意策略、表现策略、媒介策略、广告效果预测等。分项策划书的详尽叙述有助于增强广告策划的可操作性。

（六）广告策划书应当说明资讯来源

广告策划书中经常要使用许多调查资料来得出某种结论或者证明某种想法，这些调查资料有的是从一些大型调查公司的资讯中获得的，有的则是广告公司自己通过调查和事前测定获得的。如果是从调查公司获得的，行文时必须把这些资料的来源出处加以说明；如果是自己公司调查得来的，应当将调查及其科学控制的要点加以说明。这样，广告策划书的读者才会充分相信资料的可靠性和真实性，并进而相信依据这些资料做出的推荐和建议案都是值得信任的，而不会把它们误解为个人的主观猜想或武断意见。

（七）要归纳，不要推论

在编写广告策划书时，要在一开始就提出最重要的那些问题，并以提示要点或指明核心问题的方法表达，然后逐条陈述支持这些要点的基本理由。要避免采用先摆材料然后逐步推论得出结论的推论式表达方法，因为那样不容易使广告策划书的读者一开始就把握住问题的实质和核心。而且在每一部分的开始最好加写一个极其简短的摘要，使读者能更为迅速、更为容易地看到所需的资讯是否包含于该部分内容之中。

（八）通俗易懂

不要过多地使用专业术语，而要使用广告主易于理解的话语。比如，很多广告公司在提案时动辄提到"奥格威"或者"落地"（某频道可以在某地区被接收）、"CD"（创意总监）、"美指"（美术指导）、"CF"（电视广告）等专业词语，除非受众也具备相当的英语和专业水平，要不然很容易使广告主费解，打击他们的自尊心，对双方良好交流不利。

以上所说的实际上有些属于广告策划书撰写的要求之列，另外还有一些撰写要求如条理清楚、脉络清晰、避免冗长等，都属于常规写作的要求，这里略去不谈。

第二节　分项广告策划方案的撰写

前面已经说过，广告策划书如果包含的内容过多，可以将广告策略、广告效果预测等内容做成分项广告策划方案，放在广告策划书主体之后。分项广告策划方案的目的是为了让读者更清楚地了解广告策略的具体内容，同时又不会干扰读者对于整体策划思路的把握，它还有助于广告策划的分项负责人各自依照分项方案来实施和执行。另外，作为广告策划工作的分工来讲，有时分项策略是由专人负责的，总体策划方案由多个分项策略方案组成；有时在广告战略等要素一定的情况下，单项策略也可以单独成篇，比如在广告战略、创意和表现策略既定的情况下只需编纂某一时期的媒体计划书，就可以进行这一时期的广告投放了，那么这一媒体计划书就是单独成篇的媒体策略方案。本节将对分项广告策划方案的撰写作一简单阐述。

一、广告创意策略方案

广告创意策略往往承续着表达广告策略的任务，甚至常常包含在广告策略的总体描述之中，因为广告创意在很大程度上也是关于广告策略的总体构想。按照舒尔茨在《广告运动策略新论》中的说法，常规的创意策略方案往往包括以下几块内容：

（一）目标市场

目标市场要尽量描述清楚，明确广告究竟要到达哪些消费者，试图描述其共同特征，从而更加认定并强调这一市场。甚至可以用一个人去代表你想送达的群体，以代表其特征，也使得创意策略更具目的性。

要把有代表性的潜在消费者描述得尽量清晰，应该包括以下各项：

1. 地理描述

对大多数产品或劳务来讲，确认潜在消费者所在的国内一般地理区域是非常重要的事。其意义不在于究竟在国内的哪一个区域，而是要有像都市、市郊、城内、小城、农村等表明人口密度的描述，或者东北、东南、西南、大西北等有关地理差别、人文差别和风土人情差别的描述。

2. 人口统计学描述

它包括年龄、收入、性别、婚姻状况、教育程度以及子女数目等指标的描述。

3. 心理描述

这里主要是对一种"生活格调"（lifestyle）的描述，包括生活形态及休闲形态，以及对本产品和同类产品的使用态度、本产品进入其生活会造成什么影响等。对有代表性的潜在消费者心理描述得愈充实，则愈可能找到对我们重要的广告信息。

4. 媒体形态描述

对目标消费者接触之媒体应加以列表，探询消费者接触得最多的媒体作为媒体计划的重要参考。如有可能，消费者对每一媒体所花费时间的多少和时间段也要多加了解和调查，加以列表，为媒体投放的频率和时段选择作参考。

（二）主要竞争对手

这一部分不是把属于这一行业、这一种类的所有产品或种类列一总表，而是确认本品牌所要竞争的区隔或范围。正如我们前面所说的，对主要竞争对手的分析是非常必要的，在广告创意策略制定中，这一步骤也极为重要，因为策划者必须知道并确认主要的竞争对手所给目标市场的承诺是什么，这样才能清晰地说明本品牌如何及为什么与其他品牌不同，或更好，或提供更大的利益等。如果本产品在市场上是新的，就可以不把竞争者列出来而直接宣布本产品优越的理由。

（三）承诺

此为本产品或劳务应提供之基本利益或解决问题之方法。承诺非常重要，它提供了一种消费者购买此产品的理由，往往最能实际地打动消费者。此一承诺应写成一项消费者利益或解决消费者的问题。一项正确的广告承诺，有三个极为重要的组成要素。即：

第一，此一承诺必须提供消费者利益或解决消费者的问题。

第二，此一承诺所提供之利益或所解决之问题必须是重要的，并且是潜在消费者所欲求的或所需要的。

第三，此一品牌必须要整个融合于所提供的利益或所解决的问题中。

值得说明的是，这一承诺必须做得尽量有竞争性。如果广告策划人正试图从明确的竞争者处夺取生意，就必须使自己的承诺与众不同而且一矢中的，甚至要使竞争者的消费者清晰地知道这一承诺是针对他们而来的。

（四）为什么的理由

为什么的理由是支持广告策划人对产品所做承诺而用的事实或说辞，主要是证实确立这一广告承诺的科学性所在。

我们将用一个包含在广告策略总体方案之中的广告创意策略为例来说明广告创意策略的内容和格式（此策略方案中目标群体是用一个有代表性的消费者来代表的）：

推荐的"李施德霖"锭剂广告策略①

A. 重要事实

一项最近的消费者调查研究显示，消费者并不相信李施德霖锭剂（Listerine Lozenges）对解除暂时性喉头炎有效。

B. 主要的行销问题

本门类的品牌销售及品牌知名度在去年中下降。李施德霖要位居领导品牌，就必须改善品牌之功效地位以增加现有市场占有率并启动品牌需求。

C. 传播目的

使患有暂时性喉头炎的人士，确信李施德霖对解除暂时性喉头炎是最有效果的产品。

D. 创意策略

1. 潜在消费者之界定

（a）地理特性：

爱丽思住在内布拉斯州的格蓝岛市。C级郡县。非标准都会统计区域。

（b）人口统计特性：

女性、白人、年龄23岁、在外工作、非家庭主妇、赁屋而居、单身、高

---

① 丹·舒尔茨等著，刘毅志编译：《广告运动策略新论》（下），中国友谊出版公司1995年版，第23页。

中毕业或读过大学、家庭年收入12 500美元。

(c)心理图示：

非职业女郎、独立、选品牌名称的购买者、关心健康、自己买药吃、经常忙忙碌碌。

(d)媒体形态：

看大量电视/读大量杂志、大多数看黄金时段电影、看大量晚间电视节目（例如强尼卡森主持者）、属于 Cosmo 及 McFadden 杂志描述之团体、热衷摇滚乐广播、很少看报纸。

(e)购买/使用形态：

在食品店或药店买锭剂，需要时即买，在每年10月至次年4月用量最大、并不购存、只买一单位、对品牌有相当忠诚、期待解除痛苦。

2. 主要竞争

把李施德霖定位为此一门类的领导品牌，以对其他像 Sucrets 及 Cepacol 等其他高价位、医疗用锭剂竞争，但不对喉片竞争。

3. 承诺

李施德霖锭剂是特别处方，以两种途径来解除暂时的喉痛：

(a)提供麻醉剂，以舒缓发炎之喉肌而解除痛苦。

(b)以杀菌消毒的作用攻击暂时性病痛原因。

E. 部门/公司要求事项

任何及一切健康或有关健康的说辞，都一定要有实验室证据的支持。

虽然在此方案中的实际问题背景并不完整，但此一大纲对市场情况、目标市场、竞争以及基于策略范式对本产品"说什么"，都提供了清晰、实用的描述。创意人员可以从这里发展出呈现这一销售信息的表现策略。

二、广告表现策略方案

广告创意与表现是紧紧相连的过程，广告创意策略当中叙述了主要构想，广告表现策略中就需要将各种表现形式一一陈述出来，主要包括广告的文案表现和广告的艺术表现。

因此，广告表现策略方案往往包括以下内容：广告目标及广告创意策略概述，报纸、杂志广告文案及艺术表现，电视广告文案和镜头脚本，广播广告文案和艺术表现，网络广告文案和艺术表现，其他媒体广告表现等。

广告目标和广告创意策略概述是对前面总体策划方案意图和创意构想的简单回顾，以此为依据来确定广告表现策略中要达到什么样的目标，然后再列出各种媒体广告文案和艺术表现的内容。这部分虽然内容较多却很单纯，因为仅仅需要将文案和艺术表现的内容用合适的语言表达出来即可，没有其他内容的要求。当然，它必须遵循广告文案写作的一些基本原则。

我们以圣象地板 2000 年的广告表现策略为例，来看广告策划案中对广告文案和艺术表现的陈述①（节选，稍作删改）：

> 圣象的品牌形象追求的是卓越、尊容、博大、爱与关怀。一个人给社会公众的形象认知是由他的外形、服饰、言谈、举止、气质、性格等构成的，产品也一样，为圣象地板写诗，就是体现圣象地板的品位与气质。最重要的，没有一个地板这样做过，圣象率先做了，本身就意味着一种格调。
>
> （一）圣象诗选
>
> [PD8052：风清扬]
>
> 源自天然枫木的肌理/是自然积淀的记忆/轻轻浅浅/一如露珠的痕迹/只在风清扬起的刹那/透明的感动 再一次触摸/曾经或依然的单纯
>
> [PD8706：地老天荒]
>
> 想跟一个人 地老天荒/山毛榉却只是沉默/坚守着一种表情/一种姿势/地老天荒/何必在乎一个人 还是/两个人/有谁能懂/执著是最大的热情
>
> [PD8072：梵·高]
>
> 矜持的沉静/掩藏不住生命的热情 理智与激情/或抑或扬/张弛有度 收放自如/梵·高红木/在高贵与时尚之间 总是/游刃有余
>
> [PD8080：激情桑巴]
>
> 欧洲榉的酡红色/是十八岁少女羞涩的脸颊/初放的恋情/闪烁在少女飞扬的裙裾/亮晶晶的眼眸/和鲜艳欲滴的唇角/等着有人点燃/来吧来吧/激情桑巴
>
> [PD8039：月亮河]
>
> 你的/也是我的/月亮河/在午后的丛林上空流淌/为榉木梳理心情的日子/远了/秋千 飘飘荡荡
>
> [PD8066：夏日玫瑰]
>
> 让风嫉妒吧/让云嫉妒吧/让星星和月亮 /和所有的一切生灵/让他们嫉妒吧/眷恋着樱桃木的夏日玫瑰/我只想怒放/因爱而美的生命 无法阻挡
>
> [PD8030：浪漫雨夜]
>
> 这样的夜晚/星星也落泪了/风收了顽皮/只温柔地拨弄叶儿/奏一支 轻柔妙曼的曲/有虫儿和鸣/这样的夜晚/想一个人/一盏清咖/曾相对
>
> [PD8071：望乡]

---

① 转摘自：《圣象品牌整合策划纪实——叶茂中首次公开的完整案例》，《广告大观》，2000 年第 7 期。

站在你经过的路口/等你/那样一颗樱桃树/因思念而瘦/而美/而刻骨铭心/带我回家

[PD8027：昨日重现]

深深浅浅/往事的年轮/不渝的 是你/当年栽下的山毛榉/逝去的点滴/长在树上/开花的季节/昨日重现

[PD8028：阳光海]

想/穿越/阳光海的那一端/前尘如烟/那枝悄然独立的荷/就是你吗/阳光海满载/光阴的故事/听山毛榉——细诉

[MF130E：灵感]

游荡在风中的精灵/是雅典娜唇边/偷偷溜走的/一抹微笑/顽皮/羡慕着凡间的仙子/终于/不小心落入圈套/凝固成榉木的美丽

[MF120：挪威森林]

轻一点/再轻一点/怕 惊扰了这一方的空灵/怕 踏碎了这一地的宁静/请你/轻一点/再轻一点

[MF605：潮汐]

涨落/一如人生的画卷/展开 卷起/我的画/因你而美丽/你是我的风衣/樱桃树下披上/听心海/潮汐

[PD9018：时尚橡木]

时尚是风/惊鸿/总在不经意的一瞥里/凝固 竟成永恒/一瞥是我/永恒是风

[PD9009：缅甸柚木]

守候/始于离太阳最近的热带丛林/一棵美丽而安静的树/在春来秋去的期盼里/将一棵柔软的心/一层层封裹/为了一场/不能 不舍 却收不回的/太阳之恋/缅甸柚木啊/已守候了千年

线条山毛榉的纹理比较直，整板花纹简朴，较少变化，所以给它起名"地老天荒"，意为执著到永远的情感；

枫木的花纹仿如中国水墨画，很有一种天高云淡的意境，连风都是清朗透明的。起名"风清扬"，表现一种缥缥缈缈的单纯的心境；

大花山毛榉花纹繁复，变化自由，富于流动感，其中还留有许多树节，就像一个个的漩涡，所以给它起名"月亮河"；

斑斑点点的浅榉，好像无边无际的温柔雨点，因为心情浪漫，连雨也变得浪漫了。叫它"浪漫雨夜"，意图勾起有情人之间美好的回忆与感觉……

(二)报纸文案系列

报纸广告的创作策略与电视广告同出一辙，也是系列化单一诉求为主的思路。所不同的是，报纸广告具有比电视广告更大的容量空间和更长的表现时间，所以，每则单一诉求的报纸广告中又加入了统一的基本文案。这也是报纸广告的媒介特性决定的。

报纸广告的风格也是幽默风趣的，一头憨态可掬的大象一手放在《圣经》上，一手高举做宣誓状，向消费者保证圣象地板的承诺是神圣的、绝对真实、不容置疑的。

［之一］

正文：

我保证，永远不给你脸色看，不论是光照、日晒，还是宠物利爪和旱冰鞋滑轮的磨碾，我的美丽丝毫无损。

——圣象地板

基本文案：

● 18000 转耐磨度，是普通型强化木地板的两倍，使用寿命更长久。

● 特有防水功能(※圣象防水技术 24 小时浸水膨胀率<7%，欧标<20%即合格)。

● B1 级防火阻燃功能，不怕烟烫、烛烤、鞭炮炸。

● 32 级抗冲击性，263 克钢球坠落无痕迹。

● 纵横交错的三明治式抗压稳定结构，耐得住家具、钢琴和健身器材的重压。

● 特有三氧化二铝防晒层，不怕光照日晒，不易褪色，完全可铺设于阳台、阳光屋等。

● 中国质量检验协会定检产品。

● 表面隔离层，有效防止污渍渗透，打理轻松，一擦即可。

● 全绿色植物制品，环保 E1 证书，RAL 超级认证，健康有保障。

● 设有全国统一的圣象售后服务中心。

● 中国人民保险公司承保产品责任险。

口号：

让生命与生命更近些

德国制造　圣象出品

基础元素：圣象标志、标准字、名址、电话等

［之二］

正文：

我保证，为了你，永远不向命运低头，无论衣柜、书橱、钢琴给我多大的压力，我永远腰不弯背不弓。

——圣象地板

［之三］

正文：

我保证，永远不让你受一点点伤，全绿色植物制品，率先获得环保 E1 证书，RAL 超级论证，健康有保障。

——圣象地板

[之四]

正文：

我保证，永远不让你为我操心，无论墨汁、茶水、红酒，还是污泥，我一概不沾不染，让地拖一擦了之。

——圣象地板

[之五]

正文：

我保证，为你挡住一切的风风雨雨，2000 系列特有防水功能；再配以特种防潮地垫，彻底阻绝潮湿侵袭。

——圣象地板

[之六]

正文：

我保证永远不冲你发火，哪怕是燃着的烟头烫、不小心倒地的火烛烤，噼里啪啦的鞭炮炸，我永远都保持冷静，只阻燃，不火爆。

——圣象地板

[之七]

我保证，永远不欺骗你，每块圣象地板反面特种印制象图，有效防止假冒伪劣产品，并有中国人民保险公司承保产品责任险。

——圣象地板

[之八]

正文：

我保证，你绝无后顾之忧。圣象地板有完善的地板系统，专用特种双层防伪地垫、踢脚板、专利扣板、地板接缝保护液等，系统配件保证地板的和谐和长久使用；并拥有经过专业培训、配备全套专业工具、最富经验的安装队伍，保证安装完美，无懈可击。全国统一的圣象售后服务中心，随时恭候您的需要。

——圣象地板

（三）影视广告文案

秉承大象无形、大音希声的法则，我们在圣象品牌形象片中完全摒弃了产品的现形，而以大象的生活形态为表现，背景是非洲荒原，追求一种纯粹的唯美主义：画面的美，音乐的美，自然的美，生命的美，爱与关怀的美。

而在功能篇系列广告片创意中，我们则着重突出圣象的产品功能与形象，所有镜头全部让给产品，让它最充分地表现。

☆品牌形象片(注：品牌形象片有《回家篇》和《品牌篇》两个版本，本书只节选其中一个)

《品牌篇》30秒

画面：	音效：

1. 全景

   暴风雨即将来临的非洲荒原　　　　　　　　电闪雷鸣之声划破云空

   风起云涌，电闪雷鸣

   玫瑰色的天空现出变幻莫测的奇异景象

   地平线若隐若现

   一头健硕的大象

   伫立在一棵盘根错节的老树旁

   执著而坚定

   仿佛等待着什么似的

2. 镜头切换

   一对大象情侣相依而行　　　　　　　　　　节奏轻柔的鼓点

   从容、宽厚、强大、友好但不容侵犯　　　　极富非洲情调

   两条长鼻一呼一应

   幸福之情溢于言表

   空气中弥漫着满足、和谐的气息，醇酽如酒

3. 特写

   一头大象的侧面头像

   大象的眼睛温柔而害羞地闪烁迷离

   一个缠绵感人的眼神闪过

   大象羞涩地一眨眼

4. 画面拉开

   大象的一家三口亲昵同行

   调皮的大象一边走一边用长鼻玩沙子

5. 仰望着高远无边的蓝天白云　　　　　　　　音乐骤起

   一只雄鹰蓦地展翅腾飞　　　　　　　　　　高亢、宽广、雄浑

6. 大全景

   苍苍莽莽的非洲原野，草肥水美

   蓬蓬勃勃的野草怒放着原始的生命力

   清清亮亮的溪滩自由奔放

一群群大象涉水而行
天空中不时飞过一群白色的鸟儿
气势恢弘壮美

7. 一轮辉煌的太阳叠印在群象身后
天地间涂上一层金色
闪闪发亮的原野丰茂迷人
正是收获的季节

8. 一条宽广美丽的大河上
排成一列的大象秩序井然地浮在水面
长鼻搭在前伴的背上
高高低低，一起一伏，非常有趣
太阳渐渐地落向远山深处

9. 傍晚的丛林
夕阳穿透树叶梦一样飘落
朦朦胧胧，大自然低低的私语
健硕的大象仰鼻畅饮最后一缕阳光
天空似醉，丛林似醉

10. 余晖下的山坡上
小象的鼻子牵着大象的尾巴
跌跌绊绊地行过
如同孩子的手牵着妈妈的衣襟回家
天地间徜徉着平和与安宁
字幕：让生命与生命更近些

11. 温暖而灿烂的原野散发着成熟的气息
一群大象在地平线上渐行渐远
字幕：让生命与生命更近些

12. 叠印圣象标板

男声(磁性的、浑厚的、成熟的)：圣象。Power Deskor

画面淡淡隐去

13. 圣象标板：德国制造　圣象出品

☆功能篇系列广告

我们将圣象地板的功能提炼出来，形成一个系列的诉求点，然后围绕单个的诉求点，发展了6支广告片，每支广告片各自表现一个圣象地板的诉求点：

《踢踏舞篇》——耐磨；

《鞭炮篇》——阻燃；

《跳水篇》——防潮；

《钢球篇》——耐冲击；

《无缝篇》——接缝平整严密；

《大钟篇》——圣象产品由中国人民保险公司承保产品责任险。

功能篇系列之一

《踢踏舞篇》15 秒

画面：	音效：
特写：光可鉴人的地板	清脆明快的踢踏舞鞋 敲击地板的声音
一双脚优美地跳着踢踏舞	
光线几度明暗交替 预示着时间的流转与逝去	踢踏舞鞋声渐渐变调 由清脆变得木钝，突 然完全消失
抬脚，竟发现鞋底磨没了，露出了光光的脚跟 而地板依然完好如初	
字幕：高耐磨	
品牌标板	
字幕：德国制造 圣象出品	

······

　　这个广告表现方案因为是节选，所以并非是完全按照我们前面所说的先进行广告目标和创意策略的概述，再一一叙述表现策略。在广告策划方案中，广告表现策略由于包含内容多，常常被单列出来，但一般只要做到将各个媒体的广告文案及脚本叙述清楚明白就可以了，并没有什么特定的格式。在这方面，上述例子已经可以作为广告表现策略的案例了；而且该案例文字优美、叙述得当，圣象诗选出奇制胜，圣象影视片的文案描写细腻详尽，不仅便于实施，也给人很美的艺术感受，值得广告文案撰写人员学习。

三、广告媒体策略方案

　　媒体策略方案也就是媒介计划书，是指媒介战略的提案、媒介战略战术的书面说明部分。它可以是整体的广告策划的一部分，也可以单独列出来自成体系，以便实际操作使用。一些大的广告公司往往都有专门的媒介研究部门和人员，他们负责广告媒介的观察监督和研究分析，对于一些大的广告客户，常常由其撰写广告媒体计划书。一般来说，它因人而异、因事而异，但是其基本内容往往可以归纳为以下几个方面，形成一定的基本格式。

（一）市场分析和广告目标概述

（二）媒介目标

1. 目标受众

2. 地理分布

3. 季节分布

4. 到达率、频次及持续性目标

5. 排期/资金目标

（三）媒介战略

1. 媒介组合与媒介类型

2. 媒介形式与细分类型

3. 媒介购买因素

（1）地理分布

（2）季节分布

（3）排期与持续性

（4）到达率与频次

（5）说明

（四）媒介战术之一：媒介载体

1. 电子媒体（广播、电视）

（1）广播

（2）电视

2. 印刷媒体

（1）报纸（日报、周报）

（2）杂志（消费者杂志、贸易杂志）

3. 直邮

（1）销售函件

（2）公告

4. 户外

（1）路牌

（2）交通（站台、公共汽车、出租车、火车、飞机、充气模等）

（3）体育场馆/体育场馆招牌

（4）招贴/横幅

5. 互动媒介

（1）网站

（2）互联网广告横幅

（3）CD-ROMs

（4）电话亭

6. 辅助媒介

（1）名录

①黄页

②专业出版物

（2）电影/大屏幕

（3）礼品广告物件（钥匙链、钢笔等）

（五）媒介战术之二：媒介排期

1. 媒介排期

2. 信息效益分析

3. 成本效益分析

4. 说明

5. 流程图

（六）媒介购买与预算

（七）媒介方案评估与预测

以上媒介计划书的格式并不是一成不变的，可根据实际情况灵活安排。

完整的媒体计划书包含内容过多，限于篇幅，本章不予举例。

四、广告时机选择方案

广告时机选择方案是针对特定的时机选择而言的，需要对这个时机选择作一详细阐释的时候，才单独写出广告时机选择方案。一般来讲，广告策划的时间范围是直接在广告策划书当中提到的，或者与媒体计划结合起来。

广告活动作为一个过程，总是在一定的时间范围内展开的。做每一项广告，都要预先考虑在什么时间发布最合适，发布频率是应该高一些还是低一些，发布时间的先后次序如何安排，在一个总体的时间区间内各个时段时点如何布局等。所有这些关于广告发布的具体时间、频率、先后次序以及时段时点布局等问题的策划谋略，就是广告时机策略。它对于把握好广告推出时间和机会，争取广告获得最佳效益，保证广告目标的实现，具有关键性意义。同时，它又可以为广告媒体、广告方式、广告投资等方面的论证研究提供依据。

因此，广告时机选择方案当中也就是要对广告推出的时间、频率和机会作出恰当的选择和陈述。

根据广告实务工作的实践经验总结，广告时机策略虽然有多种多样的灵活变化，但其中仍有一般性规律可循，即制定任何一个广告的时机策略，都必须通盘考虑一些共同的问题，并就这些共同性问题作出选择决定。据此，一般将广告时机策略归纳为以下 5 个主要种类：

1. 广告时限策略

这种策略主要强调广告时限的适用性。依据广告时限所适用方面的不同，可再细分为 4 种时限策略：

(1)集中时间策略，即在短时间内集中力量对准目标市场进行广告攻势，迅速造成声势，提高企业或产品的知名度和信誉。例如微软视窗 95 的时机选择就是这种，选择产品上市这一天进行整合营销传播计划。新进入市场的企业或产品，一般可采用这种策略。

(2)均衡时间策略，即根据企业的实力情况，适当变换宣传手段和节奏，对目标市场进行反复的"细水长流"式的均衡性广告宣传，以逐步达到加深印象、保持记忆、巩固效果、提高知名度的目的。

(3)季节时间策略，即在产品销售旺季到来之前逐渐推出广告，旺季到来之时达到广告宣传的高峰，以促进销售。

(4)节假日时间策略，即在节假日到来时，对节假日多用的商品大量做广告，待节假日过去，广告宣传便停止。

2. 广告时序策略

这种策略是以商品进入市场的时间来安排广告发布时间。按广告时序可分为 3 种策略：

(1)提前策略，即在商品进入市场之前先做广告，主要适用于更新换代产品的广告，以及季节性产品的广告。

(2)即时策略，即在商品进入市场的同时安排发布广告。

(3)延迟策略，即在商品开始进入市场之前及刚进入市场之时，先做少量广告宣传，待商品进入市场一段时间之后，再大量做广告宣传。商品进入市场之后再做广告宣传，有可能使广告宣传与商品销售脱节，所以此种策略要谨慎运用，一般是在对商品作试销以征求反应的情况下采用。

3. 广告时点策略

这种策略主要是选择一天当中最佳的广告时间点来发布广告。因为将广告发布时间选择在最佳时间点，容易抓住人们的注意力，使广告一开始就吸引住受众，而且在最佳时间点发布广告，接受面也比较广。此种策略在采用广播、电视媒体时作用最为显著。一般来说，广播的最佳时间点是在早上，电视的最佳时间点是在晚上。

4. 广告频率策略

这种策略主要是对一定时间内广告发布的次数作出合理安排。这是一种重要的经常采用的策略。一般来说，新进入市场的企业和产品、季节性产品，处于市场激烈竞争中的产品，广告频率要高。其他情况下，广告频率可以低一些。

对于一个企业或一种产品来说，广告频率并不是一成不变的，而是要根据市场情况不断进行调整，有时候需要在一段时间内平均安排广告次数，有时候需要在一定时间内对广告次数作递增或递减的不平均安排。

5. 广告机会策略

这种策略主要是根据市场情况，善于发现、捕捉和利用各种可能的有利机会进行广告宣传。这种有利的机会，一般是指那些与企业和产品有关的重大活动开展的时间。由于重大活动引起社会公众的普遍注意或吸引公众参加，所以在这个时间内充分利用该活动与本企业或产品的联系，借这种活动的机会宣传本企业或产品，往往会收到事半功倍的效果。

广告时机选择的分项方案只需要说明采用的是哪一个策略，并对它进行解释即可，篇幅不需太长。它常常被融入整体策划方案或市场策略之中，只有当时机选择计划比较复杂时才需要写出广告时机选择的分项方案。

五、广告效果测评方案

广告效果测评方案由于其广泛运用了广告调查，所以其测评方案的撰写与调查报告的撰写有些类似，同前面几种分项策划方案相比，它具有更科学和相对固定的体例。

规范完整的广告测评报告，一般应该包含以下内容①：

(一)扉页

一般只有一页纸，其内容主要包括测评报告的题目或标题、执行该项研究的机构名称、测评项目负责人的姓名及所属结构、测评报告完稿日期等。

(二)目录或索引

目录或索引应当列出报告中各项内容完整的一览表，如各部分的标题名称或页码。如果测评结果部分的内容比较多的话，为了读者阅读方便，也可将细目列进去。目录的篇幅以不超过一页为宜，如果报告中图表较多，也可再列一张图表目录。

(三)摘要

阅读测评报告的人往往对测评过程的复杂细节没有什么兴趣，他们只想知道测评所得的主要结果、主要结论，以及他们如何根据测评结果行事。因此，摘要也许是从测评结果获益的读者唯一阅读的部分。因此这一部分非常重要，它应当用清楚、简洁而概括的语句，扼要地说明测评的主要结果。详细的论证资料只要在正文

---

① 这部分参考了江波、曾振华编著：《广告效果测评》，中国广播电视出版社 2002 年版，第 266 页。

中加以阐述即可。摘要中一般包括本产品与竞争对手的当前市场竞争状况、本产品在消费者心目中的优缺点、竞争对手的销售策略和广告策略、本产品广告策略的成败及其原因、影响产品销售的因素是什么，以及根据测评结果应采取的行动或措施等内容。

测评结果摘要是相当重要的报告内容，但在国内的测评报告中常被忽略。无论忽略这一部分的原因是什么，它都有损于测评报告的价值，应该引起调研人员的重视和注意。

（四）引言

测评报告的引言通常包括测评背景和测评目的两个部分。测评背景中，测评报告写作人员主要是对测评的由来或受委托进行该项测评的原因做出说明。测评目的中，主要是针对测评研究背景分析所存在的问题提出的，它一般是为了获得某些方面的资料或对某些假设做检验。但不论测评研究目的为何，调研人员都必须对本测评研究预期获得的结果列出一张清单，如：（1）××品牌目前的市场占有率；（2）××品牌的市场目标对象及其特点；（3）购买或不该买××品牌的原因是什么；（4）哪一种包装（或价格）更有利于产品销售；（5）××产品的消费者行为特点。

（五）正文

测评报告的正文必须包括测评的全部事实，从测评方法确定，到结论的形式及其论证等一系列步骤都要包括进去。但是无关紧要的不可靠的资料一定要删除，不能拖泥带水。

测评报告的正文之所以要呈现全部必要的资料，其原因有二：一是让阅读报告的人了解所得测评结果是否客观、科学、准确可信；二是让阅读报告的人从测评报告得出他们自己的结论，而不受调研人员所作解释的影响。

测评报告正文的具体构成虽然可能因测评项目不同而异，但基本上包含三个部分：

1. 测评方法

在这一部分中，需要加以叙述的内容包括：

（1）测评地区。说明测评活动在什么地区或区域进行，选择这些地区或区域的理由。

（2）测评对象。说明从什么样的对象中抽取样本进行测评。通常是指产品的销售推广对象，或潜在的目标市场。

（3）样本容量。抽取多少消费者作为样本，或选取多少实验单位。确定样本容量是考虑到什么问题和因素。

（4）样本的结构。根据什么样的抽样方法抽取样本，抽取后样本的结构如何，是否具有代表性。

（5）资料采集方法。是实地访问，还是电话访问；是观察法，还是实验法等。

如果是实验法，还必须对实验设计作出说明。

（6）实施过程及问题处理。测评如何实施，遇到什么问题，如何处理。

（7）访问员介绍。访问员的能力、素质、经验对测评结果会产生影响，所以对访问员的资格、条件以及训练情况也必须简略地介绍。

（8）资料处理方法及工具。指出用什么工具、什么方法对资料进行简化和统计处理。

（9）访问完成情况。说明访问完成率及部分未完成或访问无效的原因。

测评方法的介绍有助于使读者确信测评结果的可靠性。但在描述时要尽量简洁，把方法及采用原因说清楚即可。

2. 测评结果

所谓测评结果，即陈述广告测评的结果，一般是将测评所得资料报告出来。资料的描述性通常是表格或图形。在一份测评报告中，常常要用到若干统计表和统计图来呈现资料。

仅用图表资料呈现出来还不够，调研人员还必须对图表中的数据资料所隐含的趋势、关系或规律加以客观描述，也就是说，要对测评结果作出解释。

一般来说，对调研结果的解释，包括说明、推论和讨论三个层次。

（1）说明。它是根据测评所得出的统计结果来叙述事物的状况、现象、事物发展的趋势、变量之间的关系等。说明不是对数据结果的简单描述，而是利用已有的资料或逻辑关系作较为深入的分析。

（2）推论。大多数广告测评所得数据结果都是关于部分测评对象的资料，但研究的目的往往是要了解总体的情形，因此调研人员必须根据测评的数据结果来估计总体的情况，这就是推论。

推论不是简单地用样本的测评结果来代替总体，而是必须考虑到样本的代表性。当样本的代表性强时，有样本的结果直接估计总体结果的误差就小；反之，当样本代表性差时，必须十分谨慎，否则就容易犯错误。在问卷测评结果的推论中，如果测评中对抽样误差作了估计，那么就可以根据抽样误差对总体作出估计。如果测评中无法估计抽样误差，推论时就必须十分小心。

在市场实验中，如果实验设计合理、科学，实验单元的抽取和实验处理的分配符合随机性原则，测评结果的推论就比较简单。

（3）讨论。主要是对测评结果产生的原因作分析。

讨论可以根据理论原理或事实材料对所得出的结论进行解释，也可以引用其他研究资料作解释，还可以根据调研人员的经验或主观设想作解释。

在测评结果的报告中，一般要按有关的测评内容把资料分成小部分或分段依次呈现出来，使读者容易了解整个测评结果都包含哪些内容。

测评结果有时可与结论合并成一个部分，这要视测评主题的大小而定。一般而言，如果主体小，结果简单，就可直接与结论合并成一部分来写；如果主题大，内容多，则应分开写。

总之，测评结果部分所包含的内容应反映出测评的目的。一般而言，应包含以下各项的详细情况：

产品的市场销量和市场占有率；

消费者对广告的反应；

消费者对产品的反应；

消费者的媒体接触特点；

产品的目标市场结构及其特点；

竞争对手的广告策略、特点；

价格、包装和广告等因素对销售的影响。

3. 结论和建议

在这一部分，调研人员要说明测评结果有什么实际意义。结论的提出方式可用简洁而明晰的语言对研究前所提出的问题作明确的答复，同时简要地引用有关背景资料和测评结果加以解释、论证。

建议则是针对测评获得的结论提出可以采取哪些措施、方案或具体行动步骤，如：

(1)媒体策略应如何改变；

(2)广告主题应是什么样的；

(3)与竞争者抗衡的办法；

(4)广告诉求应以什么为主；

(5)采用何种价格、包装或促销策略更佳。

大多数的建议应当是积极的，要说明应采取哪些具体的措施以获得成功，或者要处理哪些已经存在的问题，如"应加重广告量"、"改理性诉求为感性诉求"等。有时也可以用否定的建议，如"应立即停止某一广告的刊播"等。不过，由于否定的建议是消极的，所以最好尽量采用积极的建议。

(六)附录

附录要列入尽可能多的有关资料，这些资料可用来论证、说明或进一步阐述已经包括在报告正文之内的资料，每个附录都应编号。在附录中出现的资料种类常常包括：

测评问卷；

抽样有关细节的补充说明；

原始资料的来源；

测评获得的原始数据图表(正文中的图表只是汇总)。

以上是作为一个完整的测评报告而言的，而广告策划书中包括的测评部分主要包括：

测评背景和测评目标；

测评方法；

测评结果；

结论；

市场建议；

附录和其他说明。

总之，测评报告要力求清晰明白，能体现科学客观的原则，使之能为当前以及以后广告策划实践提供参考和依据。

思考与练习：

1. 广告策划书在广告策划整体过程中起到什么样的作用？

2. 广告策划书的构成要素有哪些？

3. 根据书中圣象地板的案例，试评论其广告表现上有什么特色。

4. 广告媒体计划书一般依循什么样的格式来撰写？

5. 广告效果测评方案通常有什么样的格式？为何在正文之前先要写摘要，摘要起到什么作用？

下篇　广告创意

第八章　广告创意概说

☞ **本章提要**

　　广告创意是对广告战略、广告策略和广告运作每个环节的创造性构思。严格来说，广告创意是表现广告主题的、能有效与受众沟通的艺术构思。常见的创意角度有三种：以广告创作者为中心、以产品为中心和以消费者为中心。广告创意有主题构想单纯、表现方式新颖、广告形象确切和情感效应自然四个特征，彼此间相互联系，共同作用。广告创意与表现是两个紧密依存的环节，两者之间存在互动关系。

☞ **章节案例**

微时代大机遇

　　如果说过去的 20 世纪是大众营销的时代，那么 21 世纪从某种意义上来说堪称微观营销的时代。消费者的碎片化成为全球性的市场现状，促使营销和传播者重新思考如何满足高度细分的消费者需求以及如何更有效地开发和利用媒介。微博、微电影、微信等一系列冠名为"微"的营销传播形式的诞生与普及，更是将微观营销推向了高峰。

　　在微电影正式成为一个营销传播现象之前，业内已有一些尝试。不过，在最初阶段，微电影的雏形主要萌发于草根阶层，网民自创的视频制作简单、成本低廉，但是内容贴近现实，或幽默搞笑，或讽刺辛辣，凭借精彩的内容、简短的篇幅产生了病毒式传播的效果。2005 年年底引发传播热潮的《一个馒头引发的血案》便属此类。此后，这种流行于网民之间的传播现象得到了专业团队和机构的重视，其中一部分更是得到了企业的赞助，不但制作水准明显提高，数量激增，而且其发展方向也由此发生了重大的转向。其代表事件是 2010 年年底，优酷网、中影集团和上海通用汽车公司合作推出的《11 度青春》系列，其中的《老男孩》最为成功。

　　与之前以戏谑讽刺为主的视频作品不同，《老男孩》探讨了严肃的人生话题——青春、梦想、现实、奋斗。短片生动刻画了草根阶层尤其是年轻群体共同的成长经历，故事贴近现实，而且情感铺陈自然，深深撞击观众尤其是 70

后、80 后观众的心，令他们在别人的故事中看到自己的经历，并最终产生情感的共鸣。为推广短片，优酷网从 2010 年 6 月起推出 4 档节目进行前期炒作，形式包括剧透、花絮、访谈等。同时，上海通用汽车公司在官网上征集《我的奋斗故事》，收获了 12 万名网友的参与。《老男孩》正式上线当日，宁财神、陆川等多位名人在微博转发。11 月 5 日，优酷网、中影集团和上海通用汽车公司邀请豆瓣网网友举办看片会，以进一步扩大口碑传播的范围。此后，短片通过微博、各大社交网站以及 QQ 群进行病毒式传播。借助该系列短片，上海通用汽车公司雪佛兰轿车向 20~45 岁的目标消费者传递了青春、梦想、奋斗、纠结，但是仍不放弃梦想的品牌信息。因此，尽管短片中有雪佛兰轿车的植入广告，但是短片在首播几天之内便创下了上亿的点击率，评论多达数万条。

2011 年，凯迪拉克赞助的微电影《一触即发》，正式拉开了微电影的战幕；次年，凯迪拉克的第二部微电影《66 号公路》上映。自此，微电影成为国内红极一时的现象。2012 年国内播出的微电影数量高达 2000 多部。与之相对应的是，业界对于何谓微电影仍缺乏权威的解释，仅在时长、内容、周期、投放平台、收费模式等基本特征上实现了认同。

随着更多企业投身微电影领域，新的特点也陆续出现：首先，除了网友原创以外，由广告主直接发起，广告公司及媒体为其量身定制的作品成为微电影中的主流，如三星的《纵身一跃》、英特尔的《80 印象馆》等。其次，微电影的制作成本不再是数千元或上万元的小规模，而是出现了越来越多的"大制作"。例如卡地亚珠宝邀请著名导演布鲁诺·阿维兰和 50 多人的好莱坞顶级摄制团队，以 3D 动画结合自然景观，耗时两年，花费数千万元制作的微电影 L'Odyssée de Cartier。再次，这类微电影通常还会在网络播出之前先选择电视播出剪辑版，以预热市场；或在网络播出完整版的同时在电视媒体上播出 15~30 秒的电视广告。

更重要的是，为广告主量身打造的微电影虽在形式上不同于电视广告，但就传播的内容及效果而言，其和电视广告一样，本质上都是为产品促销和品牌塑造服务，甚至在实现与消费者共鸣的问题上更优于电视广告。这类微电影中虽有故事和人物，但是与之前的《老男孩》等微电影相比，品牌不再以道具植入的方式短暂出现，而是成了推动故事发展的重要工具、维系人物关系的重要纽带。可以说，在这类微电影中，从情节到人物都是广告主的配角。例如天联广告公司为益达口香糖创作的《酸甜苦辣》系列。

该系列微电影包括 2010 年的《加油站篇》，2011 年的《甜》、《酸》、《辣》、《苦》"四部曲"，以及 2012 年的《酸甜苦辣 II》五个短片，其中的《苦》和《辣》没有通过电视投放，而是吸引观众主动通过网络搜索。在大结局面世之前，广告公司制作投放了预告片，且通过益达官方微博发起了结局大猜想的投票活

图 8-1　益达口香糖平面广告

图 8-2　益达口香糖微电影剧照

动，共有13 300余人参与转发。据博雅公关提供的数据，截至 2012 年年底，益达口香糖《酸甜苦辣》系列播出至今，通过电视、网络等渠道的收看者累计已达到 20.4 亿人次，其中仅《酸甜苦辣Ⅱ》的微博转发量就高达 34 万人次。"吃完喝完嚼益达"的基本诉求借助唯美的爱情故事贯穿始终。① 五个短片想要表达的主题是，酸甜苦辣的滋味不仅是食物的味道，而且还是爱情的滋味——恋爱、失恋、分手、三角恋、大团圆，而益达则是传递情感的载体。因而，品牌虽公然亮相，却并不遭到抵触；相反，"关爱牙齿　更关心你"的广告主张在微电影播出后成为知名度很高的广告语，而且更使品牌与竞争对手的功能诉求区别开来。该系列广告从 2010 年起多次获奖，包括 2010 年创意功夫

① 褚沙舟：《"酸甜苦辣"——益达微电影营销始末》，中国名牌网，http://www.chinatopbrands.org/a/pingpai/gcyj/20121231/13430.html.

广告奖、梅花传播奖最佳明星电视广告金奖以及 2012 年亚洲实效营销金奖、艾菲实效营销奖、微电影金瞳奖等诸多奖项，成为口碑效应和市场效益双丰收的代表作。

微电影在未来将往何处去，依然有许多不确定因素，比如版权、政策空间、经营模式、消费者的审美疲劳等。不过，有一点可以肯定的是，在市场高度碎片化的时代，只有富于创意的内容才能吸引眼球并获得共鸣。

在现代广告运作体制中，广告策划成为主体，创意则居于中心，是广告的生命和灵魂。缺乏优秀的广告创意，广告战略和主题就难以巧妙地体现，广告表现也就只能沦为让消费者忽略或厌烦的音响、图文。广告公司往往以创意的精彩为自身定位和进行宣传，也常以要求应聘人员提出创意方案来测度其才华，广告创意的重要性不言而喻。

广告创意是什么？这是我们首先需要明白的问题。人们对此有各种不同的观点，唯有通过探讨和比较，我们才能把握广告创意的含义。

广告创意是广告主与消费者沟通和对话的金桥。广告创意与经济、文化和艺术密不可分，与社会学、传播学、心理学等人文学科和科技发展都有程度不同的重要关系，因此，思维方式对广告创意具有重要的指导意义。

广告创意在成千上万的优秀广告中各呈异彩，各具特色，但从总体上观察，优秀的广告创意又具有一些共同特点，从而构成广告创意的主要特征，把握其主要特征乃是广告从业人员入门所必需的。

第一节　广告创意的含义

有人说，我们是生活在由空气、水和广告组成的世界中。面对五彩缤纷的广告，我们每天、每周乃至每月能记住几条呢？据专家统计，电视台每天播出的广告中，一般居民每人最多只收看 3% 的广告，看后能留下一点印象的只占 1%，能在 24 小时内被记住的仅占 0.05%。在这种现状下，要争取观众记住你的广告并相信其真实性，真的是非常困难。基于此，广告公司把希望寄托于创意，富有创意的广告才有可能吸引受众的注意力。

关于广告创意的含义，学者和广告专家往往有不同的说法。广告大师奥格威认为"好的点子"即创意，他说："要吸引消费者的注意力，同时让他们来买你的产品，非要有好的点子不可，除非你的广告有很好的点子，不然它就像快被黑夜吞噬的船只。"此观点影响甚广，曾任世界奥美广告公司总裁的肯罗曼等，在其名著《贩卖创意——如何做广告》中即以此为基本观念，受到广告界人士的赞许。我国也有"点子公司"、"点子大师"之说，至于有关缺乏创意的广告犹如暗夜中向情人送秋波的笑话，也都或多或少地从侧面反映出奥格威"点子即创意"思想在业界的影响。

另一位广告界权威詹姆斯·韦伯·扬则认为："广告创意是一种组合商品、消费者以及人性的种种事项。"他解释："真正的广告创作，眼光应放在人性方面，从商品、消费者以及人性的组合去发展思路。"另外，还有专家称广告创意为"伟大的构思"、"创造广告表现意境的思维过程"、"以艺术创作为主要内容的广告活动"等，这些说法，都在不同程度上道出了广告创意的含义，但也存在某些不足之处。

一、从广告战略、策略上理解创意

当前广告业较流行的看法是创意与品牌战略、策略有紧密的相关性。创意有大小，而策略有对错。策略正确，创意的增量越大，品牌的跳跃能量就越高；策略错误，创意的增量越大，品牌受到的伤害相应也越大。可见，在一项广告运作中，有策略但若无创意，品牌的跳跃也无法实现，创意是品牌跳跃最珍贵的基因。唯有使创意和策略处于良好的互动状态中，体现于广告运作的各个环节，才有可能最大限度地取得良好的广告效果。

策略即创意，创意即策略。平成广告公司即持此观点，并在"果冻布丁喜之郎"的广告运作中取得骄人业绩。喜之郎这种可替代的小食品，在诸多品牌的夹击中一步一个脚印，从一个年销售额不到5 000万元的地方品牌，发展壮大成为市场占有率达80%以上的全国性品牌，广告在其间起到了重要的作用。

喜之郎的广告一开始就放弃了产品具体功能的诉求，而只把着眼点落在它给人们带来的情感享受上。这种情感享受的不断积累，便形成了喜之郎广告中特有的价值观——亲情无价。

运用策略创意，用价值观来整合不同广告片的表现形式，使得喜之郎每年不断翻新的电视广告百变不离其宗。针对不同的人群：儿童、情侣、家长、老人，虽然涉及的具体产品不同，表现内容也有差异，但由于价值观的坚持，使得喜之郎的广告具有很强的聚合能力，逐步使品牌形象在消费者心目中丰满起来，并占据了牢固的位置。

从战略、策略上理解广告创意，其含义相当宽泛，大至广告战略目标、广告主题、广告表现、广告媒介，小至广告语言、广告色彩，都可用有无创意或创意优劣来评价。

二、从广告活动特征上理解创意

创意是以艺术创作为主要内容的广告活动，它以塑造广告艺术形象为其主要特征。

首先，广告活动中的创意与一般的文学艺术创作有根本性差别，它要受市场环境和广告战略方案的制约，它限于只能创造性地表现某一特定的广告主题，而不能像一般文艺创作那样，全凭作家、艺术家个人的生活体验和审美趣味去决定和表现生活主题。

广告创意所构思塑造的广告艺术形象，追求的是以最经济、最简练的形式和手法，去鲜明地宣传企业、产品，最有效地沟通和影响消费者。万宝路香烟的西部牛仔形象，即是世界广告史上最有魅力的经典之作；海赛威衬衫广告中戴眼罩的男人形象也是历久弥新的传奇形象，它们都曾深深吸引并影响了目标消费者，产生了极为强劲的销售力。在广告创意中，创作者个人的情怀和个人艺术风格都应该退居于服从地位，而必须充分考虑到消费者的喜好和口味，正如前面所举的实例，只有讨消费者喜欢的广告才是最有销售力的广告，才可能成功。

其次，广告创意不同于一般的广告计划或宣传，它是一种创造性的思维活动，它必须创造适合广告主题的意境，必须构思表达广告主题的最佳、最具代表性的艺术形象，一如万宝路的西部牛仔形象和海赛威的戴眼罩男人形象。枯燥无味的说明、空洞的口号，在某种程度上也许可以算是"广而告之"的作品，但十有八九是要失败的，因为它们无法让消费者动心，调动起他们的购买欲。广告创意正是要为作品赋予强大的艺术感染力，以此去震撼、冲击消费者心灵，唤起消费者的价值感和购买欲望。

从广告活动特征来理解，广告创意就是关于如何用艺术形象影响、吸引消费者的构想。比如，获得第一届中国杰出营销奖金奖的中美天津史克制药有限公司兰美抒新产品上市营销战役。精信广告有限公司在为其进行广告创意时，从消费者出发，以消费者的语言巧妙地沟通品牌承诺，创造出以"脚"的形象代表长年忍受脚气困扰的患者，通过"脚"来讲述患病的困扰和重获健康的用药体验；同时以"V姿势的脚"作为兰美抒的代表符号进行符号化传播，最大限度地扩大"脚"的影响力，并加强兰美抒带来"健康的脚"的信息。由于广告创意的独特性，使该产品在一段时间内成为人们谈论的话题。

兰美抒作为一个新的产品品牌，打破常规，从消费者的角度出发，以消费者的语言沟通产品功能和品牌承诺，更容易打动受众的心。而"说话的脚"则从执行层面为品牌创造了一个新颖的载体，形成了深刻的记忆点。[①]

三、广告创意的定义

以上两种解释从不同方面、不同角度说明了广告创意的含义，但仍不完备，值得进一步探讨。

首先，从广告战略、策略上理解广告创意，其含义略嫌宽泛。当然，任何一次成功的广告运动、任何一个成功运作的广告环节、任何一件成功的广告作品，都必

---

① 参见《广告大观》2003 年第 9 期《说话的脚——2002 年兰美抒新产品上市营销战役》。

须是创造性思维活动的结果，以创意的优劣加以评说是言之成理的。但这类说法，极大地扩展了广告创意的外延，有时就有可能使人们对其产生误解；对广告创意本身也缺乏明确界定。

其次，创意必须服从于广告战略，必须体现广告主题，必须与市场策略紧密联系和互动，这是完全正确的。但据此给广告创意下定义，却没有抓住广告创意最本质的方面。当然，广告创意首先必须遵循广告战略、广告正确的大方向，在它们的宏观指导下来进行创作。但必须明确的是，那些仅注意市场策略灌输或将广告主题简单地文字化、图像化或音响化的广告作品，往往只会引起视听众的反感乃至唾弃，广告难以达到预期效果。可见，从这方面强调并给广告创意下定义是不够准确、有欠稳妥的。

众所周知，在国内的乳品企业中，光明、伊利、三元和蒙牛是颇具实力的液态奶生产企业。光明长期在广告中强调自己的奶源——奶牛的健康，并成功地塑造出一个光明牛的卡通代言人的形象，给消费者留下了深刻的印象。由于光明是一个发源于上海的全国性乳品品牌，光明无法在广告中强调真正的奶源，而只能从牛身上下工夫，从而带给消费者这样一个逻辑：因为自己的牛很健康强壮，所以生产出来的牛奶自然是优质的，"100%好牛，出100%好奶"似乎顺理成章，但光明并没有告诉消费者为什么自己的牛很健康。作为一个地处内蒙古的乳品品牌，这一点，伊利就很占便宜，因为地理位置的原因，消费者从伊利的品牌中很容易联想起天然牧场和大草原，如果牛在这样的地方生长自然可以生产更好的牛奶。可以说伊利确定这一传播策略是非常正确的，它立足于消费者的需求心理，又与竞争者建立了市场区隔，并且充分彰显了自身的产品优势。可惜的是在早期的广告宣传中，伊利的广告创意也紧紧围绕这一市场策略做了一系列的诉求，强调自己来自大草原，但由于创意简单直白，缺乏一定的冲击力，再加上在广告制作方面质感较差，反而更突出了企业的地域性的局限。这种情况直到伊利与国际跨国广告公司奥美合作后才有所改观。伊利的品牌发生了实质性的变化，最大的改变就是品牌的质感，伊利的品牌中少了一些粗犷和粗糙，多了很多优雅和细腻。对奥美而言，广告创意背后蕴含的市场策略并没有根本的改变，改变更多的是创意本身、广告片的表达方式和表现方法，一部TVG中通过让草原的各种场景超现实地出现在每个人不同的生活场景中，表现伊利不仅带来出自天然牧场的香浓美味，更让每一个都市人拥有了他们心中各自期待的心灵牧场。"心灵的天然牧场"是非常有回味的一句广告语，它用一种优雅的方式突出了伊利的品牌概念。①

第二种观点认为，广告创意即如何运用艺术形象影响和吸引消费者的构想。这是目前大多数论著和广告人的看法，当然也是言之成理的。创意必须进行艺术形象

---

① 参见赵飞：《从"心灵的天然牧场"到"天天天然"》，《广告大观》，2003年第8期。

的构想，但不能仅限于此。那些醉心于艺术表现和文字技巧的广告作品，包含广告主所要传达的信息甚少，即使有也往往误导视听众，人们的注意力集中于艺术欣赏，而忽略了广告信息。最让人记忆犹新的莫过于当年美的以当红国际大明星巩俐为产品代言人拍摄的一则电视广告。在广告片中，巩俐"回眸一笑百媚生"，广告拍得很漂亮，只可惜正如很多人评论的那样：消费者尽去看巩俐的笑却忽略了产品。再如巨能钙曾在中央电视台黄金时段播放一则电视广告，宣称其拥有多少科学家，产品经历了多少次实验等，广告创意表现得很大气、精美，富有科技感，可是正如后来某些广告人所评价的"这则广告怎么看都像是一则高科技类产品的广告"，消费者在每天烦不胜烦的诸多广告轰炸中能将它和保健品联系起来才怪呢？再比如由冯小刚与周星驰作秀的某品牌茶饮料电视广告《沏壶茶》篇就存在着这方面的问题。有人在"中华广告网"上对这支广告进行了网上调查，其中有四个选项供网友选择。"无法引起购买欲望"选项得票最多，占30.36%；得票第二的选项是"表演冲淡了产品诉求"，占27.23%。从中可以看出，该广告的明星表演有负面效果的占57.59%的多数得票。究其原因很简单，这支广告把明星的表演处理过度，导致明星表演成为广告的唯一重点了，产品诉求反而沦为次要的地位。①

　　这类"喧宾夺主"的广告现象并非少见，我们稍加注意即能察觉，这说明广告创意的含义不宜过多从艺术方面强调而弱化了产品信息本身。

　　那么，究竟什么是广告创意？如何加以界定才算科学、准确、适当？在信息化、数字化、网络化的新时代，广告业正发生着历史性的巨大变化，很难有大家都一致赞同的广告创意的定义，人们尽可以从不同方面、不同角度进行探索和加以定义。

　　从广义上说，广告创意是对广告战略、策略和广告运作每个环节的创造性构想；严格地说，广告创意是表现广告主题的、能有效与受众沟通的艺术构思。本书大多运用后一种定义，现略加说明。

　　1. 创意必须紧密围绕和全力表现广告主题

　　在广告策划中要选择、确定广告主题，但广告主题仅仅是一种思想或概念，如何把广告主题表现出来，怎样表现得更准确、更富有感染力，这是广告创意的宗旨。有了很好的广告主题，但没有表现广告主题的很好的创意，广告就很难为人注目，很难引人入胜。例如喜之郎的广告主题是亲情无价，但如果没有一系列创意优秀的作品来表现，喜之郎的亲情无价就不可能感染消费者；菲亚特的广告主题售后服务，也是通过"给小狗穿上尿布"这个戏剧性创意来直达消费者的心灵，并形成记忆。

　　广告创意与广告主题策划有不可分割的密切联系，但两者又有差异。两者都是

---

　　①　参见马燕翔：《明星表演过度与产品诉求对立》，《国际广告》，2002年第5期。

创造性的思维活动，但广告主题策划是选择、确定广告的中心思想或要说明的基本观念，广告创意则是把该中心思想或基本观念通过一定的艺术构思表现出来。广告创意的前提是必须先有广告主题，没有预先明确的广告主题，就谈不上广告创意的开展，广告创作人员在进行创意联想时就会缺乏明晰的主线。简而言之，广告主题策划侧重解决广告"说什么"的问题，而广告创意则将着眼点更多地投射在了广告"怎么说"的层面上。

2. 广告创意还必须是能与受众有效沟通的艺术构思

一般化、简单化的构思也能够表现广告主题，但却算不上是广告创意，或只能说是创意低劣。2000年上半年，补钙电视广告在我国的各个频道铺天盖地，"盖中盖"尤为突出。有文章批评：盖中盖统由明星兜售，广告频出，马脚露得也多，演员表演之肉麻和广告制作之粗糙，简直成了一大"电视公害"：你在电视中没完没了地占用观众的时间，一个劲儿地狂轰滥炸，只会惹得观众心烦、逆反，进而看见你就难受。此类广告的主题虽然明确，但有多少创意可言呢？再比如保健品黄金搭档的电视广告。该广告采用家喻户晓的"马大姐"做品牌代言人，虽然增强了亲和力，但整支广告仍停留在产品功能的简单诉求上，作为一个知名品牌的保健品广告，创意没有丝毫突破。

艺术构思的基本特征是具有创造性和艺术美。孙悟空、林黛玉即为艺术构思所创造的、具有不朽生命的文学人物；《梁祝》、《二泉映月》即为艺术构思所产生的、动人心弦的音乐名曲。广告创意，就是要创造出能与受众有效沟通的形象和意境，使广告内容与广告形式达到完美的统一，去感染受众并引发共鸣。比如：2000年天艺广告公司开始为广州东方宾馆全面导入CIS企业识别系统，并请澳洲著名设计师进行指导。东方宾馆会展商务的定位已经深入人心，但是单一的会展商务又无法单独支撑东方宾馆这面大旗——广州历史上最悠久的五星级酒店，广州目前唯一的上市酒店。经过几个月的走访调查，"岭南商业文化"这一概念在渐渐清晰——"以会展商务为主，具有岭南商务特色的现代化国际五星级酒店"。天艺广告公司创意了一系列广告。广告创造性地运用一些极具岭南商务特色的元素如十三行、怀远驿、丝绸之路、寓商于娱等，共同构造了一个全新的东方宾馆。十三行、怀远驿等都是广州人耳熟能详的艺术形象，借助这些元素来和他们进行沟通，理所当然地可以达到"此时无声胜有声"的效果。整个广告创意可以说是"不着一字，尽得风流"。

3. 广告创意是广告制作的前提

广告制作，是把创意构思出的表现主题的形象、意境通过艺术手段鲜活地体现出来。广告作品，则是广告内容与形式的有机组合，是广告创意的具体表现。也就是说，广告创意是一种创造性的思维活动，是把广告主题如何形象化、艺术化表现出来的思考，广告制作则是把创意思考成果具体化、物质化直至完成作品的加工过程。没有广告创意就谈不上广告制作，而广告创意则需要通过广告制作来具体表现。制作精美的广告，对创意表现有重大作用。现在在广告实务界，在进行影视广告创作时，为了保证广告作品的品质，通常都盛行在香港或国外制作后期。所以有很多广告人都在说："如今的很多国内品牌在广告的品质感方面确实有了很大提高，制作水准已经逐渐国际化，可以说这一点并不比国际品牌差。"有很多消费者感叹："和前几年相比，现在电视上的广告越来越精美，越来越好看了。"

由上可见，广告创意的含义包括两个要点：第一，必须以广告主题为核心，必须紧扣广告主题；第二，必须是能与受众有效沟通的艺术构思。

就广告创意而言，广告主题与艺术构思不可或缺，两者犹如人的形神一般，不可须臾分离。广告创意是把广告主题这种抽象的思想和概念，构思成为某种形象或景真、情浓、意切的艺术境界，以便制作成向消费者展现的作品。也就是说，要构想广告信息应通过什么样的艺术形式才能准确有效地传达给目标受众，在沟通过程中收到预期的广告效果。

总之，从广告创意与广告主题、广告制作、广告作品、广告效果等的关系来看，都在不同程度上说明：广告创意是表现广告主题的，能有效与受众沟通的艺术构思。

第二节　广告创意的思维方式

在买方市场和信息爆炸的新时代，广告创意的思维方式，正进入推陈出新、顺应时代潮流的转折阶段。突破习惯性思维，革新思维方式，对广告创意具有重大指导意义。

一、革新思维方式

广告创意是一个创造性思维活动过程。思维方式对于广告创意的开展和推进，对于广告创意的内核与形态，都会有重要乃至决定性的影响。

思维方式是认识世界和处理问题的基本模式。多姿多彩的世界、森罗万象的问题、丰富复杂的人性，决定了思维方式的多元性。长期以来，人们往往习惯于非此即彼的二分法思维。二分法具有明快简洁的长处，但也容易造成许多僵硬的习惯和谬误。哲学大师庞朴提倡的三分法，便是对二分法的匡正和补充，对革新思维方式大有助益。依照世界的真实三分地去观察世界和处理问题，即为三分法。

三分法并不认为妍媸各半，始为美人；善恶并斥，便称德行。三分法有别于二分法的关键，在于二分法思维见异忘同（只见对立不见同一）、志在两边（两极、两端），而三分法则兼及规定着两个相对者的那个绝对。绝对者，可以说是三分法的第三者，必须捉牢主宰相对的那个绝对者，方能驾驭两极，游刃有余。以行路为例，左一步，右一步，这是表现出来的相对的两极；两极之间，有不作独立表现的绝对者存在，那就是方向。这个方向，规定、协调、左右着左右步伐，把自己的"体"体现在左右步伐的"用"上。二分法里，没有给绝对者留出位置，在三分法，它则受到特别的重视。

三分法的思维方式常常与逆向思维、侧向思维等联系在一起，这些思维方式扩大了广告创意的空间。

美国智威汤逊公司为华纳·兰伯特公司的剃须刀曾创作了一个标题为"Schick Tracer Fx 剃须刀专为皮肤敏感的男人设计"的广告。其创意可谓出人意料，广告中把剃须泡沫抹满了下巴的是一位走红的女模特，只见她熟练地刮去下巴上的泡沫，接着说："这儿最敏感，就这儿!"既然年轻女子都敢用，那即便是皮肤敏感的男士，还有什么可怕?

这则广告所要表达的主题非常明显，它使用女性模特来推销男性产品，以年轻女子都敢用来喻示皮肤敏感的男士更没有问题，正是逆向思维，而且确实达到了很好的广告效果。逆向思维常能给人震撼的感觉，而侧向思维同样非常有效。比如在1997 年戛纳国际广告节获奖作品中，有一南非推销 TABASCO 微辣辣椒酱的广告，画面特写盥洗室的卫生纸，上面印了这样的标题："你现在才觉得微辣的 TABASCO 辣椒酱有多好。"吃过辣椒酱的人自然心领神会，一切妙在不言中。其创意奥妙正是对于熟悉的旧元素(事物)所进行的新组合，是侧向思维的结果。

运用三分法思考广告创意，关键是突破长期形成的传统观念的局限，革新顽固存在的惯性思维定式，吸收中外古今广告创意精华，建立以人为本的广告创意观。

二、广告创意以人为本

广告创意以人为本，主要表现在广告创意的角度和广告创意的有效沟通两个方面。

1. 广告创意的角度

任何一项有目的的活动，都存在着活动主持者或设计人所站的角度问题。广告创意所站的角度正确，是广告活动成功的基本要求。创意的角度不对，很可能导致广告活动劳而无功，严重者可能在创意刚开始时就注定了失败的命运。

创意角度可分为多种类型，常见的有三种。

(1)广告设计者以自我为中心，从自我表现出发的创意角度。

这种角度把广告主与消费者的利益放在附属地位，主要想表现个人的艺术才华。由此出发的广告创意，可能会产生较高艺术性的作品，甚至获大奖，但能否与目标消费群产生共鸣、广告主的大笔资金能否收到预期效果，则不得而知。此类广告近年已经减少，但不时仍能见到。

(2)以企业、产品为中心，站在广告主的立场上进行广告创意。

这是生产导向时代的创意角度。舒尔茨教授等在《整合营销传播》中说：那时通常是广告主要求广告代理商为产品做广告，于是广告业务人员赶赴广告主的工厂或办公室去收集产品资料，有时文案人员也陪同前往。如果这项产品是属于科技产品，广告公司也会获准参加工程设计会议，得知更多产品特性和其他相关知识。回来后，广告代理商根据产品的各种相关知识设计制作广告，然后经过广告主层层关卡的批准和修改后定案，完全不知道应该向目标对象咨询意见。所以，杰出的市场调查专家乔治·盖洛普博士曾在1970年说道："这就是为什么自第二次世界大战以来广告进步不多的原因，因为广告只针对产品本身，完全忽略可能购买的消费者。"这类王婆卖瓜的广告，在卖方市场和生产导向时期还能收到一定的效果，但从20世纪90年代以来，由于媒介的激增、产品的丰富和消费者选择权的加强，以产品为中心的广告越来越难奏效，生产导向的创意角度陷入困境。

然而，守旧总是比创新容易。早已形成的传统思维定式和习惯性行为很难改变，我国多数广告主和广告公司仍然有意或下意识地沿袭旧的创意角度。让消费者眼睛一亮、颇感兴趣的广告甚少，大批自吹自擂的广告向消费者狂轰滥炸，广大消费者对广告的忽略或逆反乃是不容否定的事实。这方面最为典型的案例恐怕非麦斯威尔咖啡莫属。当它推出速溶咖啡时最先在广告中一厢情愿地一味表现其产品因速溶带来的便捷优点，广告和产品推出后却并没有像厂家所预期的那样很快为广大消费者迅速接受，后来通过市场调查才发现：广告只顾宣传产品的优点却没有充分考虑消费者的心理。在当时的社会习俗中，人们普遍认为做家务是一位已婚女人应有的职责之一，所以广告这样宣传速溶咖啡容易给人一种"买这种咖啡的女人不是一位称职的家庭主妇"的联想，产品自然不能被消费者接受。后来厂家将广告创意改为"麦斯威尔咖啡，滴滴香浓"，产品迅速打开了市场。同样的情景也曾发生在某品牌纸尿裤的广告宣传中。新产品开发出来后，广告先是致力向妈妈们诉求如果你使用了这种纸尿裤将使你照顾宝宝更方便，减少很多麻烦。广告推出很长一段时间后产品并没有为广大妈妈们接受。后来才知道，广告虽然准确传达了产品的优势却并没有真正了解妈妈们的心态，没有打动妈妈们的心——怕麻烦的妈妈不是一位好妈妈，妈妈为了让自己的宝宝得到最好的照顾是不怕一切麻烦和辛苦的。最后厂家调整了广告方向，将创意重点放在了这种纸尿裤是如何使宝宝更舒适、可以得到更好的照顾上，产品的销售因此而迅速提升。

（3）以消费者为中心，站在消费者的立场上进行广告创意。

站在消费者立场，就是要求广告从业人员深入调查，真正了解目标消费群的欲望、兴趣、爱好、价值观念和生活形态等，并由此确定广告信息和构想最恰切的传播形式。

所有优秀的广告，起始于对目标消费群的真正了解。耐克运动鞋的"想做就做"传播活动，就是一个极好的案例。

在这个活动里，耐克显示了对女性消费者的了解，对一双运动鞋如何能使生活变得更轻松自在的了解。广告创意的关键或真正天才之处在于怎样做最能影响消费者：耐克能解决她们的问题。广告中并没有展现产品的特色，也没有采用传统展示产品的电视媒体，而是采用了女性时尚杂志。

维登·肯尼迪公司发展这场广告运动的两位女士，采用自我审视的方法来了解女性的内心世界，以女人与女人的亲密"对话"作为沟通手段。广告作品采用对比强烈的双页转折画面，一页的背景之上凸显一个个交织在一起的"NO"（不）字，文案语气柔和但充满一种令人感动的关怀与希望：

> 在你的一生中，有人总认为你不能干这不能干那。在你的一生中，有人总说你不够优秀不够强健不够天赋，他们还说你身高不行体重不行体质不行，不会有所作为。
>
> 他们总说你不行。
>
> 在你一生中，他们会成千上万次不耐烦地，坚定地说你不行。
>
> 除非你自己证明你行。

广告是登载在妇女喜爱的生活时尚杂志上。广告文字似乎不像是一个体育用品商的销售诉求，而更像一则呼之欲出的女性内心告白，但体现出耐克广告从消费者立场出发的真实特征：沟通，而非刺激。如同其他耐克广告，这则广告获得巨大成功。广告刊发后，公司总机室的电话铃声不断，许多女顾客打电话来倾诉说："耐克广告改变了我的一生……""我从今以后只买耐克，因为你们理解我。"这些结果也反映在销售业绩上，耐克女性市场的销售增长率快于其男性市场。20 世纪 80 年代后期女性市场上耐克远逊于锐步的状况发生根本改变。研究表明，在市场上耐克品牌的提及率和美誉度已超过锐步。

除此之外，耐克女子运动鞋的广告，还针对女性消费者打出了女权主义的口号。它在广告中摒弃了传统对于女性的约束，倡导真正的男女平等，尤其是独立自主与身体力行，使其广告格外引人注目。"你自己决定穿什么"、"竞争是女性的天性"、"女性是 1/2 的人口，不是 1/2 的弱势团体"等广告标题让人感觉到言语之间强烈的冲击力，能使女性消费者感到一种理解的力量，使她们平添勇气和信心去做自己喜欢的运动，"Just do it"，不用顾及别人的眼光。

奥格威在晚年时慎重强调："消费者不是低能儿，她是你的妻儿，不可侮辱她的智慧。"舒尔茨等曾断言："要想成功，广告运动的策划者一定要从购买者对产品或劳务的观点开始，而不是从制造商的观点开始"；"成功的广告要素之一是从消费者的角度开始，而不是从你自己的立足点开始"。这些真知灼见，更能让我们领会：广告创意从消费者立场出发是何等重要。

应该强调，就某次具体的广告活动而言，广告创意要依照实际情况进行构想，心智的创造、智慧的火花，不是预先就装在口袋里的；而从广告创意的角度而言，却是事先必须明确的。新世纪的广告人，在任何时候任何场合，都必须掌握广告创意的正确角度是从消费者出发，创意角度不是刹那间迸发的思想火花，而是广告人必备的基本知识或职业素质。广告创意以人为本，主要就是以消费者为本。

2. 广告创意的有效沟通

当今的很多广告都企图说服消费者但实际上却沟而不通，遭到消费者的漠视乃至厌倦。大量事实证明：只有从消费者出发的创意优秀的广告，才能实现与消费者的有效沟通。

金鹃国际广告公司说："与目标消费者共鸣，是我们所有创意的灵魂，这也是广告达成销售的灵魂所在！"金鹃公司以"创意突围"为公司的宗旨，创造出令人称道的市场实效。金鹃为圣泉啤酒策划开展的广告案例即可说明。

1997年夏季，波澜不惊的啤酒市场正在酝酿一场空前的风暴。

在金鹃与客户的联席会议上，面对客户魔术一般拿出的四种新产品，他们一眼就看中那个"有点意思"的圣泉黑啤酒。

为了找到目标消费者，他们进行了街头访谈、小组访谈、入户访谈，几乎走遍了城市的大街小巷，也曾因为冒昧地打听别人的收入而遭到白眼。

为了了解市场上黑啤酒的状况，一到晚上他们就出没于街头的酒吧、歌舞厅，甚至深入到所谓的"不良场所"。

终于确定：把黑代表的成熟内涵卖给28~40岁的城市白领男人。

创意部和客户部及其他部门人员一次次地开会讨论，大约是在第八次会议上，一群头脑已接近麻木的广告人在掀起一阵"头脑风暴"之后，确定了最后的诉求：

圣泉黑啤——给不怕黑的男人。其中，"黑"代表着走向成功的轻度负面的挫折。

这个构想甚佳的创意诉求在电视广告中表现为：

> 那一年，我去了南方，到了异乡，才发现，
> 异乡的夜是那么漫长，还有南方非常毒辣的太阳，我晒得很黑很黑……
> 可是直到今天，我还是认为，黑比白好。
> 圣泉黑啤——给不怕黑的男人！

配合其他与消费者有效沟通的广告，圣泉黑啤酒受到消费者的喜爱。客户当年的营销目标是1 200吨，但上市5个月即达5 000多吨。创意的有效沟通取得了实效。

新时代的消费者，掌握的选择权、控制权越来越大，强制性单向灌输越来越难与消费者进行沟通。要实现广告创意的有效沟通，关键是建立新的沟通观念。

在以人为本的新沟通观念中，沟通，意味着平等。挟资亿万元的广告商与一个普通消费者，在人格天平上都是等重的，都具有宪法保障的权利与义务，都具有不容侵犯的自尊。那些居高临下、自吹自擂或自大自狂、强制说服的广告，不仅无益于品牌美誉，反而会损害品牌形象。

沟通，意味着真诚。沿袭惯性思维定式低估消费者智慧，乃是当今广告的通病之一。如果你不会虚情假意"诱导"亲人，你不会随心所欲"侵犯"挚友，那么，你的广告就理应像对待亲人挚友般与消费者进行沟通，你的广告才可能以发自内心的真诚感动消费者，收到以心换心的沟通效果。

沟通，意味着互惠。新时代的广告商、广告人只有深入目标消费群之中，了解他们的实际利益、潜在利益、欲望和兴趣，运用创意优秀的广告和其他恰当的形式与他们沟通、互动，谋求双方的最高共同利益，才可能出现皆大欢喜的互惠新局面。

广告创意的有效沟通，是架起广告主与消费者相连接的金桥，是谋求广告主和消费者共同利益、共同发展的新路。

第三节 广告创意的特征

就像人有个性和共性，广告创意也有个性和共性。孤立看一则优秀广告，必有其独特的个性，众多成功广告的创意异彩纷呈、各具特色；但把成千上万的优秀广告作为总体研究对象，通过归纳和比较，则可以看到其创意都具有某些共同特点或规律性。广告创意的特征，是指众多佳作体现出的广告创意的共同特点。其主要特征有以下四点：

一、主题构想单纯

所谓单纯，是指创意完全围绕着一个主题进行构思，不允许有些许的枝蔓，以免造成干扰。构想单纯，主题就显得清晰、鲜明、突出，容易给人留下深刻的印象。

广告大师罗瑟·瑞夫斯说了一个故事：老卡尔文·柯立芝很有耐心地坐在一座新英格兰小教堂里，倾听一位牧师连续两个小时的布道。过后不久，朋友问他布道的内容是什么？"罪"。柯立芝回答说，再问，柯立芝就答不上来了。瑞夫斯说，这个故事印证了一个千锤百炼的原则："消费者从一个广告里面只记得一件事：强烈的一项诉求或者强烈的一个概念。"

这不仅是一个广告原则，也是人类传播的一个通则。丘吉尔说：听得愈多，领悟得愈少。罗斯福的就职演说若干年后，美国人只记得其中一句话："我们唯一要恐惧的是恐惧本身。"

主题构想单纯的创意特征，在过度传播的当今显得更加重要。消费者每天面对成千上万的广告信息，他选择性注意的可能仅一两则甚至根本不加注意。要使广告主的信息穿透传播的丛林沼泽，引起消费者注意和有效沟通，我们更需要传播"简单而真实"的信息。喜之郎之所以成为果冻布丁的第一品牌，很重要的原因即是在1996年至今的广告传播中，创意坚持紧密围绕"亲情无价"这一主题开展构思。其创意优秀的不同系列广告在内容方面有差别，而其主题却是单纯的。单纯主题从引起注意到进入消费者心灵，喜之郎品牌的美誉度才能逐年递增。

再比如曾获第八届中国广告节企业形象类金奖的"蔚蓝海岸"棕榈心情系列广告。它是一系列的房地产广告，包含有《楼梯篇》、《心伞篇》、《喝水篇》等。其中《心伞篇》的广告方案是："我不认识她，我只知道她和我住同一栋楼/深圳气候怪，说下雨就下雨/出电梯口时，我发现外面下着雨，很大/我站在那儿走不走犹豫着/她进来了，顺手把雨伞和一个温暖的笑递给我……/那个下午的下半天里，我都为自己住在这个地方兴奋/挑上一个好家，遇上一些好人，这种感觉真不错/伞好轻，好透明/她长什么样子，好像一身的裙子/她住哪一层？伞怎么还？/到蔚蓝海岸去，尽情享受棕榈生活。"其他几则广告也是如此，选取日常生活中的一些小细节，从不同的生活角度来反映小区的环境、人际关系、小区设施等诸多消费者所关心的方面。所有的广告风格也如出一辙，没有华丽的辞藻，只是娓娓道来，像一个朋友在讲述刚刚发生在自己身边的事，一份感激、一缕温馨、一点自豪洋溢在再普通不过的广告所展现的生活画面中。

虽然在这个系列广告中，各个广告选择的生活场景各不相同，但都是围绕自然和谐的小区人文环境来创意的，所以显得形散而神不散，相反通过这个系列广告反倒从各个侧面全方位地传达了广告主题，让消费者觉得确实受到了细致、周到的照顾，对此企业的好感、信赖感油然而生，轻松达到刺激消费需求、购买欲望的目的。

乐百氏纯净水的电视广告《二十七层净化篇》，获2000年度中国国际影视广告大奖，主要是以主题构想单纯与独特取胜。单纯而直达消费者心灵的诉求，省去万语千言，其品牌却让消费者感到放心和信任。

著名品牌的优秀广告作品，无不显示主题构想单纯的创意特征。在牛仔服市场，众多厂商要么宣传自己的品牌"领导潮流"，要么说自己的产品"最漂亮"、"高品位"等，辞藻华丽，内容空洞。而著名的牛仔裤品牌 Lee 却以"最贴身的牛仔"为诉求点，在广告片中描绘了一个三十岁左右的妇女因穿脱不合适的牛仔服而很费力的情景，然后表现了 Lee 牛仔恰到好处的贴身，穿脱自如。围绕"贴身"的主题，系列创意甚佳的广告获得消费者认同。在美国，当问及女性消费者下一次购买牛仔服会是什么品牌时，40%的女性会说是 Lee。

单纯并不等于简单、浅露、庸俗，而是千锤百炼后的返璞归真。主题单纯的创意，聚焦于广告流行语。例如麦氏咖啡的"好东西和好朋友分享"，联想集团的"人类失去联想，世界将会怎样"，百事的"新生代的选择"，耐克的"Just do it（想做就做）"和"I can（我能）"，海尔的"真诚到永远"，飞利浦的"让我们做得更好"等，都是体现创意精华的广告语。

二、表现方式构想新颖

单纯的广告主题，还需以新颖的表现方式来传播，这是广告创意的基本要求和又一特征。表现方式雷同的广告很难引起消费者的注意，只有独特精彩的广告，才可能引起消费者的兴趣。

对表现方式的构想，必须突破常规、力求新颖。新颖是精彩的必要前提。只有那种出人意料的、有趣的甚至是惊人的表现方式，才能给人以强烈的视、听觉刺激，造成强劲的冲击力。下面结合表现方式新颖的佳作来领会此创意特征。

1. 加拿大坎泰——美国电话电报公司为手机推出的名为《抗议》的电视广告

一名男子和一只猩猩坐在电影院里看惊险的电影。男子紧盯着银幕，手里不停地往嘴里放着爆米花。随着情节的发展，男子向嘴里放爆米花的频率加快。因为电影院只有他和猩猩两个，空荡荡的剧院使他吃爆米花的声音，变得越来越刺耳。坐在前排的猩猩无奈地摇头。

遵守公共秩序、讲究公德是人类制定的基本法则。但身为人类的这名男子却无视这些法则，倒是不通人类语言的猩猩，却像"人一样"文明优雅，它也吃爆米花，但一点声音也没有，此处形成的强烈对比让观众感到忍俊不禁。

男子依然我行我素，用吸管喷喷地吸着可乐，旁若无人地颠着爆米花筒，撕扯着食品袋；猩猩痛苦地抱着头，对这种令人生厌的噪音实在忍无可忍，它转过头来愤怒地瞪着男子。男子以为出了意外，左顾右盼，发现猩猩是在看自己。于是，他示意猩猩转过头去接着看电影。就在这时，忽然手机声响起，猩猩更愤怒，龇牙咧嘴以示抗议，连影片里扮演角色的演员也停止了表演，四处张望。男子连忙拿起手机，发现不是打给自己的，忙说："不是我的！不是我的手机响！"

这里只有该男子与猩猩，不是他会是谁呢？本片运用15秒的时间在猩猩、男子、电影放映员和影片里的演员之间分切各种反应镜头：急于了解原委的男子、愤怒的猩猩，好奇的放映员以及在影片里四处张望的演员。15秒的迟延更增加了这悬念的神秘性。

手机声还在持续，原来是猩猩的手机响了。猩猩不好意思地低下头，用胳膊遮住了脸。这时，字幕打出"现在谁都可以拥有一部手机了"。这令观众大哗。广告结局太出人意料，不会讲人类语言的猩猩竟然也拿着一部手机。美国电报电话公司试图告诉你，它的服务太周到了，甚至让不能进入人类游戏规则的猩猩对手机也使用自如。创意在意料之外，但又确在情理之中，令人拍案叫绝。

2. 李维(Levi's)501 牛仔裤的一则电影片头广告

广告展现了这样一组镜头：

美国西部，远离现代文明的荒凉地带，人们按部就班地生活着。在那里，男人是真正的男人，诺言是真正的诺言。

一位英俊潇洒的年轻男子走进了一家昏暗的酒吧。大腹便便、满身油污的酒吧老板提议跟他赛一局桌球。由于年轻人随身没有携带多少钱，老板要求他把身上的李维牛仔裤作为赌注。

比赛开始，年轻人打球时如此果断自信，经过短暂而激烈的较量，年轻人击败了对手。

老板气哼哼地掏出几张钞票，但年轻人不屑一顾，而是用手势示意他脱掉裤子。老板万般无奈，只好垂头丧气地松开裤腰带，脱掉裤子只剩内裤站在那里，旁观的漂亮女侍好不容易才忍住笑声。

然而，年轻人对到手的战利品并不特别感兴趣，他高昂着头离开了酒吧，把酒吧老板留在其客人的嘲笑之中。

在这里，李维牛仔裤是真正男子汉的标志。以美国西部的荒凉和真正男人的生活，以富于戏剧冲突的情节表现该品牌的身份价值，其创意表现之新颖和对都市青年的冲击力是明显的。

三、广告形象构想确切

任何广告作品都要确立一种广告形象，包括文字的、声音的、图形的形象。广告形象包含着特定的信息和传播方式，是经过创造性的构想而确立的。

一方面广告形象必须是确定的容易让消费者识别和使竞争者无法或不便模仿的；另一方面，广告形象又必须与其宣传的品牌特征相吻合、配合贴切。或者说，广告形象应成为表现品牌个性的形象。让我们通过创意优秀的广告作品来领会此特征。

1. 日本 WOWOW 电视频道——飞鸟人篇

在法国女友的一再逼问之下，日本青年仍坚决要返回日本。他丢下女友，抛弃豪华住宅，登上一架老式螺旋桨飞机腾空而起。他的女友愤怒地脱下高跟鞋向飞机打去。飞机被高跟鞋打下，青年为了遥远而神圣的目标仍必须回日本，他在空中喃喃自语："回日本，回日本，回日本……"双手化为候鸟般的羽翼，振翅高飞，只因为日本电视频道 WOWOW 太好看了！

广告以新奇独创的形式，表现 WOWOW 电视频道在日本青年心目中特殊重要的地位。

2. 德国玛尔贝特化妆品"伤疤篇"

广告的主人公是一位气度不凡的年轻男子。他向镜头中未露面的某位老友谈起自己新结识的女朋友。他以兴奋激动的语气描绘着他的女友，直截了当，没有套话。他绘声绘色地描绘着女友无与伦比的一颦一笑、举手投足的样子。最后，他居然令人意外地提到女友右眉上方的小伤疤。镜头切换。广告词适时而出："玛尔贝特化妆品。每一张脸都有一段历史。"

德国广告专家指出：伤疤是广告片的画龙点睛之笔。一张留有伤疤的脸，尤其是伤疤留在一张女人的脸上，该展现了多少生活、性格以及秘密。它与我们司空见惯的模特形象全然不同，那些模特千人一面，个个都是涂脂抹粉，极力掩盖脸上的细微斑点。在这里，我们可以看到广告的用意：使用玛尔贝特化妆品意味着不动声色地展示个性。

3. 麦当劳的"婴儿篇"

一位躺在摇篮里的很逗人喜欢的婴儿，一会儿哭丧着脸，一会儿笑逐颜开。当摇篮悠起来，靠近窗口的时候，这位婴儿就高兴地露出笑脸；而当摇篮悠下来的时候，就哇哇大哭。这一过程反复持续了多次。怎么回事？当广告的镜头指向窗外的时候，我们才恍然大悟，忍俊不禁：原来婴儿也是麦当劳迷，因为看到金黄色的"M"标志而欢笑，因为看不到它而哭泣。

麦当劳的品牌个性，体现在它那金色的双拱门标志。强化这个标志的诱惑力，理所当然地成为麦当劳与消费者沟通的重点。多年来，"M"标志已成为"世界通用的语言——麦当劳"。

四、情感效应构想自然

由人创制并期望影响他人的广告，大多要表现情感，以情动人。如何才能获得以情动人的最佳效果，即是情感效应构想。

情感效应构想，是以情沟通、以心换心，应该自然、真诚、亲切。牵强附会无法打动人心，而矫揉造作则会失去视听众的信任，引起"虚情假意"、"故作姿态"等负面效应。此类广告当今仍有不少，消费者厌倦广告是合乎情理的。创制情感效应构想自然的广告精品，是与消费者有效沟通的前提。台湾黄禾广告公司为台新银行推广信用卡的案例，堪称以情动人的典范。

台新银行，是台湾省近几年发展起来的新银行。过去信用卡发行 3 年不到 3 万张，而中信银行则已超过 200 万张。黄禾公司根据对消费者的深入调查了解，决定针对年轻的职业女性推出女性专用卡。

玫瑰表示热情、爱情、爱心，深为女性所钟爱。因此，新卡取名为"玫瑰卡"。第一个报纸广告的画面为挡住一只眼的显得有些洋气、高贵的女性。文案为：

这样的女人在你我四周。喜欢煮咖啡不喜欢煮饭。工作全力以赴，表现一流。男人开始习惯。有渴望女强人般的成就，又渴望小女人般的受宠。爱冒险，会赚钱，也会花钱。高兴就好。有自己的生活主张，也有自己的消费主张，有属于自己的信用卡——台新银行玫瑰卡。

广告登出后，很多女性产生共鸣：天哪！那就是我。一周内就有 28 000 人前来申请卡。"玫瑰卡的女人永远绽放姿彩"。每一次的文案都与她们的生活有关。理解女人、歌颂女人是推广初期的主题。

在整个推广活动中最重要、最光彩的第二阶段，提出了"认真的女人最美丽"的广告口号。这成为全岛非常有名的一句广告语，连续三年获得《动脑》杂志的最佳金句奖，1999 年 5 月被授予永恒金句奖。

连续三年，每年拍一支广告片。一则广告片讲述了这样一个女孩：她每天早上起来，采摘花卉，然后自己开着卡车送到山下去卖，用卖花的钱买些生活用品，很晚才回来，碰到车辆故障，还要自己修车、换轮胎。生活虽然辛苦，她却从无怨言。拍片人在广告片中直接表现了这件真人真事，并做了如下旁白："真正的女人常常忘记自己，忘记自己的存在，忘记自己的美丽。台新银行了解你，认真的女人最美丽。"

通过这些广告，整个活动变成"寻找认真的女人"的活动。"认真，是一种执著，一种美丽，在自己的领域里面尽情地挥洒。用自信的专业展现女人的美丽。你是不是和她一样，不只是认真地工作，更懂得珍惜自己。我们发现，认真的女人最美丽。就像玫瑰，每一朵，都有它独特的美丽气质"。台新银行的广告就这样来歌颂女人、肯定女人，其他广告活动均围绕此主题开展。

经过四年的努力，玫瑰卡发行已突破 100 万张，位居全岛第二。"认真"成为台新银行的品牌资产。"认真的女人最美丽。台新银行向天下所有认真生活的女人致敬。"广告上每个女人讲出"认真"在她心里的感觉：

母亲节，认真的妈妈最美丽。在广告中让每一位妈妈都为"认真"讲一句话。

七月，正是高考考生们考得死去活来之时，"认真地考，认真地玩。考试后，就要认真去玩，不要去想考试的事情"。

父亲节，"认真的爸爸最有魅力"。

教师节，"认真的教师最美丽"……

显然，台新银行的市场在一步步做大。所有这些广告作品和相关活动，都是要通过不断沟通，保证台新银行在消费者心中的长久记忆。

一语天然万古新。上述成功、卓越的广告案例给我们颇多启迪，也让我们领会到合情合理、和谐自然的情感效应构想，是优秀广告创意的又一大特征。

广告创意的上述四大特征，一般是并存共生的。对具体的某一广告创意过程和作品，可能某些特征突出而另外一些特征不太明显，品味前面的案例即可印证。就广告创意的规律性而言，它们是相互联系、有机整合、共同发挥作用的。把握广告创意的特征，有助于我们认识广告创意包含着相关的诸多问题，也有助于我们提高广告创意的构想能力。海纳百川，有容乃大。从理论中寻求指导，从范例中吸取营养，在实践中勤于动脑，才有可能产生优秀的广告创意。

第四节　广告创意策略

广告创意与广告策略密切相关，广告运动的成功开展，离不开优秀的策略和创意。策略与创意的关系，就像一枚硬币的两面，本是密不可分的。其间的差异在于广告策略偏重于科学的理性思考，广告创意偏重于艺术的感人魅力。真正伟大的创意都蕴涵着正确的策略，真正符合广告运动规律的策略同样包含着好的创意，或可推演出好的创意。

发展策略是一个漫长、沉闷的推理及发现的过程，没有什么捷径可走。然而策略如果没有对其最重要的部分——消费者加以透彻考虑的话，这个策略只能是浪费时间和金钱，即使有一个杰出的创意作品也挽救不了策略的失败。反之，如果你找出来一个理论上非常合理的策略，但却用一种呆板平庸的方式去执行，同样也是浪费时间和金钱。广告目标能否实现，在很大程度上取决于广告策略与广告创意及其两者的配合。

广告创意策略，就是将原本漫无节制、尝试错误的创意过程加以窄化，让创意人员在一个既定方向之下，打破常规，任意发挥想象力，更有利于创造出优秀杰出的广告构想。

一、广告创意策略的构成

广告创意是为将有关产品的信息通过传播媒介到达目标消费者的一种创造性活动，因此广告创意策略必须研究消费者，研究产品，寻出二者能够沟通的契合点，形成广告信息，然后选择合适的传播媒介，将广告信息有效地传播给消费者。所以，目标消费者、广告产品、广告信息和传播媒介四个方面就成为广告创意策略的组成部分(见图 8-3)。广告创意虽然最终以一定的广告信息来体现，但是要使这个信息有效，就必须考虑创意策略的几个构成要素。

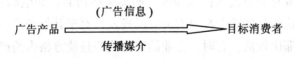

图 8-3　广告创意策略构成图

1. 目标消费者

目标消费者就是广告将要面对的特定族群。广告主必须了解谁是产品的最终用户，谁购买产品，谁影响购买决策。这就是消费者分析和消费者细分的重要性所在。例如，台湾"旺旺"小食品主要是少年儿童食用，但购买者大多是年轻的父母，因此，企业也针对年轻的家长投放了不少广告。

深刻了解目标消费者的行为与思考过程，是制定有效策略的出发点和依据。假设你推广某品牌阿司匹林镇痛剂，你首先要对消费者的生活、工作、娱乐进行细致的观察。例如消费者的压力是来自于工作、社交场合还是家事？他的焦虑起于要赴重要的晚宴或作业务报告时，还是在华丽的商场购物时？他是如何使用阿司匹林的？一次服用多少？一天服用几次？消费者比较依赖产品本身还是购买地点？消费者受哪些要素影响较深？是新闻报道、口碑、家庭还是产品价格？

把握消费者的购买诱因，找出与本产品联系最直接的那个诱因或产品利益点，是创意策略最重要的因素。

2. 广告产品

创意策略必须思考和研究广告将如何表现产品，这是产品分析的重要性所在。但是我们常将注意力集中在产品的成分上，却很少从产品中挖掘更深的新颖性及存在于产品中的惊奇，这往往会妨碍创意的思考。我们应该考虑消费者的感觉，探求成分以外的资讯，寻找能够影响产品认知的惊奇。

前面所讲的广告概念策划，大多数就是在产品基础上对产品概念的挖掘。产品概念包含着顾客从产品或服务中得到的全部价值，应该看重思考产品的差别化概念。乐百氏纯净水与其他名牌纯净水在质量上没有多少差异，但是它提出的"27层净化"却容易让顾客产生信任感，这一产品概念使乐百氏纯净水有别于同类产品，从而凸现出其品牌个性。

消费者对不同类型的产品有不同的关心度(高/低)和关心类型(思考/感觉)，不同的产品需要不同的广告加以配合。近年来，美国学者金(Kim)和罗德(Lord)通过研究发现人们可以同时既有思维投入，又有感觉投入，于是，他们开发出了一种先进的金罗(Kim Lord)坐标(如图8-4所示)。这个坐标方格表现了消费者在对不同产品作出购买决策时的方式和投入程度。购买某些物品：如电脑、轿车、住房等，要求消费者个人认知和情感上都要有大量的投入；对于其他产品，如洗涤剂，在这两个轴上的投入都比较低。有时，企业的广告战略是使方格内的产品变成一个轴上投入较高的产品。产品在方格中的位置可以显示产品的购买方式(认识—感觉—行动或感觉—认识—行动)和撰写广告文案应该采用的方式(更偏重于情感或偏于理性)。

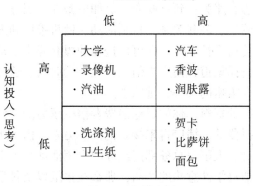

图 8-4　金罗坐标

3. 广告信息

广告主计划在广告中所说的内容，以及通过文字或非文字来表达这个内容的方式便构成了广告信息。文案、美术和制作元素的组合形成信息，而组合这些元素的方法是无穷无尽的。

在广告信息中，每一种品牌与服务都必须以一种源于消费者需求的特殊销售主张来呈现新的定位，能清楚地定义该品牌及其对消费者的承诺。这个销售主张必须要提供足够的想象空间，足以让消费者感到惊讶，同时不流于沉闷。如果这一销售主张执行良好，其效益将是非常显著的。

广告信息最忌平庸乏味，只有新颖独到、能打动消费者的广告信息才是成功的广告信息表达。2000 年克里奥广告大奖中，百威啤酒的影视全场大奖"WHASSUP TRUE"系列作品采用了美国年轻人流行的黑色俚语"Whassup"（怎么着!）通过故事中年轻人相互之间打电话，变成依据党朋之间的"暗号"（Code）。导演手法似乎是漫不经心，选择的角度及演绎更是自然得恰到好处，充分反映出百威啤酒深入社会的各阶层，真实地投入到了消费者的生活里。"Whassup!"这句俚语，借助于这个广告更添异彩，成为美国年轻人最"时髦"的口语，开口闭口就是"Whassup!"克里奥评委认为，如此具有影响力的广告，好几年才有一则出现。这个广告实在可以跟十多年前温蒂汉堡包的"Where's the beef"（牛肉在哪里?）相媲美；"牛肉在哪里"这句广告语，其后还曾被里根总统引用作为竞选宣传，以抨击对手在内政及外交策略上缺乏内涵。广告的影响力可以大至如此，不能不说是经典。因此，"WHASSUP TRUE"就名至实归地夺得影视全场大奖。

当今饱受平庸广告折磨的消费者，迫切需要为之一振和引发共鸣的广告信息。这种独到而又能充分引发共鸣的广告信息，应该是广告人致力追寻和挖掘的。

4. 传播媒介

传播媒介是指可以用于传递广告主信息的所有载体，包括传统媒介，例如报纸、电视、广播、杂志、路牌；新兴媒介，例如电脑在线服务、互联网；以及整合传播活动所用的直接营销、公共关系、特别活动、销售推广和人员销售。

在当今这个过度传播的社会里，在可供选择的媒介异常丰富的环境中，如何构思和巧妙选择适当的传播渠道，使广告信息在适当的时机、适当的场合传递给适当的受众，乃是创意组合策略的又一关键因素。

也许根据你所掌握的资料，你的目标消费者倍感压力的时候是在工作之后，所以你可能会选择尖峰时段的广播广告来接触他们。另外，由于压力的来源与工作有关，因此针对公司保健、人事、总务部门经理的直销活动是个不错的想法。如果你有意将产品定位成近似科学性意味的产品，那么在报纸以及科学性杂志上刊登报道文章是有效的做法，甚至也许这些做法应该并用，而且应该使用一致的信息与品牌个性。如：海王集团的海王金樽是针对应酬较多、被迫喝酒的商旅人士和公务人员的食品，海王银杏叶片是针对中老年人的处方药。厂家和广告创作人员发现，被一般客户称为垃圾时段的深夜和白天，恰恰分别是海王金樽和银杏叶片的黄金时间，因为中老年人爱在白天看电视。

当今，人们一般是通过某种媒介与品牌产生关系的，因此，广告公司必须先搞清楚目标消费者在何时、何地、在什么条件下、以什么方式接触品牌最好、最有效，才能为创作人员确定方向。

目标消费者、广告产品、广告信息与传播媒介综合形成的策略，是引导优秀创意产生的明灯。

二、广告创意与广告表现的关系

1. 广告创意与广告表现的相互依存

广告创意来源于广告主题策略，是无数次的创意火花在严格的市场策略目标和广告定位筛选下诞生的独特的想象力结晶。而广告表现则是运用创意结晶绽放的绚丽焰火、酿造的醇香美酒。没有准确、独特而"直指人心"的创意概念，广告表现所拥有的各种艺术手段和媒体技术只能产生包装华丽却平淡无味的装饰品，使一切铺陈变得哗众取宠；失去优秀的再创造的配合，缺乏专业水准的创意执行能力，也会使原本精彩的广告创意在转化为具体媒体语言时变得支离破碎或面目全非。

在广告传播活动中，广告创意与广告表现两者是相互依赖、相依相存的，而且两个环节之间往往也没有非常严格的界线，因为不考虑媒体实现的创意是无法放飞的风筝，而不懂得尊重既定创意、任意发展的表现作业则完全成为失去准星的枪，击中目标的可能性会大大降低。

现代广告业的实际运作表明，许多环球品牌采取"国际品牌本土化"战略，其广告创意概念是出自一个口径的，传达的是相同的诉求，但到了具体市场，面对不同民族文化的社会环境时，广告表现的题材和侧重点都会发生本地化的衍变。尽管就单一的作品而言，同一品牌在不同地区实施的广告作品有相当大的区别，但整体观察就会发现它们的主题和诉求却是惊人地相似。也就是说，在这种战略中，创意概念是同一的，它依赖于不同的表现版本来实现；而广告表现虽然各地不同，却都体现了同样的主题诉求。从这一点看，广告创意与广告表现的依存关系就很明显了。

20世纪90年代后期以来，面对超负荷的信息环境和日益细分的目标市场，为了加强广告信息的传播力度以及不断适应多变的消费者，涵盖多种媒体、大规模运行的整体广告战役的实施正逐渐被单一的媒体策略和短期的广告攻势所取代，表现同一创意的系列作品越来越多。在这样的背景下，广告创意与广告表现的相互依存变得更加紧密，因为广告创意的存活周期和有效程度被压缩，广告的效果更加依赖创意与表现的高度吻合。

具体说来，广告创意与广告表现的依存关系主要体现在两个方面：

(1)广告创意概念能否成为独具魅力的精品，有待于通过广告表现阶段的再创造借以延展和验证，脱离了既定的预算和可行的技术条件，创意环节就很难在表现环节上得到完美的执行。广告创意可以由于不同的广告表现水准和表现重点而被塑造成多种面貌，如果一个富于原创、角度独特的创意不能通过广告表现阶段产生增值性，就基本上属于创意执行失败。广告表现阶段所承担的主要责任，就是为既定的创意概念创造出具有说服力和具有个性的具体形象。

出色的创意被不到位的表现方式所埋没的例子其实不在少数，有时广告的表现水平不低，但分寸的把握失调也同样会降低创意的价值。正如前面说到的，常见的现象是，为了最大限度地使一个好创意发挥作用，同一主题的系列作品越来越多。这种系列作品的副作用是，创作人员发掘表现力的努力会被减弱，每件作品容易出现力度不够的问题。下面这一则案例反映的是广告表现出色到位地展现广告创意。

伦敦维登·肯尼迪广告公司为英国本田公司的雅阁汽车新制作了两分钟广告——"齿轮"。与其说它是影视广告，还不如说它更像是表现艺术，它让广告业内的创意团队感到震惊。

经过5个月的艰苦奋斗和测试，终于创作出了这支英国广告史上最长的影视广告。该广告似乎是在讲述这样一个制作过程：汽车的各个零部件被用来建造出一个最精工细作和优良的R.歌尔伯格式本田雅阁车。R.歌尔伯格是一个多才多艺的漫画家和训练有素的工程师，其"创造"性在于将简单任务复杂化。整个过程从一个旋转着的小齿轮开始。随着它的旋转，渐渐和大一些的齿轮吻合，然后形成一个连锁反应，许多汽车零部件都动了起来，包括挡风玻璃的雨刷，一些转动着的汽车玻璃和翻滚着的消音器。多米诺骨牌效应发生在一个空荡荡的房间里。接着，一辆组装成功的雅阁车缓缓地从一个斜坡上开了下来，伴随着"只要事情发生，一切都是那么美好"的话外音，这辆车来了一个优雅的刹车。此时，一切都恢复了平静。广告语及时出现："梦之力量。"

"他们打破了依靠时尚和最新科技来做汽车广告的旧模式"。FCB 的执行创意总监说，"该广告极具可视性，为本田车品牌的建设另辟了一条蹊径"。

整个广告的制作几乎没有任何特效。广告的制作被分割成两个连续的部分来分别拍摄，因为没有任何一个工作室大到能够容纳所有的物件。唯一的后期制作就是灯光打在汽车门上的镜头。

（2）对于广告表现阶段的作业人员来说，能否得到有价值、有魅力的创意概念，是作业能否成功的大前提。一个出色的创意概念，会激发出广告表现阶段的再创造热情，使广告作品锦上添花；如果没有出色的创意作为资源，广告表现所做的工作是把平庸的诉求加以渲染。牵强的再创造可能会导致广告主题漂移，产生适得其反的作用。

2. 广告创意与广告表现的相互作用

广告创意与广告表现的相互作用，体现在广告创意与广告表现的互动关系及其相互影响上。广告创意对广告表现具有催动和引导作用，广告表现对广告创意具有很强的反作用影响，两者之间形成了作用与反作用的关系。

（1）广告创意对广告表现的制约。

广告创意留给广告表现的空间越大、表现角度越独特，广告表现就越能传神地物化广告创意。反过来讲，如果广告创意只是将某一明星装扮成品牌的代言人，广告表现的人物就可能只剩下如何把明星表现得最漂亮或者最滑稽了。

在创意的既定约束下，广告表现要为创意找到最佳的表现语言、营造最有魅力的氛围，还应该对丰富的艺术表现形式进行准确选择，使广告创意得到最单纯、最简洁的诉求途径。这种将创意加以提纯的思考过程，很可能包含着无数的尝试和失败，但如果成功，广告作品就会产生强大的亲和力和竞争力，成为一段时期内广为人知而又难以超越的佳作。

脍炙人口的以色列航空公司的广告，以"从 12 月 23 日起，大西洋将缩小20%"的惊人承诺作为创意概念，本身就具备良好的排他性和强烈的说服力。简洁有力的创意概念，催生了完美的同样也是简洁有力的广告表现成果——被撕去 1/5 面积的海洋照片。正是这一视觉冲击力强、意味深长的视觉表现，把广告创意变成了任何人都能理解、交口称赞的广告佳作：图与文高度吻合、广告形象与主题密切相关，至今被奉为广告创意与表现的经典作品。

出色的广告创意概念，往往能从司空见惯的广告表现手段中发现新的价值，赋予老题材、旧元素全新的寓意和全新的审美价值。这样一来，创意就促进了广告表现的提升，给广告表现开辟了新的视野。

（2）广告表现对广告创意的影响。

广告是否能形成劝服力——不仅满足受众的好奇心，还要促使大众产生行动，在很大程度上取决于广告的表现力。广告表现对广告创意的影响体现在以下三个方面。

首先，广告表现使用的手段直接影响广告创意的说服力。

其次，广告表现所选取的表现视角关系到创意的排他性。如果能够成功地找到诠释创意的独特视角和视觉元素，就可以使广告创意的排他性得以确立，使人感觉到创意的巧妙和难以模仿，产生"就是这一个"的独特价值。

再次，广告表现的作业水准能够为广告创意增值。

生活中所见到的广告，由于经费预算、广告诉求的限制，绝大部分都属于简单的告知性信息，富有特色以至于原创力的作品数量有限。但也有许多创意平凡的作品在广告表现阶段得到了良好的执行，例如把平淡无奇的饮料罐拍摄得非常新鲜、逼真，或者把画面上的模特塑造得楚楚动人，就会使看似平常的作品能吸引受众的目光并且产生理性的销售力。这表明高水准的广告表现技术尽管不能使平庸的创意生辉，但仍然能使广告的注意值增加并且形成记忆。

如前所述，出色的创意被不到位的表现方式所埋没的例子其实不在少数，有的时候，广告的表现水平不低但分寸的把握失调也同样会降低创意的价值。常见的现象是，为了最大限度地使一个好创意发挥作用，同一主题的系列作品越来越多。其实，这种现象在一定程度上也反映了寻找"就是这一个！"是非常困难的，系列作品的副作用是，创作人员发掘表现力的努力会被减弱，每件作品容易出现力度不够的问题。

20世纪90年代初，美国的广告代理商为日产汽车的豪华版——无限牌高级房车制作了没有汽车图像的系列汽车广告。在电视广告中，由雷电、草原、树林间掠动的光影以及独特的日本自然风光堆砌的画面，吸引了无数的顾客前来查询这一款没上市的新车。原因是广告的表现水准相当之高，所有的镜头都在营造一种非美国的、自然流畅的意境，给独特、大胆的创意增添了浓重的神秘色彩，起到了吸引大众注意，议论广告内容的作用。

遗憾的是，这一大胆而精致的创意表现形式，最终没有说服大多数顾客信赖"无限"。相反，丰田公司广告表现水平并不惊人的"LEXUS"（凌志）车，却以上口的品牌发音、美国化的亲切感和同样的豪华，在美国市场上一举侵占由梅塞德斯—奔驰占领的市场，打出了一片丰田车的天下。时至今日，"凌志"从美国市场成功走遍世界，而"无限"的风光程度就略逊一筹了。

这个例子说明，如果日产公司当初的广告表现重点不仅是强化创意所设定的自然流畅感受，而且从受众心理角度兼顾如何回答他们的疑问并给予更直观的承诺（强调相关性），可能会使创意的说服力得到加强，两大日本车厂在美国豪华车市场上的拼斗可能会有另一个版本的结局。当然，最终的市场结果是由多方面的因素决定的，但日产公司后来停止了这种广告诉求方式也从另一方面印证了这个问题。

思考与练习：

1. 结合具体案例谈谈你对广告创意含义的理解。

2. 三分法的关键是什么？

3. 以你所见的广告为例，谈谈你对广告创意角度在广告创作过程中的作用和地位的看法。

4. 以一则广告佳作为例，说明创意特征是如何表现和相互联系的。

5. 广告创意策略由哪几部分组成？它们的关系如何？请结合具体的广告作品谈谈你的看法。

6. 以具体事例论述广告表现与广告创意之间的关系。

第九章 广告创意的不同观念

☞ 本章提要

　　广告创意观是如何看待广告的核心观念，它直接指导广告创意的实践。依据观点的不同，广告创意观可分为三种：以伯恩巴克和李奥·贝纳为代表的艺术派，强调广告的趣味性和冲击力；以罗瑟·瑞夫斯和大卫·奥格威为代表的科学派，强调广告的科学原则和实效；并不直接支持以上两派观点的综合创意派，包括定位理论、CI 理论和品牌认同理论。

☞ 章节案例

云端的创意

　　长期以来，蓝天、白云、漂亮的空姐以及现代化的机舱，已成为所有航空企业广告的基本组成元素。虽然这其中也不乏佳作，但是大多数的广告活动及其作品都没有给人留下多么深刻的印象。但法国航空公司的广告也许是个例外。

　　1999 年，法国航空公司投入9 000万法郎开始了主题为"让天空成为地球上最好的地方"的全球广告活动。欧洲的 RSCG BETC 公司(灵智公司)为法航创作了一大批富有法兰西式浪漫、优雅气质的广告作品，其创意及表现至今仍为人们津津乐道(见图 9-1)。

图 9-1　"让天空成为地球上最好的地方"系列平面广告(部分)

　　自此开始，在法航的每一则广告中，小小的飞机都以出其不意的方式，和人物、风景共同构成了一个个唯美的场景，也形成了迥异于竞争对手的广告风格。在此后的多年中，法航的广告虽有变化，但基本延续了这一模式。

　　2007年，法航的平面广告改以法航的标志代替飞机的图形，但广告的构图依然极为考究，使品牌标志在每一则广告中的出现都别具意味(见图9-2)。

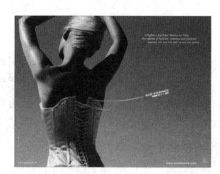

图9-2　法航2007年的平面广告(部分)

　　在法航的另一批广告作品中，广告构图有了更大的突破。广告创造性地将飞行放置于更为广阔而优美的大自然当中，画面既灵动又大气，仅以座位号作为唯一的提示，充分体现了消费者乘坐的舒适感、愉悦感(见图9-3)。

图9-3　法航的平面广告(部分)

　　从2000年开始，已进入中国市场34年之久的法航进一步增加了针对中国消费者的营销传播力度。当年，法航增加了北京至巴黎、上海至巴黎的航线；率先招聘中国籍空姐、预备符合中国消费者饮食习惯的中餐，以吸引更多中国乘客选择法航；并推出针对中国籍留学生的特价机票服务。

2006 年，以"晴空万里，创写意天地"为主题的广告活动在中国市场展开。除全球投放的广告作品外，法航还为中国市场创作了部分广告作品，一方面继续沿用浪漫写意的风格，另一方面还适当融入了一些中国元素(见图 9-4)。

图 9-4　2006 年法航在中国市场投放的平面广告(部分)

2011 年，RSCG BETC 公司为法航制作了新的广告片《飞翔》，诗意地再现了飞行体验(见图 9-5)。广告片主要在中国、日本、俄罗斯、巴西、美国、西班牙、意大利和瑞士投放。在中国市场，该广告片选择在北京、上海和广州的电视媒体播出，而两则平面广告也在同期刊出。未来，法航还将继续在广告中引领受众遨游云端……

图 9-5　2011 年法航电视广告

第一节　"艺术派"广告创意观

广告创意观，即是对广告创意的基本理念，是如何看待广告的核心观念，是进行广告创意的指导思想。自 20 世纪以来，现代广告迅猛发展，从广告实践中产生，又影响和指导广告活动的创意理论也不断发展，并形成众多各具特色的创意流派。参照卢泰宏教授的观点，从大体上说，可归纳为"艺术派"、"科学派"和主张广告是科学与艺术相结合的"混血儿派"。它们之间既有显著差异，又有共同点，并且是随着时代的变革和营销、传播的发展又有所演变和超越。

艺术派强调广告的艺术性和情感作用，伯恩巴克是这一派公认的代表人物，其观念集中体现于"创意指南"。李奥·贝纳是芝加哥学派的领袖，他的"戏剧性"观念具有重大影响。

一、伯恩巴克与创意指南

伯恩巴克是国际广告界公认的广告大师。美国广告史家 S. 福克斯这样评价伯恩巴克："在一定程度上可以说，他是自己时代最有创造力的广告人。他对 20 世纪 60 年代创意革命的贡献可以说比别的任何人都要多。"20 世纪 90 年代末期，伯恩巴克成为美国《广告时代》所推选的广告业最具有影响力的第一位人物。他创建的 DDB 广告公司现在是全球著名的跨国公司。

伯恩巴克的创意理论，是针对 20 世纪 60 年代广告过分追求科学调查、遵循过多的广告规则而导致广告千篇一律的弊端而提出的。他的基本理念为：广告的本质是艺术。他说："广告业中有许多高明的技术师。他们高谈阔论，说自己很懂得各式各样的广告规则，可是，他们忘记广告是说服。说服常常不是科学而是艺术，广告是说服的艺术。"他认为："逻辑与过分的分析使创意失去灵活性和毫无作用。这和恋爱一样，你越去探究它，它越会在你面前消失。"他的格言是："怎样说"比"说什么"更重要。他对此解释："你没有吸引力使人来看你的这页广告。因此，不管你在广告中说了些什么，都是在浪费金钱。"

伯恩巴克被视为"艺术派"的代表人物和旗手。"艺术派"创意观对直觉思维和创作力倍加推崇，强调广告对目标受众心灵的沟通与冲击，让受众产生共鸣和认同。伯恩巴克的创意观集中体现在 ROI 理论中，这是他创建的 DDB 广告公司的创意指南。他认为：一个好的广告必须有三大特性，即相关性(relevance)、原创力(originality)与冲击力(impact)。

1. 相关性

相关性是指广告必须与商品、消费者、竞争者相关。伯恩巴克说，"如果我要给谁忠告的话，那就是在他开始工作之前要彻底地了解他要做广告的商品"，"广告并不能为一个商品创造出优势，它只能传达它。"又说："你一定要把了解关联到消费者的需要上面，并不是说有想象力的作品就是聪明的创作了。"

找出商品最能满足消费者需要的利益点，这是相关性的要旨。这种利益点可以分为理性利益点和感性利益点。一般说来，理性利益点与商品的特性相关，比较容易找出，感性利益点就得下工夫在商品与情感之间寻找其微妙的关联点。

例如台湾"统一"的一则电视广告：

电话亭边，一个少女手中攥着一张揉皱的纸片。她犹豫片刻，终于鼓足勇气按照纸片上的号码拨通了电话。电话里传出一个男生的声音："喂，你找谁?"女孩并不答话。从紧张、专注的神情，我们能感觉到她的心跳和渴望。直到电话出现忙音，她还紧紧握着听筒。当转身离开时，她脸上的笑容已表露了那种由衷的心理满足。暗恋，酸酸甜甜的情感；酸奶，酸酸甜甜的食品。两者巧妙地结合，在"统一"酸奶品牌与消费者之间连接起一条红线。

在相关性上，台湾资深广告人何清辉1992年为"台北市家庭计划中心"进行创意的过程及"奶嘴与保险套"的广告作品，也能给我们很多启示。

"台北市家庭计划中心"在创意观念上一直保守传统，过去所做过的报纸、招贴广告都不甚理想，传达的概念复杂而画面平淡，不能让人看了有所感觉、有所震撼。这次的广告任务是希望借由少量的广告费就能把"家庭计划生育"的重要性传达给所有家庭。

何清辉首先明确了广告的创意目标和任务是为了让所有夫妇尤其是新婚夫妇了解"计划"的重要性，不至于在无准备的时候生下孩子又没有能力、没有充裕的时间和精力来抚养。剩下的就是如何创意执行了。他一方面试着从"婴儿"的身上去联想、思考、追踪，出现了纸尿裤、婴儿食品、奶粉、玩具、摇床、生病、打针、哭闹等一连串与初生婴儿有关的事物和现象。另一方面他在翻阅国外参考书籍时，突然发现有一张保险套的广告，把保险套拉上来成气球的头状，刹那间觉得很像婴儿的奶嘴。为了怕想象与实际有差距，他就实际演练，买来保险套与奶嘴，先用傻瓜相机试拍，效果果然不错，猛然一看非常相像。其中存在的趣味性就此被发现。接下来，是要让文案与趣味性的画面相辅相成。在绕了一大圈后，终于觉得最简单、最原始的文字说明，就是最直接的"多一份小心，少一份担心"。画面上两者似同而不同，文案也是似同而不同，发挥出了异曲同工之妙，让受众看了在最短时间就能理解而达到传播的目的。

该作品一连获得"时报广告金像奖"、"戛纳广告金狮奖"、"纽约克里奥(Clio)广告金像奖"，正是对于相关性的思考使其成为令人拍案叫绝的佳作。

伯恩巴克为大众汽车创作出《柠檬》、《想想小的好处》、《送葬车队》等系列经典广告，首先就是在相关性上下了很大工夫。他深入到该汽车厂去，从铸造引擎到汽车驶离装配线的每道工序都作了详细的考察，找出了"这是一辆诚实的车子"的销售说辞。大众汽车的"诚实"特点早就存在并且在广告中说过，但它进入美国市场 10 年后才打开销售市场，靠的就是伯恩巴克的原创力。

2. 原创力

原创力是在广告创意上突破常规，与众不同，想人之所未想，发人之所未发。《柠檬》就是一则充分发挥原创力的经典案例。

在这则广告中，伯恩巴克不说"这是一辆诚实的车子"，而是突破常规地说这是一部"不合格的车"。广告画面是一辆车和一个标题"柠檬"（LEMON，美国俚语有不合格、次品、冒牌货之意），布局简洁，却有惊人的冲击力。通常的广告都是"自卖自夸"，突然出现个"自说坏话"的广告，读者哪能不好奇。当人们不由自主地看过文案之后，"诚实"的说辞就钻进了他们的心中。原来，这辆车之所以不合格，是因为严格把关的质检员发现了车门某处有肉眼不易发现的微伤。有如此微伤的车被厂家判为不合格，其"诚实"不言自喻，而这则广告则让消费者刻骨铭心。

原创力为广告注入了生命，原创力是广告的灵魂。富于原创力的广告，才能够直达目标受众心灵，为消费者提供惊喜。

3. 冲击力

冲击力是与相关性、原创力密切关联、相互贯通的。冲击力即是广告产生的冲击、震撼消费者心灵的魅力。伯恩巴克说："法则是由艺术家打破的；令人难忘的作品永远不可能脱胎于一种模式。"具有冲击力的广告佳作，必然是出人意料、原创力强、与目标受众利益相关、容易激发共鸣的作品。伯恩巴克创制的著名电视广告《送葬车队》即为此类经典之作：

广告画面：豪华的送葬车队

解说：迎面驶来的是一个豪华型车送葬车队，每辆车的乘客都是以下遗嘱的受益人。

"遗嘱"者的旁白：我，麦克斯韦尔·E. 斯内弗列，趁健在清醒时发布以下遗嘱：给我那花钱如流水的妻子留下 100 美元和一本日历；我的儿子罗德内和维克多把我的每一枚 5 分币都花在时髦车和放荡女人身上，我给他们留下 50 美元的 5 分币；我的生意合伙人朱尔斯的座右铭是："花！花！花！"我什么也"不给！不给！不给！"我的其他朋友和亲属从未理解 1 美元的价值，我留给他们 1 美元；最后是我的侄子哈罗德，他常说"省一分钱等于挣一分钱"，还说"麦克斯叔叔，买一辆大众车肯定很值"。我呀，把我所有的 1 000 亿美元财产留给他。

惊人之语，夸张之辞，幽默、荒诞的情调，均聚集于大众车"诚实"的销售说辞，该广告的冲击力和促销力都是异常巨大的。神经学家说："当刺激信号没有变化时，脑细胞停止反射活动。只有当刺激信号变化时才能引起反射。这种变化越是出人意料，反射也就越强烈。"平庸乏味的广告只会让受众视而不见，听而不闻；广告富含创新出奇的"信号"，所以才能产生震撼消费者心灵的冲击力。

伯恩巴克的创意指南是三位一体、内在相连、共同发挥作用的：广告与商品有关联性才有意义，广告有原创性才有生命力，广告有冲击力才能给消费者留下印象。最后，让我们通过 IBM 公司奔腾Ⅲ、奔腾4的电视广告创意来进一步全面地理解 ROI 创意理论。

相前性(关联性)：

奔腾Ⅲ、奔腾4处理器的广告形象代言人是美国一支著名乐队——蓝人组合。蓝人组合与产品有多重相关度：首先，蓝人组合的"蓝"与英特尔公司企业识别系统的标准色一致，无形中进一步强化受众对其品牌形象的认同。广告中，乐队装扮成如同动画片里的蓝精灵，全身每一寸肌肤均为蓝色，随着三人动感的表现，受众很容易联想到英特尔律动的 VI 识别标志。其次，蓝人组合的"蓝"符合奔腾系列高科技产品形象。因为现在诸多高科技产品均钟情于蓝、银灰、银黄等冷色调作为企业标准色，蓝色已逐渐演变成为一种高科技色。人们每接触到蓝色，自然而然就联想到高科技产品。奔腾Ⅲ、奔腾4选择"蓝人组合"为其形象代言人，满足了受众的色彩认知心理，使之产生丰富的联想与认同。再次，蓝人组合的音乐风格与CPU 的产品身份巧妙契合。蓝人组合的东风运感十足，具有很强的感染力与震撼性。而奔腾Ⅲ、奔腾4处理器作为电脑的心脏，必须提供强大动力，支持电脑正常运转。选择蓝人组合这样一个有"力"度的乐队实在是非常贴切的。

原创力：

原创力要领在于突破常规，出人意表。奔腾Ⅲ、奔腾4是怎么做的呢？第一，广告形象代言人造型独特，敢于突破。奔腾Ⅲ、奔腾4的广告一反传统高科技产品以白领人士作为广告形象代言人的常规，选择三个外形怪诞、滑稽的"蓝"人作为广告模特，带给受众全新的视觉与心灵冲击。第二，情节设置独具匠心，细节处理细致入微。在奔腾Ⅲ的一则广告中，安排了一个刷墙的场景：第一个人用一把长刷子，从上而下刷出一条绿带；第二个人用投石器在墙上溅出一条绿带；第三个人则采二人之长，将一桶油漆浇在自己头上，用投石器把自己投到墙上，随着身体的下滑画出了一条绿带；如此，墙上就出现了三条绿带，再加上下面三人，就搭配成奔腾Ⅲ——三个惊叹号(!!!)的标志。在这样一则广告中，最出乎意料的是第三个人的表演。从正常的思维角度而言，他的做法无疑是荒诞的，可正因为这一做法的与众不同，甚至荒诞不经，才使广告获得了幽默的元素，产生无穷的魅力与巨大的吸引力，由此焕发出强大的生命力。此后的每一则广告中，都有类似的点睛之笔，充分体现了广告创意人员情节设计的精巧。此外，广告中的细节处理也处心积虑，蕴含深意。在奔腾4的一则广告中，三人拿着铁管奏乐，音乐单调刺耳，加了一根管子后，美妙音乐立至。此时屏幕上三根管子拼凑成一个醒目的"4"字，充分体现奔腾4在多媒体方面的强化。片中有这样一个小细节，其中一人拿起一根新的管子来研究，此时摄像机是从管子内部进行拍摄，画面给人一种深邃的视觉效果。这绝不是一个随意的细节，而是创作者蓄意的安排，通过这种拍摄手法，突出强调奔腾4处理器品质内在的优越性。第三，突破高科技产品常采用的理性诉求模式，转而诉诸感性诉求方式，力求增强产品的亲和力。广告通过蓝人组合的精彩表演，营造出一种轻松的氛围，拉近了与受众之间的距离，软化了高科技的"严肃感"，表现芯片给人们的生活带来更多的乐趣。

冲击力(震撼力)：

首先，色彩元素组合大胆创新，广告具有极强的冲击力。广告画面虽以蓝色为主色调，但整个画面注意充分调动各种色彩元素，如白色、绿色、黄色等，通过色彩组合的大胆创新，造成强烈的视觉冲击力。其中全身蓝皮肤的人就是一个极具冲击力的元素，能在一瞬间抓住受众的目光。在当今注意力稀缺的情况下，能够吸引受众的目光就意味着广告已经成功了一半。其次，制造悬念，出奇制胜。奔腾Ⅲ、奔腾4的系列广告，每一则都对我们叙述了一个短小精悍的故事，片中的人物没有一句台词，所有叙述都由他们默契的肢体语言来完成。同时，每则广告都在刻意制造悬念，通过悬念牢牢抓住受众的心。如奔腾Ⅲ的一则广告，三人在一架硕大无比的钢琴上演奏。第一个人用手，第二个人用锤子，到了第三个人出现了第一个悬念，我们不禁猜测：他会用什么方法？想不到他竟高高跳起，踩到琴键上，不想人仰马翻。其余二人视若无睹，继续合作演奏，轮到第三人演奏时，第二个悬念出现：他还会继续演奏吗？突然，他从钢琴内部伸出手来，把琴键重重地拉了下去，至此悬念圆满解决。短短几十秒的时间，连续出现两个悬念，广告创作人员的构想精巧令人叹服。再次，广告风格幽默诙谐，产品形象深入人心。奔腾系列的每一则广告都营造出一种轻松幽默的氛围，通过三人生动的演绎，恰到好处地传达了产品的优越性，让受众在会心一笑中，对产品形象留下极为深刻的印象。在奔腾4的一则广告中，两个蓝人手持吸尘器，费力地吸着墙上的灯泡，由于距离太远，位于正中的一盏灯怎么也吸不下来，这时第三个人拿出高尔夫球杆，瞄准目标，一击即中，一个辉煌的"4"立时出现在墙上。广告语："数字时代，动力核芯"。片中三个人的表演都很到位，每个人的表演都呆板木讷，令人忍俊不禁，尤其是第三个人出其不意的一击，更是让人捧腹。用如此幽默诙谐的手法来诠释奔腾Ⅲ、奔腾4这种精密严肃的高科技产品，不仅消除了产品与受众的距离感，而且产生了巨大的拉动力，取得不同凡响的效果。

奔腾Ⅲ、奔腾4广告的成功之处在于广告创意的卓越不凡，与众不同，创意者充分领会了ROI的精髓：深入到人性的深处去，侧耳倾听消费者的心声，同时关联性、原创力、冲击力三者环环相扣，一气呵成。

二、李奥·贝纳与"戏剧性"理论

李奥·贝纳被誉为美国20世纪60年代广告创意革命的旗手和代表人物之一，

芝加哥广告学派的创始人及领袖，著有《写广告的艺术》。他所代表的芝加哥学派在广告创意上的特征是强调"与生俱来的戏剧性"(inherent drama)，他说："我们的基本观念之一，是每一商品中的所谓'与生俱来的戏剧性'，我们最重要的任务是把它发掘出来加以利用。""每件商品，都有戏剧化的一面。当务之急就是要替商品发掘出其特点，然后令商品戏剧化地成为广告里的英雄。"

1. 经典广告与"戏剧性"理论

李奥·贝纳在长达半个多世纪的广告生涯中，创作出一个又一个传世的广告杰作。赏析其经典广告"万宝路"香烟广告、"肉"广告和"绿巨人"罐装豌豆广告，对理解"戏剧性"理论不无助益。

(1)万宝路牛仔。

万宝路香烟于1854年以一小店起家，1908年正式以品牌 Marlboro 形式在美国注册登记。在万宝路创业的早期，产品定位是面向女士，其广告口号是：像5月天气一样温和，但销售并不佳。第二次世界大战后，万宝路推出三个系列：简装的一种，红色与白色过滤嘴的一种，以及广告语是"与你的嘴唇与指尖相配"的那种，但销售仍然欠佳，吸烟者中很少有抽万宝路的。1954年，莫里斯公司打破传统，改请李奥·贝纳为新的广告代理商，万宝路才踏上辉煌之路。

李奥·贝纳经过周密的调查和深思熟虑之后，大胆地对其施行"变性手术"，把原来定位为"女士香烟"的万宝路重新定位为"男子汉香烟"，并在新的广告中把男性描绘成"粗犷"的形象。按李奥·贝纳的创意，这种理想中的男子汉即后来在万宝路广告中充当主角的美国西部牛仔形象：一个浑身散发着粗犷、豪迈、英雄气概的男子汉，袖管高高卷起，露出多毛的手臂，跨着一匹雄壮的高头大马驰骋在辽阔的大草原。通过各种沟通方式，万宝路树立了自己的形象：自由、野性与冒险，极有戏剧性的牛仔将万宝路香烟与万宝路个性紧密交融并植根于人们心田。

自从李奥·贝纳创造了"万宝路男人"形象以来，这一辉煌的广告创意一直未变，只是在其旗下各种香烟的广告表现中，对牛仔的姿势与神情、环境与背景、道具与镜头作适当选择，使广告的调性(tone)与产品的调性吻合起来。例如，红色万宝路中的天地总是最鲜明且对比强烈、动势十足：诡谲压迫的天色对比漆黑挺立的身影，赤焰奇立的峭壁对照平荡荒凉的沙漠；而在淡味万宝路中，这些变成了淡淡的蓝天彩虹、舒缓的山坡、柔和的金色阳光，映衬出与这种香烟相呼应的平和悠适心境。万宝路牛仔是极有戏剧性的独特的香烟品牌形象，他象征着男人渴望追求的一种生活方式，能激起男人情感、意识乃至潜意识的认同，因而成为世界广告史上的经典杰作。

(2)《肉》广告与"绿巨人"罐装豌豆广告。

李奥·贝纳把这则标题为《肉》的广告看成他的广告公司划时代的重大事件之一。这是一幅全版广告：红色的背景上，两块鲜嫩的猪排占据了画面的主要部分。

画面上方是主标题——肉，副标题是"使你吸收所需的蛋白质成为一种乐趣"。正文为："你能不能听到它们在锅里嗞嗞嗞地响？……是那么好吃，那么丰富的 B_1，那么合适的蛋白质。这类蛋白质对正在长大的孩子会帮助其发育，对成年人能再造你的健康，像一切肉的蛋白质一样，它们都合乎每一种蛋白质所需的标准。"

这就是具有划时代意义的杰作，因为它充分体现了李奥·贝纳的创意观——寻求"与生俱来的戏剧性"。

当接到美国肉类研究所的委托时，李奥·贝纳想：肉的映像应该是强而有力的，最好是用红色来表现。但许多人却持反对态度。为此，他进行深度调查，证明了红色的肉并不会使妇女们感到不愉快。他说："我想知道，如果你把一块红色的肉放在红色的背景上是个什么情况，它会消失了呢？还是会有戏剧性？"

结果是红色制造了欲望。红色背景把鲜肉衬托得更加鲜嫩，它增加了红色的概念、活力以及他们想要着力显示的有关肉的一切其他东西。广告主也为之喝彩，并把这则广告刊登了很长一段时间，收到了很好的广告效果。李奥·贝纳说：这就是"与生俱来的戏剧性"。

他为"绿巨人"公司所做的罐装豌豆广告，也是体现其创意的佳作。他抛弃了"新鲜罐装"的陈词滥调，抛弃了"在蔬菜王国中的大颗绿宝石"一类的虚夸之词，抛弃了"豌豆在大地，善意充满人间"一类的炫耀卖弄，而以充满浪漫气氛的标题——《月光下的收成》和简洁而自然的文案："无论日间或夜晚，绿巨人豌豆都在转瞬间选妥，风味绝佳……从产地至罐装不超过三小时。"以如此自然简洁的方式表达商品的戏剧性，向消费者传递可信和温馨的信息，这同样具有划时代的意义。

2. "戏剧性"理论及其作用

反复强调任何商品都有戏剧性的一面，这是李奥·贝纳创意观的核心。他认为，广告人"最重要的任务是把它（戏剧性）发掘出来加以利用"，"找出关于商品能够使人们发生兴趣的魔力"。李奥·贝纳之所以特别看重"肉"广告，用他自己的话来说："这就是最纯粹的'与生俱来的戏剧性'，这也就是我们努力去寻求的而会使你太乖僻、太聪明、太幽默，或者使任何事情太怎样的东西——事情就是这样自然。"

（1）如何才能发掘出商品的戏剧性？

当有人问李奥·贝纳是否有遵守的典范或特殊方法时，他说："如果说我真有一个的话，就是把我自己浸透在商品的知识中。我深信，我应该去面对实际和我要卖给他商品的人作极有深度的访问。我设法在我的心中把他们是哪一类的人构成一幅图画——他们怎样使用这种商品，以及这种商品是什么——他们虽然不常常告诉你这么多的话，但要查出实际上启发他们购买某种东西和对哪一类事情发生兴趣的动机与底蕴。"

可见，要发现商品"与生俱来的戏剧性"，关键是需要深切了解该商品，需要深刻把握消费者的消费动机与底蕴。所谓商品的戏剧性，即是商品恰好能满足人们某些欲望的特性，"能够使人们发生兴趣的魔力"。万宝路牛仔的魔力，就来自于他在情感和心理上满足了人们成为真正男子汉的欲望。

（2）怎样表现商品的"戏剧性"？

以李奥·贝纳为代表的芝加哥广告学派的信条为：我们力求更为坦诚而不武断；我们力求热情而不感情用事。李奥·贝纳认为，真诚、自然、温情是表现"戏剧性"的主要途径，"受信任"、"使人感到温暖"是消费者接受广告的重要因素。戏剧性应该自然而然地表现出来，而不必依靠投机取巧、刻意雕琢、牵强的联想等手段来表现。他说："我不认为你一定要做得像他们所谓'不合常规'才有趣味。一个真正有趣味的广告是因为它本身的非常珍罕才'不合常规'，不落俗套。"

李奥·贝纳创造的《万宝路》、《肉》、《月光下的收成》等传世之作，让人领会到怎样表现商品"与生俱来的戏剧性"，我国的广告精品在这方面同样给人启示。例如1999年全国报纸优秀广告奖中的佳作《拍卖篇》：

淡绿色背景，五个巨型玻璃瓶排列在画面中心，瓶内分别装有楼房、空气、林海、土地、夜晚，瓶口的标签上分别写明房价、"附送纯净空气"、"附送郁郁林海"、"附送质朴土地"和"附送静谧夜晚"，上方的广告语也别具一格："光大花园今天拍卖健康"。

《拍卖篇》是光大花园公开发售的广告，是对前期系列广告的一个总结：通过附送的概念，将该商品的优势展现得淋漓尽致；用装在瓶内的景物巧妙表现相应概念，让人感到新鲜有趣又亲切自然。该广告的"戏剧性"表现得简单明了，直指人心，故获得了房地产类金奖。

"艺术派"广告创意强调情感在广告中的特殊重要性，强调广告的趣味性和冲击力，重视消费者的感觉与心灵。被后人视为唯情派高手的伯恩巴克，在他的"创意指南"和创造的名篇中体现出以上原则；奉行"戏剧性"理论的李奥·贝纳和他的那些源自内心情感的佳作，同样表现了以上创意观。

第二节 "科学派"广告创意观

科学派强调广告需要原则和"实效"，罗瑟·瑞夫斯是科学派旗手，其观念主要表现在USP理论上。大卫·奥格威将自己的基本法则称为"神灯"，鲜明体现出科学实证精神；他提出的"品牌形象论"是广告创意理论中非常重要的流派。

一、瑞夫斯与USP理论

瑞夫斯是世界十大广告公司之一的达彼斯广告公司的老板，美国杰出撰文家称号的第一位得主、科学派的代表人物，其著作《实效的广告——USP》影响巨大。他针对当时广告界过分迷信"原创性"和排斥法则的弊病，尖锐地批评广告缺乏理论基础，倡导"广告迈向专业化"，强调科学原则和"实效"。他创造的 USP 理论是建立在长期深入的科学调查基础之上，对广告实践具有重大指导意义。

1. USP（Unique Selling Proposition）：独特的销售主张

瑞夫斯认为，USP 是有关理想销售概念的一个理论，它能让广告活动发挥实效，是使广告获得成功的秘诀。它的定义分为三部分：

（1）每个广告针对消费者都必须有一个主张。它不只是一些文字，也不是针对商品的夸大广告，更不是一般展示橱窗式的广告；每个广告都必须对受众说明："买这商品，你将得到特殊的利益。"

（2）该主张必须是竞争者所不能或不会提出的。它一定要独特——既可以是品牌的独特性，也可以是在这一特定的广告领域一般不会有的一种主张。

（3）这项主张必须具有很强的说服力，足以影响成千上百万的社会大众，也就是能够将新的顾客拉来买你的商品。

针对某些嘲笑 USP 的人，瑞夫斯说："我们是从千万个广告和积累起来的大量数据中筛选出一种模式。我们是在说明最成功的广告攻势有哪些特点。……这些广告攻势恰好对产品作了说明，这一说明恰好非常独特，也恰好符合读者的兴趣。"

瑞夫斯依据他的 USP 理论，创造了广告史上的实效奇迹。他的一篇文案——"喧闹的安乃近"，可以使广告主毫不犹豫地投资 8 400 万美元去传播，并获得巨大而长期的经济效益。他创作的 M&M 巧克力糖果广告，几十年后打入中国市场，而其广告诉求和标题仍可保持不变。他的达彼思广告公司 25 年只丢失了一个客户，而他的客户都是一些世界上最大、最精明的公司，之所以能长期维系客户，就是因为他能创造广告实效。他的 USP 是广告学的奠基石，影响深远，迄今仍被全球广告人视为创意理论中的瑰宝。

令人难忘的还有霍普金斯给"喜立滋"（Schlitz）啤酒做的广告——"喜立滋啤酒瓶是经过蒸汽消毒的"。虽然每一家啤酒厂都是这么做，但这则广告说出了大家未说的，喜立滋啤酒就与其他产品区别开来，并迅速跃升为第一品牌。这则广告也成为运用 USP 理论取得成功的经典案例。

2. USP 理论的强大生命力

瑞夫斯的 USP 理论不仅使美国 20 世纪 50 年代成为广告史上的"USP 至上时代"，而且直到当代还产生着巨大的作用。外资品牌进入中国市场时，大多数广告都运用 USP 理论，宝洁公司的洗发水广告堪称代表之作。海飞丝、飘柔、潘婷分别以各自的 USP 构筑了人们洗发基本需要的框架：去头屑、飘逸柔顺以及头发健康。这三大品牌在我国洗发水市场雄踞销售量前列，主要是以 USP 取胜。

在现阶段，USP 与形象巧妙结合，是竞争的重型武器。例如，重庆的奥妮是本土的佼佼者，它的 USP 是"植物洗发，益处多多"；系列产品奥妮首乌说"黑头发，中国货"，奥妮100年润发说"青丝秀发，缘系百年"。1997年3月，广东太阳神集团推出"防脱止脱"植物洗发水，由于其 USP 新颖独特且利益点鲜明，产品上市第一年的销售额即达到7 000万元人民币。

产品同质化的趋势越强，USP 以某种情感为独特销售主张的广告就越多，如"孔府家酒，叫人想家"等。通过"力士"男性化妆品品牌的新案例①，我们更能具体把握 USP。

以"力士效应"为销售主张的广告宣传战于1996和1997两年席卷欧洲，几乎家喻户晓。伦敦 BBH 广告公司的英国策划总监吉姆·卡洛尔说："挑战在于，怎样才能让这样一个稍纵即逝的成功进一步推进？一个品牌往往是在其成功的高峰期就播下了失败的种子。"

为继续提升其男性化妆品品牌的市场占有率，力士(或称 Axe)确立了自身的广告特色：诱惑。

通过一系列滑稽的电视广告，Lynx/Axe 把自己定位为具有出神入化魔力的品牌：能把怯懦的"小男人"变成女人眼中充满自信的英雄。例如，在1996年的一则电视广告中，观众看到，一个笨拙、口齿不清的家伙喷了一下力士香水就变成了魅力四射的大众情人。在下一年的广告中，一位垂头丧气的失败者在使用了力士之后立即成为女士心中的白马王子——这看起来就像是一场梦，但现实却在隔壁的房间里展现：他真正的情人、电视剧《朋友》中的大明星珍妮佛·安妮斯顿，正在为他熨烫衬衫。

BBH 公司接下来把广告主题发展到其他的媒体上，并注意适当地改变媒体策略。1998年的一则广告"女子部落"，讲述了一个平凡无奇的男子在喷洒了力士香水之后赤手屠龙，并博得女人的欢心。但到了1999年，这则引起轰动效应的广告却被一系列10秒钟的电视广告短片代替，它们分别展现一个特定镜头，"力士效应"的广告主题逐渐为大众所熟悉。力士还进入户外广告牌领域，并在男性杂志上刊出。

2000年的力士开展了欧洲广告战。一则模仿德国传说《花衣吹笛手》、名为《报复》的广告讲述了这样一个故事：主人公应市长的请求驱尽了全城的老鼠，但市长却背信弃义不付酬金。主人公采取的报复手段是：在身上喷洒力士香水，结果引走了全城的女性。

从力士男性化妆品品牌的系列广告中，我们不难把握 USP 的要点。

第一，力士的"诱惑"效应是同类品牌没有提出的，是表现本品牌特色的销售主张。

第二，独特的销售主张必须使目标受众感兴趣，并且能使他们产生共鸣。力士

---

① 资料摘自潘兴编译：《1999，欧洲艾菲广告奖》，载《国际广告》2000年第5期。

的系列广告也是如此。英国米尔沃德·布朗公司的调查显示，50%的受试者表示：
"如果被别人知道我使用力士这个品牌，我会感到高兴。"

第三，品牌的 USP 确定后，其执行应持续一段时间。而在广告表现上则应以
USP 为前提，以精彩的创意始终抓住消费者的心，巩固和拓展品牌的市场占有率。
力士品牌在欧洲的销量持续以每年 6% 的速度递增，而该行业的平均增长速度只有
它的一半。

3. 20 世纪 90 年代达彼斯公司的 USP

20 世纪 90 年代的广告发展到品牌至上时代，达彼斯全球集团认识到 USP 不仅
是公司为客户服务的一种指导观念和工作方式，更是公司独有的品牌资产。他们重
新审视 USP，在继承和保留其精华思想的同时，围绕 USP 之精髓，发展出了一套
完整的操作模型(The Bates Matrix)，使如今的 USP 变得更加严谨并富有逻辑、更
加系统并富有生命力。

20 世纪 90 年代，达彼斯将 USP 定义为：USP 的创造力在于揭示一个品牌的精
髓，并强有力地、有说服力地证实它的独特性，使之变得所向披靡，势不可当。达
彼斯把 USP 作为自己全球集团的定位：达彼斯的创意就是 USP 的创意！达彼斯重
申 USP 的三个要点：

(1)USP 是一种独特性。它蕴涵在一个品牌的自身深处，或者是尚未被提出的
独特的承诺。它必须是其他品牌未能提供给消费者的最终利益。它必须能够建立一
个品牌在消费者头脑中的位置，从而使消费者坚信该品牌所提供的最终利益是该品
牌独有的、独特的和最佳的。

(2)USP 必须有销售力。它必须是对消费者的需求有实际的和重要的意义。它
必须能够与消费者的需求直接相关，导致消费者做出行动。它必须具有说服力和感
染力，从而能为该品牌引入新的消费群或从竞争品牌中把消费者争取过来。

(3)每个 USP 必须对目标消费者作出一个清楚的令人信服的品牌利益承诺，而
且这个品牌承诺是独特的。

由上可见，现在达彼斯把 USP 视为传播品牌独特承诺最有效的方法，USP 意
味着与一个品牌的精髓所独特相关的销售主张，当然，这一主张将被深深地印刻在
消费者头脑之中；USP 广告不仅只是传播产品信息，更重要的是要激发消费者的
购买行为。USP 理论思考的基点不是瑞夫斯时代所强调的针对产品的事实，而是
上升到品牌的高度，强调 USP 的创意来源于品牌精髓的挖掘。

二、奥格威的"神灯"与"品牌形象论"

奥格威被称为"广告怪杰"，在全球广告界负有盛名。他创办的奥美广告公司
已成为全球著名的跨国广告公司，他 1963 年出版的《一个广告人的自白》对世界广
告界颇有影响，他还发表了《奥格威谈广告》。他被列为 20 世纪 60 年代美国广告

"创意革命"的三大旗手之一,是"最伟大的广告撰稿人"。奥格威强调广告人应遵循基本法则或原则,并将他自己的基本法则称为"神灯",喻之能满足一切欲求之物。他说:"我对什么事物能构成好的文案的构想,几乎全部从调查研究得来而非个人的主见。"

1. "神灯"闪射的科学精神

每当奥美广告公司有新人加盟,上班的第一天,就会被召集到会议室去领略奥格威的"神灯"。

"神灯"的魔力,源自5个主要方面调查汇集起来的数据和信息,即:

(1)邮购公司的广告经验;

(2)百货商店的广告技巧;

(3)盖洛普等调查公司对广告效果的调查;

(4)对电视广告的调查;

(5)应用别人的智慧成果。

这几个方面的信息融汇、综合,使奥格威的"神灯"放射出96条光芒——创作好广告的96条法则。也许因为他奉献了这么多"教条",才被称为美国"教皇"。无论别人怎样看待这些法则,他则自信地宣称:"我得到了一个相当好而清楚的创意哲学,它大部分是得自(市场)调查。"

奥格威自信却并不抱残守缺,故步自封。他在漫长的广告生涯中,始终努力和最新的市场调查保持同步。例如,盖洛普的调查认为,电视广告一开始就要卖商品,而不要用与商品不相干的手法,奥格威就照此办理。而10年后情况变化,调查表明:电视广告开始时有一个与商品不相干的小手法,很能抓住人们的注意力。他就照着改了过来。他常常希望有那么一天,某一位年轻人对他说:你的创作好广告的96条规律现在已没有什么价值了。这里有96条基于新调查研究的新规律,把你的那些都丢到窗外去⋯⋯

奥格威的言行,体现出一种执著实证的科学精神。这是他的创意哲学最鲜明的特征之一。奥格威说:"我惯于应用别人智慧的成果。""我应用我的先辈和竞争者的智力活动的成果是最有成效的。"他的应用方法大体为:

(1)直接应用。如前举应用调查结论修改电视广告片的例证。

(2)倾听同事的意见。他写好一个文案给别人去编改之前,要写多个草稿,他给劳斯莱斯汽车广告写了26个不同的标题,请了6位他公司里的撰文人员审评,再在其中选出最好的一个,即是那世界经典的标题——"这辆新型'劳斯莱斯'在时速60英里时,最大的闹声来自电子钟"。

(3)借鉴他人智慧启动自身的思维。奥格威说,鲁道夫那具有魔力的"故事诉求法",对他有深刻的影响。他为哈撒韦牌衬衣做广告时,挖空心思,想了18种方法来把有魔力的"调料"掺进广告里去。第18种,就是给模特戴上一只眼罩。随着广告活动的展开，这个戴眼罩的模特出现于不同场合：指挥乐团、绘画、击剑、开拖拉机、驾驶游艇等。这使哈撒韦衬衣很快成为全美国的畅销品。

(4)综合别人智慧的成果，融会贯通而独树一帜。奥格威吸收"唯理派"霍普金斯与瑞夫斯、"唯情派"的伯恩巴克和具有印象派风格的葛里宾等著名广告人的理论精粹，由综合而创造，提出"品牌形象论"，成为构建"形象时代"的宗师。

承认自己"惯于应用别人智慧的成果"，体现出奥格威那海纳百川般的集大成胸襟。奥格威宣称："我是唯一为自己的客户流了血的文案撰稿人。"他为"林索清洁剂"所做的一则广告，内容是向家庭妇女传授清除污渍的方法。广告照片上表现了几种不同的污渍——口红的、咖啡的和血渍。为使血渍表现得逼真，他竟然用了自己的鲜血！

血，意味着真诚。真诚，是奥格威创意哲学的灵魂，是他的"神灯"最辉煌的光芒。真诚不仅是奥格威的广告创作原则，也是他的人生态度。读他的著作、谈话录，你会觉得他就像个"玻璃人"，他的长处和弱点，喜悦和痛苦，都让你一览无遗。

真诚创造了辉煌。奥格威为之流血的那则广告，据斯塔奇和盖洛普调查，成了有史以来阅读率最高和最为人所记忆的清洁剂广告。他的一系列广告摄影作品，被严峻的广告评论家 J. K. 加布林教授称赞为"在选题和印刷方面都是最优秀的"。他的诚实广告，推出了许多世界级的品牌。

我国著名的广告学专家卢泰宏、李世丁在专著《广告创意——个案与理论》中说："实事求是的科学精神，海纳百川般的集大成胸襟，真诚的创作态度和人生态度，构成奥格威'神灯'的内核。这是他的创意哲学的精髓所在。创作好广告的 96 条法则，时过境迁，有的也许会不合时宜，但'神灯'的内核，必将放射久远的光芒。"诚然，"神灯"的智慧光芒，今天仍直透人心。

2. 品牌形象论(brand image)

1963 年，品牌形象经由奥格威的名著《一个广告人的自白》而风行，1984 年出版的《奥格威谈广告》对品牌形象理论又有发展和完善。奥格威的品牌形象论的基本要点为：

(1)品牌和品牌的相似点越多，选择品牌的理智考虑就越少；为塑造品牌服务是广告最主要的目标，品牌形象是创作具有销售力广告的一个必要手段。比如，各种品牌的威士忌、香烟、啤酒、洗涤剂等之间没有什么显著差别，这时，为品牌树立一种突出的形象，就可以为厂商在市场获得较大的占有率和利润。

(2)形象指的是品牌个性。最终决定品牌市场地位的是品牌总体上的性格，而不是产品间微不足道的差异。个性鲜明的品牌形象，才能让目标消费者心动和行动。例如在哈撒韦衬衫广告中，那位戴眼罩的英俊男士给人以浪漫、独特的感觉，哈撒韦品牌的与众不同的个性自然进入了消费者的心中。

（3）品牌形象要反映购买者的自我意象。例如啤酒、香烟和汽车等用来表现自我的产品，如果广告做得低俗，便会影响销售，因为谁也不想让别人看到自己使用低格调的产品。消费者购买时追求的是"实质利益+心理利益"。

（4）每一则广告都是对品牌的长远投资，品牌形象是一种长期的战略。因此，广告应保持一贯的风格与形象，广告应尽力去维护一个好的品牌形象，并使之不断地成长丰满。这反映出品牌资产累积的思想。

（5）影响品牌形象的因素有很多，它的名称、包装、价格、广告的风格、赞助、投放市场的时间长短等。这已反映出了在 20 世纪 80 年代末才正式提出的"整合传播"思想。奥格威亲身感受到 Jack Daniel's 品牌威士忌的标签与广告在创造一种"真心诚意"的形象，而他的高价格策略也让他相信它一定比较好。

3. 奥美公司的"品牌管家"理论

近年来，在品牌至上的全球化市场竞争中，奥美公司继承和发展了奥格威的品牌形象论，比以往更强调品牌的重要性，甚至以此勾画出奥美未来的远景："对最珍惜品牌的人而言，奥美是最被重视的代理商。"奥美将自身定位为"品牌管家"，并发展了一套管家理论。

什么是品牌？奥美认为，品牌就是"消费者与产品之间的关系"。

形成品牌的第一步是品牌名称，它是建立品牌的基础，因为品牌名从两方面引起消费者注意：第一，品牌名是一种象征货真价实的徽章；第二，品牌名是一种产品持续一致的保护。

品牌再保证：一个熟悉的品牌名对消费者是一种"再保证"的来源。如"大众"（VW）既承诺消费者所有具体的再保证：舒适的座椅、抗腐蚀的烤漆、引擎等，这些并不是很独特的事。但使 VW 与众不同的，却是它无形的再保证：VW 制造令人信赖的汽车。

品牌经验："品牌再保证"并不局限于品牌的实际使用，它也可以提升我们从品牌所感受到的情感价值。一个品牌经验胜过产品经验的惊人例证，是在英国的除痛药品牌化效果研究。病者服用自己偏爱的品牌产品，也服用一个完全相同但没有品牌标志的产品。之后他们声称，前者比较能快速解除疼痛。医生们的结论是：若干病症，形式上的服用药物和实际上服用药物是有相同反应的。因此，购买一个"品牌名"，对消费者的好处是真正提升了他的消费经验。

品牌个性：品牌经验是由品牌个性创造的。品牌个性主要通过广告创造，并持续不断地沟通，而导致品牌具有差异性。比如一个清洁剂的品牌，广告为它创造了"关爱"的品牌个性，于是在消费者脑海中，便产生了两个层面的品牌经验：一是具体的保证，可以温和洗净衣服；二是情感上的经验，洗衣时感觉到自己正在照顾全家人。

个人与社交性品牌价值：品牌价值可分为个人的以及社交性的两种，但它们一直有所重叠与互动。例如，一个人购买汽车时，可能心中有特定的车型，但他不太可能完全依靠自己的判断力，而是需要"再保证"，他可能询问别人有关汽车的建议，这些人会根据他们自己的品牌价值提出意见；他也可能考虑购买卖得最好的那个车型。品牌的社交性力量，在香烟与服饰中能得到清楚的呈现。抽烟者大多相信透过自己桌上的香烟品牌，会透露给外界有关自己的看法。服饰也清楚显示个人与社交性品牌价值如何互动。你觉得别人知道你穿着何种名牌，就会如何看待你时，你会感到一股信心，那信心是来自附于品牌的社交性价值。

以上对品牌的定义可图解为图9-6：

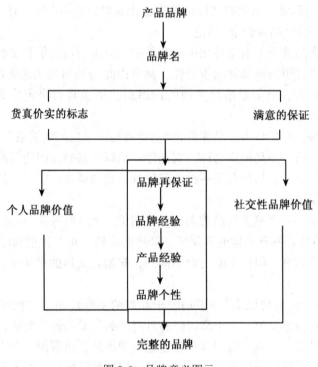

图9-6 品牌意义图示

第三节 "混血儿派"广告创意观

"混血儿派"主张广告既包含科学又包含艺术，广告是科学与艺术的结晶体。卢泰宏教授以广告创意是"戴着枷锁跳舞"的生动比喻，表述了这种综合创意观。这也是当今国内外流行的创意观。它体现于定位理论、CI理论和品牌认同理论中。

一、定位理论

定位理论是由美国著名营销专家里斯和屈特在 20 世纪 70 年代提出的，并集中反映在他们的著作《定位：为你的心志而战》中，这是一本关于传播沟通的教科书。1996 年，屈特整理了 25 年来的工作经验，写出《新定位》一书，更与时代贴近，但其核心思想仍源自早年提出的定位论。

1. 定位理论的含义与原则

里斯和屈特认为："定位是在我们传播信息过多的社会中，认真处理怎样使他人听到信息等种种问题的主要思考部分。"他们对定位下的定义是："……定位并不是要你对产品做什么事……定位是你对未来的潜在顾客心志所下的工夫……也就是把产品定位在你未来潜在顾客的心中。"定位，就是让产品占领消费者心志中的空隙。

在里斯和屈特看来，定位的基本原则并不是去塑造新奇的东西，而是去操纵人类心中原来的想法，打开联想之结，目的是要在顾客心目中占据有利的位置。定位的重点不在产品，而是洞悉消费者内心的想法。

《新定位》列举当前消费者的五大思考模式：

模式一，消费者只能接收有限的信息。在信息爆炸时代，消费者会按照个人的经验、喜好或情绪，选择接受相关信息。因此，较能引起兴趣的产品种类，就拥有进入消费者记忆的先天优势。

模式二，消费者好简繁杂。消费者需要简明扼要的信息。信息简化就是集中力量将一个重点清楚地打入消费者心中，破除消费者痛恨复杂的心理屏障。

模式三，消费者缺乏安全感。由于缺乏安全感，消费者会买跟别人一样的东西，免除花冤枉钱或被朋友批评的危险。

模式四，消费者对品牌的印象不会轻易改变。虽然一般认为新品牌有新鲜感，但消费者真能记到脑子里的信息，还是耳熟能详的东西。

模式五，消费者的想法容易失去焦点。虽然盛行一时的多元化、扩张生产线增加了品牌多元性，但却使消费者模糊了原有的品牌印象。

定位理论的精华可以概括为一句话：发现消费者的需要并满足消费者的需要。定位，必须真正了解消费者，从消费者的角度来看产品和广告。

2. 定位论运用的经典案例

定位论的经典案例是七喜汽水的"非可乐"定位和艾维斯（Avis）出租汽车公司的"我们是第二"的定位。非可乐定位使七喜汽水异军突起，成为美国市场上与可口可乐、百事可乐并驾齐驱的三大饮料之一。"我们是第二"的定位，使艾维斯出租汽车公司以弱胜强迅速壮大。

定位有多种方法，质量、价格、观念、功能、服务、包装、产品类别等都可以作为定位的元素，其目的都是为了占领消费者心志中的空隙。"After Eight"（八点以后）是原罗特里·麦肯托什公司、现雀巢公司（罗特里·麦肯托什公司于 1988 年合并入雀巢公司）的一种巧克力薄荷薄饼品牌，其独特的生活场合定位也是定位论运用的经典案例。

在 20 世纪 60 年代早期，当罗特里公司（后来的罗特里·麦肯托什公司是在 1946 年由罗特里和麦肯托什两位女士的公司合并而成）根据市场需求决定生产一种巧克力薄荷薄饼时，确定名称是推广的首要步骤。关于这一品牌名称"八点以后"，关于它的得到，罗特里·麦肯托什公司的一位前辈写道："杰里米告诉我这一线索来自纽约的严肃杂志上的一些广告……他提到一个美国的广告撰文为一种时髦的衬衫起的名字。他相信"六点以后"（After Six）表达了一种思想，（那么我们的产品）为什么不叫"八点以后"呢？"

正如广告专家何佳讯在《现代广告案例——理论与评析》中对此评论的，一种灵感却反映了产品定位的思想。"八点以后"这个典型的生活场合型定位决定了产品的基本战略，其成功之处在于找到了消费者心志中的空白——八点以后做什么？"八点以后"的名称让消费者觉察到八点以后有独特的薄饼、高品质的巧克力薄荷薄饼，可以在放松的晚餐后享受，这种生活方式中折射出一种高雅的情趣，使接受者得到快乐。

"八点以后"借助于这个独特的品牌名称和定位，辅以有效的整合营销传播战略，影响了人们固有的生活习惯，从而在欧美市场上获得了成功。

我国药品华素片的案例则是产品类别定位的典范。

华素片是北京四环制药厂生产的一种治疗口腔疾病的西药，其产品主要特点是：具有独特的碘分子杀菌作用，能迅速治愈；口含；西药；能长久滞留在口腔内发挥药力。在华素片推出之前，市场上已有很多同类产品了。华素片要如何定位才能更加有效呢？

在适应证上，华素片既可治口腔病，又可治咽喉病，因此它涉及两个产品类别的竞争，即咽喉类药品和口腔类药品。

从这两大类别药品的市场状况来看，在咽喉类药品市场中，已有六神丸、四季润喉片、草珊瑚含片、金嗓子喉宝、桂林西瓜霜、武汉健民咽喉片、双料喉风散、含碘片、黄芪响声丸、奎蛾宁、国安清凉喉片等品牌，它们要么凭借传统的知名度（如六神丸）、广告的知名度（如金嗓子喉宝），要么以便宜的价格（如含碘片）、较好的疗效（如双料喉风散）各赢得了一部分市场份额，可谓品牌众多，竞争激烈。在口腔类药品市场中，治疗口腔类疾病的药有牙周清、洗必太口胶、桂林西瓜霜、双料喉风散等品牌，产品品牌不算多而且没有知名度高、疗效好的领导品牌；一些药物牙膏和口洁露等日化品也占据了一部分市场，但这些都只是市场补缺者的位置。

经过市场竞争形式和优劣势比较，华素片决定定位于口腔类药，主攻口腔类药品市场。

经过调查发现，华素片的消费者并不固定，不论男女老幼都有可能成为口腔疾病的患者，成人比例相对较高，季节性变化大。他们的选药标准一般是疗效第一位。一份对患者的抽样调查显示：患者重视疗效的为 93.4%，讲究服用方便的为 67.6%，注重口感好的为 40.3%。由于大多数患者对口腔疾病并不重视，所以品牌忠诚度不高，经常更换品牌；但他们普遍认为口腔病是很烦人的病，所以都希望尽快治好。

因此，华素片通过对市场状况的分析和患者购买行为及心理的把握后认为，华素片具备尽快治好口腔疾病的功能，能满足患者希望尽快治好的愿望，因此它的卖点被定为"快速治愈"。华素片的定位就显而易见了：迅速治愈口腔疾病的口腔含片。

定位找到了，还得把它变成易于与消费者沟通的语言。口腔病的患者，无论是患口腔溃疡、慢性牙周炎，还是牙龈炎、感染性口炎，都有一种欲说不能、欲唱不成的感觉，也都会有小病烦人、快快治好的心理。华素片因此在广告中作出了"快治"人口的承诺，提出了"病口不治，笑从何来"的广告口号。

经过一年的广告投放后测试表明，华素片的知名度由原来的 20.7%上升到 82.8%，66.6%的被访者认为华素片能治疗口腔炎症。华素片的市场销量也有很大提高。

从上述案例我们可以看出，鲜明、准确的定位对于产品开拓市场具有很大功效。但是，定位作为一种策略而言，它更需要营销和传播的密切配合。"八点以后"巧克力薄饼的推广体现了这一点。我国感冒药品牌"白加黑"也堪称定位理论运用及营销与传播配合默契的精品，值得我们重温。

江苏盖天力制药股份有限公司的一位工程师访美归来，他在闲谈中谈到美国有一种感冒药，白天和晚上服用组方成分不同的片剂。说者无意，听者有心，盖天力老总徐无为顿时来了灵感，能不能洋为中用，开发一种新型的感冒药？

当时，市场上的感冒药不下几十种，站稳了脚跟的知名品牌也有 10 余种，在这种情况下开发感冒药，竞争压力相当大。盖天力决定用一种全新的思想来研究开发这一新产品。他们先后召集了近百次专门会议，提出的各种方案有 100 多个，经过否定、肯定、否定之否定，终于筛选出一套完整的产品概念创意方案。

这套独特的方案是以"白加黑"为产品命名，意为白天和黑夜服用组方成分不同的片剂。平平淡淡的三个字，却让人耳目一新。公司老总徐无为自豪地说，凭着这三个字，我们已经成功了一半。

接着，在广告公司的协助下，"白加黑"确定了干脆简练的广告口号："治疗感冒，黑白分明"，所有广告的核心信息是"白天服白片，不瞌睡；晚上服黑片，睡得香。"产品名称和广告都在清晰地传达定位概念。

同时，盖天力公司还积极动用全方位的公共宣传工具，从"白加黑"的新闻价值入手，先后采写了消息"全新感冒药'白加黑'投放市场"，评论"为产品创意拍案"，科普文章"治疗感冒新概念"等一组文章，发往各新闻单位。不久，全国约60家报刊、杂志、电台、电视台陆续刊播了这些文章，短短两个多月时间，有120多篇稿件见诸报端，总字数在8万字以上。所有的努力，都是向消费者传达一种新型感冒药的定位信息。

"白加黑"在推向市场前和进入市场时，投入了巨额广告费，在全国100多家大众传播媒体上展开高密度的广告攻势，短时间内对消费者产生了重大影响。

由于出色的定位和有效的营销、传播相结合，短短180天的时间，"白加黑"就在拥挤的感冒药市场上赢得了15%的份额，销量达4万箱，创造产值1.6亿元。

二、CI 理论

企业识别（Corporate Identity，简称 CI），是指一系列符号的组合，这些符号标示着一个企业希望公众如何认识它。CI 由理念识别（MI）、行为识别（BI）和视觉识别（VI）三部分组成。企业理念必须转化在行为和视觉设计中，才能使符号的意义与形式统一，创造出企业形象的独特性和同一性。

1. CI 的发展与广告创意观

CI 的发展过程大体经历了三个大的阶段：第一，视觉识别阶段。以 20 世纪 50 年代前后在美国兴起的视觉识别为代表，其特征是重视视觉冲击力，强调统一标准的符号，追求简单。第二，公司文化识别阶段。以 20 世纪 70 年代前后兴起的"日本型 CI"为代表，其特征是以公司文化理念为核心，突出系统性，传播导向由内而外。第三，品牌资产阶段。20 世纪 90 年代以来，受到品牌理论和品牌竞争现状的支配，公司在建立形象力的目标中，不断引入新的要素，诸如品牌定位、品牌家庭、品牌个性、品牌联想等，其核心要素是品牌价值。这一阶段的特征是与消费者建立关系成为中心，传播导向由外而内，传播方式从单一趋向整合，传播效果的积累最受关注。

当今 CI 的发展趋势中，理念、行为和视觉都是与公众沟通的要素和方式。电通公司设想 CI 是指 Communication Identity（沟通识别），它揭示了 CI 的性质和目标：通过沟通，树立公司新形象，积累品牌资产。

公司导入 CI 战略后，对广告提出了新的要求和主张，即形成了广告创意观中的 CI 论。该理论的基本要点是：

第一，强调广告的内容应保持统一性，这种统一性是由 CI 总战略所规定的。广告应注重沟通过程的延续性，应注重持续为品牌增值。

第二，广告应着眼塑造公司品牌形象。单一产品品牌形象应服从和服务于公司品牌形象,并成为其重要的有机组成部分。

2. 中国银行的 CI 广告

如何用形象化的视觉符号表现抽象的企业理念和文化内涵?中国银行屡获创意大奖的系列形象广告堪称典范。

该系列电视广告以竹林、麦田、江河等形象,表达出中国银行所秉承的中国文化的博大精深和源远流长,具有极强的震撼力。画面的优美构图、配乐与音响效果的扣人心弦,加上扼要精练的字幕,真叫人看了再想看,中华子孙的骄傲自然是不言自喻。下面,对该系列广告略作描述。

竹林篇

镜头特写一竹节,字幕"止,而后能观"出现。

一女子在竹林中冥想、游步,"竹动"、"风动"、"心动"的字幕接着出现。最后,在一片青绿的竹树之前,"有节,情义不动"的字幕总结。

麦田篇

一壮年农民的侧影,字幕"止,而后能观"出现。农民高声呼喊。他走在金黄的麦田里,一边走,一边叫,字幕"丰饶"出现;他站在麦田中央,不停低下头来和身边的收成对歌;他闭上眼,像在等待麦田的回应,字幕"勤奋"出现;他傲然而立,半截身子被麦田盖过,字幕"富而不骄"出现。

江河篇

在蔚蓝的天空下,一小女孩对着滔滔江河唱童谣,字幕"止,而后能观"出现。随着纯真的歌声"小河弯弯,江水蓝蓝,穿过原野,越过山冈。小河弯弯,江水蓝蓝,流呀流呀,千百里长……流呀流呀,千百里长",我们看到夕阳下金光闪闪的江水,顺着曲折的河道奔腾着,最后在波平如镜的江面上,一叶轻舟徐徐泛过,"源远流长"的字幕后,小女孩也愉快地沿着江边归家去。

正如我国广告学专家何佳讯所说,中国银行的这组企业形象广告,完全不同于一般"干什么吆喝什么"的促销型广告,其沟通的哲学是建立在文化认同、心灵相通和情感迁移上的。例如,麦田篇的"富而不骄",是中国银行也是中华民族的精神,这优良的民族性成为中国银行有异于其他外国银行的品牌定位,从而向海外华商与华人做相互认同的诉求。

三、品牌认同理论

品牌认同理论是新竞争环境孕育的产物。当今竞争环境的变化主要表现为:(1)价格竞争的压力。品牌建立者如今面对的是价格挂帅的市场环境、消费者对价格十分敏感。(2)新竞争者大量增加,使品牌的建立与维持越来越艰难。(3)市场和传媒格局的复杂,使得在市场和传媒上维持一贯的品牌风格变得非常困难。(4)多样化的品牌策略和市场关系,使得品牌的建立和管理更加困难。(5)经常变动的品牌策略，很难建立共同的品牌特色。(6)企业只顾处理眼前的问题，维持现状，没有创新和突破。(7)多元化的投资，减少了对品牌的投资，使品牌的地位下降。(8)对短期获利过度重视，泛滥的促销伤害了品牌的长远发展。

针对上述竞争环境和企业行为，大卫·爱格等品牌专家从战略的高度提出品牌认同理论，以求解决强势品牌的问题。

1. 品牌认同理论的含义和结构

品牌认同理论是强调品牌与消费者之间的沟通，从而取得消费者对于品牌的认同的理论。品牌认同是建立在品牌就是企业、符号、产品、人这样四个概念基础上的，是从一个完整的角度来架构品牌的。品牌认同理论的核心，是以品牌的核心价值和意义建立品牌的永久生命力。

品牌认同的结构可分为基本认同和延伸认同两个部分。基本认同是指一个品牌的本性，是该品牌永恒的品牌精髓和价值，它不会因为时间的流逝而消失。一个品牌能否成功，与品牌的基本认同息息相关。当这个品牌要进入别的产品或市场时，基本认同是不会变的。大卫·爱格认为，品牌的基本认同一般回答的是这样的问题：

这个品牌的精神是什么？

这个品牌的背后有哪些基本的信仰和价值观？

拥有这个品牌的企业，有何过人之处？

拥有这个品牌的企业，有什么样的经营理念？

品牌的延伸认同为品牌带来更丰富的内涵，让品牌认同表达得更完整。它为基本认同添加了色彩，让品牌的理念显得更加清晰，它包括了品牌营销计划中的许多要素。各种基本和延伸的品牌认同，将各种构成品牌认同的因素组合起来，共同表现品牌的特色。这些构成品牌认同的因素相互结合，在基本认同的周围，形成一个能"表达意义"的组合，形成意涵模式。强势品牌往往能成功地把这些因素结合起来，让这些因素表达出品牌特色。因此，品牌认同结构中的一大关键就是整合各种因素，使之形成完美组织。

品牌认同理论是从一个更深和更广的角度建构品牌的理论，是对以前的品牌理论的一种新的综合。它跳出传统思考模式只关注品牌形象、品牌个性、品牌定位等的狭隘视野，引导品牌经营者关注品牌的多个层面。品牌认同理论能帮助企业了解自身的基本价值和经营目的，有利于有条理、有步骤地推广品牌的主张、特长、价值，同时也能增加企业内部对品牌的了解，从而有利于品牌的推广，有助于保障品牌的基本价值的稳定性和延续性。

2. 品牌认同理论与其他理论的关系

品牌认同理论与品牌形象理论、品牌定位理论等理论紧密相关，可是又不尽相同。品牌形象是消费者如何看待品牌，品牌为品牌认同的建立提供了重要的背景资料。品牌认同则是品牌经营者希望产生和维护的品牌形象。而品牌定位却是品牌认同的一部分，是品牌管理者用来向消费者宣传的品牌认同。品牌形象、品牌定位与品牌认同是完全不同的概念，但它们能帮助管理者更完整地把握品牌的不同层面，并整合不同层面而使品牌认同变得更丰富、更与众不同。

品牌认同理论与 CI 理论可谓大同小异。CI 由理念识别、视觉识别和行为识别有机构成，是以企业理念为核心和灵魂，由多个子系统构成的复杂系统工程。CI 战略同样是建立在企业、符号、产品、人这样四个概念基础上的，是全局性的、长期性的、引导企业持续发展的战略。CI 塑造的企业形象与品牌认同一样，都是企业(品牌)经营者希望产生和维护的企业(品牌)形象，是精心整合的、能适应竞争新环境的、具有鲜明个性和强大生命力的形象。CI 与品牌认同理论在侧重点或提法上有所差异，其实质和核心却是相通的，对于我们的广告创意活动同样具有启迪作用。

3. 品牌认同理论在广告创意中的运用

品牌认同理论在广告创意实践上就是要让消费者产生对产品的认同感，找到能使两者契合的认同点。这个认同点，可以是产品的某种独特品质，可以是产品的质量、产地、包装、外在感觉、带来的附加身份认同等物质的和精神的因素。

思考与练习：

1. 伯恩巴克的创意观有何特色？

2. ROI 理论的要点是什么？举例说明。

3. 什么是"戏剧性"创意观？

4. USP 的要点是什么？比较瑞夫斯与达彼斯的 USP。

5. 奥格威的品牌形象论有哪些基本要点？

6. 品牌的定义是什么？品牌包含哪些方面？

7. 定位论的含义与原则是什么？

8. 广告创意中的 CI 论的基本要点是什么？

9. 简述品牌认同理论精髓及其与品牌形象理论、品牌定位理论、CI 理论的联系与区别。

第十章　广告创意的原则

☞ **本章提要**

广告创意的原则体现为四个方面：第一，科学性原则，强调广告创意必须以调研为基础，应立足最新技术成果；第二，艺术性原则，强调广告必须具有艺术魅力；第三，创新性原则，这是广告创意之所以存在的本质属性；第四，实效性原则，其中包含对经济效益和社会效益的双重考量。

☞ **章节案例**

给自己做的广告

长年累月为他人作嫁衣的广告公司为自己做广告的时候会是怎样的情形？

最佳形式是广告公司的招聘广告，一来可以招贤纳士，二来则是向社会尤其是潜在的广告客户展示自己的专业主张。当然，这个时候广告公司基本不可能得到可观的广告投入，所以广告公司给自己做的广告通常都不是大制作，但是创意的有无和投资的多少并无直接关系。

不过，不是所有的广告公司都擅长于此，我们仍然可以在各大招聘网站上看到无趣得如同公文一般的招聘广告，诸如工作年限、学历、工作要求等一大堆条件被广告公司逐条罗列出来。当然，少数广告公司会抓住这样难得的机会，好好地玩一把创意。

BBDO 广告公司在招聘媒体策划人员时，提出的要求很简单：We need a junior media planner to work with 143 numbers. 不过，在广告表现上，这句话由一长串数字而非单词组成（见图 10-1），巧妙地传递出公司对理想的招聘对象的要求——对数字极为敏感。

奥美黑狐（深圳）在公司介绍中以"找'红人'"为主题，文案写道：

"思维像精确制导炸弹一样，直接命中客户需求——如果你不是 B-2 轰炸机，那你一定就是我们要找的策略'红'人。文字像飞刀一样直指人心——如果你不是李寻欢，那你一定就是我们要找的文案'红'人。画面像神笔一样"画"什么就是什么——如果你不是马良，那你一定就是我们要找的美术'红'人"。

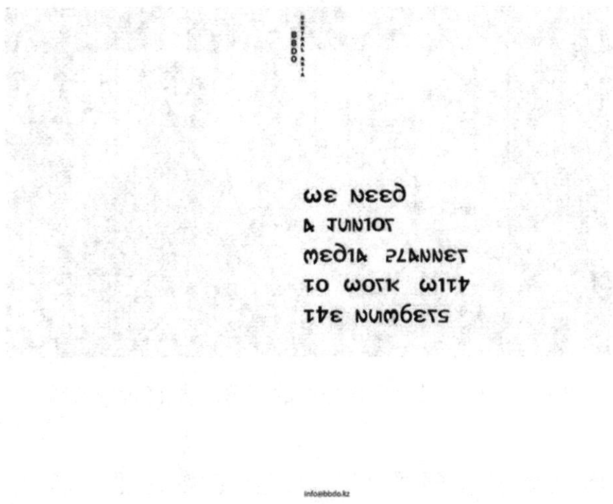

图 10-1　BBDO 广告公司的招聘广告

近年来，随着一些大型企业运用新媒介技术扩大招聘活动的影响，少数广告公司也开始为自己寻找更多机会。2012 年，重庆灵思广告公司针对漂泊在外地尤其是北京、上海、广州等发达城市的重庆或西南籍的广告公关人才发起了一次招聘活动，广告选择了微电影形式，通过网络传播。广告活动的创意、文案修改、拍摄、导演、主演都是公司的员工，经费投入并不多，但是从创意到制作前后耗时接近一年时间。广告标题为《重庆，回来了》，以乡愁为切入点，分两个阶段进行。第一阶段为情感诉求，视频以一位留守妈妈的口吻，讲述了母亲对远方游子的挂念，情深意切，催人泪下，迅速勾起了游子们共同的思乡情绪（见图 10-2）。据《重庆晨报》报道，视频在新浪微博贴出 5 小时内被转载 8 096 次，公司人力资源部接到了 73 个应征电话，435 位外漂年轻人纷纷留言："我想家、想爸妈了"。

第二阶段则通过与一位在外打拼的设计师的交谈，呈现他们的追求和无奈，激发游子们回乡工作的想法。其中那段使用重庆方言演唱的歌曲颇能引起共鸣——"早上整个二两面，多面多菜少放盐，火锅串串豆花饭，麻辣不够再多加点点儿……加班上班加班，三环上灯在闪，外滩的风嘿大，珠江啤酒我饮不惯。曾经执著想拿 one show 的我们，都以为理想只在山的那边，过了很多年，突然发现，其实理想离家并不太遥远；还在被广告圈圈圈住的我们，4A广告并不是远方的传言，重庆也嘿凶，雄起进行中，梦想就在那两江光影中，回家来上班。"

在如此煽情之后，广告公司向目标对象发出了邀约，"以前，都是事业在

图 10-2　重庆灵思广告公司的招聘广告 1（视频截图）

哪里，我们就把家安在哪里。不如，让家在这里，事业也在这里。"（见图10-3）

图 10-3　重庆灵思广告公司的招聘广告 2（视频截图）

　　重庆灵思事后总结，第二段视频仅在新浪微博就被转发 26 万余次，视频播放次数超过 300 万次，并在多家电视、报刊媒体中得到报道。公司共获得求职意向 986 份，有效简历 405 份，工作经验在 3 年以上的简历 166 份。有趣的是，一些本土广告公司也参与了视频转发的热潮，它们在转发后落款"同招"，表达了同样渴望本地人才加盟的意愿。

　　广告中浓浓的乡愁和自然的亲情，不但深深打动了在远离家乡的发达省市打拼、在残酷的职场竞争中孤独奋战的年轻广告人，同时也帮助这家地处西南的 4A 广告公司迅速提升了知名度，活动后公司收获了超过 300 万份微电影业务订单；不仅如此，这一案例还获得 2012 年中国 4A 创意金印奖"网络互动病毒式营销类金奖"。

为广告主拼尽全力的广告公司，也是时候为自己多动动脑筋了！

第一节　广告创意的科学性与艺术性

在广告发展的历史进程中，难以计数的广告人以他们的广告实践，以他们的心血和智慧，为我们留下了许多经验和教训；当代形形色色的广告活动，也在成功或失败后促使人们进一步探讨广告的规律和原则。原则，即是从无数事实中提炼、概括出的人类智慧结晶，是一种明确的并且可以永存和共享的"客观知识"。广告原则的提炼和积累，是人类广告活动进步的体现，也是发展广告教育、造就后备广告人才的必然要求。了解和掌握广告创意原则，是我们在广告活动中少走弯路和取得实效的重要途径。

成功的广告活动，优秀的广告作品，既包含着科学性也显示出艺术性，是科学与艺术的结晶。广告创意的科学性原则和艺术性原则，是广告活动取得成功的一大关键。

一、广告创意的科学性原则

在新的时代，科学技术为我们提供了更优越的创意手段和条件，也对我们提出了更新更高的要求。广告创意的科学性原则，主要包含两方面内容。

1. 广告创意应以科学调查为基础，了解相关的自然、人文科学知识

广告创意应从消费者出发，以调查研究为基础，了解相关的自然科学、人文科学，这是众多广告大师为我们留下的宝贵经验。

伯恩巴克作为"艺术派"旗手，奉劝别人不要相信广告是科学，而他在为大众汽车创制广告前，还是对产品和消费者进行了深入的考察，认定这是一种实惠、诚实——价格便宜、性能可靠的车子。在深入考察的基础上，伯恩巴克创制了一系列广告史上值得大书特写的广告。他还毫不迟疑地运用科学的调查，以验证他的广告产生的效果。由此可见，"艺术派"也并不否定科学调查和违背广告规律。

瑞夫斯在《实效的广告——USP》一书中，尖锐地批评广告缺乏理论基础，只处于随意性很大的经验状态，力主广告必须以科学原则去"创造世界"。瑞夫斯在该书中强调："实效"不等于"有效"。只要广告信息被人看到了、引起人们的注意，就可判为"有效"。但是，只有最终吸引人们来购买广告商品，才算有"实效"。创意的成功与否，"实效"是判断的基础。因此，怎样创作"实效"的广告及怎样评估"实效"，就成了瑞夫斯创意哲学的问题所在。与它相对应的是事实、数据、原则、法则；它的方法是测试、审核、调查；它的工具是统计、图表、数字；它的标准是量度的指标，诸如"广告渗透率"、"吸引使用率"，等等。

瑞夫斯坚持科学的原则，他们连续 15 年在美国 48 个州和数百个独立的群体中，随时随地测试着数千人，结果发现了许多惊人的事实。从统计数据中，可以看出统计的定律，"就像磨石机，磨得很慢，但磨得很精细。模式逐渐浮现。模式自成为原则；原则经反复测试及更进一步观察，逐渐变为广告真实度的定则"。50 年来包装食物的统计资料显示出惊人的结果：在 20 个广告中，按科学原则创作的广告有 10 个好的、6 个卓越的、2 个非常好的、2 个失败的；而按"感觉"创作的广告有 2 个好的、2 个卓越的、2 个非常好的、14 个失败的。

瑞夫斯坚信广告的科学性，但并不是把原则和感觉截然分开，而是认为原则与感觉应相互作用、相互渗透。他说："当你必须面临二者必居其一的时候，最好的目标还是把感觉融入诉求中去，""数字上二加二等于四，可是在本文的意义中，它可以达到六、八甚至十。"

被广告大师伯恩巴克视为自己的广告偶像的詹姆斯·韦伯·扬，却与"艺术派"的创意观并不相同，他更重视广告的科学性，重视对消费者的深入调查和了解。韦伯·扬的信条是：生产创意，正如同生产福特汽车那么肯定，人的心志也遵照一个作业方面的技术。这个作业技术是能够学得到并受控制的。他的方法是：博闻强记，努力地收集、积累资料；分析，重组各种相互关系；深入地观察体验人们的欲求、希望、品位、癖好、渴望及其风俗与禁忌，从哲学、人类学、社会学、心理学以及经济学的高度去理解人生；通过研究实际的案例来领会创意的要旨。

韦伯·扬相信规律、法则，相信经过训练的心志能敏锐迅速地产生判断相关性的能力，这与把"创造力"看成自然的恩赐的观点是截然相反的。韦伯·扬为培训广告人才撰写了《怎样成为广告人》和《产生创意的方法》两部名著；为使后学者扩展对"全部创意过程的了解"，他推荐了华莱士的《沉思艺术》、彭加勒（数学家）的《科学与方法》和柏维雷格的《科学调查的艺术》三部名著。

韦伯·扬重视调查、统计、分析等"可测度"的因素，但他更重视对"品质"因素的把握。因此，他特别关注在统计上完全相同的对象之间的差异，强调取得心理学、社会学意义上的"地图"，比仅仅取得地理学意义上的地图重要。他说："假如你想要知道居住在太平洋沿岸人群的生活习惯，彻底地研究《夕辉》杂志，可以比市场调查所得资料告诉你的来得快速与丰硕。"他用这种方法，曾经在缺乏市场资料的紧急情况下，为某种猎枪作了一个极为成功的广告策划。

我国广告业近年来也更重视科学调查，例如，天艺广告公司在为"发回归"进行广告创意时，发现它虽然是一种纯中药完全无副作用的防脱生发新产品，但如何将这一特点与市场上同类产品加以区分是关键。在对消费者进行深度访谈后发现，竞争对手的产品虽然有很强的知名度，也确实能促使新发生长，但是长出的头发却像是绒毛，无法长粗、长牢，消费者对此颇有微词。而这正是以技术优势见长的发回归创意的有效切入点——长粗、长牢、长黑。天艺围绕这一切入点创作了系列广告，直接的承诺准确有力地击中了消费者的痛痒之处，新产品成功进入了市场。

在当今，科学性体现于创意和广告运动的每个环节。不仅仅是创意策略，而且在媒体的混合使用上，科学性的调查工作的重要性也被业界广泛认识。

2. 广告创意者应了解新科技，学习和运用相关的科技成果

美国广告专家威廉·阿伦斯在《当代广告学》的前言中强调："近年来，广告技巧有了极大的变化。比如，就在刚刚过去的十年中，计算机革新了以往的广告策划、设计、制作以及排期的方法，而新的数字及互联媒介的问世，也引起了广告界的另一场创意革命。"阿伦斯为了突出当今广告的科学性，突出说明科技与广告的结合，"在第七版特别新辟了一个栏目：科技点滴。各章均有这个栏目，话题涉及无线通信、演示技术、电子预印技术、高分辨率电视、媒体策划软件、直接营销技术等"。比如俄罗斯的现代广告主要出现于1991—1992年，但数码宽频印刷技术却在全球得到了同时发展。例如，1998年安装的俄罗斯的首台 VUTEK3300，是 VUTEK 制造的第13代产品。

当前，科技与广告的结合日益紧密，并在营销和广告活动的很多方面得到表现。例如直复营销中就大量地运用数据库营销的技术与观念。

与美国等广告发达国家相比较，我国现代广告起步较晚，强调广告的科学性具有重要的现实意义。近年来，随着新媒介技术和传播观念的普及，我国的企业和广告公司在探索广告创意的科学性原则方面已经有了长足的进展。在新传播技术的帮助下，内容和形式被更好地结合起来，并且提供给消费者更生动的体验。例如2012年，网易在"地球熄灯1小时"的全球公益活动期间开展了大型公益广告活动《小动作，大改变》，以智慧的方式诠释了环保观。广告采用全屏大幅面的互动形式，当网民用鼠标拉动页面右边的滚动条时，模拟的海水会随之上升并淹没整个画面，最终为网民展示北极熊和企鹅逐渐消亡的未来景象。而如果网民在页面上点击模拟关灯的按钮，页面呈现的则是海洋以及海洋生物都一派和谐的景象。广告通过富媒体技术，展现两种截然不同的虚拟未来，用强烈的视觉刺激警示人们保护地球。在2012年中国广告长城奖评奖活动中，该案例获互动创意类金奖。

二、广告创意的艺术性原则

道德、艺术、科学是人类文化中的三大支柱。任何一件有生命力的广告佳作，都必然具有某种触动人心、给受众带来美感或愉悦的艺术魅力。广告艺术性原则就是让广告具有感染消费者的魅力而达到有效沟通的创意原则。

2012年，广东省广告公司为红星二锅头创作了《时代经典》系列平面广告(见图10-4)。这一系列的平面广告以"是一种酒　更是一种烙印"为主题，通过颇具时代感的黑白照片，重温了20世纪激情澎湃的60—70年代，画面极具张力。此外，广告还运用激昂的文笔表达肝胆相照的朋友情谊。因此，这一系列广告向消费者真正

传递的不仅是哥们义气、是酒桌文化，还有一部分人对逝去时光的深刻感怀。

图10-4 红星二锅头《时代经典》系列广告（部分）

文案写道："把激情燃烧的岁月灌进喉咙"，"铁哥们是这样炼成的"，"用子弹放倒敌人，用二锅头放倒兄弟"，"将所有一言难尽，一饮而尽"，"没有痛苦，不算痛快"。当年，该系列作品刊载后引起许多受众共鸣，并获第十九届中国国际广告节中国广告长城奖文案奖银奖。

广告作品的艺术魅力与创意者本身的信念颇有关系。

创意人员的信念是什么？其实就是自我生活的价值取向。一切有关于真、善、美以及对幽默等的体认与执著，都有可能成为自己的信念。

信念是创意人员的隐私。既然是隐私，当然不能随便拿出来与人交谈，但在创意作品中却暴露无遗。诚恳的，卖弄的，平实的，矫情的，深入浅出的，夸大其词的……一件件作品的累积，让创意人员模糊的面孔逐渐清晰起来，从中甚至可以看到阶段性转变的轨迹。作品就是你、你的风格、你的信念所产生的风格，别人无法取代。

好创意能打动人心，但令人印象深刻的关键是什么？就像走在茫茫的大街上，偶一瞥见而令人想回头再看的人，就是因为他（她）有独特的吸引力。那每天汹涌到受众眼前的广告，又怎能少掉一份独特的魅力呢？

广告创意的艺术性原则，可谓与中国传统文化的"为人生而艺术"一脉相通。广告是人与人沟通、交流的活动，艺术是人性、人心、人情的巧妙显现，真正具有艺术性的广告，才能产生独特的魅力，能有效地与消费者进行沟通。

比如立邦漆的广告，背景音乐采用爵士大师路易·阿姆斯特朗的"What a

wonderful world"给人以听觉上的亲切感和华丽感，诉求采取直接的感性诉求方式，广告画面色彩感受特别强，与产品个性结合得十分到位。音乐烘托出生活绚丽、美好的景象。广告结尾让小男孩跃入到画面，颇有新意——生活原来也可以如艺术般的美好。通过感性的诉求方式间接表达出了产品的优点。再比如可口可乐《我们的夏天，激情可口可乐》篇的广告创意，广告采用的是充满青春气息和激情感的流行歌曲，也是直接感性诉求方式。该广告创意很好地抓住了产品的目标受众——年轻人。画面和配乐洋溢着青春的激情。创意中提裤子的玩笑大胆而又充满想象，把青年的活力巧妙地融入了品牌。

三、广告创意是科学与艺术的结晶

广告活动的科学性与艺术性，本来就不应截然划分开来、形成对立，而应该是相互影响、相互渗透、共同发挥作用的。大体说来，在表现之前广告的科学性要素较强，在表现时艺术的才能和直觉的重要性则更为突出。创意佳妙的广告，必然是科学与艺术的结晶。

1998 年，大众公司新甲壳虫汽车的广告，受到《广告时代》最佳广告奖评委们的广泛好评并获大奖。这并不是偶然的，该品牌广告既继承了 20 世纪 60 年代甲壳虫汽车广告的精神风格，又赋予品牌一种乐观而有远见的现代风格和态度，真可谓是"怀旧"和"憧憬未来"两种情怀的完美结合。

广告的背景是白色的，一辆崭新的新甲壳虫汽车果敢地、优雅地、让人心动地一跃出现在画面上。它像一件艺术品一样被展现出来，给人很强的视觉震撼和美感。

1. 统一的视觉识别

与以往的广告一样的白色背景，同样的无衬线字体，同样的弧形方案设计；不采用新产品介绍的宣传定位，而刻意给人一种重塑品牌形象的感觉；努力使广告显得既怀旧又富有现代感。

决定模仿美国历史上一则最优秀的广告作品需要很大的勇气和决断精神，从某种角度超越了原来的样本，又证明了他们稔熟的专业技巧。

怀旧、机智、新颖并且准确透彻地传达所要承载的信息：告诉人们新甲壳虫汽车是如何区别于后置引擎的甲壳虫汽车的，是如何被称为一种真正的现代汽车的。一辆真正的现代汽车意味着它拥有一个独特的起源。为了达到这一目的，在一则平面广告和一则户外广告标题中，设计者使甲壳虫汽车的画面与一句简单的广告语伴随着出现——"引擎改在前面，强劲的心脏没有变。"另一则广告同样抓住了新甲壳虫汽车的精髓，采用与前面一则广告完全一样的画面配置，只是所采用的文案有所变化："有可能在同一时间既向后走又向前走吗?"回答当然是"有可能"。

阿诺德公司合伙人兼创作总监罗恩·劳纳先生说："我们做出一切努力以寻找

最恰当的宣传方式。经验证明，只有那些在宣传上保持一定连续性的品牌才是经久不衰的。你不需要沉溺于过去的创作，你也不需要固守某种创作模式，但你不能不加选择地抛开属于过去的一切。"显然，这一次，属于过去的一些东西不但证明是有用的，而且甚至成为最关键的东西了。劳纳先生说："我们有这样一种说法——新甲壳虫虽然是德国制造的，但它却是在美国真正成为一种品牌的"。

2. 独特的产品体验

在美国，甲壳虫这种家用小型车不仅仅是一种经济实用的小型汽车，它已经成为一种习惯、一个形象甚至一种爱的象征。因此，广告创意者面临的第一个挑战是如何向他们的德国客户解释清楚这种情感——那种只有当你面对一窝小动物中最幼小的那一只时才会产生的情绪——美国人对甲壳虫汽车的感觉就是这样的。

艺术总监阿伦·帕芬巴赫说："为了能够重新展示甲壳虫汽车，我们付出了非常艰苦的工作。我们相继采访设计师、社会学家等相关或不相关的人们，因为只有这样做才能够搜集证据向德国客户证明他们的产品在美国的位置。"

老式甲壳虫汽车的确得到过广泛的喜爱，但它的低马力引擎等弱点也让一些人不满意。对过去广告作品的继承就不可避免地具有使人们产生负面联想的危险。这就要求广告的创意者引导消费者把注意力集中在对新甲壳虫强劲引擎的赞叹和一种对出生之前的那段安静祥和时光的渴望之中。幸运的是，该广告在达到了怀旧目的的同时也没有影响广告的整体效果，每一则广告的简约风格不仅是对其前身的一种模仿，而且它们都具有一种心理测验的效果。每个消费者根据其个人的经历、背景、个性和观念对广告作出相应的反应——第二次世界大战后出生的那一代人会产生一种怀旧的感觉，一个 19 岁的年轻人则会发出"哇，多可爱的东西"的感叹。

3. 清晰表达广告思想

帕芬巴赫先生说："我们在广告思想的表达方面竭力做到准确清晰并且得当。尤其是广告的内容非常简单，只有三个主要因素，所以我们对十分微妙的细节都作了透彻的研究。"最后，在对介乎于"显而易见"和"并非显而易见"的某种感觉的追逐之中，他们找到了这种小型汽车的灵魂所在。阿诺德公司的许多创作人员都曾出过主意，其中有许多点子都在中途惨遭淘汰，正像劳纳先生所说的那样："如果某一个想法不让人觉得新奇，不能够产生共鸣，我们就不会采用它。"

这是一次集创造力与创作技巧于一身的广告宣传，睿智，吸引人，信息传达准确并且情绪高昂。至少像它所模仿的那则广告作品一样，这则广告的价值在广告史上将熠熠生辉。

无须更多的理论阐述，上述案例已生动说明：广告创意是科学又是艺术，动人心弦的广告佳作是科学与艺术的结晶。

第二节 广告创意的创新性与实效性

现代广告可谓集科学性与艺术性于一身。人在物质和精神上的需求，是科学与艺术发展的原动力，而科学与艺术的生命，又正是在不断创新中服务于人的物质和精神需求。针对人开展的广告活动，离不开创新性与实效性。

一、广告创意的创新性原则

一位资深的广告人说："创意的本质就是挑战与众不同的看法；创意的魅力就是对一样事情有新的看法，同时有不同的办法，永远都能找到新的角度谈旧的事情，并拥有新的爆发力和新的震撼。"广告创意的创新性原则，就是挑战与众不同的看法，给人一种出乎意料却又在情理之中的感觉。

我们对大量平凡老套的广告往往是视而不见、听而不闻的。但具有创新性的广告却如沉沉暗夜中的闪亮明星，猛然吸引我们的注意力。以下几则广告作品在不同历史时期展示了广告的创新原则。

1. 日产新霹雳马电视广告

广告片旁白：

"在你一辈子里头，大约有六年的时间待在车上，被恶行恶状开车的家伙呵斥过大约 400 次；你们有 40% 的人腰酸背痛；30% 的人曾经一边开车一边打瞌睡。

车子的表现并不是最重要的，重要的是开着这部车子的人。所以我们设计的重点，在于适合你的身体，还有你自己。"

和一般汽车广告不同，这里出现的是一群裸体的人，而不是汽车的画面。

我们看到一个小女孩蹲在水塘边玩水；一个浑身肌肉、面目狰狞的男人对着镜头吐口水；一个女人背对着镜头，伸展着她的身体；一个老人打着瞌睡，瞌睡到浑然不觉地昏倒在地；然后我们才看到镜头优雅地拍到主角——日产的新霹雳马。

片子拍摄的背景是一片荒凉的空旷地带，配以男性低沉的旁白声音："在你一辈子里头，大约有六年的时间待在车上……"

这个 60 秒的片子是在冰岛拍摄的，在欧洲中部的国家放映。这部日产的新霹雳马汽车电视广告片子不同于一般的汽车广告，后者的广告片常出现一辆车在阳光普照的意大利中部蜿蜒的山路里穿梭情景。

在这里，传统的汽车广告格式受到了挑战，那些喜欢花大钱，美其名曰体现品牌价值取向的创意总监们会感到不自在。但是，那千篇一律的美丽山川、峰回路转的景致、古典歌剧片段真的是汽车消费者所期望的吗？

一种说法是汽车广告在西方也是有一个从低级到高级的过程，我们必然也要走这样一个过程。这种说法的愚蠢之处在于思路很封闭，与当下开放的、多元的传播时空和方式相背离。

造就如此众多的陈腔滥调，就是因为我们习惯了杜撰消费者的审美趣味，按老套制造缺乏创新性的汽车广告。①

2. 英国欧宝汽车 Vauxhall 电视广告

除了大人们会召开各种各样的大会外，婴儿们也会汇聚一堂，来个大集会。主席当然亦是婴儿，今天要宣布什么呢？只听他在主席台上咿咿呀呀，用婴儿世界的语言说：

"公民们，听着，我们有这个权利，要求行驶安全，要求提供给我们所需要的一切。……我们要求有自己的空间，盛满玩具，跟在家里一样。我向大家推荐的就是这样一种英国欧宝汽车 Vauxhall。"

婴儿大会的"公民们"——千百名婴儿观众看得如痴如醉。

这则在戛纳广告节获金奖的广告，以逗人喜爱的婴儿为代言人，以出乎意料却能让人会心一笑的婴儿大聚会场面，用婴儿的语言配上字幕，把产品的卖点一一讲清楚，其创意之新奇、幽默、机智和风趣，是该广告获奖的根本原因。

3. 劳力士表广播广告

播音员：此刻你站在海拔 5.5 英里高的雪域，凝望着几英里之外的天际。生活在这里变得如此简单，生存或者死亡。不能退让，不能哀叹，没有另一次机会。这里终年风暴肆虐，每一次艰难的呼吸都是胜利。这里就是世界最高峰，人称珠穆朗玛峰。昨天它还被认为是不可征服的，而这已成为历史。

客户嘉宾：当艾德蒙·希拉利从"珠峰"之巅遥望天际之时，他用来掌握时间的腕表是专为抵御世界上最暴虐的山峰而设计的。劳力士相信艾德蒙爵士定能征服世界最高峰，故特为他设计制作了劳力士探索型手表。

播音员：在每个人的生命当中，都有一座"珠峰"有待征服。在你征服了你的"珠峰"之后，就会发现你的劳力士手表在芭特菲路 65 号劳力士珠宝指定销售商店贾氏珠宝店内，耐心地等待着你光临来取走它。

这则广告的创新性，在于巧妙地运用"你"这个词，让听众参与到广告之中。你被广告吸引，你是否听到风声呼啸着掠过麦克风？你是否感受到令人生畏的孤寂？你是否以站在世界之巅而感到自豪？

在这则广告中，你已经拥有了一块"耐心地等待着你光临来取走它"的劳力士表。作为听众，你完完全全地沉浸在想象之中。当广告结束时，手表的所有权已发生了转移。而这一切，都是因"你"而起。

广告创意的创新性就是原创性。它来自创意人对生活的观察与思考，以及更多的阅读、更广的视野、更深的人文素养、更多的生活体验。创意人累积了深厚的思

---

① 王依群：《汽车与我们的身体》，载《中国广告》，2000 年第 3 期。

想，才有可能形成一个深入浅出的观念。而创新就是在生活中预知并不断发掘消费者的心理需求，或洞察到他的潜在想法。这样，我们就有了创新的和表现创新的机会。

二、广告创意的实效性原则

广告创意的实效性原则，就是要用尽可能佳妙的创意与消费者沟通，通过广告活动取得实实在在的效益，实现预定的广告目的。哗众取宠或耸人听闻的广告，与开拓市场、销售产品的广告创意实效性原则是相背离的。

广告的实效性是企业发展的强劲动力。杜国楹创办的天津一品科技公司，在短短两年的时间就把"背背佳"产品的年销售额接近 3 亿元，利润超过销售额的 10%，品牌可谓家喻户晓。能产生这样的创业神话，广告的功效不言而喻。

1994 年 7 月，杜国楹辞去当了一年的中学教师职业，来到郑州一家公司，从站柜台、送货开始干起。到 1997 年，他在天津将 1995 年才 5 000 元营业额的产品做到了 100 多万元，他的秘诀就是在天津经济广播电台做广告。

1997 年春节以后，他到天津的一家外企，为多种品牌的保健品做代理，其中包括"英姿带"。同年 4 月，天津大学物理系教授袁兵自己买了一条"英姿带"回去研究，经改进设计后，拿着自己设计的技术方案找到杜国楹，陈述了新设计与英姿带相比的几大好处。杜国楹当即花 5 000 元买下袁教授的技术，并于当月向国家专利局申请专利号。这个产品就是现在的"背背佳"。

一品科技公司成立后，杜国楹改变了以前习惯于在电台做广告的方式，转而青睐电视台。他花了不到 10 万元请《我爱我家》里的"小大人"关凌做了第一个电视广告。紧接着，又到电视台订下了一个月的电视广告播出合同，首付 20 万元。后来，又委托生产 1 000 条"背背佳"矫姿带。

当时他们的困难有两个，一是资金状况极差；二是短时间内不能靠自己在全国铺开市场，所以，只能选择虚拟经营。

虚拟经营的第一步骤就是先在天津做出一个"样板市场"。广告播出一个月后收到实效，天津的市场已经完全启动了。有了第一批回款，便继续在电视台订广告，在生产工厂订货。

天津市场启动以后，请全国的经销商来天津站柜台，亲自感受一下天津这个"样板市场"的火爆气氛。在激发出经销商们的信心之后，杜国楹就开始卖经销权，并有效运用多种方式，让经销商与企业一起成长。

成功的广告策略和产生实效的广告活动，在背背佳的成功过程中具有非常重要的作用。他们作过调查，在消费者的购买因素中，大概有 40% 是因为喜欢背背佳广告，才选择这个品牌。

取名"背背佳"，是经过他们近半年的市场调研，原因有三：其一，"背背佳"

比较准确地表现产品在人体作用的位置，背，指人体的后背；其二，"背背佳"能体现产品的功能；其三，"背背佳"朗朗上口。他们为此策划了一整套的以电视广告为主的广告营销活动。

刚开始时，他们通过专题广告，以理性诉求入手，开始培养、引导、挖掘消费市场。通过专题广告让消费者了解该产品的结构、功能、材料等。

经过这样一段时间后，品牌有了较高的认知率，为了提高品牌形象，与其他品牌区别开，他们率先采用了感性诉求广告，赋予产品新的概念。

他们大胆起用青春美少女组合，广告片中不限于讲产品的功能，而是赋予品牌一种青春、活泼、动感的感觉。这样，"背背佳"的广告语从介绍功能到展示个性、介绍"背背佳"的企业，从经销产品转到推销品牌，消费者从购买功能到购买一种健康、青春的概念。这时，"背背佳"就渐渐形成了品牌形象，而不再只是产品的形象了。

现在，他们所要做的就是立足品牌成长，整合广告及其他各种传播方式，提升品牌形象，让消费者认同该企业，让品牌资产在与消费者的良好关系中不断增值。

三、广告实效与伦理道德

广告创意的实效性，是广告主花费金钱做广告的合理要求。广告实效既包含经济效益，还包含社会效益。如果仅仅考虑广告主的经济利益而忽略社会效益，乃至违反广告道德，同样不符合创意的实效性原则。

我们在追求广告实效的过程中，理应具有相应的社会责任感，绝不能忽略或违背广告道德。威廉·阿伦斯在《当代广告学》前言中强调：

今天的学生将是21世纪的从业人员，他们将面对新的具有挑战性的问题；他们将比其20世纪的同行更需锻炼职业敏感性，因此，在本书的每一章，我们都介绍了广告中存在的某一个现行伦理问题——关注现今广告人面临的最有争议的社会问题，包括广告夸大、针对儿童的广告、比较广告、针对少数民族的广告、个人隐私、攻击对手的政治广告，以及统计操纵等问题。

在广告发达的美国，许多法律都可以裁定广告主可以做什么，不可以做什么，但法律也有许多空子可钻，这就需要伦理与社会责任感来加以约束。在不违法的情况下，广告主完全可以行为不轨或不负责任。

阿伦斯指出，虚假和误导广告以及由此而造成的危害始于不道德的判断，因此，了解伦理困惑与道德沦丧之间的差别是很有必要的。

伦理困惑的存在是因为对伦理问题的解释尚无定论。首先，在"有权"和"正确的事"之间是有区别的。例如，广告主是否可以劝说贫穷的内地城市青年购买170美元一双的旅游鞋？法律并不反对这种做法，但社会和道德的责任感会约束这种做法，因此，我们会有伦理上的困惑。

那么，如何解决这种伦理困惑呢？在威斯康星大学教授伊万·普里斯顿看来，广告专业人员似乎把伦理与合法看成了相同的东西。许多人认为向所有市场，包括不应购鞋的人宣传这种 170 美元的旅游鞋是"可以接受"的、合乎伦理的行为。对于小企业而言，公众的漠视、抗议甚至可以导致它们破产；相反，强势的市场领导企业却有可能因拥有民众的好感和强大的实力而渡过伦理问题的广告难关，从接踵而至的新闻报道中赢得更大的知名度。例如，卡文·克莱牛仔系列广告中的模特看上去只有 15 岁，穿着极少，而且还摆出具有性暗示的姿势。反对这些广告的声浪来自社会的各个角落，包括商业出版物和国家新闻媒介，指责这些广告具有"儿童色情"的味道，敦促克莱停止发布这些广告，然而，媒介在随后几周内却仍在继续进行有关广告的报道。广告目标以外的一些人士则认为卡文·克莱成功地引起了一场关于针对年轻人的广告道德问题的积极讨论。克莱用最少的广告投入建立了巨大的知名度。

伊万·普里斯顿指出，之所以会发生伦理困惑问题，是因为广告一般推销的是品牌而非产品，由于每个品牌都要表现得与别的品牌不同——尽管它们的性能可能完全一样，广告要尽力制造出一些根本不存在的差别。此外，信息不全面也有可能产生伦理困惑，广告往往突出其品牌的优点而省略中性之处或缺点。广告所描述的一切都是真实的，但却未讲出全部事实。还有利用科学技术歪曲形象、只表现产品最好的一面，也有可能引发新的伦理问题，例如，通过技术处理，广告中的模特可以显得比本人要苗条一些，由此而造成的社会后果是年轻女性中饮食不正常的比例呈上升趋势。

与伦理困惑相反，道德沦丧一般是明显的违法行为。例如，1997 年，贵格（宾夕法尼亚州的别称）的三种副产品遭到了联邦贸易委员会的起诉，贵格州公司在其广告中提到的 11 项声明——或保证或暗示贵格受人推崇的润滑 50（SLICK50）引擎可以在冬季发动汽车时减少引擎的磨损，延长引擎的寿命，降低有毒物质扩散，增加马力等——无法在公司提交的调查报告中得到证实。公司因此在共同起诉中被课以至少 1 000 万美元的罚金，并被责成对广告重新修正。贵格州公司无法证实许多重大声明这一点清楚地表明他们在伦理判断上存在严重的过错，显然是有意误导公众。

威廉·阿伦斯指出，众多的联邦、州以及地方法律都对广告内容的合法与否作出过规定，但法律最终要反映道德取向，至于自律，美国广告公司协会的创意章程体现的是合法性而非原则。不过，问题永远依然存在：在解决伦理困惑与道德沦丧问题的过程中，由谁来执行这些法律？

广告业、消费者与政府机构一样，受广告伦理的影响，工业界最有威望的机构之一——美国广告联合会每年给广告伦理作出了很大贡献的广告从业人员或研究院颁发唐纳德·W. 戴维斯（Donald. W. Davis）奖。

美国等发达国家在其数百年的市场经济发展历史中，经历了无数次市场操纵、内幕交易、垄断同谋、腐败、欺诈等，有关法律和法规是建立在数以万计的丑闻和市场波动案例的基础之上的，美国广告业的法律和行业自律，正是在这样的背景中建立的。不仅市场参与者(消费者、公司和个人)有丰富的经验，而且政府或管理者也有相应的知识。美国在广告实效与伦理道德上的观念、行为和法律等，值得我们结合中国国情加以借鉴。

我国的市场竞争机制还处于建立和完善的初级阶段。一些广告主为牟取暴利，不惜违反《广告法》而推出欺骗广告。以2000年上半年为例(2000年初到6月30日止)，全国各级工商行政管理机关共查处虚假违法广告案件2.42万件，其中违法医疗广告2 683件，违法保健食品广告1 979件，违法药品广告5 609件，罚没款3 361.74万元。① 在2003年上半年我国全民防治非典型性肺炎期间，国家工商行政管理局先后通报了多起以防治非典为名义的虚假违法广告，一些企业和商人不顾社会道德，大发国难财，误导消费者，理应受到谴责。违法广告不仅给消费者造成误导，降低了广告在消费者中的信誉度，也损害了广告界的整体形象，为广告业的进一步发展制造了障碍，恶化了广告市场竞争秩序。

我国的违法广告如此之多，有的甚至严重违法。著名导演冯小刚在拍摄贺岁片时也将镜头对准了当下各种妄自吹捧、随意夸张的不良广告风，并对此现象进行了幽默辛辣的讽刺。而当《南方周末》于2002年5月30日刊登了一篇题为《"中华灵芝宝"还要骗多久?》的揭露性文章后，当日报纸在南京、杭州、南昌等地竟被恶意收购。这些现象说明道德沦丧并不是个别现象，应重视加强监管和法制建设，大力提倡遵行广告道德。因为即使在发达国家，道德对市场秩序的维持也比法律的层次深。前美国司法部长巴尔说过："我们最迫切的问题不是由我们法律中的缺陷所引起的，而是起因于应该支持法律的道德共识的分崩离析。总之，今天我们所面临的危机是一种道德危机。"所以，"解决危机的办法主要不是取决于政府的行动，而是取决于个人的行动，不是依靠新的法律，而是依靠道德的复兴。"

道德良知和社会责任感是新时代广告人的起码要求和必备素质，在不断创新的过程中追求广告的经济、社会实效，是新时代对创意者的呼唤。

创新过程产生实效广告，广告实效为品牌资产增值，这是当今创意者的不懈追求。

思考与练习：

1. 什么是广告创意的科学性原则，请举例。

2. 应如何理解广告创意的艺术性原则，举例说明。

---

① 参阅《国家工商局通报部分报纸违法广告》，载《现代广告》，2000年第9期。

3. 结合广告案例说明创意是科学与艺术的结晶。
4. 为什么当今广告更重视创新性？
5. 应如何理解广告创意的实效性原则？
6. 结合广告业现状谈谈广告实效与伦理道德的关系。
7. 举例说明创新产生的广告实效。

第十一章 广告创意的过程与方法

☞ **本章提要**

　　创意的过程是一个发现独特观念并将现有概念以新的方式重新组合的循序渐进的过程。不同专家对广告创意的过程有多种划分方式，其中调查、分析、孵化和评价四个步骤是必须经历的重要阶段。广告创意的方法多样，包括"二旧化一新"法、水平思考法、垂直思考法、集脑会商法等，它们在广告实践中通常被综合运用。

☞ **章节案例**

"抢"来的市场

　　近年来，由于消费者对于健康的日益重视以及国内食品药品安全现状的不容乐观，一个新的"大健康"产业获得了发展机遇，一些药企纷纷以专业化或一体化策略开展品牌延伸，涉足日化、食品等更广阔的空间。在日化行业，尽管这些新来者的加入未能从整体上改写外强内弱的局面，但是却在某些细分市场成为与外资品牌争抢市场份额的强有力的竞争者。最有代表性的当属云南白药集团。

　　作为医药行业的著名品牌，云南白药有着悠久的历史和诸多的荣誉，比如"国家级保密配方"、"国家中药一级保护品牌"等。不过，当云南白药开展品牌延伸时，这个品牌同样面临着从零开始的破局难题。云南白药的品牌延伸首先从专业化延伸开始，以百年配方为基础推出云南白药膏药和创可贴。

　　20 世纪 90 年代，在强生公司的邦迪创可贴进入中国市场之前，中国百姓日常用来进行伤口外敷的药品是白药散剂，其中云南白药是主要选择。经过邦迪十余年的耕耘，白药散剂已经失去了优势地位，邦迪的市场占有率一度高达 70%。2001年，云南白药集团投资 450 万元成立上海透皮技术研究有限公司，并与德国合作，推出云南白药创可贴。该产品一举击中了邦迪只有胶布没有药品的软肋，拥有强有力的 USP：消炎、止血、镇痛的云南白药，并以低于邦迪的价格上市。①

---

　　① 何佳讯：《广告案例教程——如何创建品牌资产》(第 3 版)，复旦大学出版社 2010 年版，第 122-126 页。

2005 年，上海凯纳营销策划公司成为云南白药创可贴的营销代理，为产品制定了新的营销传播策略："唤醒人民对云南白药品牌的认知（信任），利用有药的差异点（区隔）提醒大众购买"。这一策略的优势在于，以"含药"应对邦迪，以"云南白药"应对市场杂牌。2006 年，代理公司选择了报纸、广播和电视开展传播活动，广告语"云南白药创可贴，有药好得更快些"在这一阶段广为人知。另外，线下活动也同步展开，以攻克华东和华南等央视覆盖率较低的地区。以广东为例，2006 年几次风暴灾害发生后，企业调集了 50 万云南白药紧急救援物资，代理公司策划了系统公关活动和终端促销活动。同年，产品从药店专售进入超市等大众零售渠道，与邦迪在终端正面对抗。当年，产品的市场销量从 1 000 万元激增为 1.2 亿元，与邦迪的市场份额比由 1：10 缩小为 1：2.5，跃升为一线品牌。2008 年初，云南白药创可贴所占市场份额实现反超。①

在深耕药品行业之后，企业进行了更大幅度的品牌延伸，以云南白药牙膏正式进军日化行业。事实上，国内牙膏市场不乏中草药概念的产品，如两面针、佳洁士的"草本"系列等。企业通过消费者研究发现许多消费者都存在不同程度的牙龈问题，快速止血消炎的需求具有可观的市场容量。不过，市场的风险同样显著，比如企业毫无日化竞争经验，又如该行业长期被高露洁、佳洁士等外资品牌占据，市场排名前 10 位的牙膏品牌占据了市场 90% 的份额。2004 年，27 元/支的云南白药牙膏在一片质疑声中上市；2007 年，"金口健"牙膏面世。

2005 年，云南白药牙膏的首则电视广告《出血篇》在央视投放，产品销售主要集中为云南及周边市场。当年，企业再次约请凯纳营销策划公司作为广告代理，并达成了用医药企业擅长的医药保健品的整合推广手法宣传产品的共识。此后，产品定位从"药用牙膏"进一步聚焦为"非传统口腔全能保健膏"，以期化解行业背景障碍、价格障碍和使用人群障碍。产品营销策略为"锁定商超，布局全国"，突破云南本地，选择部分省级市场作为重点市场，从省会城市向二类城市推进。在传播方面，代理公司选择央视为平台，拉动全国市场面的销售；配合相对廉价的报纸媒体，运用推广保健品的思路进行平面攻势。诸如《怪！20 多块的牙膏居然卖火了》、《谁在买 20 多块的牙膏？》、《高价牙膏竟然遭抢购》等一批类似保健品推广模式的软文相继面世。②

---

① 沈国梁（凯纳营销策划机构）：《从 1000 万到 1.2 个亿，云南白药创可贴年度飞跃》，梅花网，2009 年 11 月 6 日，http://www.meihua.info/KNOWLEDGE/case/178.

② 上海凯纳营销策划机构云南白药牙膏专案组：《云南白药牙膏：8 年，从 3000 万到累计 66 亿》，凯纳策划营销策划机构网站，http://sh.cannor.cn/cshow.asp? id=2927.

2007 年，产品的重点市场增加到 25 个；2006 年年底，其市场销售额累计升至 3 亿元，在牙膏市场中分割出功能性牙膏高端领域的细分市场；2007 年，AC·尼尔森的数据显示，云南白药牙膏在现代渠道的销售额已位列本土品牌第一；2008 年年底，产品销售额突破 10 亿元；2008 年 1 月，央视播出了云南白药牙膏最新的广告片，继续以"口腔健康，关乎全身健康"的诉求进行消费观念的诱导；2012 年，企业对外公布的云南白药牙膏年销售额达到 66 亿元。

在上两役获胜之后，云南白药的品牌延伸之路继续快步展开，2010 年 10 月推出"养元青"品牌进军厮杀激烈的洗发水市场；2013 年初，以品牌"日子"涉足女性健康护理市场……眼下，这两次品牌延伸的胜负还未见分晓，然而对于所有希望突破原有市场束缚的品牌而言，延伸却是必经之路。

第一节　广告创意过程

广告创意是一种非常复杂的智力活动，它并不是一刹那的灵光乍现，而是靠广告人的各种知识和阅历累积而成，是一连串自我的心理过程所制造出来的。作为一种复杂的思维，其过程受主客观诸多因素的制约和影响，因此它是广告人必须详细了解和把握的。

方法是创意过程中激活潜意识、孕育和产生创意的技巧或手段。选用适合自身的创意方法、运用适当的技巧，是产生创意的必要措施。因此我们应当了解和掌握优秀的创意方法，从而在创意过程中少走弯路，早日成功。

按照广告大师韦伯·扬的观点，广告创意的过程就犹如"魔岛浮现"。古代水手传说中的令人捉摸不定的"魔岛"其实只是海中长年积累、悄然浮出水面的珊瑚形成的。创意也是这样，它并非一日之功，而是由广告人头脑中的各种经验、阅历、知识、敏感等积累而成，是通过眼睛看不到的一连串自我的心理过程所制造出来的。创意的过程有其自然的规律和制约的因素，很值得我们深入认识和探讨。

一、广告创意的依据

对广告创意容易产生两种误解，一种误认为广告创意的产生只是简单的构思过程；另一种误认为创意单凭灵感，是不可捉摸的主观臆想。这两种误解都忽略了创意的依据，在此必须予以澄清。

首先，广告创意不是简单的构思，它是整个广告策划系统工程的一个关键环节。

创意者不仅要研究大量的市场资讯材料，而且要与广告策划的其他环节相协调，同时还要运用广告学的理论知识，懂得类似环境下广告界创意实践的历史等。

特别是要进行创造性思维，避免雷同，摆脱模仿。在广告铺天盖地、竞争强手如林的情况下，要显出特色，取得成功，简单构思是绝对不够的。

被称作"麦迪逊大道的坏孩子"的广告怪才乔治·路易斯为著名的伏特加酒做的平面系列广告中，有两则是这样的：

一瓶伏特加对红番茄说："嗨，你这个正点的红番茄，若我们两个加在一起可以调成血腥玛利。我可是和别的家伙不同喔！"番茄说："我喜欢你，沃尔夫·史密特，你的确很有品位。"

一个平放的伏特加瓶子对橘子说："甜心，我很欣赏你，我可很有品位，我要发掘你的'内在美'，亲一个。"橘子回答："上个星期我看到的那个跟你在一起的骚货是谁？"

接下来的还有柠檬、洋葱、橄榄等，它们都和沃尔夫·史密特在说着性暗示的双关语。用这样的方式表明水果可以与伏特加调和在一起成为新的好味道，不可谓不新颖。这段对话将文字和视觉很好地融合在一起。路易斯认为，广告中的一切因素都是为了更清晰地表达创意，使交流有力和清晰。

路易斯还为儿童抗感冒药 Coldene 设计了一系列广告，在当时完全打破了传统。其中一则平面广告的整个画面都是黑的，没有产品、包装，也没有标志，只可以通过父母的对话来推测这是卧室，对话用白色文字表现出来：妻子说："孩子在咳嗽。"丈夫说："起来给他喂点 Coldene 吧。"

创意方法不拘一种，而是多种多样。乔治·路易斯的广告总是新颖独特、不拘一格、打破常规，值得我们学习。

从宽泛的意义来说，广告创意的依据是创意者平时一点一滴所积累起来的全部知识和创意过程中所可能获得的所有知识，以及创意者本人的智力水平和直觉反应灵敏度。

其次，广告创意不是主观臆想，而必须依照事实，依照广告策划整体框架进行。

严格说来，事实和框架是创意的依据。"框架"是由广告策划总体规划所确定的，诸如广告对象的确定、广告战略的总体思路、产品的定位以及媒介选择等。它们都从不同方面、在不同程度上对创意起着制约作用。创意只能依照框架的限定，沿着战略大方向进行。单凭主观臆想，或许可能产生新奇的念头，但那是无缰的野马，任意狂奔，不可能成为某一特定广告运动的创意环节。

"事实"是客观存在的，比如市场情报、消费者资料、有关本产品的各种真实情况等，都是创意者所必须尊重的事实。离开事实虚谈广告创意，要么是主观臆想，无的放矢；要么是凭空捏造，损害广告的真实性。没有瞄准目标的广告和丧失真实性的广告，其结果均会导致广告运动的失败。有广告学专家强调"事实是广告的生命"，可见对创意者来说，以事实为依据是何等重要。

在事实和框架的基础上，创意者应充分激活自身的创造潜能，在联想中发挥创造力。世界层出不穷的大大小小的发明，我们日常生活中使用的器具，看的电影、电视节目，听的音乐，读的书报杂志、小说、漫画……甚至于佛经，都充满着经心的创意，而这些不也正是广告创意者可以吸取消化继而发挥出创意流星的素材么？

广告创意的灵魂和原材料都是来自生活体验。丰富多彩的生活体验代表一个资源丰富的海洋，下面蕴藏的魔岛无论是数量还是质量都会起到提升作用。所以大部分创意人都拥有多元化的生活背景，拥有更充裕的创作元素，这些在创意人的脑海里不断发生化学作用。而当时机成熟，创意便会跃升至意识层面，破壳而出，一飞冲天！

方法是创意过程中激活潜意识、孕育和产生创意的技巧或手段。选用适合自身的创意方法、运用适当的技巧，是产生创意的必要措施。因此我们应当了解和掌握优秀的创意方法，从而在创意过程中少走弯路，早日成功。

其实，一个创意就是一个意念，这意念是否创新，取决于不同的存在时空和文化环境。创意人的创作设计是有目的而为的，任务是利用创作元素，想出在特定时空发生预期作用的创意；而专业创意人的技巧不单是想出创新的意念(盲目为创新而创新是很多新手的通病)，更重要的是想出"适用"的意念，达到目标而又不失其创新性。

二、认识创造性思维

中外广告佳作无不体现出创造性，创造性是广告人的生命和灵魂。

每个人其实都具备创造力，只是有些人比另一些人表现出更多的创造性思维而已。如果没有创造，我们的祖先就无法发现如何利用火、如何驯养鸡犬和制作工具。作为单独的个体，我们无时无刻不是凭借着自己的天生创造力在选择服务、梳理发型、装饰房屋或烹调食物。

1. 思维方式

20 世纪初，德国社会学家马克斯·韦伯提出人类有两种思维方式：一种是客观的、理智的、以事实为依据的；另一种是定性的、本能的，以价值为依据的。例如，为参加考试而学习，我们会用以事实为基础、理性的思维方式；与此相反，如果我们要买一辆车，我们就会调集品位、直觉和其他常识，比照其价格，对车的特性、款式设计和性能作出定性的价值判断。

20 世纪 50 年代后期，聚合思维学说和分散思维学说阐述了人如何通过缩小或扩大自己的观念归属来处理众多的思想。70 年代后期，研究人员发现人的左脑半球控制着人的逻辑思维，而右脑半球则控制着人的直觉思维。80 年代，社会科学家艾伦·哈里森和罗伯特·布拉姆松又提出了思维的五种类型：综合型、理想型、实用型、分析家型和唯实论型。他们指出，分析家和唯实论型符合韦伯的事实依据类，综合型和理想型符合价值类。

罗杰·冯·奥克将这种两分法定义为硬思维与软思维。硬思维指逻辑、推理、精确、连贯、工作、事实、分析和具体证明等概念；软思维则指一些更无形的概念：如象征、梦想、幽默、含糊、游戏、幻想、预感等。对于硬思维，事情就只有是与非、黑与白，而对于软思维，就可能存在多种正确答案、多种过渡色。

2. 事实型思维与价值型思维

多数思维学说将思维方式分为两大类：事实型和价值型。

倾向于事实型思维方式的人喜欢把观念分解成细小的组成部分，然后对背景进行分析，以发现最佳的解决之道。虽然倾向于事实型思维的人也可能具有创造性，但他们往往倾向于线型思维，喜欢事实与数字——硬信息，因为他们能分析和掌握这类信息。他们不太习惯模棱两可的东西，而习惯于逻辑、结构和效率。相反，价值型思维方式的人依据直觉、价值观和道德观来做决定。他们更善于接纳变化、矛盾和冲突。这种思维方式基本上依赖于各种观念的融合。例如，倾向于价值型思维方式的人总想把一组不同的观点融为一体，彼此发挥各自的优势。他们善于运用想象产生出新的观点，也善于综合运用现有概念。

优秀的广告创意者，一般都会运用事实型思维和价值型思维这两种思维方式来完成他们的工作。在进行创作时，他们必须运用自己的想象力（价值型思维方式），构想出不同的观念；但在选择最佳创意，最终完成作品时，他们通常会采用事实型思维方式。

三、广告创意过程的多种模式

创意过程是一个发现独特观念并将现有概念以新的方式重新进行组合的循序渐进的过程。遵循创意过程，人们可以提高自己发掘潜能、交叉联想和选取优秀创意的能力。

21世纪的广告创意人将面对一个日益复杂的世界，在协助客户与高度细分的目标市场建立关系的过程中，他们必须应付整合营销传播中的诸多挑战，他们必须了解影响着广告的大量的新技术（计算机硬件、软件、电子网络、高清晰度电视等），他们还必须学会如何针对蒸蒸日上的国际市场做广告。要做到这些，他们需要一个能驾驭许多不同环境的模式。

几十年来，人们提出了多种有关创意过程的模式。

Frank Alexander Armstrong 在他的著作《创意寻踪》一书中，把创意过程分为五个阶段：第一阶段是评估形势，第二阶段是明确问题，第三阶段是利用潜意识，第四阶段是产生构思，第五阶段是判断最佳构思。通过这五个阶段，有效的构思、最佳的创意就可能得到。

Hal Stebbins 在国际广告协会世界大会上，在以《创意的课题——变化的世界的文稿哲学》为题的讲演中，谈到创意产生的七个阶段：

（1）导向阶段——事实的发现、问题点的提出；

（2）准备阶段——收集贴切的资料；

（3）分析阶段——关联素材的分析；

（4）假说阶段——为了最终选出最佳构思、准备几个假说；

（5）孵化阶段——即为了模仿头脑中灵感产生的过程，将各种知识事先储存起来；

（6）综合阶段——综合各种知识的断片；

（7）决定阶段——判定作为结果产生的构思。

Waras 则将这一过程分为四个阶段：

（1）准备阶段，创意人在这一阶段，必须具有无法挑剔的接受能力；

（2）孵化阶段，创意人的认识阶段；

（3）解明阶段，这阶段是人的潜意识不断流畅的瞬间，是新的创意形成的时候；

（4）完成阶段，是最费神的阶段，是将灵感客观化的最终阶段。

罗杰·冯·奥克提出了他的四步创意模式，这是当今许多跻身美国100强的广告公司所采用的模式，这种模式为事实型思维方式和价值型思维方式的人都提供了同样的灵活性。按照他的模式，每个创意人在创意过程的不同阶段仿佛都在扮演不同的角色：探险家、艺术家、法官和战士。

（1）探险家——寻找新的信息，关注异常模式；

（2）艺术家——试验并实践各种方法，寻找独特创意；

（3）法官——评估实验结果，判断哪种构思最实用；

（4）战士——克服一切干扰、艰难、险阻、障碍，直至实现创意概念。

上述创意过程虽然大致相同，但每种模式又各有其特点。我们以《当代广告学》介绍的冯·奥克和日本广告学专家植条则夫教授的看法为主导，并综合其他专家的见解，详细说明广告创意过程。

四、广告创意的四个阶段

1. 调查阶段——收集大量的资料

广告创意者的工作首先从收集资料开始。优秀的创意是以缜密的调查和分析为基础而产生的。创意者在这一阶段必须收集有关的所有资料。但目前我国的不少广告人却疏忽这项工作，往往凭自身的经验和感觉，来补偿相关的调查。在广告环境如此复杂的今天，仅用一个人的经验和感觉，要正确地把握问题是不可能的。所以，资料收集作为创意过程的第一阶段，成了最重要的基础工作之一。

2002 年，面对浙江联通强大的攻势，浙江移动与广告代理上海李奥贝纳一起，寻求降价促销以外的正确策略方向。经过大量调研，他们明确发现，中国移动在广大手机用户中拥有绝对的品牌知名度和美誉度，即使是联通的用户对此也持有同样的认识；几乎绝大多数的人都认为，中国移动的网络覆盖质量是国内最好的，通话质量好，断线率低等；中国移动的服务质量也比其他竞争者稍胜一筹……所有这些都让用户觉得，中国移动是国内更专业、更值得信赖的电信运营商；而中国移动的核心用户品牌——全球通则更被认为是一个高端品牌，拥有专业、成功人士使用的品牌形象。基于以上调研资料，双方制定了以强化核心优势为主线的竞争策略，利用中国移动长期以来建立的品牌核心优势来加强品牌的忠诚度，巩固品牌的领导地位。因此，上海李奥贝纳决定从不同的传播诉求角度来将中国移动已经建立的品牌优势放大，强化各个品牌的核心优势，向联通发起强力反击。在这种策略指导下，电视、平面广告相继推出，收到了良好的传播效果。

William L. Spenser 对有关资料的叙述是："第一，有关商品的知识——其长处和制造方法等；第二，有关消费者的知识——他们的欲望，必要性，对该商品的心理态度等；第三，有关竞争品的广告——要研究怎样直接地吸引消费者；第四，要尽力地发现产品的特色、与其他竞争商品的不同点，并确定其在情感诉求上的特色。"

植条则夫从自身的经验说明怎样收集必要的大量的资料：

(1)从广告主的广告负责人处收集。创意者是从广告主的广告负责人那里接受广告创作任务的，他们必然掌握较多的信息。因此，从他们手中得到资料并仔细审阅是创意者工作的一部分。

(2)从企业的技术研究人员处收集。从商品的发明者、设计者那里能够了解到该商品发明和生产的历史、商品具有的功能性的特点等，这是创意者必需的商品知识。

(3)从工厂有关生产人员处收集。创意者应向厂长、生产管理者咨询商品的生产过程，进一步明确商品特性。

(4)从企业的最高管理层处收集。企业生产销售此商品，当然有经营方面的理由，根据担任高级管理的经营者的谈话，能充分理解企业对该商品的态度。

(5)从有关销售人员处收集。与消费者有着最密切关系的售货员(推销员)的意见比其他任何人的意见要真实。"上帝"寻求什么，怎样评价，通过具体的直感调查，就可弄明白。

(6)从消费者处的收集。消费者最有发言权。使用商品的人的意见比其他任何人的意见都更真实。通过"消费者在寻求什么？怎样评论？"的调查，可获得极为重要的资料。广告大师李奥贝纳非常重视调查工作，他说："为了在写文稿之前总结构思，人有各种习惯，有的喝喝白兰地和啤酒，再把脚搁在桌子上。但我往往会想象自己成为使用商品的消费者，直接去探询对其商品的哪一点感兴趣，什么样的消费者有购买的欲望。为想出好的构思，深入采访是丰富知识的首选方法。"

(7)从有关商品的研究会、讨论会、展示会处收集。参加该商品有关的演讲会、座谈会和展示会，可以获得预想不到的调查资料。

(8)从媒介上收集其他企业发表的广告、出版物。出现在媒介上的竞争对手的商品广告，可以帮助你更加明确广告主的企业状况和产品销售特点。

(9)通过亲手对商品的试验而得到的资料。自己试着使用该商品是商品研究最简便的方法，对该商品的特长和缺点能直接理解，也能产生对该商品的感受。

在广告天地中，在创意人员扮演探险家这个角色时，他们要摆脱常规，去新的地方寻找信息，以便发现新的观点并辨明非同寻常的格式。冯·奥克建议"开阔思路"，就是说要敞开胸怀，接受外部世界的新知识。创意无处不在：参观一座博物馆、一座艺术馆、一家硬件商店、机场，都可能令你开阔思路，有意想不到的收获。思路越宽，发现独特构思的机会越大。

2. 分析阶段——探寻有魅力的诉求点

这是从收集到的资料中导出结论的阶段。调查资料有旧的、新的、重要的、不太重要的，建立一个体系是这一阶段的重要工作。分析从调查资料中获得的问题点，并从中提取该商品吸引顾客的重要卖点，从而引出产品概念、定位、广告的诉求等。

据尤优肇分析，卖点（或诉求点）可分为以下九个项目：

(1)适合性——该商品适合于怎样的用途？

(2)通融性——该商品能否用于其他目的？

(3)耐久性——能持续使用多久？

(4)舒适性——使用该商品是怎样的舒适？

(5)方便使用——在使用上有否难点，是否谁都能方便地使用？

(6)式样——是否与使用者的喜好相吻合？

(7)魅力——商品是否有吸引人的魅力？

(8)价格——价格是否适当？

(9)感情特性——比如该商品能否满足女性爱美的愿望？

2000年，中美史克联合其广告代理精信广告为拳头产品——芬必得（止痛药）调整了品牌以及创意策略，从而展开了新一轮的广告攻势。

20世纪80年代末，芬必得随中美史克进入中国市场，产品迅速抢占了市场先机，第一轮攻势几乎没有遇到竞争对手就顺利地被消费者所接受。而到了90年代中后期，市场的变化出人意料，止痛类药品市场的竞争突然激烈起来，大小品牌争相出场。中美史克和精信广告公司开始研究分析自身以及市场，以期制定新的广告策略。精信分析，芬必得作为一个成熟品牌，不仅具有止痛的产品功能，而且还应存在一种精神，一种情感资产，即，该药不仅能为患者解除疼痛，而且还能让人一身轻松，从而解除心理负担。这一切入点的突破使广告创意逐渐明晰起来。新的诉求突出品牌的感情利益点"值得信任的止痛药"，而不是过去的功能利益点"止痛专家"，力争使消费者变被动用药为主动的情感接受。品牌形象广告从理性上升到感性，把治愈身体的疼痛升华为精神上的解脱。最后的创意定为：蔚蓝色的水下世界里，健美的年轻女子和活泼、可爱的海豚一起自由嬉戏。广告语为"无痛世界，自由自在"。电视广告力图摆脱药品广告叫卖似的俗套，展现消费者内心世界的感受，以自由自在的旋律和节奏在受众内心深处激发共鸣。

在导出结论、建立一个体系阶段，应形成一个创意纲要。宝洁公司和李奥·贝纳广告公司采用一种简明创意纲要，它由三部分组成。

第一，目标说明。具体、准确地描述广告打算达到什么目的，要解决什么问题？目标说明还包括产品或服务的品牌名称和简要、具体的目标消费者描述，例如：广告将使要求很高的吉他演奏者相信泰勒吉他是一种独特的、高品质的乐器，并劝服他们在下次购买原声吉他时考虑选购泰勒吉他。

第二，支持性说明。对支持产品承诺的证据进行简要说明，也就是利益的缘由。例如：支持证据是：泰勒吉他由目前最好的木材手工制作而成，这使乐器具有一种独特的甜美音色。

第三，基调或品牌特点说明。基调说明是对广告战略的短期感性描述；品牌特点说明则是对品牌持久价值——即赋予产品品牌资产的东西的长期描述。一方面基调说明可能会是这样的：泰勒吉他广告的基调应该传递出漂亮、优质、精良、价值，再加一丝自然的幽默。另一方面，品牌特点说明也可能是这样的：泰勒吉他——由最好的材料手工制作，能发出最甜美的声音。

创意纲要能帮助创意人员找到创意的方向。哲学家杜威说："问题说清楚了就等于问题解决了一半。"人们如果清楚自己在找什么，那么就会有机会找到它。这就是创意纲要为什么如此重要的原因，它有助于创意人员明确自己要寻找的东西。

为了让自己的创意之泉流淌不竭，绝大多数文案人员和美术指导都保存着大批印有获奖广告的书籍和商业杂志，不少人还存有一大堆自己喜爱的广告档案。这些或许能开发自己的思路。

3. "孵化"阶段——构思的孕育、开发

根据前面的调查和分析，产品概念和卖点确立之后，创意活动就进入一个"发酵"和"消化"的阶段。按冯·奥克的说法，就是创意者由探险家变为艺术家。艺术家这个角色最艰苦、时间最长，但也最有收获。

艺术家在"孵化"期要进行长期而艰苦的工作，即沿着创意纲要指明的方向，分析问题，寻找关键的文字或视觉概念来传播需要说明的内容。也就是说要在撰写文案或设计美术作品之前，先在大脑中构思出广告的大致模样。

威廉·阿伦斯说，这一环节又叫形象化环节或概念化环节，是广告创作中最重要的一步，也是寻找大创意的环节。"大创意是建立在战略之上的大胆而又富于首创精神的创意，以一种别开生面的方式将产品利益与消费者的欲望结合起来，为广告表现对象注入生命活力，使读者或听众忍不住驻足观看和收听。"

2003 年，随着一些全国强势品牌的渗透，福建省长福乳业的省内市场受到威胁。为了力保优势地位，其主打产品长富牛奶面临选择，要么是跟随竞争对手的步伐推广常温保存牛奶，要么是强化"新鲜"概念。长福乳业及其广告代理选择了后者，在电视上以《专家篇》、《省内促销篇》和《尝试篇》等不同角度的广告片加强了新鲜牛奶的传播攻势。在其《尝试篇》中，广告代理在几经思考和反复琢磨后选择了"尝试"这一突破点，取材婴儿与母亲生活中的许多个"第一次"，以细节的刻画、情感的自然流露将"尝试"与新鲜牛奶联系起来。广告片告诉人们，生命中有很多"第一次"，如果不肯尝试，就会错失很多美好的东西。广告语"长富牛奶，尝一口就再也放不下的好味道"为全片画下了一个完满且有力的句号，得到不少消费者的好评。

在这一阶段，灵感与潜意识起着重要的作用。约翰·奥图尔说："战略要求推论，而大创意则要求灵感。"那么，什么是灵感呢？杜威说："灵感是现实中，长时间慢慢培养成的东西。当旧的东西与新的东西碰撞的时候，在潜意识中开始进行再整理，那简直像天空的星星闪烁一样敏捷，没有预期地突然得到了调和。"

在创意过程中，我们除自觉思考外，一定要十二分地活用潜意识。潜意识朝哪个方向不仅取决于创意人员的经验和才能，更取决于第一阶段和第二阶段调查研究的量和质。

创意来自对素材的运用与改造，冯·奥克指出，在我们扮演艺术家时，必须把扮演探险家时收集的素材进行一番改造，才能使其产生价值。这就是说，他们必须多提问题，诸如：把这个加上会怎样？把那个拿来会怎样？反过来看会怎样？把它比喻成其他东西又怎样？艺术家必须不断改变花样，试验各种方法。

在创意过程的这个阶段，出色的艺术家有许多改变事物的策略。冯·奥克推荐了几种产生创意的技巧：

（1）调整。改变背景。想想除了显而易见的东西外，产品还有可能成为其他什么？如康宝汤的一则广告表现了一碗热气腾腾的西红柿汤，醒目的标题写在碗下："健康保险"。

（2）想象。问"如果……会怎样？"让你的想象长上翅膀，不怕出格。如果人们能在睡眠中完成讨厌的工作会怎样？如果动物在客厅中畅饮会怎样？乔治镇的克莱德酒吧真的用了后一个想法，广告中出现了一头美丽的大象和一头漂亮的驴，它们穿着西装，坐着桌旁互相敬酒，标题说："克莱德，人们的选择。"

（3）颠倒。从反面看待事物，有时，所期望结果的反面恰好具有很大的冲击力和记忆度。有一家化妆品公司为其保湿润肤膏做的广告这样说："向你的丈夫介绍一位更年轻的女士",而大众老爷车的广告则采用了这么一条标题："丑陋只是表面现象。"

(4)联系。把两个不相干的想法合并在一起,问问自己:我的构思能和哪些创意产生联系?为了鼓励人们索取目录介绍,加勒比皇家游轮公司的广告极为简单:一页目录封面,上面是简洁的标题:"邮寄航海"。

(5)比喻。用一个概念描述另一个概念,有助于人们理解。某公司给自己的洋葱圈做了这样的广告:在路牌上画了一个洋葱圈,然后请开车的人"来做环形表演"。一家高档杂志上的派克高级钢笔的广告更是一个纯粹的比喻:"美妙绝伦,纯银出身,丝般流畅。"

(6)删节。抽掉部分东西,或打破常规。在广告创作中,墨守成规几乎不会有什么收获。例如,七喜就是因为宣传了它所不具备的因素(非可乐)而名声大噪,并且成功地把自己定位为可乐的替代品。

(7)滑稽模仿。开玩笑、逗乐、讲笑话——尤其是在压力之下。幽默与创造性发现之间有着密切的关系。幽默开阔了我们的思维,如果运用得当,便可能产生出色的广告。美国飞乐(Fila)公司的电视广告"异乎寻常、绝对的狂欢、绝对的酷"篇,表现一只螳螂脚穿飞乐运动鞋飞快地爬上叶梗,以逃避杀手般的配偶。

人人都有过创意枯竭的经历,原因很多:信息超载、精神疲惫、身体疲劳、紧张、恐惧,或缺乏安全感,但问题往往就出在思维方式的僵化上。

在创作人员研究大量的营销数据时,有关销售与市场份额的事实和数据会使他们陷入事实型思维方式,但要想创作出有效的广告,他们又必须改变方向,采用价值型思维方式。正如冯·奥克所言:"创造性思维要求你具有寻找创意并驾驭你的知识和经验的能力。"然而,创意人员有时很难立刻改变思维方式。因此,冯·奥克推荐了几种启发综合性思维的技巧,例如:寻找第二个答案(一个问题往往不止一个答案,第二个也许更具创造性);寻找相互作用(电视人可以向教师学习许多东西,反之亦然);杀死圣牛(推倒权威);想象他人的做法(通过游戏的方式展开想象);嘲笑自己的做法(拿自己正在做的事开玩笑);推翻自己的观点(开放思路,发现自己以往忽略的东西)。

在此阶段,急于一下子解决给予的题目而好点子怎么也产生不了的情况经常发生。那是由于潜意识的"孵化"状态尚未成熟。构思的创造决不能急躁。优秀的广告作品不是一下子就能完成的,常常是即使费了很长时间也未必产生好的构思。创意人员发现,当大脑处在信息超载状态时,可以把这个问题抛开一段时间去干一些别的事情,这倒不失为最好的解决办法。它能使疲惫、麻木的大脑得到休息,让问题在潜意识中得到酝酿,使更好的创意浮上来。这时再回过头来重新开始,创意人员往往会找到一套全新的构思。

2000年,由台湾奥美为味丹企业的矿泉水品牌"多喝水"创作的平面广告《浇水篇》，在第七届时报世界华文广告奖、第二十二届时报广告金像奖和第十届时报亚太广告奖等华文广告圈的各类评奖活动中摘金夺银，成为佳话。两则广告的创作颇多艰辛但也饶有趣味。

当时台湾地区的矿泉水市场已经有两大强势品牌，"多喝水"作为第三个品牌面临很大的压力。创作组一度为品牌名称、广告创意而大伤脑筋。就在大家焦头烂额之际，有人想出了"多喝水"三个字，一下子得到了大家的认同，使大家从"好品质"、"好口感"的旧观念中抽离出来。于是"多喝水"被定为品牌名称，品牌的对象为年轻人，主要信息为年轻人对"多喝水有益健康"、"多喝水少感冒"、"多喝水更年轻"等教条式的观点的新态度，以逆向思维进行传播。从产品包装到广告表现甚至是终端宣传，都以年轻人的生活态度为基调，以他们喜欢和常用的语言、符号、场景和实物作为沟通的载体。平面语言充分展现了年轻人敢于尝试、无所畏的心态。《浇水篇》以一个年轻男子用矿泉水为胳膊上的玫瑰花刺青浇水为主画面，通过年轻人的流行符号"刺青"，巧妙地传达它们对于多喝水的新看法——人要多喝水，花也要多喝水；没有生命的花也要多喝水；自己喝不喝无所谓，刺青不喝万万不可！广告活动通过各种传播途径向年轻人灌输，多喝水是一瓶矿泉水，一个品牌，更是一种年轻人的生活态度。

4. 评价阶段——决定好的创意

一个个地审核第三阶段产生的诸多构思，决定最好和最合适的一个，是这一阶段的工作。创意人员必须解决以下问题：这个创意确实不错呢，还是凑合(我的第一反应是什么)？这个创意哪点对(或哪点不对)？如果不成功又会怎样(是否值得去冒这个险)？我的文化偏见是什么(受众是否有同样的偏见)？什么阻碍我的思维(我是否一叶障目)？

总之，对这个创意的优点、缺点，可能使用或不能使用的东西、崭新的或平凡的东西，一定要加以分析和评价。到这一步，再次确认已经形成的卖点和产品概念是非常必要的。创意是否适用于广告目标、特定消费者和媒体性格？与竞争对手商品的表现相比较是否有创造性？都需要严格分析，以便作出正确的评价。

从诸多构思中抽选出优秀的构思，并从中决定一个可使用的构思，这是创意过程的最终阶段。选定的构思一定是创意小组索求的最高目标，是广告活动的核心，撰稿人和设计者的具体工作，可以说都是从这个构思开始的。

第二节　广告创意的方法

方法是创意过程中激活潜意识、孕育和产生创意的手段或技巧。选用适合自身的创意方法，运用适当的技巧，是产生创意的必要措施。因此我们应当了解和掌握优秀的创意方法，从而在创意过程中少走弯路，早日成功。广告创意追求的是新颖独特、别具一格。但它的出现并非率意而得。遵循一定的方法、运用适当的技巧是广告创意获得圆满成功的根本保证。百余年来，无数广告人通过他们的辛勤探索，总结出许多切实可行、行之有效的创意方法。所以，了解、掌握、运用这些方法，无疑会对后来者的广告实践产生巨大的促进作用。

一、"二旧化一新"创意方法

亚瑟·科斯勒的"二旧化一新"的概念是在研究人类心志作用对创意的影响时提出的。这种被称为"创意的行动"的构想，在实践过程中对创意的形成和发展影响很大，因而人们也就把它当做一种广告创意方法备加推崇而大量应用。

"创意的行动"其实质就是"二旧化一新"。它的基本含义是：新构想常出自两个相抵触的想法的再组合，而这种组合是以前从未想到的。即两个相当普遍的概念或想法、情况甚至两种事物，把它们放在一起，会神奇般地获得某种突破性的新组合。有时即使是完全对立、互相抵触的两个事物，也可以经由"创意的行动"和谐地融为一体，成为引人注目的新构想。

大印象减肥茶有一则以"来点果汁还是大印象"为标题的平面广告，图中是两个不同形状的杯子，一只杯子下半部分很圆，像胖胖的肚子，杯里插着一根吸管，表明是果汁；另一只杯子中间窄，两头圆，像是女性完美的曲线，杯口悬下来的细绳标签上印着大印象的标志。文案是："不一样的效果源自不一样的选择。"这则广告以常见的两种杯形曲线隐喻饮用该品牌的减肥茶带来的神奇效果，让人一目了然而又饶有兴味，是引人注目的新构想。

依据"二旧化一新"的基本原则，有限的元素通过不同的组合，可以形成无限的新构思。正如著名广告人莫康孙所言，百种化学元素经过不同的组合变成了我们每天接触的日用品、食品、工具等；分色印刷的四原色可以组成千千万万的不同色彩；钢琴上的七主调白琴键和五小调黑琴键，又演绎了世世代代的音乐名曲；时装设计的色彩、布料和款式的组合，让每一个季节的新潮流充满激情与浪漫……这种"化腐朽为神奇"的创意将随着时间的流逝永无止境地绵延下去。在广告创作领域，"旧元素，新组合"的创意理念更是深入人心、无处不在。

鸡蛋，我们都非常熟悉。它是一种食品，能为人体提供必要的营养，这是每个人都知道的常识。把它作为创意的元素可以形成怎样的组合？维珍航空公司的广告创意带给我们意外的惊喜：在飞机场的行李输送带上，与各种行李放置在一起的是一盘盘鸡蛋。一盘盘堆放整齐、完好无损的鸡蛋上粘贴着醒目的标签："由维珍航空托运。"在此，鸡蛋是易碎品的象征，如此脆弱的鸡蛋经过维珍航空公司飞机的长途飞行，最后毫无损伤地出现在行李输送带上，航空公司货物托运的安全可靠、值得信赖跃然纸上，让人过目不忘、印象深刻。在这个绝佳创意中，易碎、不好搬动的鸡蛋与航空公司安全可靠的货物托运组合在一起，极好地凸显了广告主题，完成了利用人们熟视无睹的元素形成让人耳目一新的广告创意的思维飞跃。由此，该广告获得了 1999 年戛纳国际广告节平面广告金奖。

澳大利亚一家航空公司为了吸引游客乘坐公司的飞机，打出了"下雨天，免费旅游"的广告。就一般生活常识而言，下雨与旅游几乎是一对不可调和的矛盾。旅游者大多热衷于选择晴天出门，而天气的变化特别是遇上刮风下雨等恶劣天气，往往会使人改变出行计划。此一创意将两个相互抵触的事物组合在一起，形成"下雨旅游"的新构想。这个表面看来违反常规、不合情理的荒唐组合却产生了极佳的广告效果。虽然广告内容里附加有下雨时间不满三天，旅游者不能享受免费优待的条款，但该航空公司的年营业额仍增加了 30%，且连续数年长盛不衰。其奇迹便来自于"二旧化一新"的广告创意，来自于互相矛盾的两个元素的奇妙组合。

对"二旧化一新"的创意方法，美国杰出广告人詹姆斯·韦伯·扬在他的《产生创意的方法》中也进行了深入的探讨。在他看来，创意的基本原则有二：其一，创意完全是把原来的许多旧要素作了新的组合；其二，必须具有把旧元素予以新组合的能力。他认为：广告中的创意，常是有着生活与事件"一般知识"的人士，对来自产品的"特定知识"加以重新组合的结果。而这种对各要素进行重新组合的创意方法就类似于万花筒中所发生的组合，万花筒中放置的彩色玻璃片越多，其构成令人印象深刻的新组合的可能性也就越大。同样，人的心志中积累的旧元素越多，也就越有增加令人印象深刻的新组合或创意的机会。因此，对广告创意者而言，"在心志上养成寻求各事实之间关系的习惯，成为产生创意中最为重要之事"。基于此，詹姆斯·韦伯·扬总结出真正优秀、有广告创作力的人士都具有的独特性格：第一，没有什么题目是他不感兴趣的，从埃及人的葬礼习俗到现代艺术，生活的每一层面都使他向往；第二，他广泛浏览各学科中的书籍，因为只有在丰厚的知识和经验积累的基础上，"二旧化一新"的创意方法才能真正得以实施，新的组合、新的创意才有产生的条件和表现的舞台。

"二旧化一新"创意方法的价值主要体现在它能使创意者把各种互不相关甚至互相抵触的事物交融、组合在一起，形成一个令人注目的创意，并给人以意料之外、情理之中的感受。其科学性可从心理学关于思维规律的研究中得到印证。

二、"水平思考"创意方法

"水平思考"的概念是由英国心理学家爱德华·戴勃诺博士在进行管理心理学的研究中提出的。他的本意是"管理上的水平思考法"，并不是用于广告创意。在广告实践中，广告创意人员和广告学者逐渐发现，水平思考法能极大地促进、激发广告创意的诞生，于是便将其移植到广告创作中，使其成为广告创意中屡试不爽的有效方法。

水平思考法是与垂直思考法相比较而存在的。要理解水平思考法的含义，必须先认识垂直思考法。

所谓垂直思考法，是指传统逻辑上的思考。传统逻辑上的思考法的明显特点就是思考的连续性和方向性。连续性指的是思考从某一状态开始，直接进入相关的下一状态，如此循序渐进，直到最终解决问题，中间不允许中断。方向性则是指思考问题的思路或预先确定的框架不得随便改变。有人曾以一个非常形象的比喻来说明垂直思考的连续性和方向性：犹如建塔，只能一块石头垒加在另一块石头上，不断向上垒，绝不允许向左或向右垒，也不能从中间抽掉石头；又好似挖井，必须从制定的位置一锹一锹地往下挖，不能向井壁两边挖，也不允许中间漏掉一部分不挖。正是由于这种思考方法注重事物之间的逻辑联系，习惯于在一定思路的引导下，在一个固定的范围内向上或向下运动，故人们将之称为"垂直思考法"。

爱德华·戴勃诺博士曾说："大多数的人，过于重视旧知识与旧经验，根据所谓的旧经验，逐渐产生了'创意'。这就是以垂直思考法观察或思考某一件事。这种思考方法，往往会阻碍'创意'的产生。与其利用垂直思考法去产生创意，不如用水平思考法来得有效。水平思考法就是完全脱离了既存的概念，对于某一件事，重新思考与检讨的一种方法。"这段话简明地道出了两种思考方法的差异。他还以形象的故事加深人们的认识：古时候，有一个商人向高利贷者借了很多钱。高利贷者看中了商人的女儿，贷款到期后便逼着商人还债，并提出以商人的女儿代替债务的建议。还许诺：把黑白颜色的两颗小石子放进袋子里，任由女孩抓取。如果取出的是黑色的石子，则以女孩顶替债务；如果取出的是白色的石子，则还女孩以自由，并主动放弃债务。若女孩不同意这种方法，则将提出控告。而当贪婪的高利贷者弯腰从地上捡拾石子放进口袋里时，小女孩敏锐地发现他捡起来的两颗石子都是黑色的。面对如此险境，小女孩该何去何从？按照垂直思考法，小女孩要么拒绝，要么应允。拒绝的结果或者立即还贷，或者是站出来揭穿高利贷者的鬼把戏；应允的结果则是取出一颗黑石子，以自我的牺牲来解脱父亲的困境。这两种答案都是建立在已有的经验之上，并经由惯常的思路获得，可以说，任何一个答案都算不上最好的解决办法。而依据水平思考法，小女孩最后从容不迫地从口袋里取出一颗石子（当然是黑色的石子），故意不小心掉在满是各色石子的路上，然后说道："啊！怎么办……真对不起！但是看一看袋里剩下的石子，就知道我掉的那一颗石子是黑的还是白的？"小女孩非常机智地帮父亲摆脱了困境。两相比较，孰优孰劣，一见即明。

戴勃诺博士曾对这两种思考方法进行了细致的比较分析，总结出两者的主要差异：

（1）垂直思考法是选择性的，水平思考法是生生不息的。

（2）垂直思考法只在有了一个方向时才移动，水平思考法的移动则是为了产生一个新方向。

（3）垂直思考是分析性的，水平思考则是激发性的。

（4）垂直思考是按部就班，水平思考则可以跳来跳去。

（5）用垂直思考者，必须每一步都正确；用水平思考者则不必。

（6）垂直思考为了封闭某些途径要用否定，水平思考则无否定而言。

（7）垂直思考要集中排除不相关者，水平思考则欢迎新东西闯入。

（8）用垂直思考，类别、分类和名称都是固定的；用水平思考则不必。

（9）垂直思考遵循最可能的途径，水平思考则探索最不可能的途径。

（10）垂直思考是无限的过程，水平思考则是或然性的过程。

直条则夫教授在其专为中国读者撰写的《广告文案策略——策划、创意与表现》中，为水平思考法归纳了四条原则：

第一，找到支配性的构想；

第二，寻求各种各样的看法；

第三，从垂直性思考的强烈习惯束缚中挣脱出来；

第四，有效地利用偶发性的机遇。

运用水平思考法首先必须找到支配性的构想。这些来源于旧知识、旧经验的支配性构想往往局限人的视野、束缚人的创造力，是新的创意出现的障碍。因此要把它们找出来，并努力摆脱其影响。其次，要把思考的重点从明晰的看法转换到其他尚不明确的看法上去。也就是要多角度地思考问题，思考角度的变化往往是创新的基础和前提。如琴纳发现牛痘以前，许多人思考的问题是"人为什么会得天花?"而琴纳则不随大流，独具慧眼地研究另外一个问题"为什么在牛奶场工作的女工不得天花?"并由此走向成功。接下来就要清醒地意识到垂直思考法不仅很难产生新的构想，而且还会抑制、阻碍创新思维的运作，要有意识地挣脱垂直思考法的思维惯性，尽可能地放开思路。最后，应重视偶然出现的构想，有效地把握和利用偶发性的机遇。在偶然的场合偶尔出现的灵感火花，往往不受自我理性的束缚与影响，因此常常具有独创性。

喜力啤酒的广告运用了水平思考法。1991年，法国颁布了对酒类广告进行限制的《艾文法》，该法规定酒类饮料广告中不得涉及酒精度、原产地、酒的种类、产品的成分、生产厂家代理商和经销商的名称和地址，以及包装样式、销售方法和饮用方法等。

喜力啤酒的系列广告为了避开《艾文法》的限制，采取了巧妙的办法。其中一幅海报，图画上是一只平躺着的啤酒罐，里面的啤酒已被喝光，瓶口拉环的形状很像一个舌头，在它上面是最后一滴美妙的汁液。这个画面非常具有诱惑力，又巧妙地躲避了法律的禁令，即广告中不允许出现正在饮酒者的规定。

奥迪某款车型的平面广告也用水平思考法对汽车的防滑功能进行了全新的生动诠释。为了凸显"滑"的感觉，广告动用了三种从未在汽车广告中出现过的元素——肥皂、冰球和香蕉皮。沾水后的肥皂之滑,每个人洗手洗澡时都有切身的体会;赛场上高度行进的冰球之滑,体育爱好者都有目共睹;路面的香蕉皮之滑,每个摔倒的人都有亲身感受。尽管这三样物体非常滑,但使用螺丝钉、胶带纸固定后,情况就会改变。因此广告通过这些措施来比喻奥迪车也一样稳当,出人预料,却又浅显生动。

我们再来看一个具体的案例:

美国新墨西哥州高原地区有一个苹果园,园主名叫杨格。每年,为了将他的苹果销往世界各地,他都要发布这样一则广告:"如果你对收到的苹果有不满之处,请函告本人,苹果不必退还,货款照退不误。"这则广告吸引了大批买主,每次他都把苹果装箱发往世界各地,但却从未有人提出过退款的要求。然而,天有不测风云,有一年,一场特大冰雹袭击了苹果园,满枝又大又红的苹果被冰雹打得伤痕累累,十分难看。杨格极为伤心,眼看着一年的辛苦就要随着这场冰雹化为乌有,而且这一年的订货已达9000吨,这样的苹果到底发不发货呢?发货之后又会有什么结果呢?正当他苦思冥想、一筹莫展之际,他随手拿起一只苹果,送到嘴边一咬,一股清香扑鼻而来,苹果的味道真好。一个绝妙的点子闪现在他的脑际,他将满是疤痕的苹果都装箱发往世界各地,并在每个箱子里都附加一张纸片,上面写着:"这批货个个带伤,但请看好,这是冰雹打出的疤痕,是高原地区出产的苹果的特有标记。这种苹果果紧肉实,具有真正果糖味道。"和以往一样,所有的苹果都发出去了,但没有一个买主提出退款要求。也就是说,杨格的所有"烂"苹果都被消费者接受了。

按照垂直思考法的思路,苹果上的疤痕肯定是不利的因素,或是被虫咬了,或是存放的时间太长烂掉了,或是在运输过程中挤压太厉害所致,这样的苹果肯定很少有人问津。要为这样的商品进行广告创意,无疑只能走入死胡同。但是,当换一种思路,以水平思考法分析对象时,这些疤痕却变成了一种特有的标记——真正高原地区出产的、具有纯正果糖味道苹果的标记。于是,这些满是疤痕的苹果便成了花钱都难以买到的甜苹果,杨格撰写的那则广告也充满了创意,极具诱惑力与鼓动性。

从上例我们可以看出,水平思考法能有效地弥补垂直思考法的不足,克服垂直思考法所引起的头脑的偏执性和旧经验、旧观念对人的思维的局限,进而有利于人们突破思维定势、转变旧有观念、获得创造性构想。然而,水平思考法也有自身的缺陷,它不能像垂直思考法那样对问题进行深入的研究和挖掘,常流于浅尝辄止,难以透彻地把握对象。因此,水平思考法虽然优于垂直思考法,但却无法完全取代垂直思考法。在优秀的广告创意中,我们常能看到两者的交融。正是两者的相互补充、相互辅助,才最终诞生了别具一格、新颖独特而又深具效力、影响久远的广告佳作。每一个广告创意者,都应充分认识、掌握这两种思考方法各自的特点和作用，对之予以综合运用。以水平思考法拓展思维，用垂直思考法向纵深挖掘，两相结合，促使新颖、独特、深刻、有效的广告创意产生、形成。

三、"集脑会商思考"创意方法

集脑会商思考法，又称为头脑风暴法、脑力激荡法，由美国 BBDO 广告公司负责人奥斯本在 20 世纪 40 年代提出，当时称为动脑会议，主要是通过将广告公司内部各方面的人员聚集在一起，以"头脑风暴会议"的方式寻求最佳广告创意。它依靠的是集体的智慧和力量，故有人又将其称为集体思考法。目前，在我国一些大型的广告公司，普遍采用的创意方法就是集脑会商思考法。

集脑会商思考法的运行，首先必须进行精心的准备。应于会议前两天将会议的议题、举行时间、地点通知每一位与会者，使其有时间预先思考、准备。会议的议题尽可能明确、单一，一般一会一题，不要纠缠太多的问题。同时，与会人员也不要过多，以 10~15 人为宜；人员分布不要太集中，应具有广泛的代表性，最好男女兼顾。

在动脑会议进行的过程中，会议主持者要善于引导、协调，保证会议自始至终在比较宽松、自由、和谐的氛围中展开。尊重每个与会者提出的构想与建议，欢迎每一种创意的产生与出现，最大限度地调动每一个与会者的积极性，激发其创造力。只有当每个人都无拘无束、毫无保留地发表自己的意见，才能真正称得上"集脑会商"。

为保证集脑会商思考真正卓有成效，在具体过程中绝对禁止对他人的构想和建议直接提出批评，因为面对面的批评往往会伤害人的自尊心和积极性，甚至还会扼杀他们的创造力。在头脑风暴会议上，提出的构想和建议越多，最后形成最佳创意的机会和可能性也就越大，不必为创意的孰优孰劣争论不休，也不必非得在会议上分出彼此的高下。从某种角度说，集脑会商思考法追求的是数量而不是质量。"随便想起的、浮现在脑海中的、潜意识来的直感都可以原封不动地、自由地、无限制地发表出来"，即使是很糟的不可能被采用的构想，也可能对他人有所启发，从而引出另一个好的构思。所以，在构想的质量上面，可以不作过多的要求。集脑会商会议主要起到一个互相启发思维、活跃思路的作用，某些较好的点子可以在会后对其充实、完善，保证创意的质量。

1993 年 1 月 25 日，农历大年初三，《文汇报》头版刊出了西泠空调的整版广告：

"今年夏天/最冷的热门新闻/西泠冷气全面启动。"此举引起国内外媒体的争相报道，其影响已远远超出广告本身的效果。据参与此广告创意的奥美广告公司创意部的唐咏先生介绍，这一被日本新闻界称为"中国改革开放的标志"的举措的诞生，就是集脑会商思考的结晶。

创意的具体时间是 1992 年 9 月中秋节前夕一个周六的下午，来自公司各部门的创意人员聚集在办公室里。首先讨论的是电视广告，墙上贴着一张大白纸，大家讨论的一条条思路用各种颜色的笔记录在纸上。大白纸换了一张又一张，令人拍案叫绝的好点子仍然没有出现。晚上，大家又转移到创意总监的住处继续讨论。人们在聊天、娱乐中期待灵感的降临。天将发白时，好的点子终于出现了——突出西泠空调的"静"，几支电视广告的创意随之完成：第一篇是"好的空调/没有声音/西泠冷气/以静致冻/没有话说"；第二篇以"冷"为诉求点，"西泠冷气/现在启动/如果你要继续看电视/请添件衣服"；第三篇推出促销活动，"有 100 台西泠冷气要免费送给你/详情请看某月某日的《文汇报》/请悄悄地读/不要声张/知道的人越多/你中奖的机会越少"。三支电视广告都没有一点声音，以突出静的特点，同时与其他声响泛滥的广告相区别。

此时，已是第二天的上午。一行人吃过早茶，又回到办公室继续讨论报纸广告的创意。正当各人埋头思考时，不知是谁开玩笑地冒出了一句："可以做头版整版广告就好了！"这个大胆的建议一下就把所有的人吸引住了，于是副总经理当即打电话给《文汇报》广告负责人，询问有关事宜。大家又积极思考头版整版广告该怎么做，最后达成共识：广告创意要有头版的创意，要符合头版往往刊登重大新闻的特点，在"新闻"上做文章，于是，"今年夏天/最冷的热门新闻/西泠冷气全面启动"的广告语顺理成章的产生。到了画稿的时候，大家都觉得只有画到真正的报纸上才会找到头版整版的感觉。从报社弄来了几张白报纸后，广告绘制完毕，用复印机印到白报纸上，再贴到真的《文汇报》头版上。看着就像真的报纸一样的设计稿，所有的人都异常兴奋。那是经过艰难跋涉终于到达胜利彼岸的欣喜。

周二上午，奥美公司代表将这张"报纸"放到杭州西泠电器集团总经理张平面前，他翻开"报纸"时，愣了一下，立刻说，"这个创意我要了！"

这就是 1993 年元月"最冷的热门新闻"产生的全部过程，我们可以从中领略到集脑会商的威力。

然而，"集脑会商思考法"也有自身的缺陷，对它的批评之声也很强烈。据直条则夫所言，批评的焦点集中在它阻碍了具有独创性的广告人的创意力量，迫使优秀的创意者去迎合其他缺乏创造力的成员提出的平庸的构想。有人甚至认为集脑会商思考法不是创造的代用品。于是，便有人对之进行改造，提出了几种与集脑会商思考法相似的创意方法。

前联邦德国的荷立肯提出了一种以"默写"代替"发言"的头脑风暴法，规定每次会议有 6 人参加，以 5 分钟为时间单元，要求每人每次提出三个构想，故又称"635 法"。

默写式头脑风暴法一般先由主持人宣布议题，解答疑问，然后发给每人几张卡片，每张卡片上标有序码 1、2、3。在第一个 5 分钟里，每人针对议题填写 3 个设想，然后再把卡片传给另一个人，在下一个 5 分钟里，每个人又在他人的卡片上针对其所提的设想再提 3 个设想，依此类推，直到卡片传递 6 次，产生 108 个设想，再在此基础上形成创意。

与此类似的还有卡片式头脑风暴法，主要采取与会者(3~8 人)填写卡片(每人 50 张)的方式收集构想，然后每个人在会上宣读自己的设想，并回答他人的质询，最后在相互讨论中诱发新构想。

在日本，由川喜多二郎提出的 KJ 法也很盛行。KJ 法分三个阶段实施：第一阶段，明确"什么是问题的主体"，以讨论的方式提出与中心"有关系的东西"及"似乎有关系的东西"。由一个记录者把各人的发言内容压缩成"一句话标题"，记录在卡片上。第二阶段，把意见接近的卡片集中在一起，再进行压缩，制成"一句话标题"。然后对"一句话标题"进行分类组合，也制成"一句话标题"。如此循环多次。第三阶段，在编成卡片小组之后，可采取图解化的方法、文章化的方法或先进行图解化。最后再进行文章化的方法，形成新的构想。

以上所列创意方法，只是众多创意方法中比较常用的几种。为了便于叙述，我们将之一一列出。其实，在具体运用过程中，各方法之间却不见得如此壁垒森严，常常是几种创意方法交叉使用，共同去冲击某个问题。因此，我们在学习、运用这些创意方法时，应本着灵活多变、具体情况具体对待的原则，可以单独使用某一种方法，也可综合运用多种方法，取长补短，将各种方法的特长和威力充分发挥出来。与固守一种方法的结果相比，往往更具创造性。如在头脑风暴会议上，与会的每个人，有的可能运用垂直思考法，有的则运用水平思考法，而作为一个整体，则运用的是集脑会商思考法。可以说，集脑会商思考法是对三种创意方法的综合运用。

思考与练习：

1. 广告创意的依据是什么？
2. 调查、分析对创意的产生有什么作用？
3. 为什么说评价阶段是创意过程必不可少的最后阶段？
4. "二旧化一新"的基本含义是什么？
5. 垂直思考法与水平思考法的本质区别何在？
6. 运用集脑会商法应注意哪些事项？
7. 通过实例分析创意的各个阶段。
8. 剖析一个优秀的广告创意，看其是如何综合运用各种创意方法。

第十二章 广告创意的评价

☞ **本章提要**

对广告创意的评价是使创意更趋完善的重要手段，是促使广告收到预期效果的关键措施，可在创意执行过程前、中和后三个阶段进行。创意的评价标准包括统一性、科学性和实用性等原则，相关标准包括目标指向、冲击力、趣味性等六条。科学评价广告创意需要加强对创意本身的研究，具体可从创意的概念研究和创意调查两个方面着手。

☞ **章节案例**

幸福的代码

家是人类共通的幸福代码，也是永恒的广告题材之一，不论对东西方受众而言都具有感染力。尤其在中国传统文化的渲染之下，孝老爱亲的天伦之情源远流长，既维系着个体之间的关系，也在时代大潮的推动下获得了新的内涵。传递情感、倡导价值，不仅可以作为广告创意的重要情感诉求，而且也应当通过广告活动及作品持续地传达给社会公众。在国内现有的广告实践中，虽然相关广告活动及作品的总量并不可观，不过近年来已有一些上乘之作。它们主要以公益广告的形式出现，体现了发起方和创作者们对社会责任的担当。

2011年12月22日，中央电视台启动了"汇聚力量，传播文明"公益广告项目，面向社会征集创意，经过包装制作后播出作品。首条公益广告——《爱的表达式》的创意来自一位名叫张德元的年轻人。广告以 Flash 技术完成，在简单的形式中体现了不简单的构思。广告通过对 family 这个单词的创造性的解读——father and mother I love you"，将每个字母幻化成大树、拐杖、雨伞等形象诠释"家"的温情，表达"感恩父母从现在开始，有爱就有责任"的情怀，在播出后收到了很好的社会反响(见图12-1)。

此后，更多表达中国人家庭观念的公益广告选择了春节这个最具家庭意味的传统节日播出，以此扩大孝老爱亲这一传承数千年的文化内涵的社会影响。2012年1月18日，央视公益广告新片《关注留守家庭——春节版》在央视一套等多个频道播出。广告片以一个农村留守儿童的视角讲述其对在外打工的父母

图 12-1 《爱的表达式》广告截图

的想念之情，代表全国5 800万名留守儿童和4 742万名空巢老人发出"春节到了，让爱回家"的呼声。

2013年2月，《关爱老人——爸爸的谎言篇》、《关爱老人——妈妈的等待篇》、《关爱失智老人——打包篇》、《春节回家篇》等多支"春节回家"系列公益广告在春节期间播放。据央视估算，前后一个月的时段价值将超过2亿元。上述公益广告由央视广告中心在2012年9月开始筹划，由麦肯光明负责整个系列公益广告的创作工作，由盛世长城等多家国际4A公司提交创意，并由全球一流的导演和制作公司拍摄，最终从40多个创意中选出5个进行制作。首支广告《关爱老人——爸爸的谎言篇》由盛世长城国际广告公司策划执行，著名的广告导演林明执导。广告的影像风格朴实，情感自然，片尾发人深省的一句"老爸的谎言，你听得出来吗"，既是广告人为全片设置的情感高潮，也真切反映了现实生活中父母的关爱以及子女们的愧疚之情。

《家乡的滋味》、《迟来的新衣》、《63年后的团圆》等广告片借鉴了纪录片的拍摄方式，以真实而极具震撼力的镜头，刻画了身处不同地方的中国人在春节前奔波数千甚至上万公里，换乘不同的交通工具返家的辛苦旅程。该片的制作团队跋涉贵州、福建、黑龙江、上海、尼日利亚等多地实景拍摄，全片的故事节奏流畅，音乐情绪饱满，将一个个普通人的回家历程演绎成震撼心灵、催人泪下的壮美篇章。广告语"这一生 我们都走在回家的路上"和"全中国 让心回家"大大延展了"回家"的时空外延，也成为创作者和受众情感喷发的共同出口（见图12-2）。

同期，《关爱失智老人——打包篇》由盛世长城国际广告公司耗时3个月完成。广告取材于一位创作成员的亲身经历，在质朴的叙事中饱含巨大的震撼力。广告片采用了先抑后扬的叙述方式，张力十足，以儿子的视角呈现了一个

图 12-2　《63 年后的团圆》广告截图

罹患老年痴呆症的老父亲辛酸而又伟大的形象。在前半部分，广告描绘老父亲因记忆衰退而逐渐失去生活自理能力，而后半部分则用父亲外出聚餐时的打包举动将全片推向了情感的高潮——虽然疾病仿佛像皮擦一样无情地抹去了老人的回忆，但是亲情早已刻骨铭心，无法消除。这支作品播出后立即引起了观众的强烈共鸣，土豆、优酷、56 等视频网站在短期内的点击量都超过了十万，许多观众在看完后发表了动情的留言并进而分享自己的亲情体验，其中不少名人也参与了转发(见图 12-3)。

图 12-3　《关爱失智老人——打包篇》广告截图

　　无论从创意、表现还是制作水准以及传播效果方面评估，"春节回家"系列公益广告堪称近年来国内广告作品中十分难得的佳作。

　　家是什么？带着这个恒久的问题，广告人还将继续探索下去。也许下一则广告又将讲述不同的故事，然而令我们深深动容的一定还是质朴的真情。

第一节　创意评价的标准

对广告创意进行评价，是使创意更趋完善的重要手段，也是促使广告收到预期效果的关键措施。广告创意的评价就好比是一个过滤器，它能够过滤掉低劣的、平庸的创意，而让优秀的、有价值的得以通过和执行，使其充分地体现广告战略和广告主题，并使用于广告表现的图文富有活力，从而提升广告传播的效果。

广告创意的评价活动在整个创意活动中具有十分重要的意义，正因为如此，如何评价创意的问题更显得重大而有价值。如何评价广告创意活动，首要的是建立一个评价标准。

一、创意评价的意义

创意活动是一个过程，创意作品本身的完成，并不意味着创意活动的结束。一个创意诞生以后，在执行前需要测定；执行过程中，又要依环境、条件的变化而作出相应的调整；执行后，还需要对创意活动进行全面的总结。依据创意活动的发展过程及其规律，我们将创意评价的意义分为几个方面予以阐述。

1. 创意过程中的评价性思考

创意过程中的评价性思考是一种前瞻性的评价。

创意人员开始着手进行广告创意，他们需要思考创意的切入点、创意的主题、创意的表现等诸多问题。然而，在诸多问题中，有一个方面的问题是必不可少的，那就是有关该创意的评价性思考，也就是说，尽管该创意还没有成形，或者说还没有影子，有关创意的评价性思考就已存在。

评价性思考往往制约着创意的方向。一个创意应该达到什么标准，能否达到，通过什么诉求才能更好地达到广告目的，在创意过程中，创意者应有鲜明的目的指向。创意过程中的评价性思考始终就像一根指挥棒，充分调动创意中的多种元素，使其按照同一个目标和谐、统一地运作。如果创意过程中没有评价性思考的话，那么创意活动就会出现"南辕北辙"的情况，甚至会犯"差之毫厘，失之千里"的错误。

正是由于创意过程中评价性思考的存在，创意人员才能更明确创意的宗旨和目的，才能够将创意这个手段更好地服务于其目的，并且在创意活动中不断地纠偏。一个创意刚刚出现，可能是不完整的、不清晰的，需要对其进一步发展和完善，而评价性思考则在创意完善过程中起着催化剂的作用，不断地催生着更好、更新、更有创造性的创意出现。

2. 创意执行前的评价

创意执行前的评价是整个创意评价活动中的关键环节。经过创意人员的集体智慧和艰辛努力后，一个创意作品完成了，下一步的工作是将创意付诸执行。然而，在付诸执行前，能不能担保这个已完成的创意是优秀的创意呢？能不能担保在执行后获得预期的效果呢？这是一个令人担忧的问题，如果该创意是低劣的，在执行后将给整个广告运动带来灾难性的后果。因此，对已完成的创意作品进行评价就显得十分重要了。这种评价等于对已完成的创意再次进行审验，以便确保其良好或优秀的程度，预防执行低劣的创意可能带来的不良后果。形象地说，创意执行前的评价好比是配电房里的"保险"，一旦创意低劣，"保险丝"中断，评价不予通过，创意便终止执行。

创意执行前的评价，不仅是对已完成的广告创意作品的评价，以便决定执行与否，而且还可以从多个方案中，经过比较、评判和取舍，遴选出最佳方案，以保证最新颖、最有创造性、最能吸引受众并直接到达目标消费者的创意作品得以通过，从而顺利付诸实施。

3. 广告活动中的创意评价

广告活动中的创意评价是一种动态。对于创意人员来说，创意评价不仅仅是在完成创意作品之后才发生的，而是在整个广告活动中都应随时随地进行的评价性思考，从而检查创意作品能否发挥其效果和作用。例如：

上海精信在为索易网创作电视广告的过程中运用了创意评价思维，通过不断提出、推翻和修正形成了最终的方案。索易网在成立后的三四年里一直没能体现出独树一帜的优势，没有被更多消费者认知，因此他们找到上海精信，希望通过新一轮的广告活动提高网站的知名度，建立有鲜明特色的品牌优势，争取大量年轻网民。创作组否定了原来的诉求"形式多样，内容精彩"，转而寻找到该网站有力的卖点——自动为订阅电子杂志的用户投递网络资讯，于是初步形成了"信息自动上门"的诉求点。在创意概念阶段，创作组先后提出了"量身定做"、"轻松便捷"等概念，但是在内部评价时都被否定。"量身定做"没能准确表达出"主动、自动"的意义，而"轻松便捷"更是流于普通……经过全体成员的一轮又一轮讨论，大家回到原点进行换位思考——如果从消费者角度看，会是怎样？"你要找的正在找你！"突破口一开，点子陆续产生，"老鼠主动找猫"、"罪犯主动找警察"……经过筛选和修改，最终确定了以"老鼠主动找猫"的故事形成电视广告的内容。

广告活动中的创意评价，是具有积极意义的。它可以在实践中进一步检验创意的可行性、有效性，验证创意作品是否发挥了其应有的效果，从而使得这一环节成为衡量创意作品的"试金石"。对于不能得到令人满意结果的创意作品，播出途中也可能停下来，将创意予以修改，有的甚至会被废止而"另起炉灶"进行重新创意。

我们知道，事物总是不断变化的。广告活动也会因环境、条件甚至因竞争对手策略的变化而变化，作为为广告活动服务的创意手段也应由此而作出相应的调整。

那么，对创意进行评价性思考更是理所当然的，它可以为如何调整创意提出一个可供参考的依据。

4. 广告活动后的创意评价

广告活动后的创意评价更多的是一种总结性的评价。一个创意付诸执行后，乃至广告作品已经面世之后，创意人员为了从创意中得到参考借鉴，要对各个广告的创意进行评价；广告学研究者和广告人员从专业研究的角度或知识拓展的目的出发，也要进行创意评价；消费者（阅听人）也可能出于兴趣对广告创意进行评价。因此，创意评价的意义不仅在于对一个创意作最后审验，而且还在于对一切广告创意的导向可能发生累积性影响。而这一切都有赖于广告活动后的创意评价。例如：

阳狮·恒威成为河北保定的地区性啤酒品牌——蓝星啤酒的广告代理后，将品牌重新定位为保定人引以为傲的啤酒，力图拉进品牌与消费者之间的距离，使之成为人们生活中不可或缺的朋友。当时保定地区下岗的问题很严重，不少家庭面临生存压力，因此创意总监主张通过讲述普通人的生活故事，传达乐观情绪，增强生活信心。因此广告片采用音乐片的形式，选择三个男青年为主角，边喝蓝星啤酒边唱自己的开心和烦心之事。广告片从"请你听我说，下岗以后，四处碰壁没工作"开篇，逐渐转为"开了家小店，现在生活更好过"的乐观，最后以"祝愿明天更不错"结束，中间反复穿插"新的蓝星啤酒真不错"这一主信息。事后，创意总监黄国耀对作品进行了自我评价，"酒的广告不能老是讲道理、讲理由，一定要带那么点气氛，表现出酒的味道和喝酒的感觉"，而"对下岗这样的问题，我不想讲得那么严肃。每个人都有自己坎坷奋斗的故事，又很乐观，这是积极的生活态度。"

广告创意的评价活动，是在一个较大范围内、较广的空间内进行的，它不仅在创意诞生前就应该有，创意形成以后包括在执行过程中，甚至执行完成以后，都有一个评价性思考的问题。综合起来看，创意评价的意义是多方面的，其中主要体现在两点：其一，是保证创意能够使广告传播收到预期效果，或者说使广告传播的效果最大化地实现；其二，是为以后的其他创意活动积累经验和教训，提供参考和借鉴，以利于更好地提高广告创意的水平和有效性。

二、创意评价的一般标准

广告创意评价的标准问题是一个十分复杂的问题。对于如何建立创意评价标准，什么是科学的创意评价标准的问题，长期以来有许多不同的意见和看法，可谓"仁者见仁，智者见智"。

（一）建立创意评价标准的统一性、科学性和实用性等问题

创意应具有相应的评价标准，其评价标准应遵循统一性、科学性和实用性等原则。

1. 评价标准的统一性

从理论上讲，建立一个评价标准，并且能够得到大家的公认，对任何创意都可以适用，这是有可能的，然而在实际中却很难办到。因为每一个人在思想观念、知识结构、年龄、职业、习惯、心理状态、评价动机乃至兴趣爱好等各方面都存在差异，对同一个广告作品或广告创意会有不同的看法。因此，从人们的主观因素出发，不可能有统一的评价标准体系。例如：

加利福尼亚"李氏"（Lee）牛仔裤裁剪得体，具有原始的扣边，以保证正宗。它有一幅广告是一个年轻女郎穿着吊带衫和 Lee 牛仔裤，微闭着眼睛，手拿两个圆球似的瓜放在胸前。这则广告在美国获得了好评，但在我国许多人却可能不以为然或持批评的态度。

同样，在我国获得好评并取得切实效果的广告，在国际上有些也难以得到理解和认可，这一方面是因为国家民族间语言和人文的客观差异造成理解上的偏差，另一方面也因为广告创意的评价标准存在差异。

达彼思广告（北京）的周俊仲对意欲走向世界的华语广告提出了几条标准：幽默的、人文性的作品容易胜出；要有国际语言，即要让老外能看懂；画面要有冲击力和说服力，因为语言的差异妨碍理解；不仅要让消费者、评委看得懂，还要有意外之处。

广告是一种商业行为，也是一种经济现象，但广告又不同于一般的商业和经济活动，它同时又是一种艺术、一种文化。既然是一种文化，那么国与国、东方与西方就会有很大的不同，其创意评价的标准当然也会存在较大的差异。广告寻找的是市场，传播的是信息，宣传的是产品，然而其目标对象却是处于特定文化环境中的消费者。1989 年，日本日产公司的豪华型 Infinity 汽车曾以一则"没有汽车的汽车广告"成功地开拓了美国市场。广告片中反复出现原野、森林、熔岩、鸟群、大海、溪流等自然景观，旁白则不断地诉说："在日本，所谓的豪华是指一种多彩的自然感觉。而在日本，所谓的美是指一种密切的个人关系。这里，一种豪华的新观念已经出现——Infinity。"在广告画面中，从未出现所宣传的产品——Infinity 汽车。但是，就是这则广告在我国台湾地区传播却惨遭失败的命运。该汽车广告以日本式的异域风情深深吸引了美国人的好奇心，可是，对同处于东方文化中的中国台湾地区而言，日本风格却是他们非常熟悉的，激不起兴趣和好奇心，况且东方人向来崇尚实用，不能亲眼见到"具体实物"会在传播中形成一定的障碍。同一广告之所以产生两种不同的结果、两种不同的市场命运，其深层次的原因关键在于不同的受众对同一广告的评价标准各异，广告对地域文化的适应与否，对不同地区人们的心理特征的把握正确与否，这是其传播成功与否的主要因素。

即使是在同一个国家，对同一个广告作品，也有不同的评价标准，甚至最后得出的是完全相反的评价。

1990 年，"三乐"公司为其生产的 ROLLING-K 威士忌制作了一则电视广告，画面是几名疯狂的牛仔骑在马上，围绕着一个女性团团转。广告播出后，部分女性向广告主发起了强烈的抗议行动，认为该广告使人联想到对女性的暴行，结果广告很快在一片抗议声中被撤掉了。然而，出乎意料的是，这一年东京广告文案作者俱乐部(TCC)却把 TCC 审查委员长奖授予这一宣传画，并把烟酒部门奖授予这项广告活动。

为什么以女性眼光看问题很大的这项广告活动，却获得了两个奖，这是很值得回味和思考的问题。因此，从人们的主观因素出发，对创意评价很难达成共识，也不可能有统一的评价标准体系。要想统一评价标准，只能依据一定的社会文化背景、一定的群体利益观念以及人们对动机和效果的统一程度的推断规则等，"客观"地寻求人们评价标准方面的共同点或一致性。创意评价标准的统一性只是相对的，而不是绝对的，也无法做到绝对的统一，也正是由于相对的统一性，才使得评价标准出现了复杂性的特点。

2. 评价标准的科学性

一个评价标准体系要具备科学性，它必须是：

(1)体系内各项标准之间应有内在的联系，而不是零碎项的简单堆砌；

(2)该评价标准体系在整体上应该与广告创意活动的规律性相吻合，而不能离开创意活动的规律性另外拟订标准；

(3)该评价标准在使用时不会导致或引起知识上的或理解上的混乱；

(4)该评价标准使用起来是有效的，即用它去评价某个或某几个创意，能够得出有意义的结果。

建立科学的评价标准体系，才能保证创意评价的客观、全面而又合理。

3. 评价标准的实用性

一种标准应该是评价者能够把握的。如果标准太细太琐碎，不容易把握各项标准的覆盖范围界限，容易出现评价标准交叉使用的情况；反之，如果标准太粗太简略，则不容易得出明确的结果，对最优秀的创意和最低劣的创意来说，这两个极端的评价可能准确，而对大量的出于两极中间的创意的评价，则可能会得出同样的结果。这正如教师对学生试卷答案的评价，用百分制就非常琐细，用及格和不及格两等级制就太粗略。只有粗细适度的标准，对评价者的把握使用才有实用意义；也只有所制订的标准具有实际操作价值，才能在实际中得以运用，从而产生积极的意义和作用。

(二)广告创意评价的一般标准

广告创意虽然没有具体的方程式，却要遵循一些共同的原则，本书第三章已探讨过广告创意的若干原则，依据这些原则，从普遍意义的角度，我们拟订创意评价的一般标准。

国际广告协会(IAA)曾为优秀广告制订了五条标准，简称"5P"：

一是 Pleasure：要给消费者愉悦的感觉；

二是 Progress：要有首创、革新、改进；

三是 Problem：要能为消费者解决难题；

四是 Promise：要有承诺；

五是 Potential：要有潜在的推销力。

国外广告界还提出过成功的广告必须具备的五个要素，即"5I"：

一是 Idea：明确的主题；

二是 Immediate Impact：直接的即时印象；

三是 Interest：生活的趣味；

四是 Information：完整的信息；

五是 Impulsion：强烈的推动力。

从传播学的角度看，创意的过程其实也就是编码的过程，广告作品是广告传播者对所要传播信息的一种编码。广告活动的传播效果如何，取决于受众对广告作品理解的程度如何。换句话说，广告活动要有效，广告作品就必须最大限度地利用受众解码，即广告作品的编码必须优秀。

什么样的编码最优秀，或者说什么样的创意是最成功的呢？从总体上讲，能够实现广告预期目标的，能够体现广告整体战略和策划意图的，也就是能够给广告主带来最终利益的创意就应该是优秀的创意。广告学者路盛章教授曾撰写《广告作品的创意、表现与效果》①一文，提出了五条创意标准，在此基础上我们综合各家观点增加一条，形成六条广告创意的评价标准，具体内容如下：

1. 创意的主题应符合总体营销战略和广告战略

即创意活动并不是漫无边际、无拘无束的，而是有直接的目标指向。如果创意的主题背离了总体战略的话，那么再好的创意作品也是徒劳的、无效的，其结果只会导致广告费的损失和浪费，投入越多，浪费越大。

2. 冲击力强

所谓冲击力，就是唤起受众注意的能力。这是一切广告作品获得成功的前提条件，一件广告作品如果不能引起人们的注意，就会立即淹没在广告的汪洋大海之中，毫无踪影。这就意味着这则广告失去了与受众接触的机会，从而也就从根本上失去了任何成功的可能。所以，不能一下子脱颖而出的广告作品即便信息再重要，对消费者再钟情，消费者注意不到也是枉然。广告首先要取得目标对象的注目和参与，为此广告作品必须具备在视觉、听觉以至心理上的冲击力，要能够让观众受到震撼，使他们注意到该广告作品的存在，否则一切都无从谈起。

是否具备冲击力对于电视广告作品来讲则更为重要，因为电视观众基本上都是

---

① 路盛章：《广告作品的创意、表现与效果》，载《现代广告》，2000 年第 7 期。

在被动状态下观看广告的，再加上每条电视广告的时间又极为短暂，所以，如果不能在瞬间把观众的目光吸引到你的广告上来，广告创意与制作的一切努力就都是白费。有关调查表明，消费者每天通过大众媒介接触到的大量广告信息中，仅有 5%是有意注意的，而其余的则是处于无意注意状态之下。其实只要稍微留心一些，就会发现，观众一般都只关心自己喜欢的综艺节目，而很少会有人专门等着收看电视广告，绝大部分观众都是快速地穿过"广告的丛林"。因此，如何能拦住他们，叫一声："嗨，看我"就显得特别重要。

研究实践表明，一条 30 秒钟的电视广告开头的 5 秒钟左右最为重要，因为在 5 秒钟内观众的注意力最为集中。如果观众的注意力没有在这段时间内被吸引过来，下面的内容再精彩，观众的注意力也很难再集中起来，即使集中起来也很难将前后的内容串联起来。所以，电视广告一般都在开头的 5 秒钟狠下工夫，务必引起注意。下面我们来看几个案例：

一则广告的开头就扣人心弦，让你不得不看下去：只见一只榔头向垫着一个垫子的电灯泡猛砸下去，"啪!"的一下，灯泡竟然没有碎! "啪!"又一下，灯泡不仅没有碎，反而亮了起来! 这个时候时间正好是 5 秒钟左右。

原来这是 Run Bird 牌运动鞋(灯泡篇)的电视广告，该运动鞋的后跟非常柔软而舒适，减震性能特别好，以至于它能保护灯泡不被砸碎。本广告以 Run Bird 牌运动鞋的柔软舒适为诉求点，广告最后是一个长跑运动员跑步的远景剪影。相信任何看过这则广告的人都会对该运动鞋的性能和品牌留下深刻印象。

《壳牌煞车油》(魔幻篇)电视广告的开头非常神秘，镜头从树林的高处摇下，接着展示了一个风雨交加的夜晚。随着解说悬念的提起："成千上万的英国人生活在危险当中"时间也正好是 5 秒钟。这样的开头吸引观众不得不看下去。

当然，不见得前 5 秒钟非得大喊大叫才有冲击力。引起注意的关键在于能否造成强烈的反差与对比，不能简单地理解为一味地加大视觉与听觉的刺激度。引起注意的方法很多。例如《Ambi-Pur 空气清新剂》(小猫篇)广告开始的 5 秒钟竟然没有一点声音! 只有一只被蒙住眼睛的小猫端坐在一盘鱼旁边，这反而更加引起人们的好奇。

这条广告经过 5 秒钟的沉寂之后男解说员讲道："当有 Ambi-Pur 空气清新剂的时候猫儿闻到的是花儿的香味儿，但是，当拿走空气清新剂以后……Ambi-Pur空气清新剂非常有效!"全篇没有用音乐，但最后一声产品包装碰击桌子的音响效果令人印象深刻。

3. 创意新颖

简单地说，创意即点子、立意、构思，它是一件广告作品的灵魂。如果一条电视广告的开头只是靠声音或视觉的刺激把观众的注意力吸引过来，但是接下来却没有什么新招，没有好的点子，没有好的想法，总是老一套(例如洗发、护发用品总是事先告诉你一个"秘密"，然后就慢动作甩头发，或是什么连念三遍的顺口溜之类），观众还是会再次转移视线，继续干自己的事情。所以单凭开始几秒钟暂时把受众吸引过来是不能持久的，最主要的还是要靠巧妙的创意，让观众折服。例如：

英国中部商业银行的电视广告并没有直接吹嘘自己的银行多么强大，美元储备有多少、英镑储备有多少，而是通过小人国企图打败大人国这样一个人人皆知的故事从侧面表现了中部商业银行的实力，巧妙地将企业比喻为不可战胜的大人国。广告片开始的 5 秒钟营造了一个紧张、奇特的场面：成千上万的小人从耗子洞里冲出来，齐心合力地把一个熟睡的巨人缚住。当他们费尽九牛二虎之力把巨人捆住之后，巨人醒来睁开眼睛不费吹灰之力便挣断了绳索，小人国的人们望风而逃。

广告创意的高明之处在于，把银行与小人国这两个完全没有关系的事物巧妙地联系在一起，暗示巨人是不可战胜的，而那巨人则正是广告的主角——中部商业银行。这个创意极其形象地表达了中部商业银行实力的强大，令人信服。

《伯金顿玻璃制品公司》（枪手篇）一开始的气氛就很紧张：

一个刺客模样的人要谋害某位正在演说的政府要员，当那位大人物在连连不断地赞许伯金顿玻璃制品公司的各种产品之时，枪手扣动了扳机，"啪!"的一声，子弹打在了防弹玻璃上! 大人物则安然无恙。原来，连枪手都没有发现讲演者站在透明的、坚实的防弹玻璃之后。这时候枪手微笑着点了点头，原来这不是一个真正的刺客，只是一个为了讨观众一笑的小噱头。

这个令人揪心的小品故事十分出色地体现了广告传播者的意图和精神，既巧妙地展示了产品的质量，又塑造出了企业可信赖的形象，可谓一箭双雕!

4. 趣味性强

趣味性就是广告是否有趣、是否有意思，它决定着观众今后是否愿意再看这条广告。这条标准虽然很高，但是很重要。因为广告只有让人记住才能发挥作用，而要让人记住，一个重要的条件就是适当的重复，否则一般人是很难形成记忆的。而枯燥无味的东西反复出现时人们就会反感或躲避，所以广告必须有趣、好玩、耐看。如果一条广告能让人们在不知不觉中看过两遍以上，相信观众一定会记住这条广告。在电视文化泛滥的今天，遥控器是那么轻巧灵活，如果一则电视广告不能在情节上、画面上、音乐上、语言上、色彩上，给观众奉献一些有价值的东西，给观众留下一些可琢磨的闪光的东西，让观众每次都能保持那个兴奋点，观众就会没有印象，不买你的账，甚至会立即转换频道。

Scottex 卫生纸的广告（小狗篇），就是一条很有趣味性的广告。应该说这是一条难度相当大的广告，因为它所宣传的产品是厕所里所用的卫生纸。但是创作者却出人意料地选择了一个人见人爱的小宠物——小狗来担当主角，借小狗玩耍纸卷，将 Scottex 这种品牌手纸的吸水性、韧性与长度表现得淋漓尽致。画面中的小宠物，憨态可掬，趣味无穷，让人百看不厌。

箭牌公司的 Sktittles 彩虹糖一直使用"彩虹"作为传播概念，总体的品牌主张是 experience the rainbow（感受彩虹）。从 1970 年开始，品牌在每阶段都对"感受"有不同的解释，在广告中总以出其不意的"怪招"引人注意。2012 年，在"玩味无限"的主题引导下，电视广告以极度夸张的手法构想了一些无厘头的幽默片段。比如《钓鱼篇》中，有点呆傻的男主角在河边无聊地钓鱼，当鱼咬钩时他轻蔑地说了句"蠢鱼"。下一秒，天空中洒下彩虹糖，男主角兴奋地抓住彩虹糖的包装，被拉上了天空。这时镜头拉远，原来是鱼用彩虹糖为饵，把男主角"钓"上了天。广告片的最后，鱼儿在空中拉着钓竿，得意地说："蠢人"。除了电视广告外，Sktittles 彩虹糖还在 2012 年开通了与消费者沟通的 400 电话——"彩虹热线"。不过，和其他品牌的热线电话不同，当消费者打通电话后，如果选择"听了才知道"，会听到各种稀奇古怪的内容；选择"变声聊天室"，则可以用"变声"的方式与朋友聊天。2013 年，DDB 广告公司为彩虹糖创作了新的广告《长颈鹿篇》中，广告语变为"碰上彩虹，吃定彩虹"，依然延续了无厘头的搞怪风格。

5. 信息鲜明

广告信息能否准确到位，是衡量广告作品是否优秀的重要标准，因为传达信息是广告的根本价值所在。我们常见一些广告或威武雄壮，或柔情蜜意，或展示俊男靓女，或云集大腕明星，但常常在云飞雾散之后却不知所云；是卖皮鞋还是卖袜子，是卖西装还是卖手表，让人难以分辨。

必须强调的是，广告为引人注意而采取的种种艺术手段和技巧绝不是目的，它们不能干扰主信息的传达，更不能喧宾夺主。

2003 年上半年，新飞节能冰箱的电视广告引起很多消费者的注意，其"0.4 度电"的新信息给人以深刻的印象。广告片一开始就提出了一个问题"0.4 度只能——"然后用十分夸张的手法列举了极小的电量在生活中的作用：一个男子用电动剃须刀刮胡须，只刮了半边脸；一个女子用电吹风吹头发，还有一半的湿发在滴水……最后主体出现，新飞节能冰箱只用 0.4 度电就能运行一整天。广告以高度夸张和鲜明对比来突出新飞冰箱的节能功效，信息集中简单。

我们所列举的几则优秀的电视广告案例都有一个共性，那就是都在开始的瞬间先声夺人，一下子抓住观众的注意力，引起观众的兴趣，然后再展开情节，但最后都准确无误地、不失时机地把所要传达的广告主信息传达给观众。比如，Run Bird 牌运动鞋的广告在砸完灯泡之后及时地推出了每款的价格。菲亚特汽车的广告在让人捧腹大笑之后也不忘展示出车的价格。

6. 富有感染力

所谓感染力，就是广告唤起行动的能力。当然这是一项综合性的指标。这条标准看似抽象，但实际上是完全可以感受得到的。优秀的广告应当具备一种内在的力量，是一种持久的张力，能让人心动，给人一种鼓舞或激励。我们决不能只满足于广告作品外在的表现形式，而应该注重挖掘与创造影响受众行动的力量。例如：

美国一条反对性暴力的公益广告《四个女人篇》就很有感染力。广告的情节简单明了，随着解说员的声音四个女人一次进入画面坐在同一张沙发上。解说念道：

"这个房间里有四个女人，一个是你的母亲，一个是你的妻子，一个是你的姐姐，一个是你的女儿。而在美国平均每四个女人当中就会有一个遭到强暴，她们会是谁呢？反对性犯罪，我们需要你们帮助！"

谁没有母亲、姐妹和妻女，面对这种情形谁能不为之心动、谁能够袖手旁观呢？这条广告从立意到镜头的安排、使用，都给人以巨大的冲击。

广告创意受创意人员心志因素的影响很大，因而使用以上标准评价创意，很难用数量关系精确地表示评价结果。即使在实验测试中，数量关系也只能表明某种趋势或某种限度。这种情况给把握标准带来一定的难度。在上述六条标准中，第一条标准是由广告策划者的主观认识而定，一般容易把握。其余五条标准则主要是由该创意在消费者意识中的影响来决定，因而评价者把握这些标准时，一定要有"购买"观念，或者说是"沟通"观念、"承诺"观念，一定要用消费者的眼光来衡量。比如，信息是否鲜明、突出，可以通过对视听众产生印象的深刻程度，产生印象的记忆保留时间以及引起注意所用的时间比例等方面的预测来确定。创意是否新颖独特，构思是否与众不同、别具一格，可以通过对视听众感兴趣的程度，重复视听时的情绪观察，以及跟其他创意的构想进行横向比较等方面的预测来确定。

三、创意评价的误区

有创意的广告总是首先引人注意，并最终导致消费者的购买行为。引人注意只是广告传播的必要手段，让消费者产生购买行为才是广告的终极目的。但是引起受众注意的广告并不一定会导致消费者产生购买行为。罗瑟·瑞夫斯曾讲了一个故事：某天他在上班的路上看到一个车身广告，画着一位美丽绝伦的女子，他足足盯着那美女画面看了一分半钟，但当他转身时，他不记得这是什么品牌的广告，也不记得这个广告是药品还是化妆品或是其他什么玩意。这个故事说明仅仅引起注意是不够的，还必须让广告诉求点被消费者注意到，让其产生兴趣、产生欲望并最终产生购买行为。

"原创性"和"震撼性"均能提升注意力，但如果广告一味追求轰动效应，则会产生适得其反的结果。国内早年的相关案例是山西太原的"四不像"饮料的广告。1994年中秋节前夜，在电视台黄金时间播放电视剧时出现字幕："据有关消息，'四不像'从雁北地区来了，不日将进入千家万户，请大家关好门窗，注意观察。"这则广告播出后，人们恐慌不安，不知"四不像"为何种怪物。后来得知"四不像"只不过是一种产品后，才大呼上当，纷纷对这种荒诞离奇的广告方式予以谴责。

这个广告不能说没有"原创性"与"震撼性"，不能说没有引人注意，但对品牌形象的树立无益，还给社会造成了一定的混乱，增添了不安定因素，其广告结果只能是弄巧成拙、适得其反。

创意的精彩程度，不是看你故弄玄虚，而是在构思新颖独特的同时，要考虑到受众的接受心理，以愉悦受众，至少以不引起受众的反感为前提。有些广告为创意而创意、为新奇而新奇，主观上虽然想博得受众的关心，给人以新颖独特的感觉，而实际上往往适得其反，给人一种做作、肤浅、牵强、拙劣的感觉。

近年来，随着本土动画片《喜羊羊与灰太狼》的大获成功，其中的卡通形象被一些机构非法使用。2010 年武汉某医院以片中的卡通形象制作了广告鼠标垫。广告由 4 个画面组成，第一张是喜羊羊（医生）拿着妇检结果问美羊羊（意外怀孕者）：么样这不小心咧？第二张是不负责的男人灰太狼对美羊羊说：流产。第三张是其他羊羊对美羊羊说：妹妹克做 CCT 双腔减压无痛人流。第四张是美羊羊说：凭有效证件，手术费半价。画面上还有这家医院的名称和网址。2012 年，相关现象在昆明出现。当地一家医院做成了卡片在路边派发。卡片的正面分别印着灰太狼和美羊羊等卡通人物，背面印着"凭此卡可以免费做男性功能检查，女性早孕检查"等字样，还分别罗列了凭此卡可享受的各种优惠。"灰太狼割包皮，美羊羊做人流……"卡片上明确标注了医院的名称、地址、联系电话和用作联系的 QQ 号码。这些广告严重曲解了"创意"，在投放后的确"轰动一时"，被多家媒体报道，不过其对受众心理和职业道德乃至社会公德的践踏，使之成为反面的教材。

可见，好的创意既要有新意，同时又要契合受众的接受心理，不能引起受众的心理逆反，否则，一味地玩弄"震撼"，受众在拒绝接受广告的同时，也拒绝广告所传播的产品。

第二节　广告评价与创意研究

为了进一步提高创意的水平，进行科学的创意评价，我们需要加强对创意本身的研究。

众所周知，广告传播的职责在于达成广告目标，因此就要制定符合广告目标的广告策略。为使广告发挥最大的效应，就有必要展开全面、深入、细致而又科学的调查。科学调查可以帮助我们解答这样一些疑问：任何一种信息，如果传达给消费者的话，广告的目标是否就算完成了；信息一旦确定以谁为传达对象的话，是否就能期待达到最佳的效果；对完成了的广告作品，消费者做何反应以及这些反应的意义在哪里等。在这样一连串的广告调查中，有关广告表现效果的调查，成为创意研究。

随着人们消费水平的提高，消费者的消费意识也逐步趋向成熟，消费者的欲望、价值观和日常生活日渐个性化；人们的生活越来越丰富多彩，生活方式不断发生变化；新的营销思想和营销观念不断涌现，广告表现的手段和方式日益多样化。如何敏锐地抓住这些变化，并将之运用在广告创意和表现中，就成为产生优秀作品的必要条件之一。

因此，创意研究的确能够为创造出优异的广告创意作品，为广告企划制作的全过程提供必要的数据和替代选择的信息。

我们拟从广告概念创意的研究、创意调查的运用来领会创意研究的问题。

一、广告概念创意的研究

一个广告要达到特定的目标，关键在于确立广告创意的概念。在创意作业的流程中进行创意研究，最重要的不外乎计划阶段的概念探索和概念决定阶段的市场调研，从发展阶段的表现方案到制作阶段的文稿研究等一系列的调查、试验。在这些创意研究中，最重要的就是概念研究。

概念研究是为广告的谋划、制作而进行的创意研究，可以将此称为广告的事先测试。在创意策略中，创意概念的决定极大地影响着广告策略的成功与否，成为达到广告目标最基本的要素。《中国广告》2000 年第 1 期刊登了赵刚健的《广告的品牌概念创意》一文，该文将概念创意分为认知概念创意、心理概念创意、情境概念创意和类别概念创意等。

认知概念创意是以广告受众的认知结构和思维习惯为依据，从引导受众认知的角度，创造一个描述性的概念。

麦片食品一经进入中国，竞争就异常激烈，而其同质化程度又高，各种品牌的麦片特色均不明显，因而很难找到一个恰当有力的诉求点。于是许多麦片纷纷放弃理性诉求，转而追求感性诉求，独有皇室麦片则从引导受众认知的角度，通过概念创意，为其品牌找到了一个极好的说辞。广告一开始就提出了一个问题："什么是好麦片？"接着的大部分内容就围绕这一问题展开，最后的答案是：七成浮上面的才是好麦片。它所推出的广告语是：七成浮上面，营养看得见。

这则广告的成功之处，就在于从引导受众认知的角度切入，逐步深入，最后品牌概念的提出才使受众柳暗花明、豁然开朗。也正是缘于这一认知概念的创意，才创造了皇室麦片销售的奇迹，使其成为全国最具知名度和影响力的品牌之一。

心理概念创意是在受众心理接受的层面上展开的，在符合目标消费者心理特点的基础上创造的概念。

法国必特堡啤酒进军广州，因其味又苦又重而被喜清淡味的广州人拒之门外。后经调查广告创意人员认为：广州人不喜欢必特堡啤酒是因为心理拒绝，心态封闭，感官作用是其次的；只要深入消费者内心进行创意，消除对方心理上的既有障碍，苦味也能深入人心，苦味的啤酒同样也能打开市场。由此思路进行创意，一个新的概念终于诞生：成熟男人深爱的啤酒——必特堡啤酒。

这是一个绝妙的心理概念创意：男人希望自己成熟，以成熟为美；女人也欣赏成熟的男人，对幼稚的男人望而却步；即便是涉世未深的小青年，也不承认自己幼稚，也要装出一副成熟的派头。

情境概念创意，是建构于真实的生活基础和一定的心理体验之上，通过创造一种充满张力的情境而表现一种独具的概念，由此而收到引起注意、达到认同和吸引购买的传播效能。

万宝路香烟品牌的塑造者和推销者们深谙此理。著名广告大师李奥·贝纳在广告中根本不去提及香烟的质量、口味和特色，只是以牛仔策马奔驰于旷野中的画面和激荡的背景音乐，塑造了自由洒脱、豪壮奔放、粗犷剽悍的牛仔形象：这是一个独立自主、奔放不羁的反抗者的完美象征。

这是美国万宝路香烟的情境广告，其中所展示的情境，指向万宝路品牌，显然附着了一种理性意义和一种品牌概念：万宝路世界是豪放旷达、自由洒脱、极具阳刚之气的男人世界。这是一种独具魅力的情境概念创意。时至今日，许多国家和地区都规定不能在传媒上直接刊播有香烟具体形象出现的广告，而万宝路香烟广告以风光与人物构成的情境出现，才能一直刊播至今。

1999年国内笔记本电脑市场开始出现产品同质化局面后，联想昭阳开始寻求新的广告诉求。其平面广告是情境概念创意的佳作。

玉是中国儒家文化中追求的人文精神的象征，其"坚其外，润其内"的特点正是中国人文精神的最高境界；剑为侠士的必备品；扇则为文人的必需，这些不同的饰物是不同人性情的流露和象征。因此，联想昭阳的广告代理北京电通在平面广告中充分挖掘中国古文化的精髓，巧妙地将玉、剑和扇这些文人雅士佩带的性情之物与联想昭阳笔记本电脑联系起来，给现代的IT产品赋予典雅、高贵和含蓄的中国气质。系列广告采用四个单独成篇而又相互关联的广告组成，由《风流才俊篇》统领，将玉、剑和扇这些元素分别带入；在《玉篇》、《剑篇》和《扇篇》展开，分别用玉的"外润内坚"品质体现品牌的名品风范和精良配置，用剑的"决绝果断"气质比附产品的灵巧敏捷，用扇"收发随心"的风度比喻产品的使用方便，营造出令人神往的情境。从而将产品功能与品牌形象融为一体，在品牌概念和内涵的张力与底蕴上都优于其他的竞争者。

类别概念创意，是通过产品类别名称和品牌名称巧妙地超常整合而形成的一统性概念。其超常整合的形式为：由习惯上的品牌名称限定修饰产品的类别名称，而超常改变为由产品的类别名称限定品牌名称。这种整合，造成受众在感观和心理状态上对于产品类别和品牌的一体化设计，并通过重复性的接触而强化新概念，使受众觉得该品牌就是该类产品的代表品牌或代称。

二、创意调查的应用

创意研究是广告发布前后所作的有关广告效果的测试和调查，在广告设计和制作的各个阶段，同样也应该实施有效的创意研究，这自然会涉及创意调查的应用问题。日本学者直条则夫的著作《广告文稿策略》，谈到了创意调查的应用问题。

1. 从创意概念的研究、广告作品的完成到广告作品的创意调查

（1）概念测试。广告概念是广告表现的基本要素，通过概念测试所要了解的是消费者能否接受所创造出来的新概念。在讨论概念时可以准备几个成文的概念，通过访谈或集中测试来评价这些概念的优劣得失。然后，再进一步综合分析，判断概念是否符合消费者的个性、心理、习惯，进而从中选择更有效的概念。概念测试有时候关系到整个创意的成败。

（2）电视脚本测试。电视脚本测试方法是指电视广告表现的概念，在脚本阶段听取消费者的评价。在同一概念下，可以有几种脚本。电视脚本测试也可以通过小组访谈或集中测试来进行。

（3）音乐效果测试。在电视广告和广播广告的设计与制作中，音乐要素是其可供调度的资源之一，在传播效果方面是其他要素所不能取代的。音乐效果测试主要采用"等级评定法"，此外还有"投影法"。在效果测试中，预先准备好一段音乐或一位歌手作为某种评判标准，作为测试的内容，还应该好好考虑有关音乐和歌手的形象及与商品的吻合度，音乐与歌手的协调等问题。根据效果测试，对音乐部分修改和调整会是很有效的。

（4）广告作品的创意调查。广告作品的创意调查主要分为平面广告测试和电视广告测试。报纸和杂志等平面广告的测试也可以称为事先测试，根据测试结果进行广告表现上的修正。测试的方法有"遮掩法"和"交互式"等方法。"交互式"的方法就是以一种版面设计为框架，可以交替布置不同的文字内容和图像，这样就能比较两个以上的广告方案。电视广告测试，一般通过小组访谈的形式，也可以通过集中测试对电视广告的趣味结构和内容整合进行评价，还可以通过现场测试对电视广告进行理解度的测试。根据这些测试，创意人员可以了解观众在观看电视的时候经历了怎样的过程，其兴趣如何，能否理解所传达的内容，观众的表情变化和积极性的程度又是怎样的，从而检验电视广告的效果。当然，有时也会根据反馈信息作出相应的修改和调整。

精信广告为中美史克的脚气药品牌兰美抒创作电视广告之前，首先进行了消费心理调查。他们发现，患者一心期望摆脱脚气的困扰，重新拥有健康的双脚。因此创作组提出了"战胜脚气，兰美抒"的口号，准确表达出兰美抒的药效以及帮助患者摆脱困扰的期望。广告片根据这一心理期望发展创意，以男女两个版本分别进行。男患者觉得脚气是一块心病，为它时好时坏频繁复发而烦恼；女患者则希望摆

脱脚气困扰，重新拥有一双健康、润滑的双脚。随后，创作组进行了小范围的测试，结果显示，人们对广告片的喜好程度为90%，购买欲达到64%，因此创作组决定坚持这一方向，构想全套的广告作品。

2. DDB(广告公司)广告事先测试的方法与要点

(1)文稿调查的重点应集中在作品的创意成果上(重视事先测试，撰稿时不要将眼光集中在被认为是最好的题目上)。

(2)制作广告前，应先向创意小组提供有关商品和消费者的经验、态度、满意度、欲望等方面的数据资料。

(3)广告务必具有吸引读者和视听者注意的能力。

(4)广告作品要以一个整体形态出现。人们是把广告作品视为一个完整的单位来看待的，标题、插图、文稿等都是不可分割的广告要素。

(5)销售信息迅速浮现头脑，务必让消费者立即明白。有关广告作品理解度的事先测试，既要讲究妥善贴切，又要强调重要性。

(6)得到有关每一个广告作品的"冲击力"指标。"冲击力"特别依赖于消费者。从广告效果和品牌记忆的观点来看，富有冲击力有时或许是理想的。但是，有一点需要强调的是，冲击力不是"销售效果"，只是提供了测定可能的印象的能力。

(7)广告活动的效果依赖于广告作品重复曝光的累积性的增强以及冲击力的相互作用。假如我们一定要进行广告效果的事先测试的话，与其实施每个作品的测试，还不如设法测定整个广告宣传运动的效果。对广告作品仅仅作一次接触的事先测试，无法决定宣传活动的累积效应。广告作品的效果可以通过宣传活动的增强而增强。仅仅一次的曝光效果与累积效果相去甚远。

(8)在测试某个可能产生的问题时，我们倾向于对每一个广告作品的事先测试。在实施测试时，可以先设定某一个假说，测试是验证假说是否得到了支持。

创意调查工作是进行创意时的一项科学性的工作，其根本目的在于为创意人员提供有用的资料和可供创意的依据，以此评价创意的优劣得失。因此，创意人员首先要重视创意调查，并且善于利用创意调查的结果来有针对性地开展工作。

需要指出的是，如此复杂的广告运动构思和广告作品调查单靠创意人员的独自行动是无法完成的，要依靠具有营销和调查力量的广告公司、广告主或其他相关机构来完成，而且，在调查中需要有大量的经费作支撑。因此，创意人员在无法实施这样大规模调查的时候，一方面要尽可能地依赖其他机构，如购买有关市场调研的资料等，另一方面要注意倾听身边的友人和消费者的声音，尽可能地在创意过程中掌握更多的信息，保持客观务实的态度。

思考与练习：

1. 广告创意评价的意义表现在哪些方面？

2. 如何评价一则广告作品？

3. 试用六条标准评价一则你认为优秀的电视广告。

4. 创意评价的误区有哪些？

5. 进行创意研究的意义何在？它涉及哪些内容？

6. 什么是广告概念创意？

7. 广告创意调查的应用表现在哪些方面？

第十三章　广告创意与广告文化

☞ **本章提要**

　　广告文化是大众文化的分支，深深烙上了民族性和差异性的社会烙印。广告文化在推动社会经济发展方面功不可没，但是在酿成社会问题方面负有责任。在全球化的浪潮中，如何深刻理解中国独有的广告文化基因，寻找和克服广告文化发展中的症结，推动广告文化发挥更大的积极作用，是所有广告人共同的任务。

☞ **章节案例**

永 恒 印 记

　　忘记从什么时候开始，偶像剧里，男女主角在历经磨难后互赠钻戒走进教堂的桥段百演不厌；现实中，无论城乡，钻戒和婚宴、婚房一样成为结婚的必需。钻石—爱情—婚礼的关系被年轻一代认同，黄金和玉石等传统的婚庆珠宝反而退居其次。究竟是谁让中国持续了数千年的婚庆消费文化发生着悄然的变化，使钻石成为金玉良缘的见证？答案似乎并不复杂，但是过程却绝不简单。

　　全球最大的钻石生产商戴比尔斯在改革开放以后进入中国市场。当时的中国珠宝市场上黄金和翡翠占绝对优势，而钻石几乎不为普通消费者所认识。而钻石首饰主要在银行金店以及少量出售进口商品的大型商场如友谊商店等零售，即使后者也仅备存少量的钻石饰品。在全球化浪潮的推动下，戴比尔斯开始了其改写中国婚庆首饰消费需求的历程。

　　戴比尔斯对中国市场的培育长达十几年。其信息传播既有理性诉求也包含感性诉求。在理性诉求中，企业通过对专柜销售人员的培训，向消费者灌输以4C(即切工 Cut、大小 Carat、颜色 Color 和净度 Clarity)为代表的基本知识，并借助大众媒体广为传播。相比而言，中国传统的珠宝产品却因材质、加工等方面的特点而难以进行知识普及，产品的品牌化程度也严重缺乏。

　　与此同时，形象塑造也是戴比尔斯启动钻石市场的重要利器。早在 1947 年，广告语"A Diamond is Forever"由一位名为 Frances Gerety 的年轻的广告人创作，此后作为戴比尔斯的品牌主张广为流传。2000 年，《广告时代》提名该广告语为 20 世纪最佳广告语。不过，对于 20 世纪 90 年代的中国消费者而言，这句享誉欧美的广告语显然不足以打动人心，问题的关键在于寻找东西方文化观念中的相似点，使售价不菲的西方宝石真正被中国消费者所接受。为此，戴比尔斯将产品划分为三个部分：婚戒、女性日常钻饰以及男性钻饰，并以不同策略开展传播活动。

　　首先，戴比尔斯以婚戒打开中国市场，在传播中以"浪漫爱情"、"美满婚姻"作为敲门砖。企业一方面在新年、国庆等结婚高峰时期面向城市年轻人赞助集体婚礼，传播西方的婚庆理念，另一方面在不同时期辅以不同的广告主题。1993 年，戴比尔斯著名的中文广告语"钻石恒久远，一颗永流传"面世，既富于古文的韵味，又完美展现了产品特点，而且朗朗上口易于识记。广告片则极力将西方文化中坚硬璀璨的宝石与东方文化中海誓山盟的情意结合起来。1995 年，首批电视广告《月亮门篇》和《彩虹篇》播出。在《月亮门篇》中，广告展现了充满浓郁东方色彩的爱情故事，以古老的宅院、执子之手的情意迎合刚刚开启国门不久的中国市场。2008 年，戴比尔斯再推电视广告，以婚戒为主打，继续温馨浪漫的风格。不过此时的广告已无需借助中国式的场景，只需刻画东方人更为含蓄的情感表达(见图 13-1)。

图 13-1　戴比尔斯 2008 年广告

　　其次，从 1996 年开始，企业拓展除婚戒之外的女性日常钻饰市场，广告则以善于接受新事物的城市现代女性作为目标消费者，将闪耀的光芒与现代女性的自信联系起来。2000 年，以"钻石女人要你放在眼里"为广告语的电视广告播出。2001 年，宣扬"自由、自在、自然、自信"主题的"本色"系列钻饰面世(见图 13-2)。2002 年，为"惹火"系列吊坠创作的创意独特且含有幽默色彩的电视广告热播，让广告语"都是钻石惹的祸"广为人知。此时，戴比尔斯广告中的女性不但继承了之前的自信和前卫特质，而且更为大胆地展现女性的魅力。

图 13-2 本色系列平面广告

2000 年以后，世界钻石市场格局发生了巨变，不过，戴比尔斯持续多年的市场培育早已得到了丰厚的回报。自 2009 年开始，中国已成为全球第二大钻石消费国。戴比尔斯仍然是中国乃至世界钻石市场最大的赢家。

继戴比尔斯之后，更多珠宝生产商业投身于此，一些小企业则运用新渠道另辟蹊径。比如以"在线销售+线下体验"为模式的新兴珠宝企业"钻石小鸟"。企业在 2009 年获得 Google 年度"最具网络人气奖"、"中国网上零售消费品牌50 强"等多项殊荣，一股钻石 B2C 的热潮在国内形成。在 2008 年的高峰期，钻石小鸟年销售额突破一亿元。时至今日，钻石小鸟一枝独秀的情景虽已不再，但是年轻消费者对钻石饰品的高度认可以及对网购的青睐，依然为这类企业保留了可观的生存空间。

从陌生的含碳矿物到必备的爱情信物，钻石在中国市场的成长经历昭示了消费文化的感染力；而从商场柜台选购到鼠标轻点的渠道变化，将继续推动消费文化的变迁。①

① 本案例参考了何佳讯：《广告案例教程——如何创建品牌资产》，复旦大学出版社 2010年版，第 139~142 页；陈耀：《DEBEERS 钻石广告沟通一窥》，载《中国广告》，2004 年第 1 期。

第一节 广告创意的文化要素

广告创意是广告文化的灵魂。广告文化从属于大众文化，是民族文化、国家文化和人类文化的组成部分之一。认识和把握文化的共通性与差异性，在世界范围的竞争中创建有中国特色的广告文化，乃是中国广告人义不容辞的使命。

广告创意的焦点是关注商品与消费者的联系。商品主要有"物质的"与"文化的"两大功能。商品的物质功能是要满足消费者生活和工作的物质需求，其文化功能则与意义和价值观有关：所有商品均有为消费者所用，以构造自我、社会身份认同以及社会关系的意义。在商品日益丰富的买方市场，商品的两大功能往往互相渗透，其文化功能越来越受到消费者重视。了解文化的含义和特征，领会东西方广告文化的要素及两者之间的异同，对于创造优秀的广告作品大有裨益。

一、广告文化概说

广告文化是大众文化的分支。提起文化，我们会想到长城、故宫、人民大会堂，会想到春节、龙灯、锣鼓，会想到孔子、屈原、孙中山，会想到金利来广告的"男人的世界"、联想广告的"人类失去联想，世界将会怎样"、美的广告的"原来生活可以更美的"……按照文化学的观点，严格意义上的"文化"，是指人类社会在一定物质资料生产方式基础上创造的精神财富的总和。文化具有以下特征：

（1）文化是一种社会现象，它包括各种外显的或内隐的行为模式，这些行为模式通过交际符号的使用而被学习者获得和广为传播。例如中国人重礼仪的行为模式，即是东方文化的一种社会现象。

（2）文化又是一种历史现象，其发展具有历史连续性。每一社会都有相应的文化，并在社会发展历史过程中积累构成"社会精神遗产"。例如儒家思想精华，屈原、李白的诗歌，曹雪芹的小说，即是宝贵的社会精神遗产。

（3）文化具有民族性和差异性，世界上不同民族、不同地域、不同环境的文化模式具有明显差异。例如东方文化与西方文化差异甚大，我国汉民族与苗族的文化模式不相同，我国沿海发达地区和西部地区也有较大的文化差异。

（4）文化还具有"惰性"和"传染性"。文化惰性也称为文化保守性，当社会需要文化的利用价值延续下去或满足习惯心理需要时，一种文化的某些特性会长期保留不易消失，比如我国汉民族在风俗、道德等方面的文化特性就延续了几千年，春节至今仍是全家团聚的最隆重的节日，端午节吃粽子、中秋节吃月饼仍然是一种习俗。

文化传染是发生在不同体系的相互交流、相互影响中。当一种文化的某些特性对另一种文化产生吸引力时，两种文化体系之间自然发生文化传播，例如普通话在我国各少数民族中逐渐流行，部分少数民族衣着和生活方式的汉族化，即是文化传染的结果。当决策机构有目的有步骤地宣传和"输出"一种文化或介绍和"引进"另一种文化时，两种文化体系之间也会发生文化传播。比如我国自改革开放以来，与世界各国的文化交流日益频繁，中华民族的灿烂文化在世界上的影响也越来越大。

文化惰性有利于保持民族文化的稳定性，但也会产生妨碍社会进步的消极作用；文化传染性对民族文化的新陈代谢具有积极作用，但可能引起文化失调而导致某些社会问题，从而增加社会心理压力。

从文化学的角度看，广告的文化属性非常明显，是一种具有重要社会影响的大众文化。关于广告这种大众文化的是非善恶，众说纷纭，从来就没有停止过。可以说，广告是人类文化现象中最耐人寻味的活动。

美国任期最长的著名总统罗斯福对广告备加褒扬。他说："如果我能重新生活，任我选择职业，我想我会进广告界。若不是有广告来传播高水平的知识，过去半个世纪各阶层人民现代文明水平的普遍提高是不可能的。"他的夫人曾为"好运道"牌人造奶油做广告代言人的事迹，这也成了现代广告史上的一段佳话。

英国的一代名相丘吉尔对广告的赞誉则显得更具体，他说："广告培育了人的消费力。它为人争取一个美满的家庭，为自己和全家争取有更好一点的衣着、更好一点的饮食立下了目标，它激发了个人的努力，也刺激了生产。"

美国历史学家大卫·波特充分肯定了广告的历史性影响，他说："现代广告的社会影响力可以与具有悠久传统的教会及学校相匹敌。广告主宰着宣传工具，它在公众标准形成中起着巨大的作用。"

把广告贬得一无是处的政治家，要数英国工党领袖安奈林·比万。他说："广告是罪恶的勾当！"

与比万持相同态度的还有世界著名的历史学家阿诺德·汤因比。他认为"想不出在什么情况下广告能是不邪恶的"，而且断言：人类的前途，要看人们同麦迪逊大道（纽约大广告公司云集的一条街）斗争的结果。汤因比，这位对世界历史思维方式产生过重大影响的大学者、大思想家，竟然视广告如洪水猛兽，这颇发人深省。

面对这些截然相反的观点，我国著名广告学家卢泰宏、李世丁在《广告创意——个案与理论》一书中有精彩评论。他们认为，如果从文化的层面去审视那些截然相反的论断，就不难体察到深沉的相反相成的律动。

广告，同商品、媒体一道，形成一种以推销商品为动力的大众性消费文化。它唤起人们的消费激情，煽起人们的消费欲求，结成难分难解的"欲购情结"。这个"欲购情结"，潜移默化地让大众把名牌商品、高档商品当成现代性的象征；它还把人们的地位、名望、尊严、荣誉，与拥有多少名牌、高档消费品联"结"起来。这已成为跨越国界的时尚。

"欲购情结"导致全球性的物欲横流。而物欲横流，被传统观念视为破坏性力量。但是，以历史的、哲学的视野去看待物欲，结论将不会是单一的。恩格斯在《家庭、私有制和国家的起源》中就指出过：自私和贪欲是社会发展的动力。私欲，孕育了私有制，使人类脱离了原始状态。同时，恩格斯也指出，私有制又孕育了国家，孕育了国与国的征战，孕育了人类在"高尚"理由下的互相残杀。

我们可以看到，人们的消费激情以及对更高生活质量的追求，直接或间接地推动着新技术、新产品的频频出现，推动社会物质财富像熔岩似的喷涌。面对喧嚣而来的大众消费文化，人们的消费激情与购买力的矛盾日益加深；地球资源的供需矛盾日趋紧张；由全球性大众消费文化对人们的身份认同感所形成的所谓"趋同性"后果是原有的民族认同感的丧失，人们的焦躁不安、亦真亦幻的困惑，以及由此造成的人际关系的紧张，成为社会动荡的隐忧。

广告作为一种大众消费文化，在推动社会发展方面功不可没；但是在酿成社会问题方面也罪责难逃。对广告的善恶评说，让我们想起"人的一半是天使，一半是魔鬼"的格言。天使与魔鬼的撕拼，善与恶的较量，即使这个世界很无奈，也使这个世界很精彩。

卢泰宏、李世丁最后指出，"天使"与"魔鬼"从来不是"非此即彼"，断然划分。我们所应做的，是以文化的大视野，审视被广告所"物化"的人类欲望与梦想，在"善"与"恶"之间保持必要的张力。如果说，广告、商品与媒体构成消费文化的三大支柱，那么，长远发展、环境协调和民族传统则是批判消费文化的三大视角。

新世纪的广告文化呈现出多姿多彩、以消费者为导向和在继承文化传统中不断创新求变的趋势。不同民族的价值观产生不同的广告创意，而不同的广告创意则孕育出各具特色的广告文化。了解西方广告与我国广告的文化要素，对于处于广告大变化时期的我们有特殊意义。

二、西方广告创意的文化要素

西方文化起源于海洋文明。古代地中海沿岸国家，人们在多岛的海洋型地理环境中从事贸易活动，这种流动性很强的生活方式冲破了原始时代的血缘纽带，形成了以地域和财产关系为基础的城邦社会，并由此决定了社会权力和传播的多元格局。古代西方很早就逐步发展起手工业、商业，从而也逐步培植起崇尚个性自由、勇于冒险开拓、富于幻想和批判精神的民族个性。W. 鲍尔在《社会科学百科全书》(美)"舆论"条目中写到，公元前 6 世纪的古希腊时代，"富有积极进取精神的城邦市民特别是雅典人，在反对贵族专制和神秘的来世祭祀中，造成了一种个人主义的气氛，并导致了意见和观念的自由辩争"。虽然中世纪教会以神权压抑着人权，使西方渡过了漫长的黑暗年代，但是到文艺复兴时期，以"人"取代"神"的中心地位，逐渐形成了以个性的人为中心的价值体系。从这种意义上讲，西方文化是个性主义的文化。它在广告中主要表现为以下方面：

第一，西方文化强调个人价值，在广告创意上追求自我的感官享受和价值需求。

西方最广为接受的共同价值观，是个人主义的价值观。西方人渴望表现自我，渴望着将个人的差别放置在对某一商品的共同使用当中。牛仔裤在美国和西方盛行，即是西方文化价值观的具体表现。

在美国，牛仔裤的文化意义是一体化的象征，它否定社会的差异。牛仔裤被视为非正式的无阶级的、不分男女的且对城市与乡村都适用的；穿牛仔裤是一种自由的记号，即是从社会范畴所强加的行为限制与身份认同的约束中解放出来。

牛仔裤还与体力劳动、强健耐劳、活动力等身体特征相关。与其他服装的非正式性相比，牛仔裤的非正式性乃是自然与文化、天然与人工、乡村与城市之间深层结构对立的一个具体例证或转换形式。牛仔裤能反映穿着者的身体特征、青少年躯体的活力以及"自然的本性"，存在着一个宽松的意义群。这个意义群可以折射出力量、体力劳动和男人的体育表演，也折射出女人的性征。

这些天然的或人为的以及身体的或非身体的意义，与其他意义一道，构造着与美国西部相关的一组意义。如自由、自然、粗犷和勤劳（以及闲暇），还有进步与发展的观念，以及最为重要的意义——美国精神。正如西部边疆的开拓乃是美国历史上一个独特而明确的阶段一样，牛仔裤也被视为一种独特而明确的美国服装。

牛仔裤所承担的意义，既关乎共同的社群，亦关乎个人主义，既关乎单一的性征，亦关系男性气质或女性气质。而牛仔裤这种符号学层面的丰富性，意味着它们不可能只具有单一确定的含义，而是具有种种潜在意义的资源库。

当然，美国广告人显然深谙此道，因此在广告中有意瞄准特定的社会群体，从而使其牛仔裤在亚文化层面明确具体地折射出更多共同的蕴涵。一则李维（Levi's）501 系列的电视广告中便有这样一组画面：三个年轻人，显然贫困且来自被支配阶级，出现在破敝的城街上。它给观者的印象，乃是对艰辛生活的承担与吃苦耐劳精神的共享。被调染成蓝灰色的画面，亦令人想起牛仔裤的"蓝"，蓝领生活的"蓝"，以及"蓝调歌曲"的"蓝"。后者作为一种文化形式，传达了被剥夺社会权利者的苦楚。广告所配的音乐是受蓝调影响的短歌。然而与这些悲观意蕴相悖的，则是牛仔风格，劳苦却成功的生活，在受约束的环境创造出一点个人的自由或个人空间，以及在艰辛生活中找出阳刚身份等一系列视觉痕迹。该广告告诉我们，一个人能够也应该走出艰苦的环境，创造出个人的成功与身份，而这些收获，每个人都不该生而有之。

这则牛仔裤的意象似与另一则广告推销的形象判然有别。后者是为李维 505 系列而做，一位身着牛仔裤的女郎凝望天空，一群鸿雁缓缓高飞，排成"Levi's"的字形。该广告凸显了自由与自然的含义，并将女性的性征与之联系起来。在这两则广告里，自由、天然与女性气质，直接相对于贫困、城市与男性气质，而李维牛仔裤则跨越此一对立，并将一方的含义带给另一方。这样，城市中的青年人便可从他们的牛仔裤上分享自由与自然，正如那位年轻女郎能够将围绕她的含义带入都市生活，并相信这些含义轻而易举便可适应都市环境一样。

当今的牛仔裤被赋予种种品牌名称，厂商们试图识别出社会的差异，然后在其产品中构造出相应的差异，并通过广告赋予这些产品的差异以意义，使得那些生活在广告所瞄准的社会结构中的人，意识到自己正在"被告知"，甚至在该产品中辨识出自己的社会身份认同与价值观念。501 和 505 系列不同的含义以及相应的市场份额，至少被广告宣传，同样也被牛仔裤本身的种种差别，精心创造出来。

随之，"名牌牛仔裤"则从那些共享的价值观念、从自然中转向时髦以及社会特殊性。此类品牌广告不断强调它们将多么适合你。而身体的特征不仅仅是关乎自然、活力与性征的一个符号，它还成为个性的标志。我们的身体毕竟是我们自己的主要所在，也是我们个别的差异最为明显之处："展示美妙的身材……你的身材。请穿蓝哥(Wrangler)仔裤。蓝哥仔裤，用你要的尺寸，给你要的身材……任何身体都适合"，或者"你恰到好处的腰围，你已拥有。恰到好处的长度呢？就在这里，是你的!"(奇哥[Chic]牛仔裤)。当然，随着社会阶层的攀升，个人主义也水涨船高。所以"奇纳"(Zena)牛仔裤有助于令牛仔裤的拥有者(在广告中，她刚刚脱下牛仔裤，以便留驻在我们的想象中)，遭遇一位热衷滑雪、痛恨法国电影、拥有耶鲁法学院学位的性感男士。牛仔裤在阶级差异与阶级内部精微的社会区隔存在的当今社会，变得同样重要。

与阶级差异如影随形的是性别差异。大量"名牌牛仔裤"广告则是针对女性的，大多数女性比男性更看重她们身体的外表，看重她们的社会身份以及性感特征。

通过对牛仔裤及其广告的文化分析，我们更易于了解西方广告所体现的个人主义价值观。"万宝路"、"耐克"和"可口可乐"等名牌广告创造的文化氛围，同样在别具特色中表现出个性价值观。

第二，西方文化善于表现矛盾、冲突，在广告创意上强调刺激、极端的形式，以突出个性为创意焦点。

西方广告常常运用幽默、荒诞、夸张、恐惧等形式传播广告信息。幽默风趣、诙谐逗笑，往往是西方广告创意惯用的手法。在国际广告大奖中，获奖的广告大约有1/3均表现出幽默诙谐的因素。在戛纳广告节获金奖的一则巴西平面广告借克林顿的绯闻推销某种治头痛的药片：画面为克林顿头痛的表情，他的太阳穴镶着一幅莱温斯基的照片，广告语为"TYLENOL，特强效力，医治特别头痛的问题"。以调笑总统传播广告信息，在西方广告中并不是个别现象，其成功之作的确能给人个性鲜明的印象。

西方意识形态广告的幽默和夸张尤为突出。自从 20 世纪 60 年代女权运动以来，在欧美社会生活和艺术领域，对男性形象的反讽一直就没有间断过，广告作为反映现实生活的一面镜子亦是如此。在西方女权运动的广告中，男人可以成为女士叉上的一件小食品，或者被"饲养"在金鱼缸里。

西方广告常常采用恐惧手法来劝说人们注意安全，改变抽烟、酗酒、吸毒、滥交等不良行为。美国一个劝说人们开车要系安全带的广告中，玩具木轮小车装着两枚鸡蛋从斜坡冲下来，遇障而猛然停下。结果，系了安全带的蛋完好无损，没系安全带的蛋却弹出车外打得稀烂。这个广告片家喻户晓，深受好评。

恐惧诉求做得最具震撼力的，恐怕要数伯恩巴克的《采花姑娘》，这是为约翰逊竞选美国总统时攻击对手戈德华特而做的一则电视广告。

广告开始时，一位天真可爱的小姑娘哼着歌谣在郊外采野花。蓝天碧草，令人神往。小姑娘一边采花，一边嘴里数着"一个，两个，三个……"然而与此同时，同样节奏的粗重男声画外音响起："10，9，8，7，6……"令人想起导弹发射的情景。小姑娘一点也没有感觉到这些变化，仍然专心地数着她手中采到的野花。小姑娘的顺数与男子的倒数交相吻合，当顺数的声音到10而倒计时数到0时，一声惊天动地的巨响，整个画面被一团蘑菇云吞没，姑娘、鲜花、蓝天、碧草，顿时灰飞烟灭。

这个广告片震动了全美国。人们对核战争有了非常具体的认识，为核战争摧毁人类的恐怖景象而战栗。因此，鼓吹核威慑的戈德华特被选民所唾弃。

以刺激、极端的形式表现矛盾、冲突，以幽默、恐惧等震撼受众的心灵，这类强调个性价值的广告表现，体现出西方广告创意的文化要素。

西方文化还呈现开放、多元的特征。美国是一个多民族构成的移民国，在共同法律下有多种多样差异甚大的民族、群体文化，美国与英国、法国等其他西方国家同样也有明显的文化差异，这在不同国家的广告创意风格上就可体现出来。当然，西方广告的差异又常常表现出强调个人价值和形式刺激的共性。

三、中国广告创意的文化要素

中国文化起源于大陆文明。中华民族在一块广袤的大陆上独立发展起来，自古以来聚族而居，形成"日出而作，日落而息"的农耕生活习惯，使得以家庭为单位的血缘家族的社会组织形式能长期保留。家国一体的社会组织结构，氏族血缘关系与社会阶级、等级关系紧紧相连，使以血缘关系为根基的伦理道德在中国文化中占有极其重要的地位。中国古代社会伦理政治化、政治伦理化，一方面使其所具有的负价值阻碍了中国文化的健康发展，另一方面又因中国古代注重道德修养，将伦理叠加着权力延伸及整个社会，使得中华民族的凝聚力增强，在民族心理上培植起中华民族的整体观念和国家利益至上的观念。如果说西方哲学讲究人与人、人与社会、人与自然的分离独立，那么中国哲学则主张"天人合一"、"天地人三才合一"，追求人与人、人与社会、人与自然的和谐。中国哲学的根本思想是"合"而不是"分"。虽然到近代和现代,中国文化发生了历史性的巨变,但其最基本的方面到今天依旧制约着人们的思维,影响人们的言行。它在广告中主要表现为以下两方面。

1. 中国文化强调以"家"为中心的群体价值

在广告创意中将个体的喜好与家人、朋友或集体的价值标准密切相连,体现个体对家庭的重视、个体与家庭的紧密联系。即使在商业广告中,依然可以洞见这种文化的身影。在一些优秀之作中,文化与消费得到了较好的结合。

20 世纪 90 年代,孔府家酒的《回家篇》在当时令许多观众为之动容,也在短时间内提高了品牌的知名度。广告恰到好处地借助了热播电视剧《北京人在纽约》在观众当中的影响力,不但采用了刘欢演唱的"千万里,我一定要回到我的家"作为背景音乐,而且邀请了电视剧主演王姬作为广告的代言人。而王姬在广告片中的身份、在电视剧中的身份和她在生活中的海外游子真实身份都是完全符合的,因此,她在广告中表演的"回家"才能使观众产生强烈的震撼,引起人们发自内心的共鸣。广告突出强调的"回家"的感觉,正是凝聚于炎黄子孙心灵深处的文化情结。而该广告创意的高明之处就在于以恰当的人物、贴切的歌词和画面,巧妙地表现了这一文化情结,使"孔府家酒"这一本身就颇有文化内涵的品牌名称与消费者心目中"家"的情怀更容易交融,堪称中国广告创意中的优秀之作。

2012 年伦敦奥运会期间,宝洁公司联合百度掀起了公司成立 174 年来最大的营销活动——"感谢妈妈,为母亲喝彩!"这一主题活动主要针对年轻消费者远离家人在外打拼的社会现实,意在激发他们思念亲人尤其是母亲的情感。围绕这一主题,百度与宝洁建立了"感谢妈妈,用爱跨越距离"的 mini 官网,突出互动功能。用户借助百度地图这一网络产品标注妈妈的位置,表达感激和牵挂,与此同时,宝洁在百度的品牌专区提供活动视频。此外,百度整合了旗下的贴吧、地图、无线客户端、MP3 等多种资源,使网友在虚拟空间中跨越现实距离,增强与家人的情感联系;而宝洁则在全国 876 家超市及 1000 多家屈臣氏门店进行辅助展示。该案例在 2012 年获得中国艾菲奖铜奖和中国广告长城奖媒介营销类的铜奖。

广告作品着重表现"家"和"亲情",表现个体与亲朋共享产品带来的欢乐,表现个性价值体现于某种群体性或共性的价值中,这是中国广告与西方广告的显著文化差异。

中国文化中的"家"具有特殊的重要性。家是人生旅程中休养生息的港湾,家是远方游子的心灵寄托,家是血浓于水的亲情所在和消除烦恼的情感慰藉;家还与国密不可分,有国才有家,因此国是大"家",称为国家,无数小家构成了国家;家还与友情联系紧密,如同乡之情、同事之情、同学之情等,因为"乡"、"学校"和"单位"都含有"家"的成分,古来即有"父母官"之说。正因为"家"在中国文化中具有如此多层面的丰富意蕴，广告人才会不约而同地将产品与"家"相结合，力求让目标受众产生共鸣。而中国文化中的"家"所体现的集体价值，与西方文化的个性价值显然不同。

2. 中国文化是和谐文化，艺术偏重抒情性，广告表现偏重均衡、统一，即使有些矛盾、冲突，也会以"皆大欢喜"为结局

中国现代广告起步晚于西方，快速发展更是近20年的事，广告创意受西方影响很大，在表现形式和主旨上能真正体现中国优秀传统文化的佳作相当少。

京华茶叶在北京一些居民小区投放的电梯广告也体现出中国传统文化的深刻印记。广告的主体画面是居民区里常见的记事黑板，文案内容丰富，既有"邻里之间多走动走动"，"瞧！其实人和人之间的距离并不远"，"别光站着，聊聊家常吧"等旨在改善邻里关系的善意劝谏，又有"拧紧水，留泡一壶好茶"，"关好门，锁住一屋清香"，"多喝茶，少吃油腻"等将产品与生活习惯紧密结合的关怀之语。产品包装和标示则占据了右侧的一小块面积，毫不张扬，而是在平和、真诚的氛围中传达了公益之心，做出了文化的味道，耐人寻味。

2012年中秋期间，小熊电器推出第一部微电影《爱不停炖》。作品讲述一个父亲在中秋节知道在外工作的女儿咳嗽以后，千里迢迢赶往女儿工作的城市，为女儿炖一锅雪梨汤。该片在最后号召观众在中秋节去看望最爱的人，感动了许多网友。此后，小熊电器又推出了《爱不停炖2》，讲述一个女孩在结束恋情后，从一碗熟悉的汤中重温过去的幸福点滴。同样，该片在最后号召大家"11·11前，说出你的爱"。为配合公司旗下的电炖盅i炖系列产品上市，小熊电器紧接着推出第三部微电影，发布了《爱不停炖Ⅲ》。这个作品制作远不及前两部精致，但是在小熊电器的官方微博发布一周后，评论超过1 600条，转发超过12 000次。和之前两部微电影虚构故事不同的是，这个作品取材于网友的真实生活——一位网友在看过小熊电器的第二部微电影后与企业联系，希望得到微电影中的小熊道具用于求婚。广告代理英扬传奇抓住了这个机会，创作出了第三部微电影，亮出品牌的爱的主张——爱，不仅要说，更要行动！尽管三部微电影讲述的是不同的情感故事，但是每一部作品都有一个令人感动的圆满的结局。

中西文化在价值观念和表现形式上具有显著差异，这种差异在广告中有明显的表现。当今中国和西方的文化交流更加广泛和多样，交流中互相影响、互相渗透，交流也出现了冲突和排斥。

第二节 经济全球化与广告创意

当今世界的经济全球化趋势，深刻影响着世界各国的经济和文化。西方强势文化对中国文化已造成不良的影响，在广告文化方面表现得相当明显。因此，提升中

国广告理论和广告作品的创新性，创建中国特色的广告文化，是中国广告业在全球化的经济竞争中获取胜利的必由之路。

一、经济全球化趋势与经济文化一体化

经济全球化趋势不仅影响着世界各国的经济，而且也深刻影响着世界各国的文化，影响着国际文化秩序的变动和文化格局的重组。由于经济全球化带来了资本的自由流动和信息传播的自由交流，全球性资源的再分配拉动和刺激了规模空前的文化商品的流动与文化形态的对撞，所以传统意义上的文化传承在全球化的语境下正越来越失去固定的空间，国家和民族的文化边界正在被消解，国家文化主权受到严重的威胁和挑战，这就使得全球化不仅是经济战略问题，而且也是文化战略问题，尤其是文化产业的发展战略问题。

经济上的支配性力量衍生出文化权势，进而出现了文化霸权主义和强权政治，这是当代国际社会发展的一个特点。由于经济全球化进而"文化全球化"，在产业形态和精神形态两个层面构成了对一个主权国家文化存在和发展的现实威胁，因此，甚至连西方发达国家集团内部也为了各自国家的民族文化利益，纷纷采取文化保护主义政策，并建立防范机制。法国规定法国的电视和广播节目至少有40%的时间要使用法语，规定其全国4 500家影院所放映的影片中，好莱坞影片最多只能占1/4。加拿大于1995年将美国"乡村音乐电视台"逐出加拿大后，又在1999年开始实施C-55号法案。该法案规定，加拿大企业不得在加拿大发行的外国期刊上做广告，否则将被处高额罚款，力图通过切断美国期刊在加拿大的财源，从而达到保护本国文化产业的目的。法国、加拿大乃至整个欧盟尚且如此，中国在文化上与西方主流国家之间存在着巨大差异，更应该在文化上建立保护机制。

中国是一个文化资源大国，五千多年的文明史所积累下来的丰富的文化资源，使中国具备在世界范围内发展文化产业的独特优势。但是，在过去很长一段时间里，我们忽视了将其看做是一种宝贵的社会经济资源，而仅仅是在民族优秀文化艺术遗产的保护与继续的层面上，以办事业的方式对其进行开发和利用。这就使得今天的中国仍处在既是一个文化资源大国，又是一个文化产业小国的状况。正因为如此，才在当今文化生存与发展的许多方面，无论是价值理念、学术话语还是产业形态，都受到了来自以美国文化为首的西方文化产业大国的"文化帝国主义"和"文化霸权主义"的全面入侵，构成了现实的中国国家文化安全问题。1998年，我国在高达300亿元以上的图书销售额中，出口额仅有2 000万元人民币，仅仅占世界总份额中的0.2%，而美、法、德等国都是我国的数倍甚至上万倍。1992年以来，中国购进俄罗斯版权为世界第一，而向俄罗斯输出版权几乎为零。如此巨大的文化贸易逆差，又怎样确保国家的文化安全呢？因此，中国应当积极参与国际文化市场竞争，不仅要引进来，而且要"打出去"，力争多出口文化商品。

世界范围的经济和文化竞争领域的不断前移，使得创新意识和创新能力日益重要。尤其是当美国在实施文化霸权主义的同时实施知识霸权主义，通过对知识的垄断，特别是利用其在网络技术方面的优势，将其创新的网络标准推广为全球标准，通过互联网向世界全方位、全时空、全天候地倾销其价值标准、意识形态和社会文化，迫使相对落后的发展中国家在创新能力方面形成对它的依赖，进一步侵蚀、消解一个国家和民族创新能力的时候，创新能力便构成了国家文化安全的核心。

理论储备不足，文化创新能力不强，是制约中国文化发展的一个主要因素。在中国的对外文化贸易中，之所以出现如前所述的巨大的贸易逆差，一个重要的原因就是，这些年来，我们确实很少有称得上是"创新"并引起世界关注的理论成果和艺术作品问世。这些年大量引进的各种西方学说、思潮，又影响和制约了中国文化界的原创能力的焕发。自20世纪80年代开始的文艺新潮，被称为创新的部分，几乎全是对西方现代主义及后现代主义种种形式、手法的袭用。文艺批评的话题，从存在主义、接受美学、后结构主义、女权主义、后殖民主义，一直到这里所说的全球化，大多是西方话语，在这方面，有些即使是中国最好的批评家也只在复述西方话语。这就使我们在文化创新的源头出现了一种能力转移，本来的文化创造变成对西方文化话语系统和价值观念的主动复制和传播。言必称"现代主义"和"后现代主义"，已经成为中国文化界的一种新的思想僵化和文化僵化，它造成了当下中国文化原创能力的深层弱化，使中国文化的现代化失去了文化原创的应有动力，这导致和构成了"文化殖民主义"现象在中国的现实存在。这种现实存在所构成的文化威胁，普遍地存在于从观念形态到产业形态的各个文化层面。在这种文化生态状况下所产生的一切文化产品——包括广告作品又怎样能在国际文化市场拥有竞争力和市场份额？又怎样能满足国人日益增长的文化消费需求而使他们自觉抵制"西方大片"的文化诱惑？又怎样在国人精神生活的深处形成强大的文化凝聚力，从根本上构筑起国家文化安全的万里长城？

因此，要全面构筑国家文化安全体系，推进国家文化创新能力建设，就必须首先着眼于思想观念的转变、更新和理论的创造，克服对于西方现代文化的依赖，立足于中华民族五千年文明所承传下来的丰富的思想文化资源，在总结近百年来中华学人创造的全部文化成果的基础上，融合世界一切优秀的文明成果，以独立之精神、自由之思想，创造属于当代中华文化的新概念和新理论、新艺术，建立新国学，全面寻回对中华民族文化创新能力的自信！①

广告文化是中国文化的一个组成部分。广告文化既深受主流文化和其他大众文化如影视文化、文学艺术等的影响，广告文化本身又对国人产生广泛的影响，因

---

① 参见胡惠林：《国家文化安全：经济全球化背景下中国文化产业发展策论》，载《学术月刊》，2000年第2期。

此，我们需要具体了解中国广告文化。

二、中国广告文化扫描

一方面中国广告自改革开放以来突飞猛进，其发展速度之快和取得的巨大成就，乃是举世公认的。另一方面，中国广告在发展中也出现和存在若干问题，尤其是在广告的社会功能和文化作用方面的问题应引起人们的重视。在经济文化一体化的世界性潮流中，中国广告业既同中国广播电影电视业、新闻出版业、娱乐业等文化产业面临相同的压力和矛盾，又存在本行业特有的问题，这主要表现在以下方面。

1. 缺乏自创的广告理论

自 20 世纪 80 年代以来，我国翻译了大量的西方广告著作，引进了西方主要是美国的众多广告理论。应该充分肯定，西方广告案例、广告史和广告运动以及广告理论，对中国广告的发展发挥了重要作用。向西方广告学习和汲取其精华，在当前和今后的一段时间内仍是我们不能忽略的问题。然而，我们不能总是当"学生"，总是重复"老师"的话语。时至今日，我国广告界流行的理论绝大多数是西方的，我国的广告著作和广告论文也在很大程度上是在介绍或重复西方广告理论。

实际上，西方广告理论是在西方经济、政治和文化的大环境中，从西方广告活动实践中产生的，是符合西方国家国情的。如果我们不考虑国情，至今仍盲目地崇拜、生搬硬套并大力宣传西方广告理论，显然要吃大亏。例如新世纪有论文片面宣扬西方个人化的广告创意理论，认为其优点在于"脱离善恶是非的价值评判体系"，"颓废、厌世、同性恋、玩世不恭甚至末日观都被视为个性化而成为诉求的内容"。这类反伦理广告在西方也不多见，更与中国国情相悖。如何立足于国情，准确地把握西方广告理论的精华并与我国的广告实际相结合，在学习中提高分析、批判和创新的能力，这是我国广告人面临的紧迫问题。创建中国特色的广告理论，是 21 世纪广告人不容推拒的重大课题。没有自身的广告理论，中国广告就很难与西方广告抗衡。

2. 广告创意水平亟待提升

中国广告近几年来有重大发展，广告创意水平比过去有明显提高，其中的佳作已接近或达到世界范围内的高水平。但就整体而言，中国广告与西方广告还存在着不小的差距。我们具有原创性的作品甚少，在把握人性、人情方面欠深入也欠准确，在表现方式上也缺乏创新。因此，我国广告在著名国际广告节中数年难获奖，在亚太地区和世界华人广告大赛中也难出人头地。如果说在著名国际广告节中未获奖是因为西方评委不理解中国文化，为什么在全由华人参与的广告评比中我国也难获奖就值得深思了。著名广告创意人黑马在参与华人广告评比后感叹我们的广告创意水平不高，就像蝌蚪和青蛙比赛谁游得更快。这个比喻形象地说明我国广告仍处于初级阶段，需加倍努力，从而提升创意水平。

2002 年，《中国经营报》以专版公布了由该报发起、组织和评选的"2001 年中国十大最受刺激电视广告"结果，对 2001 年中播放频率最高但留下印象最恶劣的十大广告进行了批评。脑白金的电视广告位居榜首，成为最受消费者投诉和批评的对象；海王金樽的《要干更要肝篇》广告以其高密度投放令人厌烦而排名第二；汇仁肾宝《他好我也好篇》电视广告充满性暗示的广告语令人们颇为尴尬，因此位列第三；斯达舒的《胃痛、胃酸、胃胀篇》电视广告令人看后恶心不已，所以也进入了八强……这些粗制滥造的广告具有十分强烈的负面刺激作用，已经到了扰民的地步。

广告创意水平不高，不仅影响了中国广告在世界广告界的地位，更重要的是还影响到消费者对广告的态度。不少对西方广告生搬硬套、一味仿效或缺乏创意、大声叫卖的广告，往往只能让消费者忽略、厌烦乃至抗拒。我国广告在促进经济和发挥文化功能方面都有待进一步努力。

在经济全球化和经济文化一体化的趋势下，众多跨国企业进军中国市场，在各种媒介上大力推出其产品品牌和企业形象广告。由于资金雄厚和广告创意经验丰富，其广告在质量和数量方面都是我国同类企业难以抗衡的。麦当劳、耐克、宝洁、可口可乐、微软等企业的知名度和美誉度，就极少有同类中国企业能与之相媲美，由此造成了"文化殖民主义"现象。如我国部分中小学生就对西方名牌备加推崇，部分大城市的中学生，以能穿"耐克"为荣，相当一部分学生尽管受经济限制不能买"耐克"，宁可买仿制的"耐克"，也不爱穿我国的名牌服装。

报载在武汉某小区学生自办的儿童用品交换市场上，一个玩具汉堡包成为抢手货，竞争结果是汉堡包换一个金发芭比娃娃。当记者问一位女孩为什么想换"汉堡包"时，她说有了这个，别人会以为我去过麦当劳。武汉在全国大城市的收入消费水平排行榜中居后，但没去过麦当劳的孩子却相当少。即使夫妻都"下岗"而经济困难者，也会在孩子的要求下进一次麦当劳，否则孩子在同学们议论麦当劳时就会丢"脸面"。在西方广告文化和其他西方文化的强势冲击下，如果说我们相当一部分国民存在着盲目崇洋的心态，那么，在中小学生中，这种心态只能是有过之而无不及，是值得我们高度重视的。

提升我国广告的创意水平，以我国五千年的文化资源为依托，创制出更多的满足国情需要的广告精品，这不仅是全球性经济竞争的需要，也是全球性文化交流和文化竞争的需要。只有在不断创新中建立有中国特色的广告文化，我们才能克服对西方文化的能力依赖，在新世纪的多元格局中拥有发言权。

三、创建有中国特色的新广告文化

广告以人为本。人的社会生活是各种文化相互交织、相互渗透乃至相互冲突的真实记录。作为大众文化之一的广告，集戏剧、音乐、舞蹈、摄影、绘画、雕塑等多种艺术形式于一体，通过难以数计的传统媒体和新媒体传播信息，对社会生活产生越来越大的影响。要创建有中国特色的新广告文化，就必须在结合国情吸收西方广告文化精华的同时，还应着重继承和发展中国传统文化的基本精神，并在广告理论和创意表现等方面重视以下问题。

1. 忧患精神

忧国忧民的忧患意识，是对国家生存和人民生命的关怀，是对个体和整个人类存在的命运、未来变化的责任和使命意识的表征。"天下兴亡、匹夫有责"，忧患精神是对国家民族关怀的博大情怀；是面临危难、困境而不屈服、不畏难的积极参与、敢负责任的精神；是救民族于危亡、救人民于水火而敢于牺牲奉献的精神；是居安思危的辩证理性精神。

中国传统文化的忧患精神，在我国广告特别是公益广告中已初步体现。自1996年起，国家工商行政管理局在全国范围每年组织开展公益广告活动，得到了广告界和社会各界的广泛响应和支持，取得了明显效果。

一则"节约用水"主题的公益广告，图中是两张动物画面，一幅是一只有着骆驼一样驼峰的"大象"，下面文案写着："骆驼？大象！"；一幅是一只有着骆驼一样驼峰的"老虎"，下面文案写着："骆驼？老虎！"两幅画面当中在"驼峰"上方都出现一滴水滴，暗示"驼峰"帮助储存水分。整个画面的文案是："若干年后，在早已完全缺水的地球，动物进化成了这样，那么，人呢……"口号"节约用水，爱护水资源"置于最下方。这则广告用"动物的进化"来喻示如果人类不节约用水所产生的灾难性结果。画面简洁明了，文案画龙点睛，是能激发人们联想并回味悠长的佳作。

1996年的公益广告活动以"中华好风尚"为主题，弘扬了中华民族优秀的传统美德和优良的传统文化。

1997年以"自强创辉煌"为主题，宣传了自尊、自信、自强、励精图治、知难而进、自强不息的民族精神。

1998年的公益广告，围绕下岗职工再就业工作的主题，宣传了下岗不失志的自强精神和正确的择业观念；围绕全国人民在以江泽民同志为核心的党中央的坚强领导下战胜百年不遇的特大洪涝灾害的主题，宣传了万众一心、众志成城、不怕困难、顽强拼搏、坚忍不拔、敢于胜利的伟大抗洪精神。

1999年和2002年的公益广告活动，均围绕我国政治、经济中心开展宣传，为国家和民族的发展提供精神力量。

在2003年我国政府和人民积极应对非典型肺炎（SARS）疫情期间，我国媒体组织了抗"非典"主题的公益广告征集活动；我国许多广告公司和企业也自发发布公益广告，协助政府鼓舞人民抗击"非典"的信心和勇气，歌颂战斗在第一线的白衣天使和各行各业坚守岗位的人们，为抗击非典的成功作出了贡献。

养生堂药业有限公司与卫生部新闻办、中央电视台广告部、广而告之公司一起发布了这样一则电视公益广告：主题是歌颂战斗在第一线的医护工作者，创意、表现和制作采取直抒胸臆的资料剪辑的方式，描述工作在防治非典战线上的医护人员的实际工作情况。字幕穿插在其中："选择了这种职业／就选择了危险／选择了这种职业／就选择了奉献／谨以此片献给——工作在防治'非典'第一线的全体医护工作者"。广告片通过背景音乐节奏的变化烘托情节的变化，多次穿插运用人物特写镜头与全景镜头的切换，充分展示了可敬的白衣战士们勇敢面对疫病，无私奉献的精神。正是这种朴实无华的对"真实"的再现，讴歌了白衣天使，也表达了千千万万人民对他们的敬重和感激之情。

广州白云国际品牌营销顾问机构发布了一则名为《药方篇》的平面公益广告，也很出色。画面中是一只用绳扎起来的四四方方的药方，上面一张红纸写着药方的具体内容。文案竖排在图画下方："［防治非典药方］／乐观一副／冷静十分／认真五味／关爱不拘多少／用宽心锅肉炒／不焦不躁／细研为丸／以平和汤送服／不拘时候／多多益善"。口号是："端正心态，正视非典；众志成城，抗击非典"。这则广告也获得了良好的社会反响，与其他公益广告一起起到了鼓舞士气、安定民心的作用。

在公益广告活动开展的几年中，全国报纸、广播、电视、杂志、户外等广告媒介共发布公益广告 10 万余件，涌现出了一大批主题鲜明、内涵深刻、制作精良的优秀公益广告作品。1996—1998 年，全国有 344 件优秀公益广告作品获得全国奖，285 家单位和 235 名个人被评为全国公益广告活动先进单位、先进个人或受到表彰。1999 年，宣传禁烟的平面公益广告"远离它"，以其独特的创意获得了 1999 年亚太国际广告节平面作品入围奖，这是我国第一个公益广告在国际广告节获奖的作品；电视公益广告"守株待兔新篇"从环保的角度重新诠释了这一成语，创意新颖，画面优美，令人难忘。此片在湖南省广播电影电视厅和湖南卫视举办的由群众投票评选全国十大影视广告活动中，获得"首届全国影视广告十大广告奖"。

我国公益广告在表现忧患意识方面还应该也有条件发挥创意能力，更上一个台阶。在当前人类面临人与自然的生态危机、人与社会的文明危机、人与人的道德危机、人的心灵的精神危机、文明冲突的价值危机的危难之时，中华民族应通过公益广告和其他多种形式高扬忧患意识，在回应与化解人类五大危机中作出自己独特的贡献。

2. 和合精神

和合是中国传统文化对人的生存、意义及可能世界的思考活动，它包含社会伦理道德、心理结构、价值观念、行为方式、思维方式、审美情感等。和合精神既是宇宙精神，又是道德精神，是天道与人道即天人合一的精神，是人与社会、人与人、人的心灵冲突融合而和合的精神。和合是天地万物存在的根据或原因；是存在的方式；是动态的、开放的过程；是心情宁静安详，心绪和平恬淡，心灵充实愉悦的境界。其目的是达到人和而天和、人乐而天乐的天人和乐的和合境界。

和合境界是广告创意者的毕生追求。伟大的广告创意，必然从某一特定角度体现出天人合一的精神。创意优秀之作，必然在不同程度上体现出和合精神。在2000年中国国际影视广告大奖活动中，中国移动通信广东公司形象广告《牵手篇》荣获全场沟通大奖，即是以和合精神震撼人心的。

《牵手篇》中，一曲来自中国的声音，引发全球的回应，在童声合唱《欢乐颂》的旋律伴奏下，来自美国、法国、印度、马尔代夫，来自世界各地的孩子奔跑在一起，手牵手连为一体⋯⋯音乐、环境、色彩、情绪等形式所营造的和合大意境，让人们在愉悦中看到了一个亲和的、有生机活力的新企业形象，并发乎自然地对"沟通从心开始"的该品牌生出喜爱之情。广告中，人与自然、人与人、人与企业的和合精神，显示出中国文化的独特魅力。

在2000年第30届莫比广告大赛上，麦肯广告为邦迪创可贴创作的平面广告获得平面广告(医药类)金奖，代表着东方的和合精神走出国门，得到世界的认可。《朝韩峰会篇》以战后朝韩两国具有历史意义的一张照片为题材——两国最高领导人首次在峰会上端起酒杯碰杯，配合文案"邦地相信，没有愈合不了的伤口"，传达东方民族的和合精神。其姊妹篇《暗恋篇》、《玩具篇》、《舞台篇》获得平面作品第二名，分别以少年时的生活片断——暗恋的女孩和别人牵手、喜欢的玩具得不到，和小朋友闹别扭，来阐明邦迪的产品理念"再深再久的创伤也终会愈合"，展现了东方人个体的和合精神。

和合精神是当今广告创意追求的高境界，这在西方优秀广告作品中同样得到体现。

在46届戛纳国际广告节中，"前额"Outpost.com网站广告获影视广告金狮奖。其创意围绕被称为"网站商标"的网站域名展开。Outpost.com网站域名象征性地纹在孩子的前额，寓意本网站域名永远使人铭记。片中洋溢着浓郁的西方文化意味，是在冲突中将品牌名称与广告形象融为一体，在矛盾中体现和合精神。

3. 人本精神

西方人本学的本意是指研究人类起源和人种演化的科学。中国古代人本是指以人为根本，肯定人在自然社会中的地位、作用和价值，于是便构成一种人本精神，并以此为中心，解释一切问题。孔子仁学充分体现了人本精神。首先，人与仁在内涵上有互相贯通、圆融之处。如"泛爱众，而亲仁"是讲博爱大众、亲近有道德的仁人。其次，仁是处理人与人之间关系的行为规范或道德标准。再次，爱人要求由主体自我做起，树立主体性人格。从内圣仁的自我修养，到家庭仁的实践，再到外王仁行天下，贯穿着爱人而人人互爱的人道(仁道)精神，这是人本精神的血脉和生命。只有当人超越了自然人、本能人，人的本质才被发现，人本精神才得以体现。

　　以人为本的广告，应该继承和发扬中国传统文化中的人本精神，形成有自身特色的广告文化。佳作《牵手篇》的创作者广州九易广告公司，在介绍创作经历和体会的文章《牵手长歌述真情》①中说："创意是一个深入浅出的过程，尽管我们曾请专业调查公司做过调研，但我们坚信，更多的创意灵感来自我们以普通消费者的心态，关注我们所处的时代和周围的生活"；"我们认为创意对象是消费的潜意识。而好的创意者应该发现自己的潜意识里美好的东西，并在创意时将它激发出来"；"广告的终极目标是人，而不是一个概念化的市场。国际公司也好，本土公司也好，谁要赢得市场，必须先打动他们的心"。

　　我国许多广告人是看着《一个广告人的自白》开始去学做广告的，可以说是奥美文化中的智慧，架构起他们对广告的认识和观点。然而，一个创意者应该全身心地投入、感悟他所面对的生活和时代。从这个意义上说，国际公司和本土公司的广告人、创作人本没有任何区别。因为广告毕竟只是一种工具，它不可能成为目标，不可能替代受众的心灵感受。最后我们想用一段文字来阐述在《牵手篇》广告片中所体会的感觉。

　　　　　　飞，非一般的专业技能。
　　　　　　从展翅到升腾，
　　　　　　从呼吸空气到抗击风暴逆阻，
　　　　　　所有懂得飞行的生物，
　　　　　　都经历了无数艰辛的磨炼和自我超载，
　　　　　　他们知道除了热爱飞行，
　　　　　　还要充分掌握每一个有效的技术环节，
　　　　　　才能享受到飞行的无限自由和广阔空间。
　　　　　　九易对创意的理解，
　　　　　　正如对飞的理解一样，
　　　　　　广告人之所以成为广告人的本质，
　　　　　　在于他将对创造力极限的挑战，
　　　　　　融化在他的身心之中，
　　　　　　像鸟儿用翅膀把自己融化在空中，
　　　　　　创意
　　　　　　是广告人的生存方式，
　　　　　　而不是一种可有可无的技能。

---

　　①　载《国际广告》，2000 年第 8 期。

广州九易广告公司以人本精神发展广告创意，并且将广告人的本质视为"对创造力极限的挑战，融化在他的身心之中"，将创意看成"是广告人的生存方式"，这正是人本精神的体现，是创建中国特色的新广告文化的标志。

思考与练习：

1. 如何看待广告的"功"与"过"？

2. 西方广告的文化特征是什么？

3. 中国广告的文化特征是什么？

4. 经济全球化对广告有何影响？

5. 结合自己的体会谈一谈中国广告文化的弱点。

6. 如何看待忧患精神？

7. 如何看待和合精神？

8. 如何看待人本精神？

参 考 文 献

1. ［美］威廉·阿伦斯著．丁俊杰，程坪，苑菲，张溪译．当代广告学．北京：人民邮电出版社出版，2006

2. 饶德江主编．广告创意与表现．北京：中央广播电视大学出版社，2001

3. 饶德江编著．CI原理与实务．武汉：武汉大学出版社，2002

4. 饶德江等编著．广告训练．武汉：武汉大学出版社，2003

5. 饶德江，杨升初编著．企业形象塑造．长沙：湖南人民出版社，1997

6. 张金海著．20世纪广告传播理论研究．武汉：武汉大学出版社，2002

7. 张金海主编．世界经典广告案例评析．武汉：武汉大学出版社，2000

8. 何佳讯编著．现代广告案例——理论与评析．上海：复旦大学出版社，1998

9. 余明阳，陈先红主编．广告策划创意学．上海：复旦大学出版社，1999

10. 卢泰宏，李世丁著．广告创意——个案与理论．广州：广东旅游出版社，2000

11. 高志宏，徐智明著．广告文案写作——成功广告文案的诞生．北京：中国物价出版社，1997

12. 刘友林主编，江波，曾振华编著．广告效果测评．北京：中国广播电视出版社，2002

13. 翟年祥，邹平章主编．广告学教程．成都：四川人民出版社，2001

14. 黄升民，黄京华，王冰著．广告调查．北京：中国物价出版社，1997

15. 路盛章著．电视广告创作．北京：中国广播电视出版社，2000

16. 叶茂中著．转身看策划．北京：中华工商联合出版社，1999

17. 王军峰，申崇志，李天希编著．概念营销完全手册——概念玩活市场．北京：中国时代经济出版社，2002

18. 肖怡编著．市场定位策略——找准顾客心．北京：企业管理出版社，1999

19. 潘友林著．广告突围．北京：中华工商联合出版社，2000

20. 汪涛编著．现代广告学．武汉：武汉大学出版社，1998

21. 文浩编著．新编现代广告策划实务．北京：蓝天出版社，2003

22. 何修猛编著．现代广告学．上海：复旦大学出版社，1998

23．吴健安主编．市场营销学．合肥：安徽人民出版社，1999

24．陈俊良著．广告媒体研究．北京：中国物价出版社，1997

25．[美]朱丽安·西沃卡著．周向民，田力男译．肥皂剧、性和香烟——美国广告 200 年经典案例．北京：光明日报出版社，1999

26．[美]丹·E. 舒尔茨等著．刘毅志编译．广告运动策略新论(上、下)．北京：中国友谊出版公司，1995

27．[美]罗瑟·瑞夫斯著．张冰梅译．实效的广告．呼和浩特：内蒙古人民出版社，1998

28．[美]舒尔茨，田纳本，劳特朋著．吴怡国等译．整合营销传播．呼和浩特：内蒙古人民出版社，1997

29．[美]乔治·路易斯著．刘家驯译．蔚蓝诡计．海口：海南出版社，1996

30．[日]直条则夫著．俞纯麟，俞振伟译．广告文稿策略——策划、创意与表现．上海：复旦大学出版社，1999

31．[美]吉·苏尔马尼克著．刘毅志译．广告媒体研究．北京：中国友谊出版公司，1991

32．[美]大卫·奥格威著．林桦译．一个广告人的自白．北京：中国友谊出版社，1991

33．[美]乔治·E. 贝尔齐，麦克尔·A. 贝尔齐著．张红霞，李志宏译．广告与促销——整合营销传播展望．大连：东北财经大学出版社，McGraw-Hill 出版公司，2000

34．徐小娟编著．100 个成功的广告策划．北京：机械工业出版社，2002

后　记

　　本书是作者在多年从事"广告策划与创意"的教学过程中，按照自身的见解，吸收广告学及相关学科的研究成果撰写而成，是在作者过去出版的《广告策划》、《广告创意与表现》的基础上形成大纲和补充新的内容而完成的。书中对相关专家、学者的观点以及运用的资料，均有所说明，在此谨表谢忱。

　　宋玲玲、高璐在编辑本书时，做了大量细致的工作，作者在此特表感谢。

　　研究生范小青参与了本书1~7章的编写，其中新案例的初稿是她撰写的；研究生章俊在8~10章、研究生陈璐在11~13章也撰写了相应案例。本书得以问世，与范小青、章俊和陈璐所做的大量工作密不可分。

　　由于识学所限，本书难免存在缺陷和问题，盼能得到专家、读者指正。